共享泛在智慧的教育新家园

2020上海基础教育信息化发展蓝皮书

The Blue Book of 2020 Shanghai K12 Educational Informatization Development

上海市电化教育馆 组织编著

上海教育出版社
SHANGHAI EDUCATIONAL PUBLISHING HOUSE

图书在版编目（CIP）数据

共享泛在智慧的教育新家园：2020上海基础教育信息化发展蓝皮书 / 上海市电化教育馆组织编著. — 上海:上海教育出版社, 2020.10
ISBN 978-7-5720-0386-8

Ⅰ. ①共… Ⅱ. ①上… Ⅲ. ①基础教育 – 信息化 – 研究报告 – 上海 – 2020
Ⅳ. ①G639.2-39

中国版本图书馆CIP数据核字(2020)第185186号

责任编辑　张瑾之
装帧设计　裘幼华

共享泛在智慧的教育新家园
——2020上海基础教育信息化发展蓝皮书
上海市电化教育馆　组织编著

出版发行　上海教育出版社有限公司
官　　网　www.seph.com.cn
地　　址　上海市永福路123号
邮　　编　200031
印　　刷　上海颛辉印刷厂有限公司
开　　本　700 × 1000　1/16　印张 24.5
字　　数　439 千字
版　　次　2020年12月第1版
印　　次　2020年12月第1次印刷
书　　号　ISBN 978-7-5720-0386-8/G·0281
定　　价　88.00 元

编写指导委员会

主任委员

雷朝滋　吕玉刚　任友群　王　平　尹后庆

专家委员

张　英（上海市经济和信息化委员会副主任）

倪闽景（上海市教育委员会副主任）

袁　雯（上海开放大学校长）

陈　丽（北京师范大学副校长）

周傲英（华东师范大学副校长）

韩　骏（中央电化教育馆副馆长）

张　权（教育部基础教育司装备与信息化处处长）

杨振峰（上海市教育委员会基础教育处处长）

李海伟（上海市教育委员会信息化工作处处长）

朱　蕾（上海市教育学会秘书长）

祝智庭（华东师范大学终身教授、博士生导师）

袁振国（华东师范大学终身教授、博士生导师）

蒋鸣和（华东师范大学终身教授、博士生导师）

黄荣怀（北京师范大学教授、博士生导师）

王继龙（清华大学信息网络工程研究中心博士生导师）

程学旗（中国科学院计算技术研究所大数据分析技术国家工程实验室副主任）

王　素（中国教育科学研究院国际比较教育研究所所长）

吴　砥（华中师范大学教授）

恽敏霞（上海市闵行区教育局局长）

学术顾问：尹后庆

主　　编：李永智

副 主 编：张　治　仲立新

文本策划：卜洪晓　龚　柳　潘丽芳　叶　波　沈祖芸　秦红斌　徐和祥

文本统筹：刘　蕾　陈　骁

第一章第一部分：杨晓哲　谢忠新

第一章第二部分：刘惠琴　曹杨璐　谢忠新　刘　蕾　贾莉莉　刘小龙

第二章第一部分：王　荣　曹杨璐　李晓晓　李　盈　谢忠新　徐冰冰

第二章第二部分：褚金岭　谢忠新

第　三　章：蒋鸣和　陈　敏　张云峰

第　四　章：花　洁　傅　静　张怀浩　李　祥　田　洁　杨曙光
张　韫　徐　星　马　敏　赵玉成

技术调研：上海教育杂志社团队　上海思来氏信息咨询有限公司团队

案例审定：柳　栋

全文统稿：吴永和

特别鸣谢：上海市教育学会　上海市教育技术协会
上海思来氏信息咨询有限公司
上海教育软件发展有限公司

序

2020 年是极不平凡的一年。在我们的计划之中，2020 年是全面建成小康社会和“十三五”规划的收官之年，是脱贫攻坚战的决战决胜之年，也是组织制订“十四五”时期发展规划之年。而突如其来的新冠疫情又让 2020 年成为对教育信息化而言极其特殊的一年。疫情一下子打乱了教育系统固有的日常教学秩序。师生不得不离开熟悉的校园环境，在全国范围内，开始了“停课不停教，停课不停学”。这是有史以来第一次如此大规模的线上教学，在政府决策、系统支撑、教师教学、学生学习、家庭支持上面临着全新挑战。

教育系统在这次非常特殊的应急场景下，迅速展开了教育信息化的探索和尝试，广大教师特别是基础教育教师出色地应对了本次巨大的挑战。在特殊时期，我们一起探索新的顶层设计与架构。国家和各省市地区纷纷集中优质教育资源，采用全覆盖的广播电视结合网络平台等多种方式，形成顶层整体布局，探索多种教学组合方式，诸如双师课堂、直播教学、翻转课堂等，基本保障了学生的学习权利与学业质量。

不少专家学者预言，亲历了 2020 年上半年疫情期间的大规模在线教学，教育系统再也回不到疫情之前的模式了。果真如此吗？对这一问题的探究也落在了本年度上海基础教育信息化发展蓝皮书撰写与发布的时间窗口内。

进入新世纪以来，笔者有幸近距离观察了上海教育信息化的进程。回顾上海基础教育信息化发展蓝皮书历年的发布主题，不难看出其发展的历程与转变。2014 年的第一版蓝皮书以“迈向新学习时代”为主题，总结了百花齐放的上海中小学校在教育信息化上的探索与发展，并提出了自下而上的发展趋势。2018 年，第二版蓝皮书以“深度学习与智能治理”为主题，试图探讨技术作用于深度学习，以及智慧社会场景下的教育智能治理。本年度也就是 2020 年的这版以“共享泛在智慧的教育新家园”为主题，探索教育信息化更广阔的格局与多方主体之间的协同，以教育信息化促进教育公平和教育质量提升，实现教育现代化，办好人民满意的教育。第二版蓝皮书发布以来的三年中，2018 年 1 月，中共中央、国务院颁布《关于全面深化新时代教师队伍建设改革的意见》，意见提出，坚持兴国必先强师，不断提升教师专业素质能力。”2018 年 4 月，教育部印发了《教育信息化 2.0 行动计划》，标志着我国教育信息化进入 2.0 时代。2019 年 2 月，《中国教育现代化 2035》提出了推进教育现代化的八大基本理念：更加注重以德为先，更加注重全面发展，更加注重面向人人，更加注重终身学习，更加注重因材施教，更加注重知行合一，更加注重融合发展，更加注重共建共享。2019 年 10 月，《中共中央关于坚持和完善中国特色社会主义制度、推进国家治理体系和治理能力现代化若干重大问题的决定》提出："发挥网络教育和人工智能优势，创新教育和学习方式，加快发展面向每个人、适合每个人、更加开放灵活的教育体系，建设学习型社会。"遵循我国教育战略的总方向，进一步实现教育现代化，更离不开基础教育阶段的教育信息化发展。上海如何"先一步，高一层"，笔者认为，可以从以下五个方面展开思考：

一是上海基础教育信息化要继续敢为人先，创新引领。在过去，上海教育信息化常常具有"先发优势"，但近些年来，随着各地逐步加大投入与后发赶上，"先发优势"已不明显。面向未来，要更加注重顶层设计，鼓励首创精神，统筹优势布局，强化研究指导。世界上不少国家在教育信息化上都有典型范例与创新模式，比如以项目式学习为主体的高科技高中、以全过程个性化反馈为理念的 AltSchool、以提升学生解决问题能力为特色的 D School、以完全线上沉浸授课为转变的密涅瓦大学、以自适应学习系统支撑下混龄教育为探索的可汗学院。这些实践并非完美，但或多或少启迪和引领了教育信息化进一步发展的方向。上海教育信息化还需这类敢为人先的先试先行，仍待进一步审时度势，创新引领。

二是要抓住基础教育阶段线上线下融合教育的新机遇。上海"空中课堂"在新冠肺炎疫情期间起到了重要的作用，为师生大规模开展在线教育提供了有力保障和有效支持。上海市 143.5 万中小学生主要采取了"同一学段、同一播出时间、同一批授课教师"的在线教学模式。在学校全面恢复了教学秩序后，进一步优化在线学习成效，抓住发展线上线下融合教育的契机，推进全面数字化学习变得尤为重要。与此同时，挖掘人工智能对教育的潜在革命性作用，加大力度探索知识图谱、认知图谱在学习诊断与个性化学习分析中的重要作用，培养教师具备数据意识，拓展教育时空，促进大规模个性化教育，逐步实现因材施教。

三是要探索制度变革创新，全面深化新时代教师队伍建设。我们要关注教师育人价值的全面发展，提升全体教师的信息素养和信息技术应用能力。教师正在经历角色转变，成为学生学习的教练、学习团队的引领者、学习共同体的组织者、学习活动的服务官、学习环境的设计师、学习数据的洞察者。在新的教育信息化发展机遇面前，我们鼓励因地制宜，试探性地探索双师课堂与多地教师分工合作，对教师工作内容、工作量安排乃至人员配置、编制核定等探索新的核算和评价方法。推进信息技术与教育教学的日常深度融合，加强教学研究和指导，注重数字化环境下积极探索基于情境、问题导向的互动式、启发式、探究式、体验式的课堂教学。

四是要关注学校教育信息化“卡脖子”的核心问题。在回顾历年蓝皮书学校优秀案例的时候，不难发现，这些推选出来的典型相对固定在一小群人员变化不大的校长群体所在的学校中。教育信息化固然非常强调校长的信息化领导力，强调学校首席信息官（CIO）的组织策划，但其长期集中于一些校长群体中，侧面表明了大多数学校在教育信息化发展中存在诸多阻力与障碍。这些“栅栏”不能只靠少部分校长去化解，而应在区域层面统筹破解，如学校的网络环境。学校的网络条件虽然大有改善，但还远远不能满足学生“时时处处”展开学习的新需求。区域应抓住我国新基建的发展机遇，加快5G网络、数据中心等新型基础设施建设。以技术创新为驱动，以信息网络为基础，为教育体系构建畅通无阻的学习环境。长期以来，一直有大量问题需要面对，例如学生的心理和视力问题、智能终端的使用问题、家校共识问题、信息安全问题等。只有更多直面这些“卡脖子”的问题，统一破解这些共性问题，区域教育信息化生态才能进一步发展。

五是要抓紧提升学生的信息素养。提升学生的信息素养，特别是在数字化环境中的自主、协作、探究。学生能够对学习资源进行选择与判断，能够自主对学习材料进行再加工与整理，能够采用技术平台展开学习交流与分享，能够掌握使用技术工具开展学习协作与反思。学生的数字化胜任力是教育信息化发展的驱动力，也是核心目标。随着2017年全国高中信息技术课程标准出台，以及义务教育阶段信息科技课程标准的修订，这些都对学生信息素养提出了更高的目标。从某种程度上来说，由于信息技术等相关学科并没有纳入上海高考体系中，以及人们的重视程度不够、考试方式陈旧，上海近些年来学生的信息科技素养并不领先于全国，甚至还有落后的趋势。这一点需要我们有更加清醒的认识，并保持锐意改革的势头。

一直以来，上海教育信息化备受瞩目。上海教育工作者总是兼有冷静的思考与积极的行动，正如本年度的蓝皮书呈现的诸多事件与趋势所展示的那样，上海教育人必将继续不忘初心，自我革新，勇于担当，开拓进取。

任友群

二〇二〇年十月

（作者为华东师范大学教授，上海高校“立德树人”人文社会科学重点研究基地——上海市信息科技教育教学研究基地首任主持人）

目录

第三章 拓展应用场景——不断变革与融合的技术流行色

第四章 开启未来序幕——迈向共享泛在的智慧教育新家园

第一章

更新教育理念——从量变到质变的教育信息化环境

从工业社会到信息社会，从互联网、物联网到人工智能，步入数字化时代的教育信息化在机遇与挑战中立足教育的本源，创造教育的未来。无论是“技术与教育共生”，还是“供需与互利共生”，抑或是“信息与学习共生”，在全景扫描的三对共生中，我们也已在悄然之间，亲历与共创量变的过程，见证与构建质变的状态，思考与探索信息社会应有的全新教育理念。突如其来的新冠疫情，恰恰也让我们看到了教育的另一种可能性。当线上与线下平静而高度地融合，我们又该如何面对新的变化？教育信息化需要新的理念、新的布局、新的战略、新的故事，这正是本章“更新教育理念”期待与大家一起打开的方式。

第一部分　以学习者为中心的教育新生态

21世纪以来，整个人类社会处于快速发展变化的进程之中。面对飞速发展的时代，机遇与挑战并存，秩序与冲突同在，不确定性与确定性共同推演。我们不仅见证着技术日新月异带来的一系列变革，也感受着世界发展中的迂回前行。技术变革到底是进一步推进了信息化、国际化、全球化，还是导致了更加割裂的冲突与数字化鸿沟？我们在问责技术，其实也在反问内心。我们所共同创造与使用的技术越多，对技术的热情与反思也会更加强烈。

在计算机、互联网、智能手机、可穿戴设备、虚拟现实和人工智能等一系列技术推动下，我们正在卷入一个被称为“信息革命”或“知识革命”的新学习时代之中。

工业时代学习技术的必要条件是一致的，那就是教师传授和控制，而知识时代的学习技术有了技术自身的必要条件，那就是使用者定制、交互，并把控制权交到了用户手中。知识时代的技术强调让人们有机会追寻自己的兴趣和目标，也需要更多地为自己的学习负责。学习者不再是通过在教室里学习或访问图书馆这样的物理场所去获得知识，相反，我们几乎可以发现关于任何主题的扁平化信息，并且无论在哪里都可以和他人沟通交流；我们还可以参与那些针对自己的表现即时提供反馈的游戏和互动。新学习技术能为人们提供丰富的社会性学习空间，在自己选择的社区里学习自己想学习的东西，成长为自己想成为的那类人。

这意味着教育本身正在面临新的挑战与机遇，那些最本质的问题被重新追问：教育的本源是什么，学习是什么，教育如何以学习者为中心，如何把学习还给学生，如何激发每一个学习者的潜能，如何培养新一代学习者，如何立德树人？

知识革命所引发的变化既不全好也不全坏。我们看见了技术给教育带来的诸多好处，例如学习者探索自己感兴趣的主题，拥有为自己的学习承担责任的能力。我们也从学校教育的成功中看见诸多好处，这种教育已经在过去的两个世纪中为成千上万的学生提供了学习、地位和经济上的非凡成就。而与此同时，新技术虽然能提升教育的个性化能力，让学习者聚焦于他们的自我兴趣，但也赋予那些有财力享受这些服务的人天生的优势。

当然，也有人直言，当今的教育仍然在用19世纪的方式，教授着20世纪的知识，试图培养21世纪的人才。那个仍然被称为“学校”的地方，还是学生们聚集在一起“学习”的地方吗？为什么有些学生喜欢学习，却不喜欢学校？为什么学生通过了教育体系的层层考核，却还是无法胜任社会的挑战？为什么学习成了相互间的考试竞争，忽视了真实自我的成长？这些最棘手、最直接的问题，虽不能说全是技术带来的冲击，但也因为技术生态的变化而加剧了这些问题的急迫性。

2019 年，《中共中央关于坚持和完善中国特色社会主义制度　推进国家治理体系和治理能力现代化若干重大问题的决定》中明确指出，要“发挥网络教育和人工智能优势，创新教育和学习方式，加快发展面向每个人、适合每个人、更加开放灵活的教育体系，建设学习型社会。”

2020 年，在新冠疫情期间，全国近 2 亿师生开展了大规模在线教育，上海市 143.5 万中小学生主要采取了“同一学段、同一播出时间、同一批授课教师”的在线教学模式，实现了“停课不停学”。这是我国基础教育阶段一次史无前例的在线教育实践。

面对未来的目标与愿景，我们以全景扫描的方式，用三对共生概念的诠释，一起观察近年来教育信息化经历的量变与质变。

第一节　技术与教育共生

技术的发展一直在塑造着社会发展的方方面面。技术带来的不仅仅是工具、平台、资源与环境，更重要的是改变了生产力与生产关系，潜移默化地影响着人们的思维方式。

近 20 年来，面向所有人的信息科技取得了长远的发展，得到了广泛的应用。互联网成为了连接所有人的方式，移动互联网与智能设备让任何事情在任何地点可以随触即发。经济、政治、医疗、生活与娱乐等领域都产生了新的形态。紧接着，人工智能正在一些细分领域中挑战人类智能，并在各行各业里赋能产业发展。《中国互联网发展报告 2020》显示，截至 2019 年年底，我国移动互联网用户规模达 13.19 亿人，占全球网民总规模的 32.17%；4G 基站总规模达 544 万个，占全球 4G 基站总量的一半以上；移动互联网接入流量消费达 1 220 亿 GB，同比增长 71.6%；电子商务交易规模达 34.81 万亿元，已连续多年位居全球电子商务市场首位；网络支付交易额达 249.88 万亿元，移动支付普及率处于世界领先水平。

近五年内，人工智能的发展成为人们关注的热点。当阿尔法围棋（AlphaGo，又称“阿尔法狗”）战胜人类顶级棋手，人们意识到：学习了人类海量棋谱，并采取神经网络进行机器学习（Machine Learning，ML）的人工智能可以完胜人类。而当人工智能最强版阿尔法围棋（AlphaGo Zero）再次战胜人类，同时打败人工智能阿尔法围棋的时候，人们再次意识到：人工智能可以不需要人类棋谱经验，凭借自我博弈与自我学习升级就可以战胜人类顶级棋手。这种全新的方式带给每个人深深的震撼——机器在某些领域真的不需要人的智能经验也能够远超人类？人们深思着技术，反观着人类的学习与文明。

尽管目前看来，绝大多数人工智能都属于弱人工智能，也就是仅在单一领域产生作用的人工智能，尚无法实现跨领域的强人工智能，以及完全具备自我意识、远超人类全体智能的超人工智能，但是技术的升级速度已经让人们对未来产生了更为深远的思考。

技术的发展总是在不断迭代升级，有时有些技术也会被迅速淘汰，但却不会导致整体技术的倒退，反而使得技术不断进化。那些被淘汰的技术或技术产品，在修修补补与重新设计中保留其优势，避免其局限。但是，各行各业与技术交织在一起，并非跟着技术同步升级。绝大多数行业都无法因为技术直接升级而致其本身发生变化。技术与教育共生，不仅仅要关注、理解、应用与创新技术，更需要教育的改变、设计、实践与创造。教育需要保持敏锐的意识、变革的行动和与时俱进的活力。正如人们所说，教育面向未来，而非过去。

一、教育与技术共生，面向未来人才

无论互联网、信息技术，还是人工智能，都在对人才培养提出新的期望与要求。不仅大量知识每两年就能够快速更新迭代，而且各个领域的工作岗位也正在被不断替代、取消或重新定位。每一项新技术的诞生，加之于产业的结合重构，都在重新定义工作岗位。大量银行职员被 ATM 机器所取代，转而需要运营更复杂的金融产品的人员；大量生产流水线上的工人被机械臂所取代，转而需要更多设计与开发自动化系统工程的人才；大量的客服被智能答疑助手所取代，转而需要处理更综合的问题的调解人员……这些渐进性的系统变化还将逐步出现在律师、医生、交通警察、通勤司机等行业之中，不知不觉间对人才的需要发生了本质性变化。

这不仅仅让高校与职业教育的人才培养始料不及，也让中小学教育对培养人才的方向产生了深深的担忧。所谓面向未来的共同基础，真的牢靠吗？所谓培养学生们终身学习的能力是否真的具备？学习的过程依然没有跳出掌握静态知识和技能的范畴，并不是面向真实世界的挑战。真实世界挑战的核心特征就是“不良结构”，就是说条件是不完备的，方案是多样化的，过程中是有不确定因素存在的。因此，设计富有挑战的学习任务时，应该更多地思考一个挑战对于学习者“学习”的意义。如果一个学习者不能够到真实世界里去解决一个个具体而复杂的问题，把所学转化为一个个挑战所对应的解决方案，那么他很有可能无法应对这个世界的挑战。

与此同时，技术正在催生对大量新型人才的需求，这方面未来人才非常紧缺。面对数字化、信息化、人工智能与生物科技的崭新时代，出现了一大批知识经济与创业行业。人工智能正在赋能人类去探索从未发现的领域，面向未来的人才需要解决过去所未曾解决的问题。大量新兴学科正在崛起，如计算物理、计算化学、信息生物学、城市规划、数据分析、智能伦理等。根据经济合作与发展组织（OECD，简称“经合组织”）的报告显示，回顾过往的历史数据，当时还在中小学读书的孩子现在所从事的工作，有 60% 在当时还不存在。我们无法穷举也难以预测未来的行业，但我们可以面向未来，激发学生们的潜力。

二、教育与技术共生，探寻学习方式

不同的技术将以不同的方式促进学习，不同的技术将适合不同的学习者。技术的应用打破知识传授的讲授方式，打破班级授课制的听讲束缚，将知识学习和社会实践结合起来，把正式学习和非正式学习融为一体，采取灵活、多元和个性化的学习方式。学习者可以自由地选择学习时间与空间，自我定义学习的内容与进度，选择兴趣相同的学习同伴，充分地开展基于情境、问题导向的互动式、启发式、探究式、游戏化、体验式学习。

几乎每一次新技术在社会场域中的普及都会带来一次次教育领域的争论。人们曾经争论圆珠笔是否应该被允许带入学校；人们也曾探讨电视是否应该进入教育，观看电视是否会阻碍智力发展；随着互联网、移动网络、物联网以及人工智能技术的发展，对相关问题的争论越来越频繁，越来越密集。尽管有人赞同，也有人反对，但是教育领域对技术发展的融合似乎争论大于共识，保守大于行动，惯性大于改变。在全世界教育与技术结合的发展历程中，一直如此，始终是难题。

学校正在努力探寻并提供适合学习者的学习方式，而学习者也正在广泛尝试。多种学习平台融通，为学生提供了记录、反思、创造、分享、交流的工具，从而进一步点燃学生的学习热情，使学生形成良好的求知心理。互联网提供了广泛的学习分享机会，也为学习者之间的协作创造了条件，在“后喻文化”的影响下，鼓励学习者乐于创造，勇于创新。学生主动参与对所学知识的探索发现和认知过程，体验学习的乐趣，并且能够“低门槛”地基于产品设计进行学习。这样的学习方式，不仅能够帮助学生有效掌握知识，灵活解决问题，也能够培养学生不断探索、勇于创新的科学精神，拓宽广阔的人文视野。

三、教育与技术共生，重塑教师定位

教师专业发展正在呈现多元化与多样化，走向现代教育系统的合理分工与专业化发展。一线教师不再过多局限于做知识讲解的搬运工，而是从常规工作中解放出来，有更多时间用于开展更具交互性的课堂活动。一线教师更广泛地开展分工合作，更多地成为学生学习的教练、学习团队的引领者、学习共同体的组织者、学习活动的服务官、学习环境的设计师和学习数据的洞察者。

教师能够通过课堂内外的过程性学习数据，针对性地设计不同教学引导路径，个性化地帮助学生的思维发展。与此同时，知识图谱是显示知识发展进程与结构关系的一系列表征，用可视化技术描述知识资源及其载体，挖掘、分析、构建、绘制和显示知识及它们之间的相互联系。面向不同层次教育的知识图谱是实现个性化授导的基础，借助人工智能中的深度学习算法，可以不断发现学习中的规律，进行过程性的学习评价与个性化反馈。纵然知识图谱有一定的鲜明优势，也仍然存在巨大不足和缺陷，能够起到的作用还非常有限。仅限于知识层面的分析还远远不够，对认知与非认知的分析仍需突破。

无论如何，要探索知识图谱在学习诊断与个性化推送中的重要作用，大量减少教师的重复性工作，培养教师具备数据意识，并借助人机协同，促进因材施教。激发人机协同下，教师专业发展的新角色、新活力。运用知识图谱、机器学习、人机协同、认知计算等核心技术，促进大规模标准化教育走向大规模个性化教育。

第二节　供需与互利共生

近五年来，我国已有多个世界级互联网企业。此外，数以千计的教育互联网公司、教育信息化公司层出不穷。教育信息化的全局发展离不开多方力量的整合。以学生为中心，进行供给侧结构性改革，面向学习成长、素养发展、立德树人的共同追求，建立健全供需互利共生的新生态。

一、政府引导与企业参与

2016 年，教育部颁布的《教育信息化“十三五”规划》明确指出，各地要切实落实国家关于生均公用经费可用于购买信息化资源和服务的政策。在此“十四五”规划的启动之际，更应该关注在政府引导下，进一步优化企业多方参与机制，优化经费支出结构。

促进教育信息化，综合考虑政府、教育部门、学校、企业、家庭等多方面因素，积极探索教育服务的供给侧结构性改革。教育信息化服务往往品类繁多，既有教育信息化基础设施建设，也有教育资源建设，还有各类教育平台建设以及各种各样的课程建设等。

大量新兴形态的教育资源与教育服务，往往需要大量资本与技术投入。例如虚拟仿真实验、虚拟现实实训、自适应学习系统等，无不需要更多的企业投入。

因此，教育信息化服务构建是一个多元开放且系统性的体系，既要有政府引导，也要有企业深度参与，还要充分考虑教师与学生的核心需求是否得到满足。设法改变教师在教育信息化服务上没有发言权和选择权，学生真实的学习服务需求又被忽略或被家庭所裹挟的现象。同时，避免教育的“剧场效应”，导致教育信息化盲目跟随应试教育的弊端，加强政府与教育部门的方向引领与市场机制监督。

二、市场探索与多元满足

学校教育系统属于政府公共事业，而非纯粹的市场领域范畴。然而，广泛的市场探索正在使得学生能够选择更多类型的教育与学习服务。与此同时，教师群体也在不断激增。加之很多课外辅导机构逐步采用互联网的线上课程方式，无论是直播、录播，还是线上一对一答疑，各种信息化方式校外培训机构都在广泛采用，直接面向学习者提供学习服务。

不少校外培训机构已形成了特有的“主讲教师 + 助教教师”的双师课堂模式。主讲教师可以同时对 5 000 多名学生进行直播授课，而每位助教教师分别服务 30 ~ 55 人的学生群组。助教教师的教学工作包括三个部分，分别是：课前负责热身，课中随时反馈，课后答疑讲解。例如，某知名培训机构的课前预习环节由学生自主登录系统完成，系统会自动反馈给主讲教师学生的情况，而助教教师将对群组中的学生预告本次直播大课的主要内容、学习目标，并对个别学生进行不同要点的提醒。值得注意的是，参与主讲教师直播授课的 5 000 多名学生均经过测试，学生在达到一定知识水平的情况下才可以选择匹配其程度的主讲教师课程。而 30 ~ 55 人的学生群组则是更细分的同质分组，便于助教教师进行更有针对性的教学引导。

市场也正在积极探索在线教育。线上课程相对于线下课程，学生更难以保持长时间的注意力集中。而直播课堂不可能仅有 10 分钟，往往都在 30 ~ 45 分钟，甚至有 1 个多小时的大课直播。因此，较长时间的直播课上，校外机构一般要求教师保持每 5 ~ 7 分钟至少有一次互动。实际上，线上互动的方式并不比线下少，借助技术平台可以实现更多的师生交互方式，例如随机点名、投票统计、语音问答、文字弹幕、作业互批、数字填空、限时答题、拍照上墙、短视频上传等。

不仅是校外培训机构，各种类型的网络学习平台都在促使各行各业的更多专业人士参与到教育中来。无论是科学家、艺术家、律师、医生等，总有些人对教育满怀热情，乐于分享观点，设置开设了一系列在线课程。人人为师，能者为师，这让教育的整个场域更加宽广了。虽然其中还会出现非常多的问题，例如如何提升市场的有效监管，如何防止出现影响青少年身心健康的情况等，但是，这种更加广泛的合作共赢值得进一步迭代发展。

三、平台部署与应用导向

《中国教育信息化发展报告（2019）》显示，随着“宽带网络校校通”的迅速发展，截至2019年底，我国99.5%的中小学校（不含教学点）已接入互联网，51%的学校建有无线网络，学校网络教学环境明显改善；全国中小学校93.16%的教室已配置多媒体设备，约有60%的中小学校拥有配备交互式电子白板的多媒体教室；全国12.38%的中小学校建有创课实验室，7.98%的中小学拥有机器人实验室，8.21%的中小学拥有3D打印室；中小学校中主科拥有与教材完整配套数字教育资源的学校比例均超过70%；中小学校开通网络学习空间的教师比例为68.49%，学生比例为46.24%，空间的功能和需求日趋完善，46.31%的教师应用网络学习空间开展教学活动，48.80%的教师应用网络学习空间开展教研活动。

但与此同时，面对新一轮信息技术的新发展，当前已有的网络环境以及学校的数字化环境条件还远远不足。当前网络接入的带宽和标准并不能满足学校对全部学生开展线上教学的需求。

抓住我国新基建的发展机遇，应加快5G网络、数据中心等新型基础设施建设在学校的普及与应用。以技术创新为驱动，以信息网络为基础，为教育体系构建畅通无阻的学习环境，为教学的线上线下融合、无线互联、高频互动建成坚实基础设施体系。依托大数据、云计算、区块链、人工智能带来的技术优势和技术力量，实现对教育教学的全体系、全流程、全天候、全方位的动态监测，推动学校管办评分离，提升教育公共服务水平，可有效促进教育治理体系和治理能力现代化。通过全样本、全过程、多模态的数据采集，汇聚形成区域教育大数据，包括学生成长数据、学校运行数据、教育资源配置情况等，支持对个体成长的纵向追踪和课程学分互认，建构学生的学业和身心成长轨迹，促进学生的全面成长。实现“教－学－评”的一致性，将无感知测评和嵌入式评价相结合，通过大数据的采集、挖掘、分析和反馈，全面、精准、及时地促进线上线下教学融合改进，进而使人工智能技术赋能大规模个性化教育。

第三节 信息与学习共生

学习可以说是信息传递和信息重构的过程。纵然存在海量信息，也未必产生学习。存在并不意味着拥有，拥有并非意味着产生新的建构。反过来说，一个人如果没有接收与建构信息，也无法产生学习的过程。这让信息与学习的共生关系是如此奇妙而不确定。照理说，学习与信息科技革命关系最为紧密，人类学习会因互联网与人工智能而发生系统性变化。这种变革的张力应该等同于或超越印刷术传播文字对文明产生的影响。而今天最为前沿的5G新一代通信技术，已经不仅仅传递文字、图片、影片，还可以高速、低延时、高并发地多向传输海量多维度信息。5G正在成为下一代基础设施，使得万物互联、万物智能成为新可能。

但是，截至目前，整个教育领域中依旧有大量的信息不透明，获取优质教育服务的成本仍然高得惊人，教育服务的丰富度和选择权仍然极其有限。大量的孩子因为各种各样的限制，得不到优质的教育，得不到与自我潜能相匹配的课程学习，得不到足够多的引导与关注。公共教育资源依旧相对不足，针对不同区域、不同学生群体的个性化资源较少，与教师教学需求的匹配度也不够。建立优质教育资源城乡统筹机制，促进城乡之间、学校之间优质教育资源均衡布局。积极探索“互联网＋教育”“人工智能＋教育”的深度融合与创新，加强教育资源配置的顶层设计仍然需要不断突破与发展。

2020年初突如其来的新冠疫情也让在线教育与教育资源配置经历了严峻的挑战。尽管“停课不停学”期间，广大教师边学习边实践，积极探索在线教育，但是在线教育系统不完善、过往在线教育资源难以使用等一系列问题，也造成了更大的学习与成就差异。从一次前所未有的在线教育尝试，从集体记忆逐步走向新范式探索，还有很长的路要走。信息与学习共生，至少还需要经历多个阶段，才能逐步走向线上线下融合教育的新局面。

一、学生“选择”是强大的驱动力

是不是某些课程模块可以转移到线上学习？是不是某些项目的小组合作可以转移到线上合作？是不是某些学习活动可以转移到线上探究？是不是某些知识内容的讲解可以转移到线上？是不是某些作业批改可以转移到线上批改？转移是重要的，转移也是需要重新设计的“数字孪生”。

“选择”不仅仅是教师教学设计的改变，同时更重要的是学生意识和行动的转变。学生是否能够有意识地将学习的部分时间与方式，从线下转移到线上，将是新范式形成的重要标志。好比一个人去线下服装店买衣服，试穿了半天，最终决定在线上网店下单，然后又在网店上购买了与之相似的自己更喜欢的衣服。这将形成一系列的学习转移。

教育模式上何尝不是如此。如果学习者在课堂上听某位教师的讲解，发现听不懂，马上在网络上找到对应的视频课程，一听就明白了，那后续学生的预习与复习，是不是也会更多地转移到线上？课堂上的教师又该如何更好地了解学生，与之整合设计呢？我们的学生是否正在发生大规模转移？我们的教师是否直面了这些问题？

二、教师“涌现”是持续的生产力

课程是学校教育的重要财富。一所学校拥有上百门不同类型、不同层次、可供选择的优质课程是学生们成长的关键所在。绝大多数学校很难拥有上百门优质课程。但是，课程资源真的应该是稀缺资源吗？为什么无法线上选择与学习优质课程呢？在第一阶段选择之后，将步入第二阶段，少数教师与社会人士敏锐地把握到学生们发生转移的机遇与挑战。更多教师开始不断涌现出来，创造各种各样的线上课程。这些课程不仅仅是资源，还有完善的课程教学团队在维护与组织。这种涌现不是少部分教师完成的，而是体现在越来越多的教师都有自己的线上课程空间，都有自己的线上课程教学与组织。甚至部分教育者离开了自己的线下主要工作，转而全面投入线上教育。这并非不可能，虽然这需要有更多教育者在线上全身心的投入，也需要有更多一线教师钻研线上线下融合的教学设计。

早在21世纪初，美国有大约三分之一的州建立了以网络为基础的虚拟学校，为不同层次的学生提供相应的课堂外学习机会，也因此正在诞生新的教师群体。如今，虚拟学校已从单纯的网络成人教育和高等教育逐渐渗透到基础教育领域。所谓虚拟学校，就是以互联网为依托，由课程提供者向学习者提供远程教学的服务机构。虚拟学校一般有三种模式，分别是虚拟学院、生涯定向学院、考察学院。

三、系统“算法”是组合的生产关系

选择之后带来涌现，导致教育资源大爆炸。大量涌现的过程中必然需要新的组织关系。不能只是几个头部传播者受到关注，而应该将教育者与学习者进行算法的优化匹配，并随着学习者的进阶，进一步跟踪匹配与推荐。学习需要个性化的诊断与分析，需要个性化的推送与跟踪，需要针对学习者画像推荐更合适的教师与课程。如此结合之后，线上线下将发生根本性的变化。传统教育无法满足个性化需求的缺点将进一步暴露无遗。

师生关系发生重构，新的系统组织方式产生。学生可以选择教师，教师也能够选择学生，师生在线上线下都处于双向选择与自由组合的关系。线下教育通过学校课程体系建设，开展选课走班制，学生不仅可以选择课程，还可以选择上课时段，实现一人一张课程表。线上教育通过情感计算，深入分析学生的非认知特征，帮助教师真正读懂学生，匹配适合的学伴和导师，更好地满足学生的情感和心理需求。学生不仅可以选择不同课程的不同授课教师，还可以在同一课程中选择不同的线上线下教师组合。

四、“动机鸿沟”是学习内隐挑战

《2014上海基础教育信息化进程蓝皮书》里就提及要重新审视比“数字鸿沟”更加难以逾越的“动机鸿沟”。数字鸿沟因为数字原住民与数字移民的边界逐步模糊而消失，几乎每个人都将拥有一个智能移动终端。但是，即便如此，我们也将面临更为巨大的“动机鸿沟”。只有那些有自我激励的决心，能够持续运用一切数字化工具、平台与资源去创造、合作和分享的人，才会走在自我成长的道路上。

动机鸿沟在内心，它难以被看见，却可以被感知与观察。在海量的信息与不断自适应的算法面前，人的学习是不断地突破自我，还是进入“信息茧房”，抑或是根本性地缺乏动力？比信息开放、多元、共享更为重要的是教育如何开启孩子们的动机开关，如何创造更多的时间与空间，帮助学习者不断亲历学习的巅峰体验，不断营造一个更可信任、更加安全的学习环境，让学习者努力寻求社会的价值与人生的意义。

第二部分　场景与案例

第一节　空间重叠的教学新场景

本章第一部分的第一节“技术与教育共生”中提到，不仅仅要关注、理解、应用与创新技术，更需要教育的改变、设计、实践与创造。我们首先来看教学空间的改变，也就是信息技术支持下教学新场景的构建及其带来的变革。

教育是一种言传身教的行为，学习空间是教与学发生的载体与支撑，表现出一种潜移默化的作用。学习空间最初的意义是指物理环境空间，是指人们发生学习行为的场所和场景，可以直接感知体验和客观存在是其主要特征。教育理念的更新和信息技术的教育应用进一步拓展了人们对学习的认知，技术的发展和革新推动学习空间在形态等方面发生巨大的变化，以新的教学理念和技术构建的新型教学范式开创了“技术、教育和空间”汇聚的新型学习空间。近年来学习空间研究和关注的焦点由教室、实验室为典型代表的传统教学空间的优化，转向以图书馆、博物馆、教育场馆等非正式学习空间的应用和以网络技术、移动技术、虚拟现实技术、智能技术支持的虚拟学习空间和混合学习空间的建设。[①]

从物的视角，关注学习发生的全空间，即关注任何学习可能发生和需要的空间，如教室空间、虚拟空间、社会空间等。要实现核心素养和个性化学习目标，教学需要突破传统的学习空间，借助不受时空限制，有利于自定步调、强优补差的虚拟空间，以及能够提供真实学习情境的、有利于综合能力培养的社会空间的支持，让学习在全空间范围内开展。现实空间与技术的叠加拓展了学习时空，提供了丰富的学习环境和信息呈现形式，提供了训练模拟和环境体验的机会，以及多重深入交互的可能。为了拓展和丰富学习空间的内涵，教育研究者需要从生态视角重新审视学习空间的边界，实现封闭空间与开放空间的结合，现实与虚拟学习的结合，线上与线下学习的结合。[②]课堂空间、泛在空间、网络空间与各种技术进

① 李爽，鲍婷婷，王双．“互联网＋教育”的学习空间观：联通与融合[J]．电化教育研究，2020，41（2）：25-31.

② 景玉慧，沈书生．基础教育中智慧学习空间的应用视角与层次[J]．中国电化教育，2019（6）：29-36.

行整合，形成虚实结合的学习空间连续体。

在此背景下，重构学习空间成为全球教育改革的重要议题，也是我国“互联网 + 教育”变革的热点之一，智慧课堂、未来教室、未来学校等新型学习空间形态的探索都是空间创新与重构的有益尝试。上海市高度重视数字校园建设，在《上海市教育信息化 2.0 行动计划（2018—2022）》中提出：“结合上海市实际情况，完善并实施数字学校建设标准，市、区联动，推动并指导各级各类学校开展数字学校整体建设。”各区都积极致力于学校数字环境和智慧环境建设，通过区域智慧学习空间建设的项目引领各校的自主建设和应用。

目前上海基础教育学校信息化应用实践中，空间重叠的教学新场景呈现出多维多元态势，既有虚拟现实与物理空间的环境重叠，又有线上线下、课内课外空间、校内校外等多重时空上的重叠。从应用类型上划分，主要分为以下四种形态：信息技术支持下传统学习环境的重构、技术增强线上线下融合的混合式学习新场景、物理环境与虚拟现实技术空间重叠的沉浸式学习新场景，以及智能环境融合教学的智慧学习新场景。

一、空间重叠的教学场景类型

（一）信息技术支持下传统学习环境的重构

互联网、人工智能、大数据、云计算、物联网等新兴技术的快速发展正给教育带来变革机遇，技术的应用使得学习环境发生了深刻的变革，由传统的物理学习空间逐渐向物理空间与各种虚拟场景、网络空间融合发展，学习场景变得丰富和复杂，如利用虚拟现实技术在课堂中呈现直观的教学内容，促进师生对知识的理解并增加认知维度，极大地改善了教学效果。在科技不断进步、创新驱动社会发展的新时代，培养具有适应社会变化和终身发展必备品格与关键能力的创新型人才的重要性和紧迫性日益凸显。学校要为学生创造支持性的学习环境，引导学生在体验和探究活动中主动学习、深度学习，并实现知识技能向现实生活的迁移。

传统学习环境以硬件配备为主的建设理念和标准化、固定式、一成不变的建设模式已经不能满足学生日益多元的个性化学习需求，制约了学生创新素养的发展。因此，学校的学习环境亟须“变革”与“重构”。实体的教室空间、网络信息空间、社会交互空间等在教与学过程中越来越重要，尤其是随着混合学习、翻转课堂、双师教育等新型教学模式得以在学校教育中应用，空间重叠的教学场景下的教学设计更需关注新兴技术、教与学以及物理环境各要素之间的关系，使技术、学习情境、教与学的理论、各类空间、物化环境、人等要素有机融合，促进形成富有成效的学习环境。

引领学习环境重构的中小学创新实验室行动研究

【上海市教育委员会教育技术装备中心】

一、问题的提出

学习环境是指学生学习活动发生的场所，是促进学生主动建构知识意义和促进能力形成的外部条件。当代学习科学研究认为：学习不是简单、机械的识记过程，而是一个实践性的、社会性的、以资源为中介的、个性化的意义建构过程。学习者与环境的相互作用是获得知识、培养能力的必要途径。

随着信息化和智能化时代的到来，培养具有适应社会变化和终身发展必备品格与关键能力的创新型人才的重要性和紧迫性日益凸显。传统认识意义上的校园空间和学习环境，已经不能满足多类型课程的实施和多样化的学习需求，学校的学习环境亟须"变革"与"重构"。

我们认为：这种学习环境的"重构"，上接课程内容的统整，下连学习方式的转型，横向上涉及学习空间形态的创新和现代信息技术的融入，牵动学校教学组织方式和人才培养模式转型。

为此，我们聚焦问题，力求率先从突破传统实验室学习环境的局限着手，将实验室建设重心由重视"规模发展"转向重视"内涵发展"，由重点关注"物尽其用"的"标准配置"转为关注"满足个性"的"按需配置"，通过学习内容、学习方式和技术装备的融合，引领学习环境重构，着力解决以下三个问题：

着力解决传统实验室空间布局固定式、标准化，对学生个性化学习活动支持不足的问题。依据现代教育理念和现代教育技术，构建更为灵活、开放、软硬件融合的适应性学习环境，满足学生个性化和多样性的学习需求。

着力解决传统实验教学方式偏重教师单向示范传授、制约学生主动探究和动手实践能力培养的问题。为学生开展研究性学习与自主探究活动提供实践平台，促进学习方式向自主式、合作式、研究式转变。

着力解决传统学习内容以单一学科为主、更新滞后，学生创新思维受到局限的问题。打破学科围墙，支持新兴学科与跨学科的学习主题和课程资源开发，为学生开展深度学习、培养学生的学科素养与跨学科素养提供载体。

解决上述问题的过程，既是实验室学习环境重构的过程，也是对进一步深化教育体制机制改革，对《国家中长期教育改革和发展规划纲要（2010—2020年）》及《上海市中长期教育改革和发展规划纲要（2010—2020年）》提出的培养学生学会学习、终身学习、合作与创新等关键能力要求的回应。围绕上述问题，自 2004 年起，我们启动了创新实验室建设的一系列实践探索和研究工作。

二、解决问题的过程与方法

创新实验室建设以行动研究为主要方法支撑，在边实践、边研究、边总结，再实践、再提升至基本定型的过程中，逐步明确中小学校创新实验室的概念内涵与核心特征，形成运行机制和政策建议，推动了上海市中小学创新实验室建设的规模化发展，主要经历了以下三个阶段：

（一）探索启动阶段（2004—2010 年）

基于创新素养培育需求，采用选点试建的方法，首先在 19 所高中开展有别于传统实验室、支持学生自主探究的创新实验室建设，结合学校办学特色，打破标准化、固定式的实验室形态，创建个性化的学习环境。通过对试点学校的跟踪研究，提炼创新实验室的概念内涵与特征。2010 年，创新实验室被列入上海市中长期教育改革和发展规划纲要的重点发展项目，要求“建设若干个区域性中小学生创新实验室和 50 所高中专题创新实验室”。

（二）实践发展阶段（2010—2013 年）

基于试点学校成熟经验，采用项目扶持、典型示范的方法，实践范围从高中延伸到小学和初中，共建成覆盖基础教育全学段的创新实验室 327 个，学科内容从以自然科学为主，拓展到人文、艺术、社科、综合实践等学科和跨学科领域。分析提炼实践经验，编制建设指南和评估指标，创新实验室建设与运行模式基本成型。

（三）提升推广阶段（2013 年至今）

基于规模化发展趋势，围绕课程、教学、环境、机制等四个专题开展深化研究，提炼实践智慧与课题研究成果，初步形成中微观学习环境理论，为政府提供决策参考。2015 年，创新实验室被列入上海城乡义务教育一体化实施项目，要求到 2020 年，每所学校应至少设立一个创新实验室。目前，上海已经实现创新实验室建设所有中小学全覆盖这一目标，这是上海基础教育育人模式和学习方式变革的积极探索与重要实践。

三、概念内涵与核心特征

基于实践，我们对创新实验室的概念内涵、核心特征等进行深入研究，将创新实验室的概念内涵界定如下：

创新实验室是学生开展自主探究和创新实践的场所，是融合学习内容、学习方式和技术装备于一体的新型学习环境，是实验室学习环境的时代重构。

创新实验室具有以下五大核心特征：

（一）提供丰富的课程资源

创新实验室提供丰富的课程资源，坚持立足学校的育人目标和办学特色，紧扣实验室学习环境的建设与重构，通过整合学校内外多方资源，形成丰富多样的校本课程体系和课程资源配置。例如：上海理工大学附属中学围绕“人文厚实，理工见长”的育人目标，以“尚理实验中心”作为培育学生工程素养的主基地，构建和设计工程素养纵向课程群，与学校基础型、拓展型、研究型三类课程有机融合，形成系统性、层次性的立体式课程体系。又如：上海市曹杨中学的“水环境实验室”通过建设水分析实验室、人工湿地、雨水回收利用系统等，构建“环境素养培育”校本特色课程，并与同济大学环境与工程学院、香港科技大学环境学部等专业机构合作，开发形成一大批共建共享的课程资源，将校园打造成一个大型的环境素养培育基地。

（二）创建灵活的空间形态

创新实验室所创建的灵活的空间形态，首先指实体空间的灵活性，能根据不同的教学需要，对学习环境进行灵活布局和功能分区，便于学生开展多样化的学习探究与互动协作，充分满足不同学生和学生群体的个性化学习需求。例如：上海交通大学附属中学的“数字化加工中心”，如图1-2-1所示，由设计讨论区、零件加工区、组装调试区等分区组成，各区域的功能划分体现了工程活动的一般流程，并能够根据学生的具体学习需要进行灵活调整，让学生在活动过程中自然地接受工程教育的全方位熏陶。

图1-2-1　上海交通大学附属中学的“数字化加工中心”

同时，这种灵活性也指由于实体空间的多样性，所指向的更个性化、更灵活的学生分组及时间安排。例如：上海市市西中学超过800平方米的“思维广场”创新实验室，既包括了具有独立学习区、讨论区、发布演讲区、电脑学习区等的公共学习空间，也包括了6个半封闭、半开放的讨论区和辩论区。座位布局、场景布局等可根据学生喜好和需要进行任意组合排布。学生在完成相关的学科基础内容任务单后，可以根据自己的兴趣特长进入半封闭、半开放的区域内，参加由教师发布或学生自己发布的不同主题的讨论或辩论。这种灵活的教学组织形式，更能支持学生的个性化学习与志趣发展。“思维广场”的教学模式已经迁移到了学校不同学科的课堂教学中，撬动了学校教与学方式的变革。

（三）用现代教育技术为教育赋能

部分中小学的创新实验室，回应时代发展和技术进步对教育教学的积极影响，应用先进的技术装备，将现代信息技术等融入创新实验室的建设与运行过程，支持学生适应信息化时代的个性化学习需要与创新素养发展。例如：上海市实验学校的创新实验室建设，融入了多种现代信息技术，学生可以通过读取手环数据，借助近场通信技术了解自己的学习进程；利用无线交互技术和多屏互动技术，获取丰富的多媒体学习资源；依托云计算技术，形成学习的评价与自适应反馈（如图 1-2-2 所示）。

图 1-2-2　上海市实验学校创新实验室支持学生手环的数据读取和多屏互动

黄浦区卢湾一中心小学的“云课堂”创新实验室，使用平板电脑的终端互联，实现学生学习资源的智能推荐和学习过程的实时记录、数据联通与评价反馈。美国苹果公司 CEO 蒂姆·库克（Tim Cook）在参观学校时赞叹道，卢湾一中心小学是他看过的教育与信息技术融合得“最棒”的学校（如图 1-2-3 所示）。

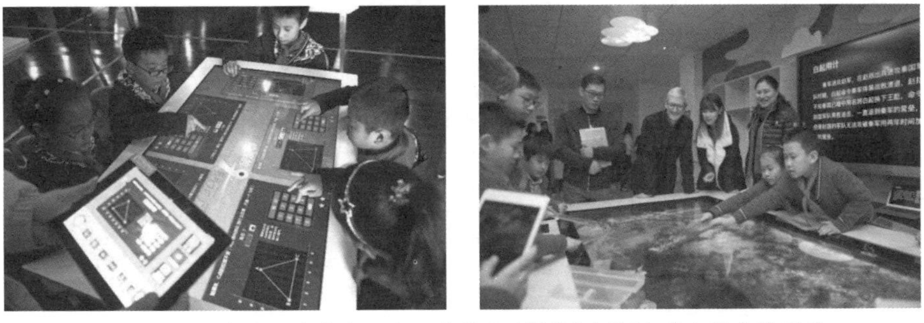

图 1-2-3　库克观摩卢湾一中心小学“云课堂”创新实验室的实践活动

（四）提供真实的情境体验

生活中的每样事物几乎都是跨学科的，学校也应如此。创新实验室通过真实情境的创建，让学生在实践中体验与探究，将实验室从单一学科拓展到跨学科，从以自然学科为主，拓展到人文、艺术、社会科学、工程技术等新领域和综合学科，让学生真切感受到学科之间的关联，有机会去回答与解决实际生产生活中的真实问题。例如：上海海事大学附属北蔡高级中学建立了由船舶、航行、海洋、救生四大主题实验室共同构成的“航运创新实验室”，学生能够在航海模拟驾驶室等仿真情境中，开展与航运相关的实际操作体验和探究学习，综合运用所学知识和技能解决遇到的各种实际问题，如图1-2-4所示。

华东政法大学附属中学的“明德尚法”创新实验室（如图1-2-5所示）通过设置庭审厅、仲裁厅、事务调解室、辩论厅、学生事务中心等，对法制系统进行了全真模拟，开展模拟立法、模拟听证、模拟庭审、模拟仲裁、模拟事务调解等实践活动，为培育学生的法制素养提供了丰富的学习载体和实践平台。

图1-2-4　上海海事大学附属北蔡高级中学的航海模拟驾驶室

图1-2-5　华东政法大学附属中学“明德尚法”创新实验室的模拟法庭

（五）支持研究性、项目化、合作式学习

创新实验室聚焦对学生多元学习方式和深度学习的支持，坚持以学习环境重构引领学习方式的变革，将教学方式的关注点从教师的“教”转向学生的“学”，促进学生在自主探究、合作交流和问题解决的过程中实现深度学习，支持学生的研究性、项目化、合作式学习，提升创新素养。长宁区天山第一小学的“项目化学习创新实验室”，建设以学生为中心的智慧学习环境和灵活多变的功能区域，实验室的空间布局可以根据学生在项目研究中的不同需求随时进行调整，并与学校的其他学习空间实现“无边界”衔接，引导学生开展自主式、合作式、探究式学习。

吴淞中学创新实验室群“道尔顿工坊”共有23间，2 500平方米。区别于传统实验室的封闭空间，工坊内有若干个长桌，适合小组学习和项目学习，有符合人体工程学、高矮不同的椅子供学生选择；工坊间有连廊，适合跨学科研究，课题研究和科学实践往往在2~3个工坊间完成。通过课堂观察、学生调查、活动评价和教师访谈等进行相关性分析，发现学生在道尔顿工坊的学习积极性较普通教室高，学习效果也优于在普通教室；教师的讨论比例和答疑比例明显偏高，小组活动显著增加；学生在各类技术支持的环境下能获得更多体验；在工坊产生了数以千计的课题，学生的各种创新潜质得到开发。

四、主要成效

创新实验室缘起学校改变学习环境的创新之举，迅速得到上海市教委的认可和政策扶植，在全市中小学校全面推广并产生积极效果，成为上海基础教育深化课程改革、实现优质均衡发展的重要组成部分，经验辐射至全国十余个省市。

（一）促进学生创新素养培育

创新实验室通过营造探究式、体验式、情境式学习环境，推动学生学习方式转变，满足学生探究、体验、个性化学习和发展需求，提高学生接受知识的学习传承环节和实验探究环节之间衔接、转化的效率，让学生在开放和探究性过程中实现深度学习，较好地发挥了学生在学习过程中的主体作用，有效促进了学生创新素养和实践能力的提升。以2017年为例，在上海市高中综合素质评价系统中，高三学生有两万余份研究性学习报告在创新实验室中完成。仅七宝中学创新实验室中就诞生了学生发明专利467项。

（二）促进教师专业素养提升

创新实验室涉及众多新兴领域和跨学科领域，拓展了教师的专业知识和技能，提升了教师的信息素养、课程开发能力和创新素养培育能力；促进了教师角色从“国家课程的执行者”转型为“学校课程的建设者”，从“学科知识的传授者”转型为“学生发展的支持者”；产生了一批积极适应教学变革的优秀教师，近三年，教师撰写创新实验室研究论文461篇。

（三）促进学校课程建设和特色发展

中小学校以创新实验室为抓手，开发特色课程，找到新的发展增长点。目前上海市中小学创新实验室校本课程涉及文理及综合学科中的50余个门类，成为学校课程建设的重要组成部分。创新实验室成为上海市特色高中评估的重要指标，41所特色高中项目学校均建有主题鲜明的创新实验室；93所市级新优质学校中有66所建立了创新实验室，借助创新实验室提升办学质量，成为“家门口的好学校”。

（四）产生广泛的示范引领作用

经过多年的探索和实践，创新实验室已在上海市中小学校全面普及，在全国形成了较为广泛的影响。2015年，在教育部召开的全国中小学实验教学交流研讨会、全国基础教育装备工作会议上分别进行了经验交流，并在全国其他会议和活动中推介。“引领学习环境重构的中小学创新实验室行动研究”获2018年国家级教学成果奖（基础教育）一等奖、2017年上海市基础教育教学成果特等奖。《中国教育报》等数十家主流媒体对上海创新实验室建设成效进行了宣传报道。浙江省、天津市等十余个省市主动吸收和借鉴上海创新实验室的建设与运行经验，在当地启动和实施创新实验室建设。

五、思考与展望

经过多年的不懈努力，创新实验室已成为上海中小学学生创新素养培育的重要平台，在实验室的建设形态、建设机制、建设思路与方法等方面均有明显突破与创新。

（一）突破了传统实验室建设的形态

改变以硬件配置为主的传统实验室建设模式，以可变组合式空间布局、丰富多样的课程资源、先进的技术装备，支持多类型课程实施和多样化学习需求；打破传统实验室的学科界限，将实验室类型从以自然科学为主，延伸到人文、社科、艺术、综合实践等学科和跨学科领域，创生了一大批不同于传统实验室的新型实验室形态，促进学生创新能力和实践能力发展。

（二）突破了传统实验室建设的机制

突破以往实验室建设、管理、应用“各自为政”的传统机制，形成以政府主导、扶持，学校应用为主，社会组织专业支持的市、区、校三级联动，社会资源协同，学校实践同步推进的实验室建设新机制。

（三）提供了学校学习空间重构的新思路和新方法

基于实践，对创新实验室的功能定位、课程建设、教学方式和环境建设等进行深入研究，归纳形成了创新实验室这一融合学习内容、学习方式和技术装备为一体的新型学习空间的建设方法，为学校学习空间重构提供了新思路和新方法。

（四）对未来的展望

随着教育改革的逐步深入，我们深感学校整体空间的建设与发展仍需要不断改进和创新。创新实验室以“破冰之举”引领了传统学习环境的“颠覆”和“重构”，后续需进一步实现学校空间、课程和技术装备的深度融合。同时，在创新实验室的引领下，上海开始着手对普通教室、专用教室与场所、公共空间、虚拟空间等进行一系列的整体学习空间重构，有效支持学校多类型课程实施，支持学生的多样化学习和个性化发展需求，追求人文与科技之间的平衡，全面激活学校环境的育人价值，让学校的空间更加灵活而具有智慧，更有效地支持学校育人目标的达成。

（二）技术增强线上线下融合的混合式学习新场景

我国近年来高度重视学习空间的建设和应用。为进一步推动网络学习空间的深入发展，规范建设与应用，促进教学方式与学习方式变革，创新教育服务模式与管理体制机制，教育部于 2018 年 4 月发布了《网络学习空间建设与应用指南》。网络学习空间结合线上线下学习优势，汇聚优质教育资源，提供教育应用服务，支持教育教学管理，促进师生互动、家校互动，成为实现师生个性化发展和集体智慧发展的组织化、实名制的虚拟学习场所。空间的核心属性是共享、交互、共创，基本特征是开放性、联通性、个性化和适应性。[①]

在过去几年间，上海很多区的中小学校大规模、深入地开展了线上线下混合教学的实践，特别是以翻转课堂为特征的教学模式已经形成。在传统的课堂中，课程代表了知识权威和最主要的知识通道，教师按照预定的教学目标开展教学，学习是按照课程的逻辑运行的师生交互行为。但在线学习通过对优质网上资源的接入，学生能充分按照自己定义的步调开展学习，师生、生生在网上可以开展充分的互动交流，教师在课堂中的知识传授任务也相应发生了改变，教师将更多的时间用于资源的收集、整理和组合，以及课堂学习活动的设计、组织与评价。[②]

混合学习的开展离不开区域层面在线学习和资源平台的保障和支持。青浦区开发了面向小学自然学科的在线共享课程“轻学·自然”学科平台，于 2016 年 9 月正式上线。“轻学·自然”学科平台具备课程分享、实时互动、交流展示、反馈统计等功能，本区师生均可用实名登录，同时面向更多的家长和游客。建设之初，已经完成和 2015 年上线的“爱实验”微信公众号的对接。该平台以学科三大板块重点学习内容为突破，目前已经形成了物质科学领域课程群、宇宙地球科学领域课程群和生命科学领域课程群三大类课程群。教师在课堂教学中，充分利用“轻学·自然”学科平台，巧妙整合协同学习的功能和电子书包，效果显著。另外，教师从在线课程建设和应用中面临的实际问题出发进行研究，并进一步深入思考在线微课程学习与课堂学习之间的关系，将线上线下教学进一步融合。区域资源平台的构建，为学校开展线上线下混合学习提供了重要的教学资源。

---

① 郭炯，黄彬，郑晓俊.《网络学习空间建设与应用指南》解读[J].电化教育研究，2018，39（8）：34-38.

② 吴南中.混合学习空间：内涵、效用表征与形成机制[J].电化教育研究，2017，38（1）：21-27.

基于平台师生互动的教学实践全过程

【上海市杨浦区平凉路第三小学　郑小燕】

作为一所信息化应用特色学校，学校在承担上海市数字教材项目研究的同时，还承担了区创智云课堂的项目研究任务。将上海市数字教材平台和学校互动教学平台进行整合，发挥数字教材的优势，同时对课前、课中、课后进行一体化设计，形成了如下教学模型，如图 1-2-6 所示。

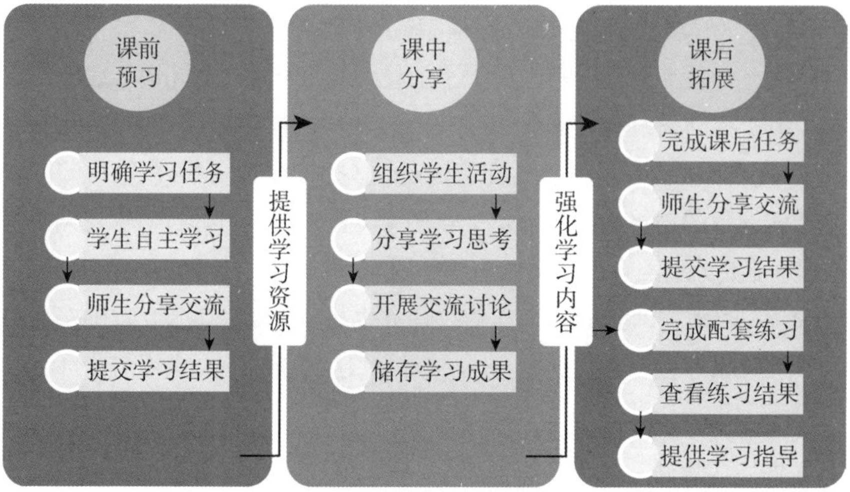

图 1-2-6　一体化教学模型

一、课前基于平台有效进行自主学习

（1）辅助学生明确前置学习任务。学生在预习时，可以借助云笔记功能进一步了解教师对前置学习任务的说明，并将自己前置学习中遇到的疑难及时记录在自己的云笔记中，反馈给教师。

（2）运用数字教材开展自主学习。学生可以及时采用数字教材的“圈划”“批注”等功能让自己的前置学习过程留有痕迹，为之后的课堂学习打下良好的基础。

（3）扩容云笔记功能，实现生生交流。数字教材笔记流转主要是师生间的互动，借助互动教学平台投影功能，扩容了生生交流的功能。这样，学生在预习时，就可以与同伴交流自己对教材内容的初步理解。

（4）利用数字教材提交学习结果。学生自主学习后利用数字教材功能上传自己的学习笔记，内容可以是学习过程中产生的问题，也可以是获得的结果，或是查找到的资料。这些笔记不仅可以是文字，还可以是图片、视频、录音等各种学习结果。

二、课中基于平台充分进行自主学习与合作学习

（1）参与学习活动。课堂中借助互动教学平台的投影功能将数字教材圈划的笔记和拍照的结果及时展示在学生面前，充分营造合作探究的学习环境，激发了学生课中自主学习兴趣，使学生更加自主、便捷、高效、个性地参与学习活动。

（2）分享学习思考。学生在学习过程中产生的各类学习结果，可以使用数字教材的“圈划”“批注”等功能，以笔记的形式记录下来，并通过云笔记的形式上传，这样就能与伙伴、教师分享学习体验。

（3）开展交流讨论。数字教材作为信息平台有极好的扩容性，因此教师在教学中可以有更多关于信息搜集、分析、再处理的教学环节设计。这些设计不仅成为师生、生生课堂交流和讨论的重要内容，而且成为课堂教学活动开展的主线。

（4）利用数字教材储存构建学习档案。借助数字教材的强大储存功能，可以将学生在课中思考交流讨论等学习活动中再次修改整理的笔记系统化地保留，形成学习小档案。

三、课后基于平台实现拓展学习与分层辅导

数字教材课堂教学以后，合理布置作业，可以有效地对课堂学习内容进行强化。基于数字教材平台的使用，我们将课后作业分成两类：

（1）课后拓展任务。如课堂教学结束时，教师会就学生课中感兴趣的问题布置相关拓展作业，引导学生在课后进一步自主学习。基于数字教材云笔记功能的使用，学生在课后学习中会自觉借助云笔记的方式上传学习心得，便于生生之间交流分享学习感受。

（2）课后配套练习。数字教材为每一个教学内容都设计了精细化的配套练习。对于学生，可以在线完成这些练习，如果答错了，数字教材马上会提供学习指导，引导他们正确地思考；对于教师，可以获得每道题的正确率反馈，包括哪位学生错在了哪道题上，引导教师反思自己的教学过程。

本案例充分体现了网络学习平台贯穿教学全过程，师生在平台资源和交流互动的充分支持下开展的混合教学过程。学生在课前的预习任务中，在平台上自学并分享笔记，将自己的初步的自主学习结果和疑问呈现在平台上，教师精准了解学情，精准把握学生的学习状态和需求；在课堂上，教师运用数字教材功能，补充课件、文档、图片、视频等信息资源，进一步组织学生在教室环境下的交流互动，并通过相关设备将课堂中即时生成性的活动和问题投影分享，有效组织面对面的教学，着重解决本课教学重难点，丰富学生的学习体验。同时，将课堂中关键部分的内容便捷地生成视频，作为学生课后进一步巩固学习的资源。在这样的过程

中，教师基于学生课前预习的结果反馈，使课堂教学设计更有的放矢。平台保留学生的学习过程，云笔记的分享加强了师生、生生在各个环节和阶段的互动，基于结果分析的教学策略调整路径和基于教学平台的师生互动教学方式都充分发挥了网络教学的优势。课前、课中、课后互相融合为有机整体，各个阶段的资源相互渗透补充，充分体现了线上线下环境彼此支持、不可替代的增强作用。

（三）物理环境与虚拟现实技术空间重叠的沉浸式学习新场景

在过去的十多年中，学习内容从单一的文本形式逐渐发展为图像、视频、音频和动画等多种富媒体形式。然而，富媒体只能为学习者提供视觉或听觉的刺激，虚拟现实技术作为一种可以模拟逼真三维世界的计算机技术，则能够支持创建模拟环境，使用户完全置身于模拟的环境中，向学习者提供视觉、听觉、触觉等多种感官刺激，让用户感受到真实性、沉浸感、构想性，并可以实现实时交互。

虚拟现实技术功能除了增强知识呈现之外，还具有模拟训练和环境体验的作用。利用虚拟现实技术创设仿真实验环境是对传统实验教学的升级。动作技能的掌握需要学习者反复训练，无论是学校教育的实验教学还是职后教育的专门技能培训，都强调学习者在真实情境中的动手操作能力。仿真实验具有“虚拟”和“数字化”的特点，实验过程可以重来和重现，可以据此来分析技能训练过程中学习者出现的问题，并给出针对性的训练指导。同时，虚拟现实技术满足了传统训练对设备数量的要求，一套系统可以同时供给多个学生使用，降低了训练的成本。另外，虚拟环境中的设备更新比真实的更快速、更方便，使部分实验和技能训练更容易实现。

在上海基础教育领域，近年来，在中小学、职业教育和课外科学教育领域都涌现出很多虚拟现实技术应用的实践探索。

虚实结合，仿真教学，实现理实一体

【上海石化工业学校】

中职学生就业后，直接由学校学生转变为企业员工，由过去教师安排学习内容到现在独立面对生产岗位任务，学生往往无所适从，不能迅速转换身份，适应企业的要求。为此，上海石化工业学校根据企业真实的运作方式，结合虚拟仿真技术，建设了“虚拟工厂”仿真教学平台，使学生提前了解企业的生产管理方式，熟悉实际生产岗位，明确不同生产岗位的工作任务与职责，实现了从学校教学到企业顶岗实习的顺畅过渡与衔接。

1. 搭建情境化平台，再现企业场景

学校深入企业生产一线调研，构建基于生产情景的学习情境，搭建“虚拟工厂”平台框架，设计了通用机械加工车间、行政办公楼等“虚拟工厂”厂区大楼，以机械加工典型企业生产车间导航为参考，制作“虚拟工厂”三维实时导游图，并以鼠标和键盘控制虚拟人物在厂区、车间内的前进、转向等移动。在通用机械加工车间内按照企业生产流程工序设置了数控车床、数控铣床、普通车床、普通铣床等加工设备，并以仿真加工软件作为支撑，实现虚拟加工，如图 1–2–7 所示。

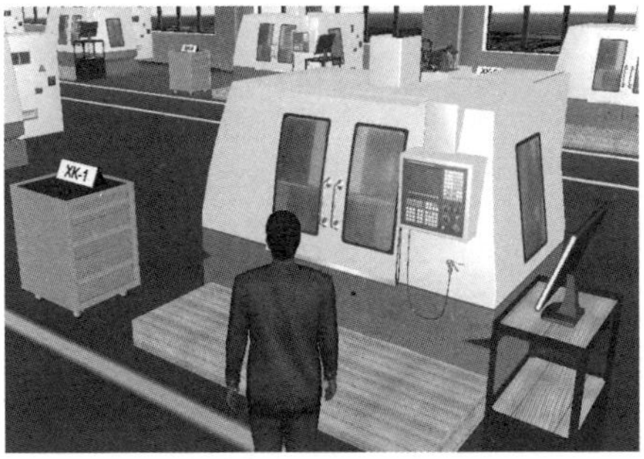

图 1–2–7　虚拟车间布局

2. 整合教学资源，促进自主学习

出于促进学生自主学习的需要，在平台上开发了“生产案例”“实训指导”“资料查询”“岗位资料”“支撑课程”等数字化辅学资源库。学生在学习中碰到专业上的问题都能及时通过查询入口进行查询，使“虚拟工厂”成为任务布置、任务申领、计划制订、任务实施（资料查询、虚拟仿真）、任务评价的自学习平台。

3. 分离典型工作任务，开发贴近实际的学材

以普通模拟车床上的典型零部件为对象，设计学习任务开发课程。通过拆解车床尾座分离出“顶尖套盖的加工”等八个典型工作任务，按照工作流程制作加工文件，完成工作任务素材的积累，开发完成了“虚拟工厂”校本教学材料。

4. 企业岗位担当，模拟生产组织

在“虚拟工厂”教学平台上，师生可以用不同的身份登录，学生既可以独立也可以用学习小组的方式完成学习任务。教师作为车间生产主管下发生产任务，学生模拟选择调度员、工艺员、编程员、操作员、检测员等企业工作岗位，分工合作，按照产品生产流程在各个虚拟生产现场流转，完成零件的虚拟加工生产，并完成生产报告，如图 1–2–8 所示。在虚拟加工的基础上，进车间操作机床完成零件的加工，并根据装配图对零部件进行装配和运动调试。

“虚拟工厂”建成使用以来，取得了良好的效果。学生使用网络可以在任何地点实现课前课后的自主学习，拓展了学习时空。学生缺乏足够操作练习的状况得以根本改善。信息化平台的使用使专业广域课程在课前预习、课中实践、课后拓展的全过程学习成为可能；对于教师而言，也能随时利用网络，根据学生成果的提交，及时掌握学习动态，切实提高了教学的有效性。学生去企业下厂实践可以

更快地适应企业的环境和要求。

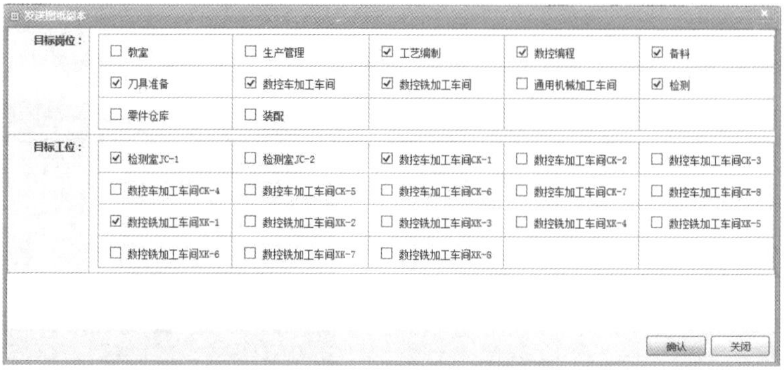

图 1-2-8　模拟岗位选择

基于虚拟现实技术的学习空间是在现有空间的基础上叠加，从实到虚的连续学习空间进一步扩展，将学习引入更细化、更深入、更逼真的环境中，给学习者带来了“沉浸、交互、构想”的体验。虚拟现实技术下的学习空间可以将学习活动压缩到分子内部，也可以将感知活动扩大到太空，学生在虚拟现实技术所创设的沉浸的、逼真的场景中参与活动，有助于获取比课本学习更丰富、更深刻的学习体验。

关于未来学习方式的发展趋势，《中国教育现代化2035》中明确表示要推动智能技术深度融入教育教学全过程，充分利用虚拟现实技术、增强现实技术，建设智能学习空间和学习体验中心等，推进场景式、体验式和沉浸式学习。正如以上这些案例所示，在基础教育领域，虚拟现实技术通过模拟情境弥补了传统教学场景的不足，正在为学生提供以学生为中心的、体验式的，以及协作学习的身临其境的环境，为学生理解学科内容提供更丰富的学习资源和学习经历。

（四）智能环境融合教学的智慧学习新场景

《教育信息化2.0行动计划》的出台，正式启动了新一轮的教育信息化建设工程，开启了智能时代新征程。“互联网+”时代的智慧校园是以物联网、云计算、普适计算和语义网等智能信息技术为基础，对校园的基础设施、教育内容、教育活动、教育信息资源等进行的以人为本的数字化改造，并通过网络互联而构建的虚实融合、信息互通、智能适应的均衡化生态系统，是通过技术与教育的深度融合来最优化地实现教与学，促进构建学生全面发展的智慧成长环境。大数据和学习分析技术为构建智慧学习环境提供了重要的技术支持，是实现个性化教学的关键。

在网络技术、传感技术、富媒体技术及人工智能技术支持下，教室环境将呈现出一种全新的形态，为学习者营造更具学习支持的环境。黄荣怀等认为，智慧教室是多媒体和网络教室的高端形态，是一种典型的智慧学习环境的物化，并提出智慧教室的 SMART 模型，表现为教室的布局与管理（环境管理）、教学内容的优化呈现、学习资源的便利获取、课堂教学的及时深度互动、情境的感知与检测等特征。一旦教室具备了智慧特征，将为教师的教学决策和学生的学习机会提供多元化的、多维度的数据或证据，当数据随手可得，且能够以一种适当的方式支持教师的教学行为与决策时，智慧教室将成为学生素质和能力发展的完美空间。[①]

基于数据驱动的“学习场”构建

【上海市西南工程学校　李卉　武文彪　刘五华】

一、案例问题

信息技术的飞速发展，深刻地影响着学校教育教学方式的改变。在物理校园的基础上构建一个虚拟校园是学校未来发展的趋势，这次新冠疫情期间的“停课不停学”实践也证明了虚拟校园存在的价值。如何构建满足学校需要，符合教育教学规律，方便教师教、学生学的虚拟校园“学习场”成了学校未来发展的课题，突发的疫情将这一课题变成了所有学校亟须解决的现实问题。

二、解决方案与流程

（一）解决方案

信息技术与教育教学融合创新，必将提高教育教学的开放性，并使其各个环节整合为一个有机整体。上海市西南工程学校构建的“学习场”不仅具有“人人皆学、处处能学、时时可学”的虚实融合特征，还可为教师、学生提供“新型教学途径、自适应学习、个性化服务、企业实景与教学场景相融合”的大规模因材施教服务，充分体现了大数据和人工智能技术驱动下的助学和助教。

在“学习场”中，线上线下“混合式”教学打破了传统教学的壁垒，实现学校教育更加开放、更加人本、更加平等、更加友好的可持续发展，开创信息技术与教育教学融合创新的职业教育新模式。“学习场”将吸纳和融合学校内部、外部的各种优质数字资源，将工匠精神、传统文化、德育教育融入数字资源，便捷地推送给学习者，实现优质资源智能服务“教”与“学”的新常态。运用虚拟现实技术开展虚拟仿真实训，打破传统实训教学时间、空间、工位数的限制，节省实训耗材的开支，缩短实训教学的时间，提升实训教学的效率，这种线上线下“混合式”的实训

① 祝智庭，魏非 . 教育信息化 2.0：智能教育启程，智慧教育领航［J］. 电化教育研究，2018，39（9）：5-16.

教学为学生职业技能培养提供了新路径。

（二）具体做法

“学习场”建设的主要任务是在数字化校园中完成“智慧云学堂、体系化资源云超市、虚拟化实训云工厂”等核心应用的建设，如图 1-2-9 所示。

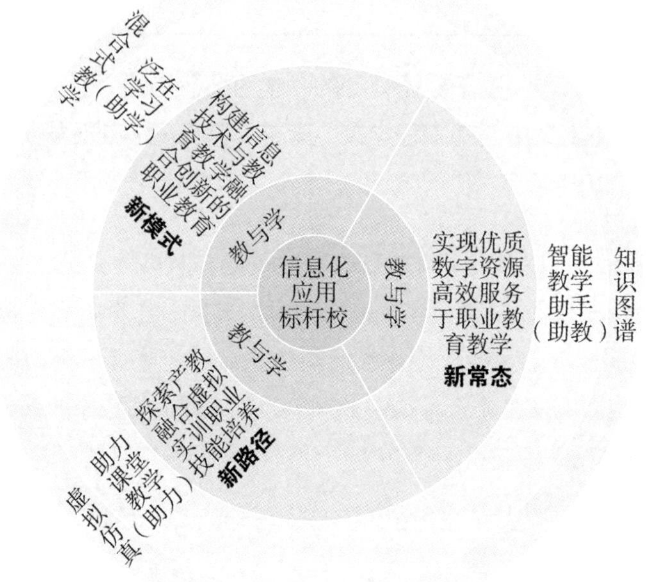

图 1-2-9 “学习场”建设的主要内容

1. 智慧云学堂建设

智慧云学堂建设是以“混合式教学”为核心，运用云计算、多媒体、人工智能等信息技术构建满足学生个性化、泛在化学习的智慧教学应用。发挥线上线下教学形式的优势，做到线上有资源、线下有活动、过程有评估，完善课前、课中、课后教学服务，打破时间、空间的限制，营造人人、时时、处处的学习环境，满足学生泛在化学习。同时，系统后台随时采集学生的学习数据，追踪学生的学习进度，发现学生学习的瓶颈和困难，帮助教师获取学生知识掌握程度，为学生提供在线私人化针对性教学。

2. 体系化资源云超市建设

体系化资源云超市的建设是以“知识图谱构建”为核心，建设覆盖所有专业核心课程的教育教学资源体系。基于知识图谱技术，建立教学资源实体与知识图谱框架关系的网络，将知识与专业、课程与教学过程关联起来，有效地管理各类知识素材和教学资源，为“教”与“学”提供更为高效便捷的服务。教师通过应用工具，快速获取各类教学资源，便捷地进行备课，轻松地组织教学。学生通过应用工具，方便地获取想要的学习资源，进行个性化学习。同时，系统后台适时统计资源使用的频度与用户使用需求的数据，按照预设的逻辑实现智能的资源推送、优质资源过滤、热点资源排行、关键资源互联等功能，为师生的“教”与“学”提供体系化的智能服务，让教学资源共享实现最大化。

3. 虚拟化实训云工厂建设

虚拟化实训云工厂的建设是以“虚拟仿真技术”为核心，采用基于问题和项目的互动、研讨、自主、合作、探究式的虚拟实训教学方式，运用虚拟现实（VR）及增强现实（AR）等虚拟仿真技术，将行业、企业的真实场景引入实训教学过程中，按照职业技能和素养的培养规律，开展线上线下相结合的个性化、智能化、泛在式实训教学，探索开展虚实融合的创新空间、跨专业的智慧型实训模式。同时，系统后台通过采集实训教学的过程数据，全过程地自动跟踪、记录学生的学习行为，预见实训过程中可能出现的安全相关事项，纠正实训过程中的错误操作，为学生开展真实线下实训活动做好技能知识储备，提升技能学习效率，实现信息技术助力学生掌握职业技能，养成良好的职业素养和习惯。

三、反思与发展

通过虚实融合的“学习场”的构建，使线上线下“混合式”教学得以实现，这样既保持了传统教学的现场氛围，又发挥了线上教学的优势，使教与学的过程都达到更为理想的状态，促进了学生个性化自主学习，为大规模因材施教提供了可能。置身于“学习场”中的学生可以自主制定并执行个性化学习计划，自我评估学习效果，自我调整学习进程，让学习变得更为轻松自如。

然而，“学习场”的完善需要有一个磨合过程，比如围绕师生“教”与“学”的行为的程序化开发、符合规律的教学流程改进等，便是我们近期在“学习场”运用中需要面对的问题。未来的校园不单是物理概念上的校园，更是无时不在、无处不在的虚拟化校园。物理空间与虚拟空间的融合，需要无处不在的“学习场”。这样，可使未来的校园生活充满无限灵动的生机，成为伴随学生一生的心灵栖所！

智慧学习空间内，随着通信技术、虚拟仿真等技术的运用，学习环境实现了从数字化到智能化的转变，空间的性能也变得更加完备，使传统课堂上难以实现的一些场景或实验变得易于实现和操作，为学习者提供更多的与真实世界一致的学习场景。智慧学习空间融合物联网、大数据、学习分析等多种关联协同的核心技术，提供丰富的学习设备与资源，同时支持线上线下学习方式，并且能够无缝衔接教室空间、虚拟空间和社会空间，构建学习发生的全空间学习场域。学习者可以随时随地接入其中，开展以自我需求为导向的自适应学习，满足个性化学习需求。

二、教学新场景带来的教学变革

（一）新型环境的创设丰富学科内涵，推进课程形态的变革

“互联网 + 教育”的变革是将发生课堂结构、课程表现形态、课程实施和课程评价等课程形态的变革。其中，课程的表现形态越来越数字化、越来越立体化；课程中的教育内容越来越强调学术性内容与生活性内容的相互融合与转化；课程实施从班级形态的集体授导向尊重学习者自我的活动转型，如翻转课堂、在线个性化课堂等新的课程实施形式。借助信息技术进行认知加工的思维方式，会改变课程的基础性目标结构，信息、媒介与技术不仅是课程实施的手段，还应该成为课程设置的基本目标。课程将越来越智能化、越来越具有选择性，适应学生个性特征是未来课程发展的重要方向。

智慧钢琴助推音乐学科教学改革

【上海市浦东模范实验中学　洪华】

为了真正改变音乐学科课堂教学方法，让学生由被动接受教师的讲授向主动参与、自主学习转变，弥补音乐课在学生乐器学习方面的不足，更好地实现音乐学科的育人价值，学校于 2017 年创建了 Find 智慧钢琴音乐教室。此举旨在通过一流的教育设备与资源，配合校本化的创新课程设计，探索信息技术与音乐学科深度融合的途径。

Find 智慧音乐教学平台是基于 Find 智慧钢琴的数字化功能，针对音乐教学（传统音乐课、钢琴集体课及其他音乐创新课程）实现教师琴和学生琴联网互动的教学及管理系统。它具有以下功能：1. 资源同步——每台钢琴都能实现师生资源同步播放。教师琴在示范演奏、课件展示、媒体播放时可将屏幕内容一键广播至所有学生琴屏幕上，并同时接管学生琴的控制权。2. 智能问答模式——学生通过钢琴控制来回答问题，教师端可以看到所有学生的答题情况，解决了传统课堂提问时无法全面了解学生掌握情况的短板，让记录学生的学习过程成为可能。3. 教材在线阅览——中小学所有的音乐教材都收录到了钢琴云端，可以在线打开所有的曲目欣赏、歌谱等内容进行在线同步教学，完全摆脱纸质教材的束缚。4. 紧扣

教材大纲的教学曲目鉴赏、多媒体联动课件、随堂测验题库等传统音乐课资源，方便教师调用，降低备课难度。5. 强大的教师琴一对多管控功能，随时掌握学生学习状况，让教学过程井然有序进行。学生琴在自行练习、在线评测时，教师琴可随时掌握每台钢琴的实时动态，通过耳机听到该钢琴的弹奏声音，系统自动分析判断并统计其弹奏正确率和答题结果。6. 集欣赏、演唱、演奏、合奏、游戏、评测、创造为一体，提升了课堂环节的连贯性与趣味性，大大丰富了传统音乐课的教学形式，生动有趣、参与性强，使学生主动学习，加深理解。7. 海量曲谱资源、鉴赏资源、音乐课程资源、钢琴课程资源，为音乐教育创造了更高标准、更多内容的教学形式。8. 钢琴家多角度演奏视频和琴键自动弹奏联动，完全还原精细技法。9. 钢琴屏幕可外接到电视机、投影机或电子白板上，通过多机位摄像机让全体学生看清教师弹奏时体态和指法的精细动作。10. 大数据评价分析——学生弹奏和测验时，钢琴会自动判断是否正确，系统通过大数据统计分析，得出每个学生的成绩，并形成班级排名。经过一段时间的积累，针对学生的学习状况出具详尽的总结报告，指导学生查缺补漏，从而跟上教学进度。

在校本实践过程中，学校主要进行了如下几方面的探索：1. 增加音乐鉴赏量。应用智慧钢琴，让中小学音乐课本中的所有曲目由著名钢琴家示范弹奏，钢琴自动还原弹奏过程，让学生欣赏音乐原声，感受音乐之美。2. 增强乐器感染力。应用智慧钢琴模拟不同乐器，让学生体验。比如在上《阿拉木汗》这节课时，可以任意选择一门乐器，感受不同乐器（如二胡、小提琴）弹奏的不同版本《阿拉木汗》在音乐感染力上的区别，体会新疆民族乐器的独特魅力。3. 加大互动练习量。应用智慧钢琴弹奏乐谱，练习识别五线谱，掌握节拍。4. 巧用自动评测表。应用智慧钢琴评测功能，对知识目标和操作目标进行适时评价、过程评价和最终评价，并对答对比例、错误分布、练习结果进行统计，供教师进行分析。

“互联网 +”教育，是趋势，也是背景。各学科在信息化背景下的新定位和新特征是什么？在新型智慧技术环境下，信息技术促变教育的不仅仅是替代、增强和调整，而且是重构。其中也包含对学科教育教学内容的进一步发展，丰富学科内涵，改变着传统学科教学的形态。

例如钢琴智慧课堂，基于极其丰富的音乐云资源的调取、储存以及强大的平台处理能力，大大拓展了传统音乐学科的教学内容和教学资源；通过内置测评系统智能纠错，学生既可以独立演奏，也能通过“双师”教育模式，成功实现线上到线下的“双师”教育，突破了教师可能存在的水平限制，保障了教学质量。将钢琴集体课的每个用户端做分组和整体的联结，满足“一对一”或“一对多”的个性需求，极大地提高了教师的教学效率和学生的掌握程度，并且在练琴环节也能做到同时兼顾多人，在学生的钢琴学习过程中做到全程监管和随时干预。另外，智慧钢琴通过可视化和评分机制，让练习和反馈更加精准。技术的融合将钢琴由一种机械化的工具，转变为可欣赏、可娱乐、可学习的交互式学习中心，大大丰富了音乐教学的内涵。

（二）新场景下的教学从支持知识技能学习向发展学科核心素养转变

新型学习空间需要具备共享、交互、共创的特性，支持个性化、开放性、联通性和适应性的需求，空间建设与应用的基础是无障碍获取空间服务的网络和终端接入条件。当今技术的发展，为素养和能力的培养提供了丰富的选择。早期的多媒体技术主要支持知识技能目标的实现，而现在的虚拟现实技术、大数据及人工智能等技术的发展和教育应用构建满足教育变革诉求的智慧学习生态，落实思维培养、情感教育、个性服务、多元评价和精准教学等关键任务，实现从支持知识技能学习向发展学科核心素养的转变。

巧用网络 GIS 平台落地区域认知素养

【上海市建平中学　侯璐】

区域认知素养是地理核心素养中的一个重要方面，需要学生具备“空间—区域”的观点。在人文地理部分，城市专题的教学内容与真实生活息息相关。其中，城市专题部分主要包含了三个方面，即城市内部空间结构、城市间地域联系、城市化。但教材中缺乏真实地理案例，造成学生认知上的困难。网络地理信息系统（Geographic Information System，GIS）可以提供全面的学习环境，具有研究区域地理问题以及区域间的区别和联系的作用。同时，网络 GIS 将地理知识可视化，从而更有利于师生在教学互动时对于真实地理情境进行空间分析，进而达到培育学生区域认知素养的要求。

在这部分内容的教学中，设计了三个活动，如图 1-2-10 所示：（1）利用虚拟地球仪软件观察城市功能区景观特征，帮助学生利用虚拟地球仪软件观察城市内部的空间结构，从而判断城市不同功能区与内部景观特征，从而提升学生的区域认知素养。（2）利用夜间灯光数据感知城市群与区域经济发展水平。帮助学生了解通过夜间灯光数据可以得到传统遥感手段在白天无法获取的城市信息，从而提升学生的空间思维，促进学生的区域认知素养的发展。（3）通过遥感影像分析上海市2000年至2010年间的城镇化进程。利用30米空间分辨率全球地表覆盖数据集（GlobeLand30），帮助学生加深对于城镇化进程中城市面积增加的认知，观察上海市十年间的城市用地的扩张，从而提升学生的综合思维能力，同时培养学生的区域认知素养。

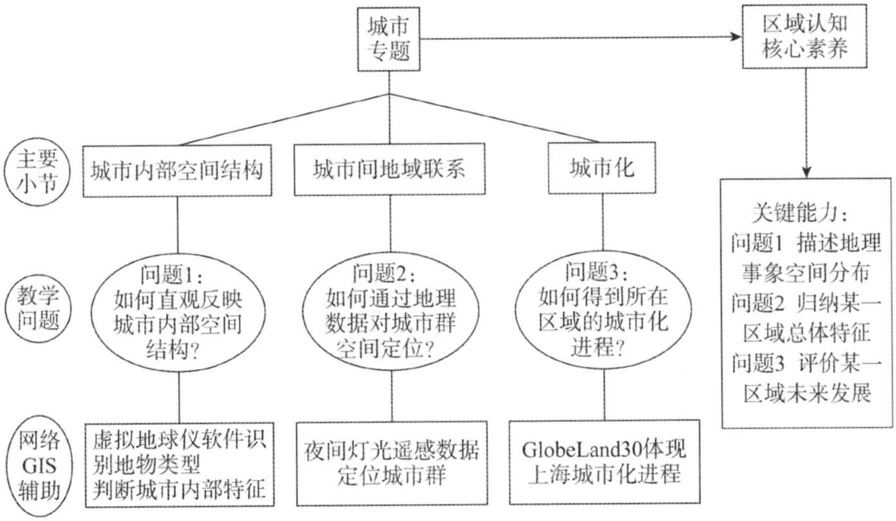

图1-2-10　网络GIS解决城市专题教学问题思维导图

（三）智慧教学的新场景：教学向基于数据的个性化精准性方向转变

祝智庭教授对“智慧教育”做了较为全面的定义，即智慧教育的实质是通过构建技术融合的生态化学习环境，通过培育人机协同的数据智慧、教学智慧与文化智慧，本着“精准、个性、优化、协同、思维、创造”的原则，让教师能够应用高效的教学方法，让学习者能够获得适宜的个性化学习服务和美好的发展体验，使其由不能变为可能，由小能变为大能，从而培养具有良好的人格品性、较强的行动能力、较好的思维品质、较强的创造潜能的人才。

学习环境建设是实现教与学方式变革的基础，智慧学习环境是支持学生全面充分、高效发展的学习空间，应当以传递教育智慧作为建设的核心宗旨。为达成该目标，智慧学习环境应符合四大原则：学生为中心，数据为中心，服务为中心，体验为中心；以及六大功能需求：无缝连接学习空间，敏捷感知学习情境，自然交互学习体验，精准适配学习服务，全程记录学习过程，开放整合数据资源。[①]

① 祝智庭，魏非．教育信息化2.0：智能教育启程，智慧教育领航［J］．电化教育研究，2018，39（9）：5-16.

提升学生体质健康的学校个性化干预研究

【上海市闵行区平南小学】

2012年区域学生成长电子档案系统中的身心健康数据挖掘结果显示，肥胖已经成为首要的学生健康问题。通过与2010—2011年学校学生体质健康数据的对比，体质综合评价和单项指数呈下滑趋势，优良率低于区平均水平，肥胖率高于区平均水平2.7个百分点，而正常体重检出率低于区平均水平2.8个百分点。

因此，学校将肥胖学生、体重过低学生、营养不良学生作为跟踪研究的重点。然而，学生人数在不断增加，学生的体质健康状况在不断变化，需要全覆盖、全内容、精准地管理学生健康信息，这是进行学校个性化干预的前提。基于此，学校与第三方机构合作研发了三个有效工具（学生健康信息管理平台、闵思运动手环、基于运动手环数据的体育课堂教学App），综合运用运动干预、饮食干预、生活习惯干预，建立了一套校本的、校内校外相结合的个性化干预机制。

目前形成了学校个性化干预学生体质健康的三大途径：一是根据健康管理平台数据开展实时监控、及时干预，量身定制学生体质健康改进方案；二是根据运动手环伴随式采集学生运动过程中的数据，结合体育课堂教学App的实时数据和预警分析，更精准地进行学生个性化的运动量设置、运动负荷干预与运动方式指导；三是加强家校合作，向家长发放“正面干预肥胖率”日常反馈表，进行长期跟踪和综合治理，促进学生在家养成良好的体锻习惯和健康的生活方式。

课前，教师运用学生体质健康数据预制课堂环节和警示值。课中，教师借助运动手环的功能，可以全面掌握全班学生的平均运动强度以及运动达成度，手环可呈现班级整体的数据和班级中每个学生的运动数据。对学生个人的数据，教师可通过当前运动强度、心率、运动密度、达成度来了解学生个体在本次体育课上的运动情况，了解到不同个体的运动量是否达标，从而进一步实现对不同学生个体的个性化体育锻炼计划安排。课后，对体育课分环节强度表、分环节密度表、平均心率曲线图等进行汇总，进行教学评价及调整。教师通过对运动手环的数据分析关注到每个学生个体。

传统的体育课教学，教师主要基于粗略的运动数据，如学生跑跳的时间、距离等，结合现场记录的结果和自己观察的直观经验，来判断学生的运动状况。在该案例中，教师通过对运动手环的数据分析，可以清楚客观地了解到每个个体的运动量是否达标，从而进一步实现对不同学生的个性化体育锻炼计划安排。对课堂强度分层进行调整，及时对学生的运动量按以下类型进行干预：运动量过大，出现预警，进行及时干预，避免运动损伤；运动量过低，督促学生运动，促进运动效果。当数据随手可得，且能够以适当的方式支持教师的教学行为与决策时，智慧环境将成为学生素质和能力发展的完美空间。

综上，在未来全空间的教学支持环境中，师生可以按需自由调配组合不同空间，有针对性地开展教学活动，例如：集体目标欠缺时，可以设计教室空间内面对面的集体授导式学习活动；个体知能欠缺时，可以设计虚拟空间内的差异化和个性化学习；新知学习中，可以借助社会空间，让学生通过解真问题，发展与内化知能，促进核心素养能力的培养。今后的教育教学空间，将会出现越来越多的物理和虚拟、课内和课外、学校和校外、线上和线下的空间重叠。无论哪种形态的空间重叠，虚实融合的育人空间将具有如下特征：课程形态将越来越多地体现出虚实融合的立体化形态，课程会越来越多地体现出线上线下优势互补的发展趋势；课程结构将越来越多地体现出整合性和跨学科的结构，这种课程结构具有情境性、体验性、趣味性等特点；课程实施方式将发生根本性变化，大部分知识性的教学会由互联网或人工智能所取代，育人部分主要由教师组织实施。通过人工智能、大数据，可以破解教育服务的规模化和个性化难以兼顾的悖论，既可以做到大规模覆盖，又可以做到个性化支持。①

第二节 混合学习成教学新常态

本章第一部分的第三节“信息与学习共生”中提到，公共教育资源依旧相对不足，针对不同区域、不同学生群体的个性化资源较少，与教师教学需求匹配度也不够，加强教育资源配置的顶层设计仍然需要不断突破与发展。信息与学习共生，需要经历多个阶段，才能逐步走向线上线下融合学习的新局面。

自 2020 年 1 月底教育部为了应对疫情，提出“停课不停学”应对政策以来，各省市纷纷推出了自己的指导意见和实施方案，一个多月中全国范围内几乎所有学校、师生及家庭都投入到了这一场世界上规模最大的居家在线教学“大试验”之中。这一次大规模、普及性的在线教学实践探索，被认为是“全世界在线教育

① 朱筠，余胜泉，赵尔迪．新技术如何赋能智慧教育好未来［N］．人民邮电，2020-05-29（6）．

发展过程中里程碑式的事件"，同时也是一场全员性的教师信息技术应用能力实战性培训。虽然作为一种被迫的应急性举措无前例可循，无参照可依，实践中尚存在许多问题和困惑，但这一场史无前例的新探索已经大大推进了中小学在线教学的进程。

一、疫情阶段全面实施的上海市中小学在线教育

上海市中小学生人数约160万，疫情阶段，全市集聚优质师资和学习资源，采用"空中课堂"和"双师教学"模式，共开展了中小学41个学科段保底性质的在线教学，完成5 326课时视频资源建设任务。具体包括四方面的举措：一是统一课表，将各年级线下课程迁移至线上。上海市教委组织各学段、各学科1 000多名优秀教师，预先录制满足学生基本学习需求的视频课程。二是全媒体分发，通过12个有线电视直播频道、8个网络直播平台和44个在线交互平台向全市学生直播教学。三是双师教学，即采用录播教师统一授课与本校任课教师网上辅导相结合的方式进行双师教学。学生观看录播教师统一授课后，原来学校的任课教师运用互动工具了解学习情况，辅导学生学习。四是鼓励发展特色，各区教育局和各学校自主选择适当的时间，通过网络互动，开发推出符合学生特点的特色性课程。上海市空中课堂教学采用"问题组织 + 片段设计 + 讲练结合 +PPT 呈现"的教学设计，体现了启发式教学的优势。建立团队，形成教学设计、技术支持、现场指导、独立审查的机制是保障视频课资源建设质量的基础。"双师教学"被证明是一种有效模式，未来需要一体化设计和实施。

在具体执行和操作层面，上海市采取了统一和灵活相结合的办法。各区根据本区信息化基础条件、已有的在线教学平台和资源等实际情况，在市级统一在线教学安排的基础上，指导辖区内的每所学校综合考虑学生课业负担、学科学段特点、身心健康等因素，制定个性化的实施办法和措施。学校也可以不使用上海市教委提供的统一视频课程，在保证质量和安全的前提下，结合学校实际，自行组织开发视频课程或开展线上直播教学。本校任课教师可与学生一起听课，并适时通过专用网络直播间、社交平台等互动工具提供补充学习资源、了解学习情况、辅导学生学习，实现互动教学；也可自主选择适当的时间，通过音视频互动或文字互动，开展在线互动。为了确保困难家庭学生也能顺利参与线上学习，上海市通过仔细排查，掌握了所有困难家庭的实际情况。针对不同情况，做到"一生一策"，确保每个学生能够获得均等的学习机会。

（一）线上基础类课程确保教学质量，创新教学方式

为兼顾教学质量和个性化实施两方面因素，上海采取的双师课堂教学模式前

20分钟统一收看市里组织的各学科优秀教师拍摄的“空中课堂”教学内容，后20分钟由本校教师组织自己班级的教学。一节课因为特殊时期被拆分成两部分，由不同教师来上，两部分内容如何衔接，如何有效融合？如何保证教学质量？在双师教学模式下，作为一线教师应该如何定位自己，如何利用好这些市级课程，安排好后半段与学生的互动，处理好学生的居家作业，可以采取哪些方式及时了解并反馈学生学习的掌握情况呢？这是所有一线教师面临的挑战，也是积极寻求解决办法的契机。

上海市金山区教师进修学院附属中学的丁瑱妮老师积极变革教学思路，探索新的手段和模式，充分利用网络教学的优势，扎实开展教学指导工作，提升数学在线教学的效率。

“1+1+1”线上教学模式的新尝试

【上海市金山区教师进修学院附属中学　丁瑱妮】

在双师课堂教学工作中，教师发现要及时处理学生课堂的掌握情况，改变传统教学的思路就显得尤为重要。于是，教师在实践的教学过程中，改变传统教学模式，尝试一种新的教学模式，最终形成了由“一张思维导图”“一份班级填表”“一段视频讲解”组成的“1+1+1”线上教学模式。

一、过程呈现

变化一：一张思维导图——从“沉默重复”到“精简直观”

在学生观看市级课程之后，会有大约15～20分钟的课堂互动时间，旨在归纳提炼课程内容，解决学生的疑问。如何快速地再现课堂的重点，方法就是利用一张思维导图。针对每一节课需要解决的重点问题，教师引导学生根据思维导图回顾内容，不仅直观地归纳了整节课的重点，同时补充实际操作中的注意点，更加精简、更加直观。如图1-2-11所示为初中数学四边形内容的思维导图，整章内容一目了然。

变化二：一份班级填表——从“个别展示”到“集体反馈”

为及时反馈学生的掌握情况，往往在教学中设计练习巩固的环节，由于教师无法立即批改全班作业，所以作业的展示只局限于个别学生，但是在直播课中，这样的局限已经不复存在，利用班级填表的功能就能及时反馈班级全体学生学习的掌握情况。教师在直播课上发布选择检测题，学生完成后将结果填入表格，计

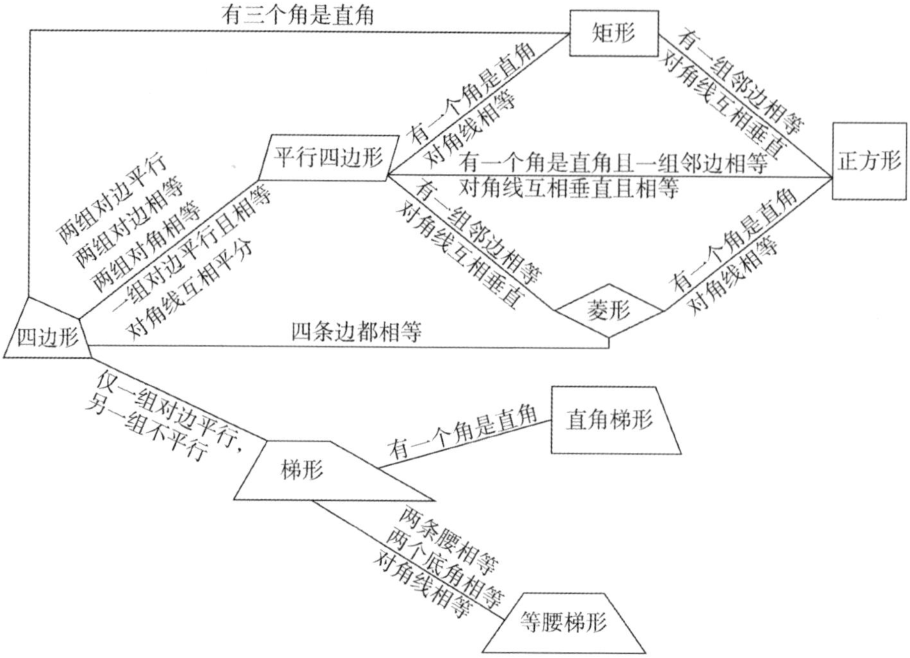

图 1-2-11 初中数学“四边形”思维导图

算机替代教师完成批改作业的工作，同时统计正确率，显示答题错误学生的名单。这样教师不仅可以全面掌握学生的学习情况，而且查看统计结果就可以直接实时讲评反馈。如图 1-2-12 所示为利用班级填表的操作流程图。

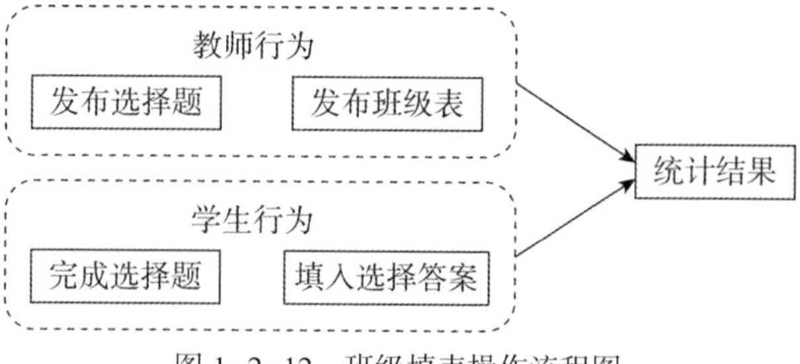

图 1-2-12 班级填表操作流程图

变化三：一段讲解视频——从“静态批改”到“动态讲评”

作业反馈通常是由教师批改作业后，再选择错误率较高的题型进行讲解板书，教师必须面对全班所有学生完成练习的讲评，无法进行针对性的一对一讲解。而线上教学就不会受到这样的限制。利用一段讲解视频，学生自己可以选择需要的内容重点听。线上讲评模式更有针对性，效果也更好。

学困生通过动态讲评的视频可以再现教师课堂中讲解的过程，重复听存在疑问的部分，不断研习，直至看懂为止。对于学优生，教师可以提前录制视频，批改作业后发布相关视频，学生在家就可以完成综合题的训练，培优问题同样可以得到解决。

二、案例启示

打破传统局限，借助信息科技的新型“1+1+1”线上教学模式，利用“一张思维导图”“一份班级填表”“一段视频讲解”，解决了线上教学掌控难、反馈难的问题，直观有趣，及时高效，针对性强。

首先，“1+1+1”教学搭建学习思维导图，精简直观。利用思维导图的教学重视的不是单独的一节课，而是完整的一整章。学生通过不断搭建完善思维导图体会数学的有趣之处，同时完整地了解数学知识点之间的联系，而且在学习的过程中能对本章的数学体系有完整的认识。

其次，“1+1+1”教学实现可视化批改反馈，及时高效。利用信息技术的批改不需要等待，不需要额外统计，解放教师的同时，反馈更加及时。教师根据统计结果选择性地讲评，真正做到有根有据地讲评，还可以根据出现错误的学生名单着重提醒他们需要注意的易错点，这是可视化的教学反馈成果。

与此同时，“1+1+1”教学不受时间空间限制，自由随性。利用视频讲解，不受时间的限制，学生可以根据自身需求选择适合的研习模式。视频讲解可暂停、可反复、可保留，可供随时回顾，随时解决问题。

“1+1+1”教学是从线上教学实践中提炼出的一种较为有效的教学模式，其具有内涵丰富、操作简便、分析简单、针对性和实用性强的特点，能让课堂从传统“静态”走向现代“动态”。

疫情期间高中大规模“云”教学模式的实践探索

【同济大学第一附属中学　郎樱】

在线学习的优势在于不受时空限制，按需学习，但也可能更易产生两极分化，如何扬长避短？学生自律性不够，如何避免学生在线不在学？一些教师的线上教学模式简单复制线下课堂模式，如何让教师在教更会教？这些都成为学校亟待解决的问题。在前期师生线上教学需求调研的基础上，学校进行了顶层设计。教师们凭借学校平台的技术支撑，群策群力进行教学流程的再造、迭代和创新，形成四种面向大规模虚拟学习共同体的“云”教学模式。

一、基于前置学习的“云翻转”课堂模式

“云翻转”模式从技术形态上来说并不复杂，即错时录播课程和实时在线课堂混合开展，具体的教学流程如图1-2-13所示。

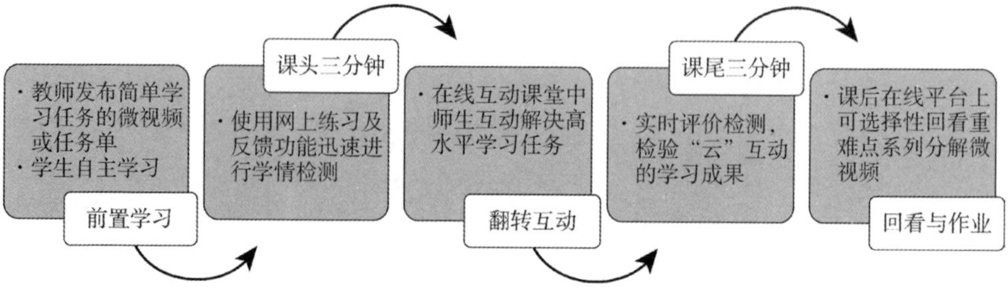

图1-2-13 基于前置学习的“云翻转”课堂教学流程

前置学习是指教师事先发布一些学生能够自行解决的学习任务单或者微视频，任务时长控制在10分钟内，供学生课前自主完成，做好新课的学习准备。在线实时互动课堂中教师着力解决学生最近发展区问题，开展高水平的学习任务和深度互动交流。课后学生依然可以通过系列化微教学视频有目的地挑选回看重难点和范例讲评，完成在线作业，巩固强化并促进学习创新。为确保学生前置学习成效及翻转实时课堂中的互动成效，这类模式特别强调充分利用好“开头结尾三分钟”的诊断性学情检测和课后反馈。

二、基于角色扮演的“云情境”课堂模式

虽然教师和学生是虚拟的面对面，但是在“云端”课堂中同样可以进行情境创设。一些现实世界中表现比较害羞内向的孩子往往在网络世界中更容易呈现真实、放松的自己。例如：在语文古文教学中开展角色扮演的“云情境”模式，教师通过视频、音频等多媒体形式搭建起的场景营造气氛，学生在聊天区中扮演不同的古代人物。在分析和揣摩人物角色时，挖掘人物的内在动机、行为产生的原因，让古文学习不再是枯燥的字词理解，变得生动有趣，同时也激发学生分析、想象、判断和创造等高级思维活动。

又如开展“我是命题人”活动，身为命题人的同学，找依据找论点，努力确保自己命题的科学性和严谨性。挑战答题的同学除了积极答题，还会带着批判的眼光“挑刺”。“命题人”与“答题人”之间的博弈，让同学们不断地表现自我，提升自我，从而完成自我激励与调控。在这种教学模式下，教师是一个协调者的角色，在整个过程中不断启发学生，使学生准确理解问题，这对教师教学语言的艺术性和科学性也提出了一定的要求。

三、基于对话分享的“云感知”教学模式

“云感知”强调的是对话、分享的过程。技术层面上可以是微信群、直播课堂中的语音朗读分享、在线平台中类似BBS的互动交流区的文字分享等。教师或者某位学生作为主持人提出一个讨论话题、一段喜爱的诗歌朗诵、一段精彩的英语配音、名画名曲的欣赏等，参与讨论的时间并不限定于一节课40分钟，可以是一段时间，甚至一星期，参与的同学不限定于一个班级，可以规模更大。学生和教师们持有的价值观念不可能完全一样，然而正是由于差异的存在，才有了讨论得以展开，并能够向纵深发展的重要动因。虚拟世界的隐身制往往更能引发热烈讨论与积极评价，能够把学生的学习情绪推向新的高潮。

四、基于学习诊断的“云辅导”教学模式

教师在开展线上教学时既要兼顾整体需求，更要关注学生个体问题，让在线学习扬长避短。为此学校通过信息技术手段减轻教师在线教学的工作负担，让精准数据告诉教师们每一位同学的学情。学校信息平台提供全面动态数据，各备课组针对学科特点，形成面向学生个体的私人定制“微辅导”，实施分层教学、分类辅导。“日常不限时作业”“限时在线考试”“仿真批阅痕迹”“自动批量阅卷”和“答题分析”等功能让教师能针对不同学生的问题进行标注、分析、答疑和解惑。

“互联网＋教学”使得“学生停课不停学，教师离校不离教”。在线学习期间，学生对知识点的掌握情况如何，教师一般通过作业检验。然而，疫情期间作业多数是靠家长、学生拍照上传给教师批阅，师生视力没有得到有效的保护，这也成为此次“停课不停学”状态下的一个明显短板，是在线教学模式需要突破的瓶颈。在政府的支持下，学校与企业通力协作，积极探索解决方法。

智慧作业系统突破在线教学瓶颈
——疫情期间“uNote智慧作业系统”的建设、应用与推进

【上海市宝山区美兰湖中学　陈明宏】

宝山区美兰湖中学采用的uNote智慧作业系统，不但实现了作业布置、完成、批改、订正全流程无纸化，而且有效地保护了师生的视力，提高了效率，减轻了家长的压力，取得了较好的教学效果和社会反响。uNote智慧作业系统功能流程如图1-2-14所示。

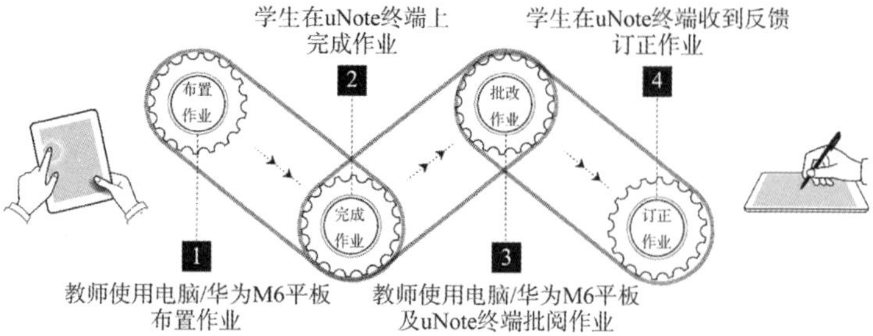

图 1-2-14　uNote 智慧作业系统功能流程图

一、智慧作业系统聚焦师生减负增效

uNote 智慧作业系统以软件贯通学生、教师、家长、学校等四端，构建了学生、家长、学校的高效作业协同平台，如图 1-2-15 所示，实现了教育信息化在一线教学场景中的有效应用。教师可通过电脑、华为 M6 平板和护眼的 uNote 墨水屏 PAD 实现布置和手写批改作业；学生通过护眼 uNote 墨水屏 PAD 完成手写作业与订正作业；家长通过手机随时了解孩子的作业情况；学校则通过引入并不断优化 uNote 智慧作业系统，提升教师教学效率及质量，逐步建立起规范、统一、标准、智能的本校作业库系统。

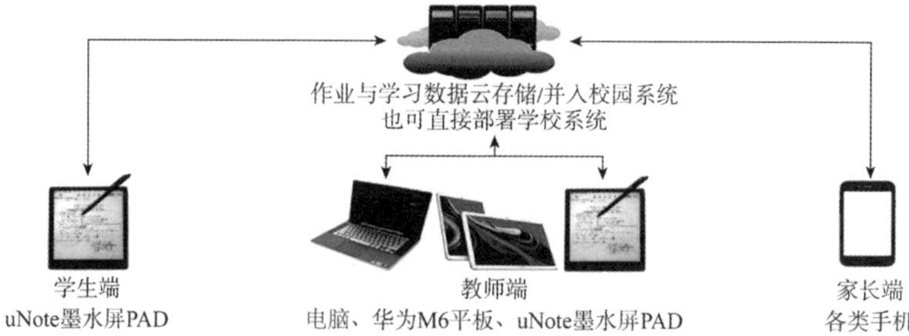

图 1-2-15　uNote 各终端及逻辑结构图

1. 终端护眼，师生皆宜

Eink 电子墨水屏终端，本身不发光，更无蓝光、无反射，显示及观感、触感接近传统纸张；纯手写模式下，书写感觉与在纸上书写基本相同。

2. 智慧作业系统，更关心教师使用价值

这套系统贯通教师、学生、家长、学校四端。教师端有四大优势：

（1）同年级、同学科布置作业可共享，即一位教师布置好作业可分享给其他同事；（2）学生是否提交作业，教师端报表实时可查；（3）教师可以在批改过程中给学生语音留言讲解错题；（4）客观题系统自动批阅，主观题手动批阅，既节省时间，又无须改变手写批阅习惯。

3. 几乎不改变学生作业习惯，书写后一键提交

学生写作业无须拍照，一键上传到教师端。错题自动归集，再也不用抄错题了。

4. 作业数据统计完美实现

智慧作业系统最强大的功能还在于后台数据库能提供学生作业情况的精准报表，涵盖个人、班级、年级、学科等各类详细数据，作业数据越多，学情画像越客观准确。

每一门课程每天、每周、每月的作业量后台数据库都有记录，学生的登录时间、作业时长、对错题分布，教师也可以在自己的系统内一目了然。

二、建设统一、规范、智能的作业库

为实现师生双减负的目标，我们在建设智慧作业系统时，就针对每个知识点设计出有难度阶梯的作业库，便于在分发作业时做到因人而异，因材施教。前期工作是筛选常用教辅材料中的优质题目并电子化，这个工作量由各学科年级组成员共同完成，并请技术合作伙伴将各种纸质版、WORD 格式、PDF 格式、照片格式的原题整合成统一的智慧作业模式。

经验丰富的老教师在长期的教学实践中会形成自己的个人小题库，新入职的年轻教师则需要积累，通过智慧作业库模式，年轻教师可以减少探索时间，直接从题库中汲取集体经验与智慧，有针对性地为学生布置作业。

三、边用边完善，期中测评验证“停课不停学”效果

疫情期间，为验证网上教学和智慧作业相结合的信息化效果，我们特地安排了一次语数外三科在线测评，学生在独立空间内打开摄像头，同时获得教师一键下发的检测题，在规定时间内作答，时间一到系统自动关闭答题，学生一键提交答案。在线测评过程有视频实时监考，效果客观真实。后台数据库中学生平时作业时长与测评成绩的比对表、平行班级成绩比对表，都为我们提供了非常有价值的教学依据。

越是成绩好的学生，平时作业用时越短，我们利用这样的数据和家长、学生及时沟通、分析，帮助学生形成良好的作业习惯；同时也根据数据库提供的班级横向比较，对各班错误率高的知识点进行补充巩固，扬长补短，齐头并进。

四、反思与发展

在“停课不停学”过程中，我校六、七年级及时启用 uNote 智慧作业系统，极大地方便了师生与家长，获得了积极的反馈。一线教师 100% 认可 uNote 智慧作业系统，认为它护眼、省时，有自动报表、作业成库等功能，功能完备。

对全体学生的不记名问卷调查显示，90.44 % 的学生对以 uNote 方式完成作业表示满意，其中 38.97% 的学生表示非常满意。家长普遍反映，学生使用 uNote 终端写作业连磨蹭时间都少了，以往要在孩子旁边“盯”作业，越盯越慢，现在孩

子用智慧作业本终端，不需要家长又盯又吼了。

教育信息化不是硬件的堆砌，也不是各种软件功能的叠加，而是要解决教师、学生的实际问题。uNote 智慧作业系统硬件优势明显，软件简单好用，且扩展空间大，是一个接地气的智慧教育解决方案。后疫情时期，学校继续通过这一系统布置和完成课后作业，以建成本校自有的智慧作业库。

智慧作业系统是我校教育信息化行稳致远的关键。教育信息化 1.0 实现了校园安防 360 度无死角以及校园网络覆盖、电子黑板、电子班牌、师生校园一卡全通等。提升与助推教育变革的国家教育信息化 2.0 战略将聚焦学生个性化发展内核。我们希望 uNote 智慧作业系统的探索使用能为更多同行提供有价值的参考。

（二）线上拓展类和活动类课程促进学生全面发展

在线期间的教学，基础课程是实施的主体，但是在整个课程体系中拓展类课程、综合活动类课程也没有停止，各区、各学校针对疫情期间学生居家学习和生活的特点，充分利用在线手段和新的途径方式，或进一步发挥学校原有课程和活动特色，或寻找新的教育契机，适时进行这类课程的在线教学和指导。如宝山区罗店中心校在学校原有的丰富社团课程基础上，又进一步开发了新的课程并进行在线实践；浦东新区上南二村小学充分运用各种技术手段，使少先队入队教育落到实处；浦东新区民办福山正达外国语小学结合居家特点，提供系列活动，细致入微地对学生进行劳动教育，发展劳动技能和劳动素养。将这些线下活动搬到网上实施之后，这些学校又都共同寻找到这类课程线上线下结合的优势及今后进一步实践的生长点。

开展云端劳动教育　助力学生居家成长

【上海民办福山正达外国语小学　陈金凤】

宅家抗疫的特殊时期，家庭成了劳动教育的重要实践场景。班主任如何结合学生的年龄特点、家庭情况、生活需要，积极开展“云”居家劳动教育？怎样引导学生在形式多样的家庭劳动中真正动起来？一连串的问题摆在了班主任面前。

一、解决方案与流程

（一）“云”调查，激发学生劳动热情

教师通过线上问卷调查，初步了解全班学生的劳动能力。根据问卷调查的结果，评选出第一批班级“劳动小明星”，有“宅家小厨神”“绿化小天使”“烘焙小达人”等，这样的称号既有意思，又有意义，点燃学生劳动热情的同时，也激发了学生的劳动积极性。

（二）“云”指导，培养学生劳动技能

基于五年级学生的年龄特征，通过班主任系列化的劳动知识与技能的讲解、班级“劳动小明星”的劳动经验分享，正确且科学地指导全班学生进行居家劳动，不断引导学生掌握劳动技能，提高劳动素养。比如：学会简单烹饪一道菜品的加工技能，学会口罩晾晒及处理、消毒通风等防疫技能，掌握物品分类摆放、整理收纳的技能等。

（三）“云”认领，明确学生劳动岗位

在班级微信群中，班主任开展“我是小当家”劳动岗位认领活动，包括居家防疫、内务整理、加工食品、卫生清洁、种植养护、手工制作、衣物洗涤、垃圾分类、照顾家人等岗位类别。学生积极响应号召，精心挑选自己想承担的家庭岗位，做到人人有岗。活动中，每个学生每周都可以认领不同的岗位，体验形式多样的家务劳动技能。“我是小当家”的劳动活动让学生在劳动中学会学习，在劳动中体验生活，成为家庭小主人。

（四）“云”记录，见证学生劳动过程

在“劳动小明星养成记”记录手册的指引下，学生们需要记录自己岗位的名称、技能、需要的工具，介绍岗位情况，制定打卡周期，以文字和图片的形式记录自己的劳动过程。

在家庭劳动实践的过程中，每个学生主动承担力所能及的家务，用勤劳的双手为自己的小家作贡献，记录着自己独特的劳动体验。

1.“云笔记”记录

学生会利用微信的“笔记”功能，在班级群中以打卡的形式上传自己的劳动写真、劳动成果或劳动小妙招的语音介绍，见证居家劳动的点滴成长。

2.“美篇”记录

部分有心的家长还用“美篇”等软件来记录并展示孩子的居家劳动成长经历，并发布在班级群和朋友圈。收获的点赞和点评无疑是对学生居家劳动实践的肯定与鼓励。

3.“微视频”记录

“宅家小厨神”和“烘焙小达人”在家长的帮助下，自导、自拍、自演，俨然是一个个“美食小达人”，声情并茂地将一道道创意菜品或精致小点心的制作过程完美呈现，并且加上了活泼可爱的动漫效果，赢得了全班同学的一致好评，还掀起了一股“宅家厨艺大比拼”的热潮。

（五）“云”分享，交流学生劳动经验

班主任线上指导学生掌握正确的劳动知识和技能，学生们也爱上了做记录、拍照片、录视频、写观察日记，他们热衷于和班主任老师、同伴们“云”分享，探究居家劳动中的小智慧，感悟居家劳动中的小美好，收获居家劳动中的小成就。

小颖原本就是教室“绿植小管家”，特殊时期，她在线上第一个认领了“种植小能手”的岗位。在妈妈的帮助下，小颖不但学会了自己种植盆栽，3月12日那天，她还在小组群发出倡议——让我们在这个阳光明媚的季节里，拿起劳动小工具，种下一棵小苗苗。待到重聚校园的那天，让我们带上这盆亲手栽种的绿植，一起装扮我们的校园！整个小组的同伴纷纷响应，开始行动。之后，小颖自然成了小小咨询师，随时解答同伴们在种植过程中遇到的各类问题。

（六）“云”评价，肯定学生劳动成果

学生在参与家庭劳动实践的过程中需要指导，更需要激励。为此，班级建立了多样的劳动教育评价方式，充分发挥评价的反馈调节功能和积极导向功能，为学生不断培养劳动兴趣、提高劳动素养提供良好的环境。

在居家劳动教育中，家长细心观察，一路见证孩子的劳动成长历程。每周，父母都让孩子谈谈本周的劳动感想，在孩子的“云任务单”上打上几颗五角星。评价的过程使父母重视孩子当下的劳动体验，也更着眼于孩子下一阶段的劳动实践。

学校评选“劳动小明星”的方式主要以自己推荐、家长推荐、班主任推荐的方式开展，经过班级、年级的层层筛选后，定期在学校公众号中推出“劳动小明星”专栏，激励着每一个在居家劳动中成长的小伙伴。

相比平日在校的常态劳动时间，抗疫时期的居家劳动时间更久。因此，在保持学生的劳动习惯和劳动兴趣上，班主任通过“云”记录，利用信息化数据，促使学生每日自觉打卡并记录劳动过程；利用“云评价”，双管齐下，时刻跟进，有效巩固学生劳动习惯。

居家战疫，劳动先行。劳动实践不仅让学生体会到劳动的意义，也让学生在这个特殊时期感受家庭生活，保持身心愉悦，成长为更好的自己。

二、反思与发展

（一）未来已来，班主任如何与时俱进

新冠肺炎的暴发，让线上学习、居家学习成为一种新的形式，“未来”真的“已来”。面对云端教育，班主任会有怎样的挑战？这次疫情带来的启示如何成为班主任工作的教育资源、丰富素材？未来已来，班主任要有前瞻的教育意识去制定系列制度或建议，要有敢于实践创新的勇气，要努力提高对家庭教育的指导力。

（二）抗疫时期，居家劳动的必要性

劳动不仅仅是传统意义上的劳动，而且应该让劳动和德智体美连接在一起，相互贯通，融入学生的居家生活中。为了让宅家生活变得充实、有意义，让学生更好地学会生活，让家庭这个“主阵地”发挥作用，班主任应意识到抗疫时期居家劳动的必要性，大力开展丰富多彩的“云”居家劳动教育，助力学生居家成长。

班主任通过开展云端劳动教育，让学生在学中做、做中悟、悟中创，在体验劳动带来的成功与快乐中茁壮成长，形成良性劳动生态圈，从而引导学生将“劳动最光荣”这个主题思想切实转化到实际行动中，充实居家防疫生活，让这个特殊时期过得充实而有意义。

巧用线上平台和工具助力少先队队前教育

【上海市浦东新区上南二村小学　赵星玮】

少先队队前教育是少先队组织教育的重要环节，能有效帮助儿童团员全面认识少先队，增强入队的光荣感和对于队组织的归属感。居家学习期间，队前教育也来到了云端。如何直观地呈现少先队仪式规范？如何利用线上平台和工具丰富“云课堂”的形式？如何在线上同样发挥出中队辅导员和小辅导员的作用，让少先队队前“云教育”同样有内容、有乐趣、有实效？为此，学校进行了探索和尝试。

一、解决方案与流程

（一）视频分屏软件呈现仪式规范

会宣誓、会呼号是儿童团员入队前“六会”中的内容和要求，也是少先队入队仪式中的重要环节。为了在线上也能准确、直观地呈现“呼号”和“宣誓”的礼仪规范，我利用“喵影”视频编辑软件中的分屏工具，将“领誓和宣誓”“呼和答”的视频编辑在同一画面中，既有大队辅导员的讲解和带领，也有队课小辅导员的示范和回答，形成一条完整的视频，实现了不在同一空间犹如同一空间的效果，为线下入队做好准备。

（二）在线教学平台丰富学习形式

为了使队前教育的形式多样化，更适合儿童团员的年龄特点，使“云课堂”在具有思想性、教育性的同时，兼具童趣性和互动性，我充分运用了在线教学平台“希沃白板 5”中的不同功能。

在讲解“共产主义”这一抽象概念时，我运用“知识胶囊”录制了“辅导员小课堂”，可以通过微信扫码观看学习。

在学习“入队誓词”时，则使用“课堂活动”功能，设计了两个互动小游戏，同样可以通过微信扫码后在线进行。（1）亲子互动游戏“牢记誓词 321”：孩子和爸爸妈妈一起学习入队誓词后，进行两人 PK 游戏，在规定时间内，点击正确的誓词内容即可得分。（2）在线誓词填空游戏：儿童团员可以将正确内容拖动到对应的横线上完成填空。系统能自动核对答案，有错误的话还可以重新拖动调整。

（三）线上社交平台发挥辅导员作用

在队前教育开展前，中队辅导员利用微信或 QQ 群让各小队组建线上“云中队”“云小队”，方便队员们在学习的过程中在线分享和交流。例如：在学习入队誓词时，首先全体观看一段医护人员出征抗疫宣誓的视频。接着，辅导员给出讨论的规定时间，并请各小队交流观看的感受和听到的誓言内容。讨论时，辅导员关注并适时引导各个小队群的讨论，让即将入队的儿童团员时刻感受到自己身处队组织中。同时，队课小辅导员们在大队辅导员的组织下拍摄、录制相应的学习和经验分享的图片以及音视频，供中队辅导员在云端与儿童团员分享，充分发挥少先队员的主体作用。

二、反思与发展

（一）视频呈现助力少先队礼仪学习规范化

队前教育是儿童团员第一次系统接触并学习少先队知识和少先队礼仪规范，内容的正确和规范格外重要。以往的队前教育主要通过队课辅导员和中队辅导员开展，对于少先队的礼仪规范，如敬队礼、呼号、宣誓、出旗、退旗等，辅导员们主要通过阅读文件等文本来学习，最终的动作与要领会有所出入，这直接影响了儿童团员对于少先队礼仪规范的掌握。视频的录制将文件和文字直观、规范地呈现，使少先队礼仪规范的学习更为统一，有效避免了“因人而异”的差异化。

（二）知识胶囊 + 互动游戏助力队前教育童趣化

二年级的孩子总体认知能力较弱，对于抽象的概念比较难理解，单纯学习知识持续时间也不长，只有通过形象化、童趣化的形式开展队前教育才符合孩子的年龄和身心特点。“知识胶囊”即线上微课，辅导员可以综合运用图片、文字、动画、视频等素材，制作出短小、卡通化的微课来阐释队章中的抽象概念，线上线下课堂都可使用，从而避免枯燥的知识灌输。互动工具则能将队知识游戏化，让儿童团员在玩一玩中牢固掌握。实时在线的扫码功能更能发挥家庭的作用，让少先队知识的学习走进家庭，在家庭中形成“入队光荣”的良好氛围。

（三）线上线下有机结合促进，延伸队章教育

队前教育“云课堂”有着许多网络技术的优势，在线讨论交流也让不少平日不善表达的孩子有了更自在、更多的表达空间，提高了少先队员的主体性。今后，我们要继续探索如何在线上利用好平台和工具的技术优势，例如尝试将少先队礼仪规

范制作成系列讲解、示范视频供辅导员和队员学习，设计以学校吉祥物为主角的队知识系列微课堂，开发不同难度的队知识小游戏供不同年级的队员挑战等，以及如何在线下发挥少先队员的主体作用，设计更多有队性、趣味化的队活动，从而让线上线下两者有机结合，使队前教育更有效，并且让队章的学习贯穿到离队前。

（三）线上各级教研保障教学质量，促进教师发展

上海在线教学质量的保障是一项系统性工作，需要自上而下所有相关部门和人员的全力合作。顶端的管理需要市区两级的全局设计、统一部署和要求，底端的实施需要所有中小学教师的扎实工作，除此之外，各级教研部门的精准支持和学校教师团队的协力合作也是其质量保障的重要因素。

根据市教委教研室有关在线教学的教研要求，各区教研室积极组织开展在线教研，指导学校教师有序开展在线教学。在了解学科教学开展情况和学校需求的基础上，各区教研室各学科教研员一般每两周组织一次网络教研活动，指导教师有效开展在线教学。首先是提供在线教学建议。教研员根据疫情期间不同时期的工作需要，为一线教师提供有针对性的教学建议。在线教学伊始，教研员围绕教学平台、互动方式、作业批改等教师关心的问题，给出了具体的解决策略。其次是组织分享在线教学经验。在教研员的组织下，各学校学科教研组长、备课组长、骨干教师等通过网络平台交流在线教学经验，互通有无，参与市“空中课堂”录课的教师也通过教研活动分享自己的录课经验与收获，实现相互学习与交流。另外，各区在市教委统一提供的空中课堂视频资源的基础上，进一步构建与共享在线教学资源；教研员们充分利用网络平台，构建区级学科教学资源，在区域内共享。

“以学习者为中心”的在线教学与教研探究
——以上海市金山区小学美术学科为例

【上海市金山区教育学院　顾春燕】

为了抗击新型冠状病毒疫情，有效落实在线教学工作，以教研助力教学，在对全区小学美术教师信息化教学能力的调查中发现，在上海“空中课堂”开播前两周是各种质疑、困惑、焦虑最多的时候，有以下主要原因：（1）美术学科有两套教材，我区各小学使用的美术教材版本不同，“空中课堂”里的教学内容涵盖了“教材单元”“整合单元”“重构单元”，教师对部分教学内容不熟悉。（2）时间紧迫，教师们几乎没有开设网课的经验。（3）教师不能熟练操作直播平台，家里直播

硬件缺乏、网速不够。(4)学生家庭差异性大，家长为学生开展全程网上学习而担忧。由此可见，教育信息化的发展瓶颈其实更多的是在于教师理念的更新，其次是教师的信息化素养不够。虽然，当下有较多的教育云平台可供使用，但急需对教师们进行相关培训，以期信息技术成为教育变革的支撑和内生动力，把“以学习者为中心”的教育理念在小学美术教学中贯彻和实施。

一、解决方案及流程

(一)积极沟通，转变理念，以“空中课堂”探索教育均衡，构建面向未来的教育新生态

针对以上问题，利用使用便捷的平台——“金山区小学美术教研组长微信群”，大家提出问题，一起商讨，出谋划策，教师们共同经历了这样的转变：认清现实—被动接受—尝试直播—问题重重—提出质疑—直播培训—分享经验—解决问题—正式开播—逐步完善—得到认可。虽然上海市教委对音乐、体育、美术和劳动技术学科不作硬性互动要求，但我们教师必须在线，以备学生提问。

(二)运用手机App和直播软件，通过网络教研提升教与学的效率

1. 教师分享直播课中面临的普遍问题和解决方法(如表1-2-1所示)

表1-2-1 直播课中的普遍问题和解决方法

关于多群联播	关于师生互动	关于直播纪律	关于名单统计问题
多群联播不确定因素太多，几百人的直播会出现卡顿、掉线、黑屏等状况，需要提前告知学生，如果教师没开始直播，不要随意聊天。为了能直播得更顺畅，教师可以在直播时同时打开手机，实时监测自己的直播状态，如果直播或连麦时电脑突然卡住，手机上也能看到画面，就能及时解决	邀请学生发言时，要明确说明邀请的是哪位学生，请学生做班级和姓名的介绍，养成说话有礼貌、表述有条理的好习惯。在直播过程中可多设计一些面向全体学生的互动环节和固定的口令，比如提出问题时约定“确定”的打“1”，“否定”的打“2”等	直播过程中教师要实时关注留言区，制定直播间规矩，进行课堂发言设置，引导学生使用文明用语，及时关注学生的问题。有些直播软件有点赞的功能，学生会出于好奇频繁点赞，影响听课效果，建议教师直播时开启禁止点赞功能；可以根据上课情况进行设置，设置全体禁言、禁止献花等操作	学生进入教师的直播课堂一般用的都是父母的账号，有些学生进入课堂后没有修改备注名，就会出现与实名不一致的网名，导致提问或者名单导出出现问题。因此，班主任应通知学生统一更改名字，要求为“班级+姓名”，这样就方便教师提问和统计名单

2. 教研员每天进行网上巡课并与教师们分享亮点

疫情之下的美术课，尽管材料上多了一些“将就”，但教师的授课丝毫不将

就。针对学生家中少有颜料等现状，有些教师利用手机录制了实物展台，进行线上示范，鼓励和引导学生去寻找和使用身边的材料。

金山区属于郊区，学生家庭差异大、校际差异大，特别是个别农村学校，现有学生中有许多都是来自外省市，比如个别小学“空中课堂”开播后还有30位学生在外地没有回来，其中还有13位学生是来自湖北的孩子。但根据学校前期的排摸，保证所有的学生都能够通过网络或者电视收看直播，并能够与教师进行互动。几次直播后，发现美术课虽然是在下午进行，但是学生的参与率和参与热情都很高。

3. 几款常用直播软件的功能挖掘

我区大部分学校用的直播软件有：钉钉、腾讯课堂、晓黑板、企业微信。美术课的直播需要分享课件，交流互动，播放图片、视频或音频，以下是我区常用的直播软件在美术课中的使用情况，如表1–2–2所示。

表1–2–2　美术课中的常用直播软件使用情况

混合教学	软件名称：钉钉、腾讯课堂、晓黑板、企业微信
课前	1. 可进行通知的编写，发送直播预通知，提醒学生美术课的工具、材料准备和上课时间等 2. 可通过生成的链接或二维码邀请学生或巡课教师进入直播课堂
课中	1. 可选择班级进行直播，实现全年级同时在线互动：插入背景音乐，播放导学视频，与学生连麦互动交流作品（自评），其他学生能在评论区进行评价（互评） 2. 可以将屏幕分为三个区域： （1）功能区（分享屏幕、展示PPT、视频播放、摄像头、声音设置） （2）授课区 （3）讨论区（可以看到在直播间内成员的姓名和数量） 3.“画板”工具，可以在屏幕上进行标注。晓黑板师生互动的渠道只有语音和文字评论，不能使用动画的PPT和播放视频，学生无法使用屏幕，也无法发送图片。教师用外接数位板代替白板功能，用手机的后置摄像头拍视频和示范，解决了不能放视频的困难 4. 答题卡：可以让学生进行选择、填空答题，及时掌握学习情况 5. 随机抽取学生发言回答问题，可以关注学生是否认真听讲
课后	1. 自动生成直播数据 2. 回放功能，提供异步学习的机会 3. 评价：可建立文件夹进行作品上传。“腾讯课堂”没有文件夹功能，学生无法上传作品，一般会用班级QQ群的“作业”功能，教师可用文字、图片、语音及视频等进行个性化评价，学生作品只有本人和教师能看到

（三）抓住在线教学契机，形成“以学习者为中心”的教育理念和教师队伍

1. 基于课程标准，举行网络课程和美术作品评选

目前，全市有基于课程标准的教学与评价指南，但没有关于网络课程的标准，因此，我们基于课标和指南，通过举行区中小学美术、艺术学科网络课程和美术作品评选，来规范、探索和形成网络课程的评价内容和方法，如以在线人数、互动人数、连麦人数、作品上传情况、评语的撰写、在线作品展示的比例、互动和自主创作时间比、硬件支持情况、家庭情况等维度进行综合观察和评定。

2. 开展多形式在线教研，打造一支素养良好的美术教师队伍

为了能和“空中课堂”教学内容做好无缝衔接，解决在线辅导时遇到的实际问题，我们组织了区级“把握单元重点，关注理解与运用”在线教研活动。邀请了3位来自“空中课堂”的执教教师，通过对3个年级、3个单元的结构分析，学习优秀教师单元设计的方法，内化为每位教师的理解与行动。在有限的时间，利用无限的网络空间，实现了全体美术教师的参与，网络使研讨更灵活、更高效。

二、反思与发展

教育改革走到今天，传统课堂的潜能差不多发挥到了极致，突如其来的疫情催逼教师理念更新和教育教学变革。此次全体美术教师的在线教学与教研是一次尝试与突破。全面在线教学阶段必将过去，但今后随着5G的广泛应用，网速的提升，人工智能（AI）的发展，结合虚拟现实（VR）技术的应用，相信我们的教育必然会有更多可以探索、提升和创新的可能。

（四）大规模在线教学的反思和挑战

挑战一：需要加强学生在线学习的指导和自我管理能力

2017年10月，上海市电化教育馆联合黄浦区教育学院、嘉定区教育学院、闵行区教育局信息中心，围绕互联网学习开展了问卷调研，包括1.2万个学生样本、167个管理者样本、3 000个教师样本。调查得知，21.55%的学生表示“互联网学习的主要困难是自控能力差”，21.16%的家长不支持学生开展互联网学习。

疫情期间的中小学居家在线学习是一种与传统的班级面对面同步教学非常不同的方式，具有“教－学分离、时－空分离和师－生分离（生－生分离）”的特征。在此次“停课不停学”的实践中，无论从教师还是学生的角度，都反映和折射出一个突出问题，也是当前基础教育人才培养体系中的薄弱环节，即长期以来以“教师讲、学生听”为主的教学方式造成了部分学生缺乏学习的主动性，缺乏自主学习所必需的自律性和自我管理能力，导致了居家学习过程中课前预习不到位、学习过程注意力不集中、不主动参与教学互动、作业完成质量不高等问题，并引

发了“网课学困生”的出现、不同学生群体学习结果两极分化等现象。正如北京师范大学中国教育政策研究院的问卷调查结果所显示：“自觉性和自律性是影响居家学习和网络学习的重要因素。”

针对基础教育领域的在线教学，其对象都不是成熟的独立学习者，学生的学习自主性和能力都较弱，更需要成人监督和引导。在今后的网络教学中，教师需要将学生的学习能力及自我管理、自主学习能力纳入教学的目标和内容之中，需要指导学生为自己设定个性化的学习目标，指导学生做好学习笔记。同时，进一步充分利用技术工具和学习支架来规范、督促和强化自我管理也是行之有效的自主学习指导策略。

挑战二：需要提高教师的技术应用能力及在线教学设计能力

疫情期间的“停课不停学”给广大教师带来了巨大的挑战，如何在短时间内提升教师的在线教学能力，是整个教育系统都在思考的问题。疫情发生时，各级政府主管部门、学校和教师被迫紧急应对和匆忙上阵。面对陌生的网络教学，短时间内教师学会了教学平台的使用以及直播、录播等线上辅导技能。在这个过程中，教师的自我培训意识和能力得到大幅提升，从当初的被动应对到后来的主动学习。回顾这段历程，很多教育行政领导、校长、教师都会提到，这段时间是教师全员的信息化教育能力大练兵，教师的信息素养在短期内得到全面提升。

然而，在这次现实大考中，也集中暴露出一系列教师对在线教学的认知冲突：习惯于课堂管控但无奈于与学生远程交互，习惯于教师主导但不得不让学生自主学习，习惯于督促学生适度使用电子产品但必须借助信息技术教学，等等。“停课不停学”期间，教师遇到的困境与冲突不止于此。冲突背后的原因之一是，教师的知识能力结构未能及时跟上教育信息化 2.0 时代的需求。

在技术应用能力上，也反映出教师和学生在技术工具应用方面较为单一的不足。教师们在资源制作类工具、同步教学的直播类工具、异步教学的在线课程平台、学情分析以及支持练习和测评的工具等应用方面都有了较大较快的进步，但是在促进深度学习的工具，如在支持学生知识建构的工具，包括认知工具、协同编辑工具等方面，技术应用的视野和能力都有待进一步提高。

在线教学更加需要从教走向学，实现教学方式的转变。教学的根本目的在于保证所有学生的学，而不仅仅是保证所有学生被教。在线教学中，重要的不是教师在电脑屏幕的一端讲了多少，讲得如何，而是另一端的学生学了多少，学得如何。所以教师在网络教学中，最主要的教学指导工作是设计学习目标和任务，提供资源、工具和脚手架，进行诊断和提供及时性反馈。第一，让学生有非常清晰的学习目标，知道这个单元、这节课我们要做到什么。不仅教师要清楚目标，学生也需要知道目标。第二是任务设计。线上教学应该是任务驱动的，必须根据目标设计核心任务，学生的学习过程就是完成核心任务的过程，是做中学。这就需要教师重构学习内容，以目标为导向来设计核心任务，让学生在完成任务的过程中，进行实践应用的输出式学习。第三是资源支持。为了帮助学生完成这些学习任务，教师要推送一些学习资源，提供一些工具、脚手架、策略和方法，为学生提供学习支撑，同时也为个别化的学习提供资源支持，满足不同学生的不同学习需求。以资源的丰富性，来支撑学生学习的个别化。第四是及时反馈和诊断。无论是线上学习还是线下学习，及时反馈都非常重要，这可以让学生知道，究竟学得怎样，能够发现学习中的问题。

挑战三：在线平台功能待完善，数据需进一步利用

在线学习阶段，教学平台的教学支持和管理功能、智能性以及使用便捷度直接决定教学效果。在这次大规模在线学习中，平台虽多，但能满足网络教学所有需求的却几乎没有。如有的平台能够支持大部分直播功能，但是却不能支持学生分组讨论功能，且教师和学生需要在不同的平台间切换，利用其他各种工具补充教学。通过这次网络教学，一线教师希望能够有一个便捷、智能的综合平台，一个可以满足“备课—上课—课后辅导—在线测试”所有教学需求的在线教学平台，每个学生所有的学习轨迹都能自动生成电子的“成长记录手册”。

另外，需要充分发挥在线作业、练习、测试的统计及即时反馈优势。相对于传统教学中以纸笔为主要媒介，在线练习和测试有效解决了班级教学中的及时性、经常性、个性化反馈等问题。相关调查研究显示，虽然疫情期间几乎所有教师都布置了不同形式的网上作业，但并没有充分发挥智能学习环境及智能化技术的优势，仍然停留在传统作业“网上搬家”的方式。随着练习测试的规模化和常态化，可以积累和分析学生学习过程中的关键数据，基于自适应技术的个性化作业推送的普及和常态化应用将会是智能时代技术赋能学习新的应用方向。随着云计算、大数据、人工智能、5G 技术等在教学领域中越来越广泛的应用，今后需要进一步挖掘在线教学的独特优势，全面采集并利用学生的学习过程数据和教师的教学过程数据，识别学生的真实学习状态，开展针对性的学习分析、问题诊断和资源推送，实现精准教学，为每一个学生提供量身定制的学习方案。

为适应未来在线教育发展的需求，政府要发挥政策引领、统筹协调、有效监管等多重作用，协调企业、学校、科研机构、家庭、社会等各方力量，搭建流畅的通信平台、选择适切的学习资源、提供便利的学习工具、鼓励多样的学习方式、支

持灵活的教学组织，多方密切协同，为在线教育的开展提供有效的支持服务。[①]

疫情期间，上海市采取的“空中课堂”和“双师教学”模式给被迫中断的教学工作提供了有力的补偿，虽然不可避免地出现了诸多值得思考的问题，但毕竟积累了很多宝贵的基于网络教学的经验。当师生再次返回学校的时候，如何利用这次宝贵的大面积网络教学的实战经验，修正实际教学组织和管理中的偏差，有着重要的意义。

二、混合学习逐步走向深度应用，形成具有特色的应用模式

混合教学模式不是简单的传统教学和网络教学的相互补充，而是包括教学空间、教学时间、教学方式和教学评价的全新教学模式，是随之而来的多种教学元素的融合，促使学习者更深层次地参与到教学系统当中。近年来，线上线下混合教学模式在上海基础教育领域得到了快速发展。经过这几年翻转课堂教学实践的深入探索，目前混合学习态势正逐步走向深度应用，初步形成了具有特色的应用模式。

（一）构建校域混合学习生态，混合学习效益初显

构建学校混合学习生态，首先，需要优化相适应的组织形式。对学校的管理结构进行扁平化调整，减少管理层级，在保证基于达成目标的监测前提下，避免过多频繁干预，以适应混合式教学方式的运行。其次，需要设定目标，鼓励多元学习方式，赋予教师和学校行政管理部门更多的自主选择的权利，培育创新的土壤，鼓励教师和学生理性又大胆地进行尝试；及时总结反思，建立基于过程和结果兼顾的课程教学评价标准。另外，需要组建能持续学习的研究指导团队。拥有一支具有持续学习能力的研究指导团队是混合学习生态建设的重要保证。这个团队要具有引领作用，能够聚集集体智慧，遴选或开发课程、科学整合资源、提供学习参考路径、建立课程学习分目标和总体的评价指标细则。

构建校域混合学习生态

【上海市民立中学】

上海市民立中学作为上海市首批二期课改实验基地，以“博雅教育”思想统领，从学习空间拓展、课堂教学实践和校本课程建设等方面进行了构建混合学习

① 黄荣怀，张慕华，沈阳，等．超大规模互联网教育组织的核心要素研究——在线教育有效支撑“停课不停学”案例分析［J］．电化教育研究，2020，41（3）：10-19.

校域生态的积极探索。

1. 建设新型学习空间，营造混合学习环境

学习空间建设，是实践混合学习研究的基础和保障。近年来上海市民立中学建设的新型混合学习空间包括校园智慧环境、数字化学习平台及终端场景、专用创新实验室、系列化课程活动场所等多种形式，从学校层面上铺开了混合学习的“基础建设”。

学校App设计的一站式移动工作平台“博雅民立”，构建了移动校园空间和混合学习平台，基本实现了校园内各种信息系统的互联互通，以教育管理、事务管理、混合学习、成长记录、家校互动等五大板块便捷服务于教师、学生、家长和教育管理者。学校创建“互联网＋STEAM”创新实验室，接入互联网环境，建设了数字化理化生创新实验室、博雅苑自由学习空间、艺术创新实验室等支持开展混合学习的新型学习空间。此外，学校在校内开辟专用创新学习空间的同时，深耕校园环境建设，挖掘校外实践基地价值，形成常态化、系列化的混合学习空间，如屋顶花园数字有机农场、校园科艺长廊、上海自然博物馆课程等。

2. 推进课堂教学实践，优化混合学习应用

课堂是学校深化个性化教育的主渠道，课堂教学变革是校域混合学习生态链优化的核心。学校自2012年将“探索数字技术，增效个性课堂”确定为年度公开教学展示活动主题以来，始终如一，积极循证，举行市、区级公开教学研讨活动，展示优秀混合学习案例，例如：物理组以“物理个性化教学与学习平台架构”为题，地理组以“微信公众平台在地理课堂教学中的应用”为题，体育组以“大数据背景下构建智慧运动校园”为题，化学组以“新科学新技术创新课程平台学生研究性学力提升的指导策略再研究”为题的市级教研活动，等等。

学校通过年度青年教师教学大奖赛或教学展示，来促进青年教师发挥教育信息化应用的优势，提高混合学习形态的课堂效能。例如：2018年青年教师教学大奖赛的主题定为“把握课程标准，融入混合学习”，2019年青年教师公开教学展示的主题定为“混合教学模式带动学生学习方式的改变”。同时，青年教师的混合学习教学展示也带动了各自教研组、年级组教师的参与。

3. 丰富校本课程资源，拓展混合学习经历

近年来，上海市民立中学着力探索了混合学习生态中个性化课程建设的实践研究，在建立完备的校本课程体系、尝试跨学科和跨学段的合作课程、创新活动课程形式等方面进行了积极的探索。现在，学校100多门校本课程以及学生社团活动、社会实践活动、各级各类竞赛活动等课程资讯，通过“博雅民立”线上的分享交流、阅读点赞，已经成为一种泛在化的混合学习互动。

上海市民立中学通过混合学习生态更好地滋养着学生研究性、实践性学习活动的深入。一方面，教师在各类课程教学中实时将学习任务转化为一个个“微课题”，其中文科类常进行网格化学习资料收集、分类；理科类常进行可视化软件应用中的归纳、演绎。另一方面，学生在学校营建的广阔新型学习空间中，用课题研究的形式呈现出混合学习成果。

混合学习生态构建涉及学校教育教学管理的方方面面，其实施效果也受到多种因素的影响，例如学校的信息化基础环境、教师本身开展混合式教学的能力、学生对混合学习的接受能力、混合学习设计的可行性和有效性等。在深入开展过程中，很多学校都会遇到问题，包括：信息化学习终端的应用还不能普及到学校每个教室和家庭每张书桌，不同年龄、不同学科的教师开展混合学习研究的积极性存在明显差异，以混合学习模式开展教学的教师常常工作量增加，等等。显然，这些问题是在学校实现更大范围、更高水平教育信息化进程中必然会出现的阵痛和失衡，问题的解决需要学校规章制度、教师工作绩效方案和学生学业综合评价方案的综合配套与修改完善。

另一方面，混合学习伴生的问题之一是混合课程比纯粹的网上学习或面对面学习具有更多的灵活性和多样性，由此带来中学生在学习过程中出现诸多不确定因素，如学生的信息素养差异、个体学习方式的偏好、学习的专注度和适宜时长等。因此，混合学习的效果需要过程性评价指标来判定。“人、技术、环境和方法”四维度分析法为中学混合学习评价提供了方向。学生的学习过程就是自身的成长过程，学习过程中核心素养的发展情况、技术支持学习的效益情况、学习环境的适宜程度、教学方法的匹配程度等都需要适时进行评价和反馈，并随之调整课程和学习设计，让混合学习走向“精准、个性、思维、创造”的智慧学习境界。

（二）线上线下全过程融合教学模式渐成趋势

混合教学模式是基于线上线下的混合，被认为是以翻转课堂教学法为基础的小规模限制性在线课程的升级，教学包含线上学习、线下活动和线上线下相互融合的活动。线上学生通过互联网主动学习课程内容；线下师生围绕学习内容，有针对性地提问和解答；教师整合各类教育资源，利用互联网的教学平台发起活动，并且在线下课堂中去实践、交流，从而解决问题，得出结论。

线下教学是相对固定的板块，稍作调整就会互相牵制，很难灵活变化；而线上教学突破了这一限制，可以整合不同内容、不同形式、不同个体、不同手段。当不同因素得到有机整合时，就可能发生积极的质的变化。翻转课堂就是重构的一个例证，它充分利用网络技术优势，将传统的知识传授任务转移到课外，把知识消化、练习讨论转移到课内，讨论交流成为课堂学习的主要形式，合作学习、任务学习等都有了新的承载空间。

高中线上线下混合式学习的设计与实践

【上海市晋元高级中学　季洪旭】

多年来，上海市晋元高级中学根据新高考的实际需求，打造了网络学习走班平台，构建了“一体两翼”走班教学育人新模式，积淀了丰富的混合式教学经验。疫情期间，为了切实落实市教委的统一部署，我校全时空拓展了网上走班形式，设计并实践了基于学生学习风格的线上线下相结合的混合式学习模式。

1. 各学科个性化的平台组合支持线上学习

综合考虑平台运行的稳定性、运行环境的兼容性和平台操作的易用性，学校向全体教师推荐了“腾讯课堂”作为在线教学主平台，然后，根据学校的推荐，各学科又根据教学、答疑、作业布置等需求进行了不同的平台组合，确保线上线下教学有序开展，如数学学科就采用了“腾讯课堂（主平台）+腾讯会议（辅平台）+问卷星”的平台组合。

2. 基于学习风格差异的混合式学习组织

疫情期间我校学生的混合式学习组织模式如图1-2-16所示，包括学习资源、

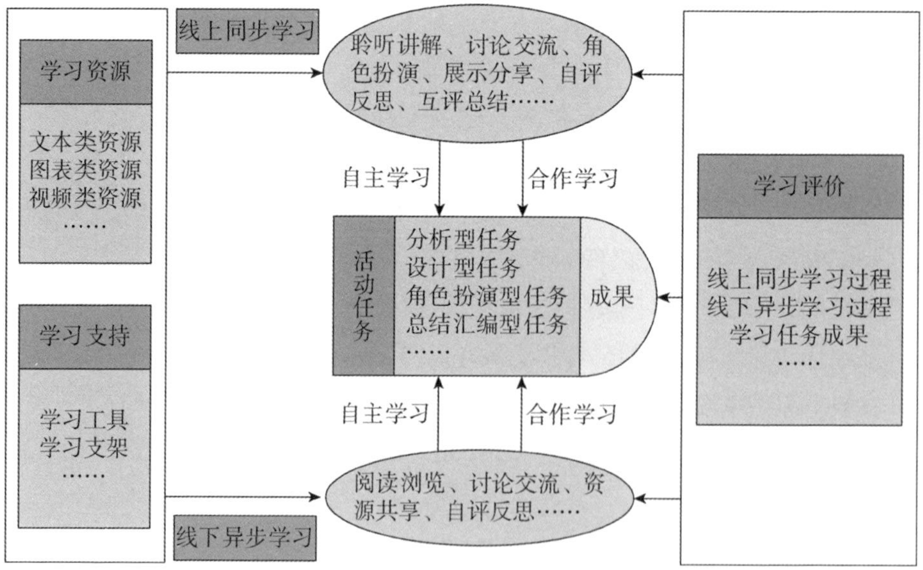

图1-2-16　混合式学习组织模式

学习支持、线上同步学习、线下异步学习、活动任务、学习评价等六个要素。

在整个学习过程中，学生可以自由选择自主学习或合作学习方式，借助教师提供的学习资源和学习工具，通过聆听讲授、讨论交流、辩论、角色扮演、展示分享等方式的线上同步学习活动，以及阅读浏览、讨论交流、资源共享、协作作业等方式的线下异步学习活动完成活动任务。学习评价一方面为线上同步学习和线下异步学习过程的评价，另一方面为活动任务成果的评价。

以我校化学学科为例，线上线下混合式学习贯穿“课前（预学活动）”“课中（研学活动）”“课后（巩固拓展）”整个教学过程，如图 1-2-17 所示。

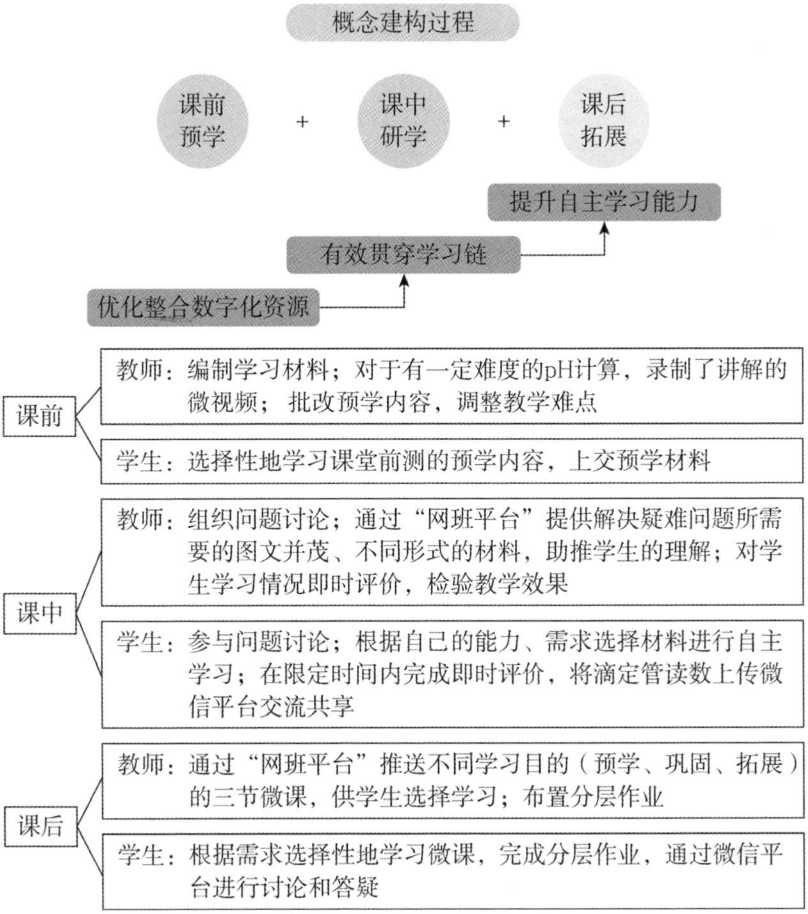

图 1-2-17　完整教学过程

课前线下异步预学分为两部分，一部分是所有学生必须完成的，目的是唤醒学生的知识储备，便于教师确认学生的最近发展区；一部分是依据学生的不同风格设计不同的预学内容，让学生自主选择学习，如图 1-2-18 所示。

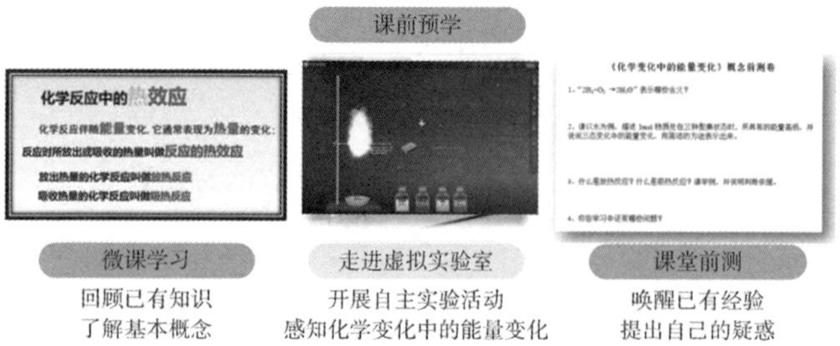

图 1-2-18　课前预学内容

为了满足不同学习风格学生的需求，线上同步课堂研学环节中，教师利用平台提供了丰富的图片和微视频资源，并且设置分层分类习题，以自主探究或小组活动的形式助力各类学生完成学习任务。教师对于学生学习的全过程进行即时的指导、评价和反馈。同时，课程的微视频会上传至“网班平台”，以供学生在课后进行个性化的再学习。

课后，教师为不同学习风格学生的线下异步学习提供了不同的微视频，同时也鼓励学有余力的学生录制微视频。在答疑环节，不同学习风格的学生可以选择通过各种答疑平台与教师进行即时沟通，也可以选择向学习共同体内的其他同学请教。

混合学习的非线性是通过对学习过程的改变，脱离了原有的线性关系，使课堂体现了更多的随机性、生成性和可变性。在传统的课堂中，教师按照预定的教学目标开展教学，代表了知识权威和最主要的知识通道；课程成为“轨道”，学习是按照课程的逻辑运行的师生交互行为。但混合学习通过对优质网上资源的接入，使学习者能充分按照自定步调和学习风格开展学习，教师在课堂中的知识传授任务也发生了改变，教师将更多的时间用于资源的收集、整理和组合，以及课堂学习活动的设计、组织与评价。教师的这种转变使课堂充满了张力，学习者的主观能动性得到了提高。[①]

（三）深入探索具有学科特色的混合教学模式

教师在学习活动设计过程中不应局限于“主讲者”的定位，需要更多地承担“组织者”“引导者”的角色；学生则应突破“听讲人”的角色，可以利用学习平台根据自身需要调整学习内容，成为学科知识的“选择者”，甚至成为知识点的“讲解者”。以下案例给出了师生角色在混合学习中重新定位后，师生互动和生生互动的学习社区如何成为语文混合教学模式的重要因素。

① 吴南中. 混合学习空间：内涵、效用表征与形成机制［J］. 电化教育研究，2017，38（1）：21-27.

基于学习社区的混合学习实践经验

【上海市第三女子中学　秦岭】

针对当前学生对单纯被动知识接受类的混合学习（如观看知识微视频、阅读文字材料）缺乏兴趣，参与热情不高；教师对混合学习的教学指导经验不足；作为混合学习支撑的各类学习平台App使用率较低，无法应对移动互联网时代师生学习社交的需要等问题，我校的解决思路是厘清混合学习概念，重新定位教师和学生的角色，重新建构基于学习社区互动的混合教学模式。教师在学习活动设计过程中更多的是“组织者”“引导者”的角色，学生成为学科知识的“选择者”，甚至“讲解者”，基于学习社区的混合学习注重知识在教师与学生之间的双向交流，进一步突出学生作为学习主体的作用。

一、平台架构

在平台架构上，我们利用基于微信公众号和H5技术开发的“课程行”SPOC学习平台，聚焦学习社群的教学策略研究，鼓励学习社交，倡导师生共学。“课程行”平台功能的设计主要着眼于促进学习者自主学习与合作学习的能力，能配合学习数据分析的采集与分析，形成更加丰富全面的学习者档案，也能实现通过师生协作备课来支持翻转课堂教学。

二、基于学程管理模式的学习过程

我们首先明确了学习社区的构成基础是学习小组的建立，并在实验班建立若干小组，依据学习平台功能特点设计出教师指导学生小组混合学习的基本流程，如图1-2-19所示。

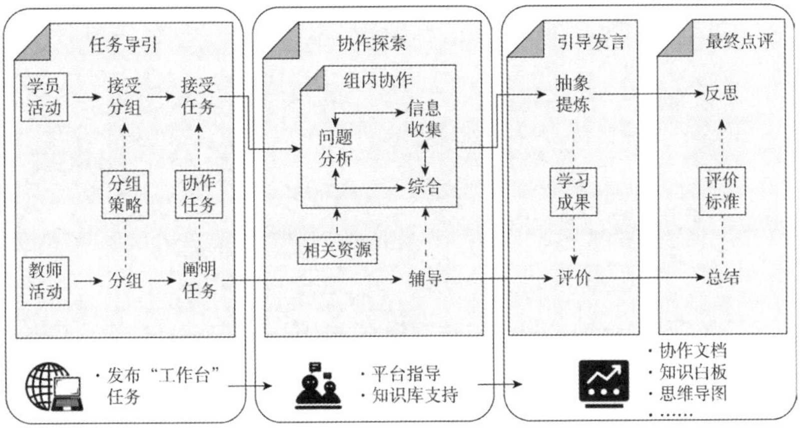

图1-2-19　小组混合学习基本流程

在落实学习社区组织形式与应用规则的基础上，我们进一步提出在“课程行”平台内由教师引导学生进行学程管理。通过学程管理的模式，师生可以发挥学习过程与个人学习数据可视化的优势，利用社交 App 来更好地规划整个学习过程，凸显出课程学习的整体性与系统性。学程管理的特性如图 1-2-20 所示。

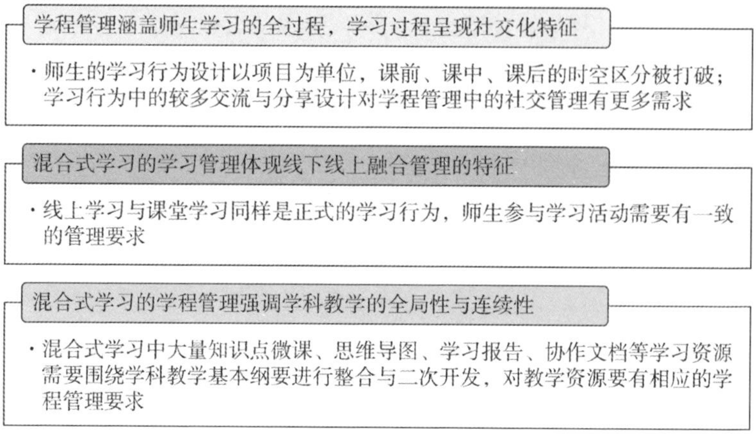

图 1-2-20　学程管理的三大特性

三、不同课型应用

我们从语文教学的实践出发，探索应用“课程行”平台教学的模式，并建立不同课型下的应用形式与典型案例序列，如写作表达课型。写作指导课、口语表达指导课是写作表达课型的主要形式。我们通过学习小组的形式，利用文档协作与微视频制作等方式呈现小组学习成果，形成读写联动，达到思维可视化的教学效果。以议论文写作为例，教学设计如图 1-2-21 所示。

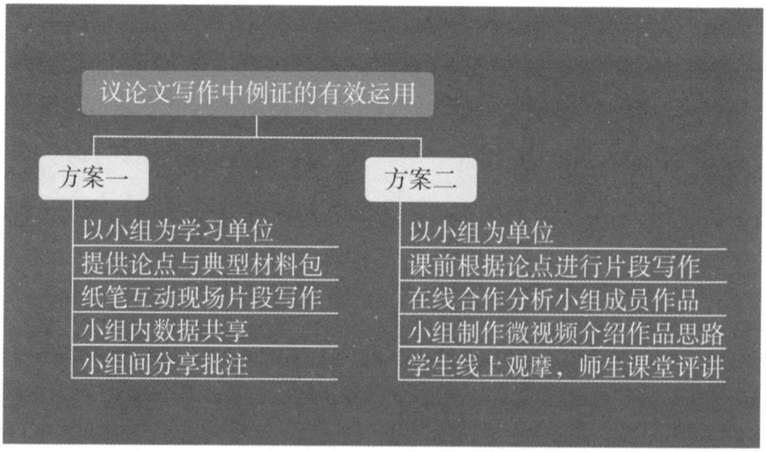

图 1-2-21　“议论文写作中例证的有效运用”教学设计

我们依托“课程行”平台，在三年的教学实践中逐步完善，完成了从小组合作流程到课型应用模式的确定，并积累了较为丰富的课程案例集，对高中语文混合学习进行了较为系统的研究与实践。基于以上实践形成的“基于SPOC与在线合作学习的高中语文教学探究”课题成果获“2017年度上海市青年教师教育教学研究课题”二等奖。“课程行”平台通过不断功能迭代，吸引了超过10 000名教师开设超过2 200个在线学习课堂（截至2019年5月），成为区域内较有影响力的SPOC混合学习平台。

（四）混合学习在线平台数据创新评价方式

与传统的面对面班级教学相比，在线教学系统中所积累和汇聚的学生学习行为和学习结果的大量、多维度数据，为更加精准的学情分析和个性化学习提供了可能，进而为教师教学方法及教学设计的改进提供了证据支持，使教师可以超越个人经验，促进教学的科学化。如何整合在线学习平台数据以及各App学习工具中的数据，形成教师和学生教学过程的完整数据，从而支持教学行为和教学成效的深度分析？在这次疫情中，晋元高级中学基于平台为教师的教学画像和学生的学习画像做出了初步探索。

基于混合式学习的师生数据采集与评价

【上海市晋元高级中学　季洪旭】

“停课不停学”让市、区两级教育资源和学校前期数字化教育资源得到了极大的释放与协同，大规模的线上线下混合式学习实践也推动了我校教育教学的多维创新。同时，基于网络的教学方式变革使得整个教学流程的每一个环节都会留下数据的“印迹”。如何用好这些数据“印迹”，从而释放混合式学习的效能是我校一直在尝试和探索的工作。

1. 教师画像赋能智慧的“教”

混合式学习过程中，学校和教师均可以依据数据“印迹”对教学进行评价和自评，从中发现教学流程中存在的问题，及时调整教学策略。教师画像维度包括教学资源建设维度，教学设计与实施维度，作业布置、批阅与答疑维度。

从教学资源建设的维度，通过数据“印迹”，不仅可以知道教师建设资源的种类、数量和频度，同时也能分析出资源使用的效度，如在QQ群中上传资源，这些数据都可获得。

从教学设计与实施的维度，由于使用平台提供了录播功能，一定程度上解决了由于课时冲突带来的听课矛盾。从管理角度，校领导可以随时登录平台了解每个教师的每一堂在线课程，提高管理效能；从教研角度，教研组所有教师可以听评所有组内教师的每一堂课，然后组织有针对性的教研，提高教学质量；从自我提升的角度，每位教师也可以通过回看，找到教学中存在的问题，及时调整教学策略。

从作业的在线布置与批阅维度，可以从主观题目和客观题目的布置与批阅两个方面进行考量。另外，对于教师答疑的考量除了依据教学资源外，还可以从平台中教师与学生交流的记录中反映。

2. 学生画像赋能智慧的“学”

对于学生的评价，根据学校对学生学习进行过程性评价的相关要求，结合学科和班级特点，各学科都制定了过程性评价细则，评价结果每周周五前反馈到学校“学生学业发展与指导系统”平台中，让学生和家长及时了解相关情况，调整学习策略。评价从作业质量、课堂表现、课下答疑和信息特色项目四个维度对学生进行考查。其中，信息特色项目和课下答疑评价主要参照学生课堂检测情况；课堂表现评价主要借助“腾讯课堂”中的“考勤”功能，结合学生课堂参与度给出，如图 1-2-22 所示。

学生姓名	学籍号	评分项					操作
		作业质量	课堂表现	课下答疑	信息特色项目	评语	
	20190601	B	B	B	B	写评语	详情 清空
	20190602	B	A	A	A	写评语	详情 清空
	20190603	B	A	A	A	写评语	详情 清空
	20190604	A	A	B	B	写评语	详情 清空
	20190605	B	B	B	B	写评语	详情 清空
	20190606	B	B	B	B	写评语	详情 清空
	20190607	C	C	C	C	写评语	详情 清空
	20190608	B	B	C	C	写评语	详情 清空

图 1-2-22　学生学习过程性评价

此外，学校部分学科教师还使用了一些数据挖掘算法对学生学习行为进行细致的分析。例如：选择每次课堂检测正确率排名和作答时长排名为特征，采用

K-Means 聚类算法将学生分为 3~5 类，进而关注不同类型的学生，如图 1-2-23 所示。根据对每类学生进一步的特征分析，作出相应的教学调整。

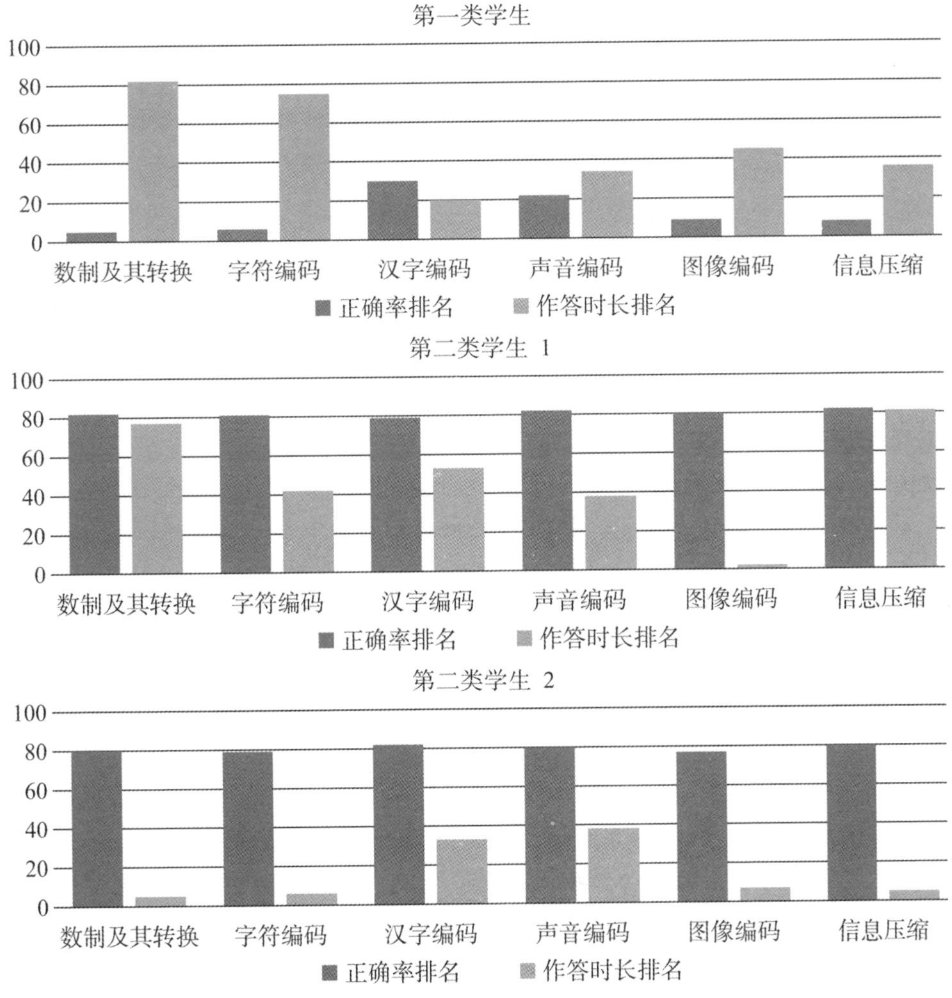

图 1-2-23　基于数据的学生特征分析

基于学生学习过程产生的数据，利用适当的数据分析和挖掘方法对学生学习行为进行画像，可以较为准确地把握各类学生的学习情况，进行有针对性的分层教学和分类指导。同时，也可以将分析结果反馈给学生，帮助学生查找自身薄弱环节，改进学习方法。

三、混合学习未来发展的展望和思考

（一）混合教学将成为今后的教学新常态，催生教育新生态

这次大规模在线教学给予我们诸多启示，一方面体现出在线教学相对于传统

授课的优点，比如网络互动中学生更为积极，互动结果的实时展示有效吸引学生注意力，课后可反复回看，等等。这些优势让很多人从内心发出了“今后再也回不去了”的感慨。另一方面，种种受限也让我们理性地意识到学校教育的不可替代性。当前在线教学中涌现出来的一些教学新方法和新场景，都将对未来校园内的教育教学产生深刻影响，也会让我们以更理性的认识、更前瞻的思考去看待将来的混合教学发展方向及其中的关键问题。

融合教育（OMO）不是简单地将线下教育移到线上，也不是线上对线下教育的补充，更不是线上教育与线下教育的简单相加，而是线上线下教育有机地融为一体，是充分发挥线上与线下各自的优势，取长补短，产生整体功能大于部分之和的效应。线上教育可以呈现多样化的教学风格，可以同时提供讲解、演示、讨论等不同教学方式，也可以借助软件营造虚拟现实，进行虚拟实验等。线上教学活动可以同时发生，构成立体教学环境，这就为学生提供了自我选择的可能，把学习的主动权交给了学生。

在线教育与线下教育的双向融合，将促进教育大规模的社会化协同，形成新的学校教育生态，这种生态是实体和虚拟空间的结合。学生在实体学校会接触到教师、家长、同伴、教练，在虚拟网络空间里能够获得更便捷的交互工具、更广泛的信息源、更合适的学习同伴、更优质的教育服务。在这种生态中，学校和教育机构不再是静态知识的仓储，而是开放的、流动的、连接的社会认知网络与个性化发展空间。各种教育服务的主体不再是封闭的独立社会单元，而是在网络汇集作用下形成的集体智慧聚变的节点。学习空间不再是割裂的、狭隘的、固化的，而是一个充满活力、人性化和高度社会化的地方。①

未来线上线下融合教育的愿景具有如下特征：通过教育新基建，建设畅通无阻的学习环境，实现教育智能化的治理；通过共享教育服务，促进因地制宜的教学创新，形成课程新形态；评价新驱动，通过伴随式的评价，促进个性化学习与教研；组织新架构，灵活多样的学习方式，走向大规模个性化教育。

（二）混合学习未来发展的思考

1. 从线上线下深度融合视角：定位混合学习及发展方向

今后作为常态的混合学习，正在转向由物理空间、社会空间、信息空间三个空间共同支撑的教育教学实践过程。有过这段特殊在线学习经历的师生，在面对智能技术变革教育时，对学习方式将会有一个全新的期待和思考，教与学形态也

① 余胜泉．大规模在线教育后将呈现教育新生态［N］．光明日报，2020-05-12（14）．

将发生一次真正的变革。目前，规模化的在线学习只是适应师生分离的情况，但在后疫情时期，在线学习的发展，将与线下学习有机融合，将朝着更加公平而有质量的方面发展。为此，我们需要探索不同学科、不同学习者的在线与线下融合学习的方式，探索学生、教师、资源不同的交互方式，探索智能技术能为在线学习与线下学习的有机融合做什么等一系列问题。①

未来在线教育可以在以下几个方面助力和优化学校教育，实现线上线下教育的融合。(1)简单知识，线上规模化学习：未来浅层次的知识获取可以不再依赖于校内教师，线上教育在这类知识的获取方面可以替代教师。(2)查漏补缺，线上个性化指导：在线教育更大的优势是其智能化、精准化的资源推荐服务。传统的班级授课制是基于整体平均水平的教育活动，而个体之间的差异在时间、内容容量有限的课堂教学中无法得到回应。而在线教育可以通过汇聚丰富优质的资源，记录分析个体的学习行为表现，为学生提供个性化的学习支持服务。(3)精准学情，线上数据分析：学情分析是通过对学生过程性数据和结果性数据的记录和关联分析，对学生学习状态进行全方位的直观呈现，旨在帮助教师更好地了解学生，实施教学干预和改进，保证学习的有效性。此外，学情分析可以实现不同角色(如校长、教研员、教师、家长、学生等)对学习情况的一致性理解，从而促进活动实施的相关角色采取协调行动，确保活动更好地落实。② 而线下学习更应该发展学生的问题解决能力、团队协作能力、知识建构能力和高阶思维能力。

面向未来的混合学习，需要在智能技术应用基础上，针对学习者的在线学习认知、情感、社交行为等要素，进行智能精准分析，明确哪些学习活动适合线上，哪些学习活动适合线下，在进一步分类设计的基础上调整优化线上线下学习活动的整体设计，实现全过程的有机融合。

2. 从技术应用视角：促进深度学习，发挥技术的重构作用

从布鲁姆(Bloom)认知目标分类来看，深度学习指向发展高阶学习能力，因而“促使深度参与、为迁移而学”等深度学习理念是人才培育的关键途径。信息技术发生了“传递信息—丰富表现—增强手段—拓展资源—赋能赋权”的功能角色转换，学生从被动转化为主动，参与度越来越高，学习也将从浅层学习逐渐转化为深度学习。

根据著名的技术融入教与学的 SAMR 模型，即信息技术在教与学中由低

① 万昆，郑旭东，任友群．规模化在线学习准备好了吗？——后疫情时期的在线学习与智能技术应用思考[J]．远程教育杂志，2020，38(3)：105-112.

② 余胜泉．大规模在线教育后将呈现教育新生态[N]．光明日报，2020-05-12(14).

向高逐渐起着替代作用（Substitution）、增强作用（Augmentation）、修改作用（Modification）和重塑（Redefinition）作用。该模型可以帮助教育工作者了解如何更好地将技术与教学相结合，思考最好的教学方法并向培养更高层次的技能迈进。当信息技术体现出修改作用时，如基于微课程的翻转课堂，涉及教育教学系统结构的局部变化，但课程结构和评价方式方面并未因此而产生本质变化；信息技术的重塑作用是指信息技术具备了引发教学模式、管理模式变革的潜力，可能推动重新建构与生成新的教育生态，如 AltSchool 构建了个性化学习平台，联结学生、教育者以及家长并收集学生数据，实现个性化学习，密涅瓦大学（Minerva School At KGI）在技术平台的支持下开展课程学习，同时实现全面分布式学习。

2017 年，国务院印发的《新一代人工智能发展规划》提出的“智能教育”理念，提倡构建包括智能学习、交互式学习的新型教育体系。人工智能在技术上已逐步发展到认知智能阶段，使教育呈现出创新驱动、重塑结构、开放生态、尊重个性、服务职能、自治演进等特征。为满足学习者的个性化需求，未来的混合教学将更智能化。

3. 从教师专业支持视角：从被培训到被赋能，重塑教师知识能力框架

无论线上还是线下教学，作为课程实施者的教师，需要较高的信息素养，应当成为信息化学习环境中的探究者和终身学习者，信息化学习资源和学习活动的设计者，学生数字化学习过程的促进者、引导者和评价者，以及学生学习的情感激励者和心理辅导者。这样的角色转变，对教师的能力提出了更高的要求。只有当教师拥有先进的教育理念与方法，且技术应用技能达到娴熟程度时，信息技术与课程的深度融合及技术赋能的教学创新才有可能发生。

传统专家教师以学科知识、教学效率和洞察力为三大核心要素。① 面向未来的智能教育教学、混合教学新常态需要重塑教师的知识能力框架。整合技术的学科教学法知识（TPACK）是将学科内容、教学法和技术三种知识要素之间的相互作用进行整合形成的教师知识能力框架。传统意义上的教师能力结构，重心多在学科内容知识和教学法知识。今后的线上线下教学，教师应依据 TPACK 能力框架，将学科教学设计能力与信息技术应用能力合二为一，实现技术支持的学科教学模式创新与生态重构。线上与线下相结合，教师与人工智能系统协同教学，将成为教学新常态。新常态中的专家教师，则需要拥有学科大概念、人机协同的教学效率提升，以及贯通线上线下的教学洞察力。传统的望闻问切式教学诊断与基于信息技术的数字洞察相结合，基于证据的教学改进与基于过程的双反馈相结合，将成为新常态下专家教师的核心能力。

① 孙众．稳步迈入线上线下相融合的教学新常态［J］．中小学数字化教学，2020（6）：1.

这样的角色转变需要系统性的专业服务和支持。对各级教育主管部门来说，需要进一步利用大数据与学习分析技术对教师的需求进行专业诊断，从而精准把握教师专业发展的个性化需求；通过能力测评支持对教师持续学习动机的激发，从而建立数据驱动的全视角教师档案，并在此基础上创新应用驱动的培训模式；对各级教研部门和教师所在学校来说，需要从应用性和伴随性方面给教师赋能，敏感捕捉到教师在教学实践中切实遇到的问题，培养学以致用的能力。赋能导向下的教师专业发展与实践更多的是无缝连接的，它嵌入教师的实践过程，在为教师的实践提供引领性标准、过程性支持及针对性干预的过程中促进教师持续成长。①

第三节 应对疫情政企校新协同

为应对突如其来的疫情，政府、企业、学校携手合作，为在线教学贡献智慧和力量。本章的第一部分第二节“供需与互利共生”中提到，大量新兴形态的教育资源与教育服务，往往需要大量资本与技术的投入，构建一个多元开放且系统性的教育信息化服务体系，既要有政府引导，也要有企业深度参与，还要充分考虑教师与学生的核心需求是否得到满足。《教育部等九部门关于加快推进教育信息化当前几项重点工作的通知》中明确，探索“企业竞争提供、政府评估准入、学校自主选择”的新机制，加大资源建设投入，汇聚优质教育资源，探索“政府规范引导、企业建设运营、学校购买服务”的网络学习空间建设运营机制。

一、疫情阶段政企校协同助力在线教学

受新冠肺炎疫情影响，全国各级各类学校延期开学，各种教育教学活动无法实地开展。2020 年 1 月 22 日，教育部发出通知要求教育系统做好新型冠状病毒感染的肺炎疫情防控工作。根据教育部要求，各级教育主管部门、学校、教育服务机构和企业为广大学生提供在线学习资源和支持服务，以在线教育方式保障“停课不停学”。

在“停课不停学”期间，如何在短期内快速实施和保障大规模在线教学活动是当务之急，在政府、学校、企业的共同努力协同下，在线教学有序开展。

① 闫寒冰，单俊豪．从培训到赋能：后疫情时期教师专业发展的蓝图构建［J］．电化教育研究，2020，41（6）：13-19.

科技赋能教育　转变教学方式
——“晓黑板”在线教学系统解决方案

【上海晓信信息科技有限公司】

一、案例问题

受疫情影响，学校无法正常开学，各地教育部门积极部署“停课不停教，停课不停学”工作，开启在线教育实践。线上学习考验学生的自主学习能力和自我约束力，在短暂新鲜感后，如何持续激发学生的学习热情，并引导学生开展探究式与个性化学习？一线教师大部分首次接触网络教学，信息技术应用能力不足，如何科学培训，并用技术手段帮助教师强化课堂设计，把单纯的知识传递转变为知识、能力、素质的全面培养？学校如何实现全局把控，了解学校教学现状，开展教师线上教学绩效评估等工作？为此，晓黑板免费提供线上教育教学管理服务，配套教学工具，用于辅助教学、质量监控和大数据分析等，助力学校教学工作，确保疫情前后的教学效果和质量。

二、解决方案

（一）一校一服务，提升教师信息化素养

按照历史经验，工具类软件的使用培训，超过200人时效果就会急剧下降，且工具类软件咨询，问题会非常多。只有提供专职人员全程服务学校，保证“一校一培训”“一校一咨询”，才能及时解决问题。晓黑板成立了云端课堂服务工作团队，提供专人单校针对性服务的同时，保障7×24小时的在线答疑，帮助教师提升信息化水平。

有些学校建立了全方位多层面的在线教研教学交流平台及教师个人工作空间。教师利用晓黑板“教师圈”发表个人的工作方法、思想历程和信息资源，利用互联网信息技术的优势，打破时间、空间局限，突破校园“同僚文化”的局限，教研方式由一对一扩大为一对多、面对面、层对层的立体化教研，在互动中实现思维的碰撞，全面促进教师专业素养提升，促进教师专业知识更新和知识结构优化，充分开发了教师的潜能。部分教师从刚开始有一点紧张，甚至有一点抱怨，慢慢变成比较兴奋、比较从容，教师的教学信息化素养空前提高，有很多教师因成为“网红”教师而感到自豪和骄傲。

（二）小班化教学，促进学生自主学习

线上教学具有多样性、创新性、实践性、发展性等特征，为了拉近师生的心理距离、增加师生点对点互动，晓黑板研发了一套小班化教学方案，即课前、课中、课后三部曲，强化课堂师生互动、即时反馈，精准分析学情。利用小组式、分层式开展个性化指导和答疑，教师强化课堂设计，学生自主学习。

1. 课前安排

（1）发布课表：用晓黑板 App 发布课程安排，平衡学生“学习”与“健康”两者之间的关系，体现“以学生为本”的理念。科目安排采用相对固定的方式进行，便于学生、家长明确每日学习任务，促进学生自我管理的意识与习惯的养成。同时关注保护学生的视听健康，合理控制学生每天在线观看学习资源的时间，在保障教学目的的同时，采用科学引导式作业设计、课本学习等任务鼓励学生自主学习和分享交流。课间休息可安排适当的室内体育锻炼、眼保健操、艺术欣赏等活动，促进学生德智体美劳全面发展。

（2）课前通知：教师在课前按照有利于学生居家学习、主动参与的方式进行教学设计，强调情境性、启发性、实践性、发展性。随后通过晓黑板 App 设置课前预习等学习任务的通知，系统推送通知提醒学生或家长进行相应的课前准备，让学生及时适应，并进入学习状态。

2. 课中安排

（1）点名签到：教师在课前发起在线上课人数统计打卡任务，晓黑板系统自动统计已参与和未参与的班级学生情况，针对未及时参与的学生可以一键提醒，督促学困生保证出勤率。

（2）课堂互动：教师以班级为单位开展线上直播教学，支持在线音视频及教案展示，充分调动网络教学教室多媒体的光、音、色等信息输出功能，将教师的内心情感、肢体语言和学生的视觉感受更好地结合，打破时间和空间的界限，让学生和教师能够有在课堂面对面上课的体验，进一步提高了学生与教师参与在线教学的积极性。也可以实时发起学习讨论，针对课前、课中、课后等多场景开展课程答疑、问题讨论等各种形式的专项讨论话题。教师与学生可通过文字、图片、语音等多种形式在线进行答疑、探讨等，保证课堂教学的效率。

3. 课后安排

（1）作业发布：教师结合在线教学的实际情况，通过晓黑板 App 发布作业内容，学生提交作业成果（文字、音频、图片等多形式），系统自动统计作业回收数据，已交、未交一目了然。对于未提交作业的学生，可进行一键提醒，弥补学生居家学习松懈、懒散等短板。

（2）作业批改订正：教师们通过晓黑板及时批改学生的课后作业、通过打等第、贴图标、写评语的方式指出同学们的错误和问题，指导学生及时订正。教师可发起课后作业讨论话题，进行在线答疑与辅导，帮助学生巩固知识、查漏补缺。教师也可以利用晓黑板的优秀作业展示和晓成长记录，充分调动学生的积极性，反馈教学活动，提高学生居家学习的效率，巩固居家学习的成果。通过正向激励，促进学生自主学习。

（3）课后小测验：教师针对单节课程的知识点设计相应的测验题目，通过晓黑板 App 发布单选、多选、填空、判断等客观题目，对学生知识点掌握情况做个测评，有针对性地进行习题讲解和答疑。

（4）同步课堂巩固：学校对优质资源进行精细化、规范化管理，支持学校在线调整发布内容，用户同步接收，实现优质资源的高效共享。疫情期间晓黑板联合学而思网校，为全国中小学生推出免费同步课堂教程，学生通过内容快捷导航、内容搜索框等便捷工具，根据自身学习情况快速定位出适合自己的学习资源进行学习。

（三）信息化技术，让学校管理更高效

1. 信息化技术提升教学事务处理效率

晓黑板在线教学管理工具，将原本线下教学的事务性调查等的处理时间缩短，集中精力投入教学设计，提高教师专业能力。采用小规模分层教学方式，选择相同学习层次的学生，建立学习小组，统一开设直播课堂或推荐学习资源，通过定向小组集中跟踪学生的学习情况。通过晓黑板布置作业，节省课后作业回收统计、作业批改反馈的时间等。

2. 大数据助力教师调整教学方案

晓黑板大数据后台自动根据教师设计的在线教学任务和考评指标，全程跟踪学生学习过程，自动收集在线教学过程中师生、生生互动数据，包括学生提问、讨论、作业等，为教师及时调整在线教学方法提供数据支持。

3. 大数据推进线上教学绩效评估

根据各学校线上教学绩效评估指标和标准，自动记录教师在线教学的成果，以数据充分肯定教师在线教学工作中各环节的付出和投入。

（1）课时评分：包括录播课程视频时长及在线直播课程时长。

（2）在线教学指导评分：包括组织在线教学指导会议，培训教师线上教学应用、案例分享等工作量。

（3）优秀教学资源贡献评分：学校对教师录制上传的教学资源开展评优活动，给予相应激励评分。

三、反思与发展

在线教学模式的效果因人而异，对学习能力和自律性较强的学生，教学效果和在学校学习时无异，而对于自学能力和自律性弱的学生，最初的新鲜劲过去后，能真正坚持投入学习的学生非常有限，教学效果相对在校学习时偏弱。教师应根据学生的学习情况和大数据报告，及时改进教学方法，提高教学效率。

混合式教学既不是把课堂迁移到线上，也不是线上与线下的简单机械相加，而是通过课前导学、线上自主学习、课堂互动讲解、线上线下深度讨论、过程性考核等方式，将传统的"以教师讲授为主"的模式向"以学生自主学习为主"的模式转变。在这个过程中要不断提高教师的信息素养和在线教学能力，提升学生的在线学习适应力，完善学校教学组织和课程质量保障，构建相应的评价体系，完善教育新体系。

大规模在线教学平台的快速实施和保障

【万达信息股份有限公司】

一、面临的问题

由于新冠疫情的暴发，上海市教委按照教育部"停课不停教，停课不停学"的要求，紧急部署本市中小学在线教学工作，将上海微校（上海大规模智慧学习平台）作为"空中课堂"的核心承载平台，整合各合作方，全面协同保障。万达信息作为上海微校的总承建方，需要快速启动平台相关建设工作。在不到一个月的时间内完成支撑143.5万中小学生在线教学任务的平台搭建和整合工作，满足直播、点播、认证、互动、资源评审管理等多种高并发、大流量服务需求，同时按照统一课表在同一时间准确播出，提供稳定、安全、高效的支撑服务，这些都是在开展特大城市级在线教学活动时面临的重重挑战。

二、解决方案与流程

1. 上海大规模智慧学习平台总体架构与设计（如图1-2-24所示）

上海大规模智慧学习平台（上海微校）由上海市教育委员会管理，上海市电化教育馆运维，作为上海市学习类平台的总入口，面向所有学习者提供个性化终身学习服务。上海微校围绕"服务于每个人的终身发展"的核心理念，汇聚各类优质教育服务资源，构建开放共享的教育资源公共服务平台，助力智慧教研和教学，形成资源汇聚、使用、评价，以及积分激励体系，打造互联网教育生态系统。

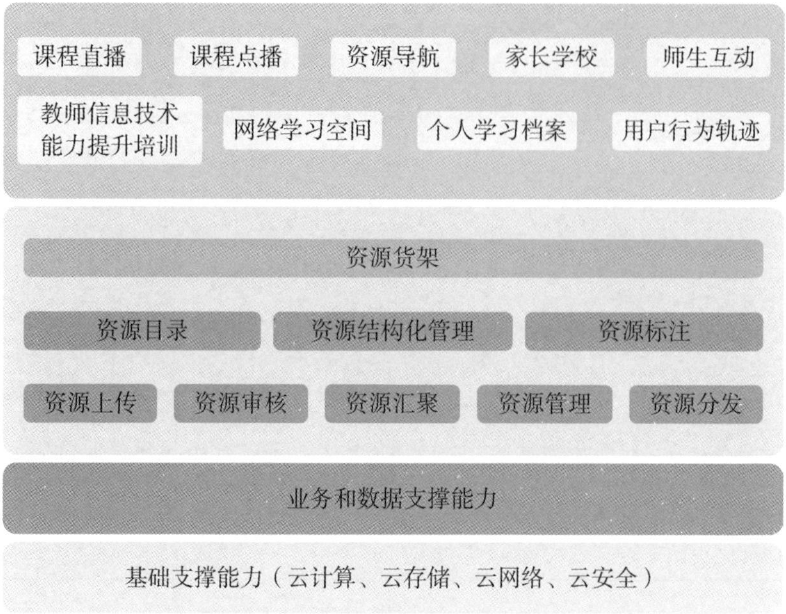

图 1-2-24　上海大规模智慧学习平台总体架构

2. 上海大规模智慧学习平台实施流程

（1）快速成立工作小组，严密组织，精心筹备

万达信息在接到“停课不停学”任务后，公司总裁和分管高级副总裁亲自担任领导小组组长，指导开展工作，教育事业群总经理任工作组组长进行项目的整体评估和规划设计，以教育事业群团队为核心，政务中心研究院、综合政务部及系统集成事业部协作，各部门抽调得力人员组成工作小组加入此次任务。

（2）顶层设计注重实效，去繁存简，保障目标

为保障短期内为上海市中小学生提供统一课表，同一时段、统一播出的空中课堂，万达信息围绕疫情时期的核心需求对上海微校进行顶层设计和统筹规划。从技术架构、系统集成整合、系统性能和安全保障等方面全盘考虑，完成服务功能的规划、设计、研发和测试计划。

（3）跨部门跨区域在线协同，多方协作，高效推进

为了达到目标，万达信息微校团队在疫情严峻和进度紧张的情况下，几乎全程通过在线协同完成任务。团队内部建立周密的任务分发、任务跟踪和会议研讨机制，分工清晰，快捷高效，跨部门跨区域无缝衔接。

（4）全天候多方位层层保障，零差错稳定运行

万达信息通过持续的服务发布和内容发布、日常技术支持、运行保障、方案支持、用户行为分析和数据可视化、资源分发、平台测试和保障服务、集成和安全

服务等，为上海微校提供多方位、多层次保障，实现上海微校在停课不停学期间的零差错运行。

三、反思与发展

1. 线上教育优势初现，在线教学仍在路上

特殊时期在市教委统一组织下开展的空中课堂为大规模在线教学提供了有益探索和宝贵经验，极大地促进了社会大众对在线教学的接受，提升了教师利用信息技术开展在线教学的能力，积累了一大批优质的课程资源，为“互联网+”教育的深入开展打下了良好基础。同时作为大规模在线教学的初次尝试，线上教学仍然暴露了一些问题，如师生互动不充分，由于缺乏线下教学面对面实时互动以及集体交流的环境和氛围，纯线上互动难以充分调动学生参与的积极性，教师无法及时和充分地获得学生对知识掌握程度的反馈。

2. 融合已有基础和新技术优势，激发混合式教学新活力

停课不停学期间的空中课堂在技术支撑、服务保障、内容生产等方面为后续在线教学的开展打下了良好基础，在线下大规模复课的后疫情时期，如何充分利用物联网、大数据、人工智能、云计算、区块链等先进技术，实现教育资源融合、共享，加强信息技术与教育教学的深度融合，推动大规模因材施教的发展，促进线上线下教学进一步融合和衔接，是我们不断前进的方向。

在疫情防控期间，企业充分发挥技术和资源的支撑优势，在优化、创新自身平台技术和模式的同时，赋能教育教学，转变学生的“学”、教师的“教”和学校的“管”。

二、政府、学校、企业服务模式类型

（一）基于技术构建的服务模式，搭建智慧教育信息高速公路

流畅的通信平台是在线教育的大规模应用的保障，网络通信平台是互联网教育开展的硬件基础支撑，主要用于网络直播、在线点播等教学活动的开展。按照“政府全面指导、企业参与建设、学校采购服务”的网络基础设施建设机制，由企业提供技术建设服务，一起改善学校网络接入环境、教学信息化环境、师生运用终端的条件、应用系统建设。

宽带网络建设的目标是利用先进、成熟的网络和通信技术，将区域内各学校互联，形成一个大带宽、高可靠度的计算机网络。在政府、企业、学校多方协同的共同努力下，全面优化“一网三中心两平台”，基本形成上海教育信息化完整的基础支撑体系。上海教育城域网共建成光缆约 15 000 芯公里（2 734 皮长公里），39 个主干节点，全面支持 IPv6，是全国第一个主干带宽达 100GB 的教育城域网。网

络覆盖全市所有高校、区教育局及区所属各类教育机构、两委直属单位以及 90% 以上的中职学校，覆盖各类教育单位 4 000 余家；作为本市教育信息化基础设施，有力支持了公网上难以实现的各类高带宽教育专网应用；支持统一、高效的安全响应，大大提高了网络安全保障和管控能力；通过集约化建设，为教育行业节约大量互联与出口费用；支撑数据融通、跨校协作、资源共享，助推教育现代化。

在校园信息化建设方面，三方通力协作，共建数字校园，搭建智慧教育的信息化高速公路，优化信息化网络设施建设和网络多媒体教学环境基础建设，实现本市义务教育阶段学校无线网络全覆盖、互动式多媒体教室全覆盖、教学可用移动终端设备师机比 1∶1。

构建智能教育信息化基础设施，打造面向未来的智慧云学校
【中国联通上海市分公司、上海市黄浦区卢湾一中心小学】

上海市黄浦区卢湾一中心小学是上海市教育信息化应用标杆培育示范学校。长期以来，学校一直致力于以信息技术支撑教育，不断探索以情感教育助力孩子完善人格，以“发掘学生潜质，激发学生兴趣，指导学生学习，成就学生价值”为目标，培养“会学习、善交往、明道理、学创造”的人。经过多年积累，学校信息系统平台逐步完善，主要包括：云课桌、云朗读、云手表、彩云墙、云展馆、云剧场、云随行、云厨房等，解决了很多实际问题（如图 1-2-25 所示）。

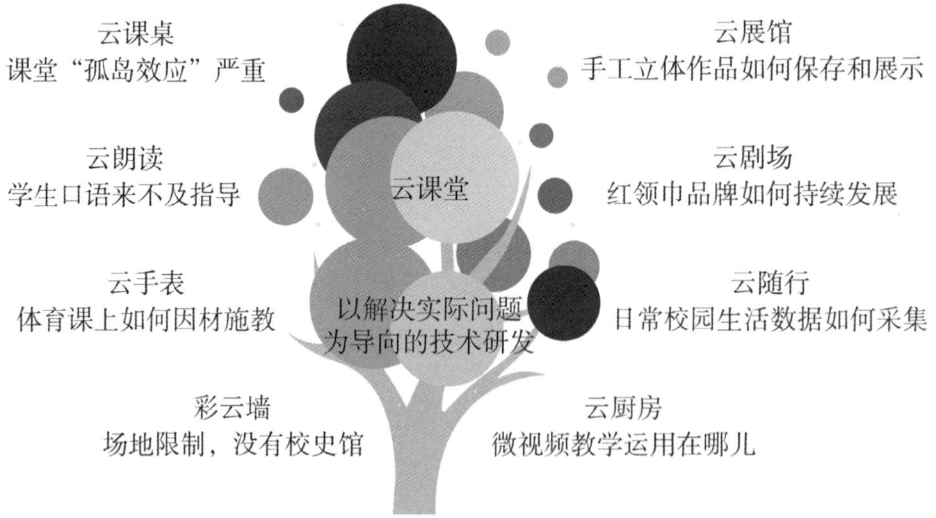

图 1-2-25　云课堂系统

如何大规模开展面向未来社会需要的个性化人才培养？如何整合现有信息系统能力，将新一代信息技术应用到学校发展中去？如何实现学生成长性数据共享和教学教研的融通，纵向拉通各年段的学生数字画像，横向打通学校数据信息？这些都是学校近两年信息化工作的核心思考。

一、解决方案与流程

（一）面向未来，做好信息化发展顶层设计

上海联通联合卢湾一中心小学规划了融“数字校园”“数字教学”和“数字学生”为一体的“三数”体系。“数字校园”重点构建面向未来的智能信息化基础设施，部署云、大、物、智等能力，收集全态势、全时空、全要素信息，以支撑“数字教学”和“数字学生”的实现，如图 1-2-26 所示。“数字教学”旨在推动信息技术与教育教学的深度融合与创新，利用数据驱动实现教学范式转型，为教师减负增效；“数字学生”基于学生全生命周期、全方位数据实现综合素质评价，辅助教师开展因材施教，协助家长和学生了解学习状态和特长发展。

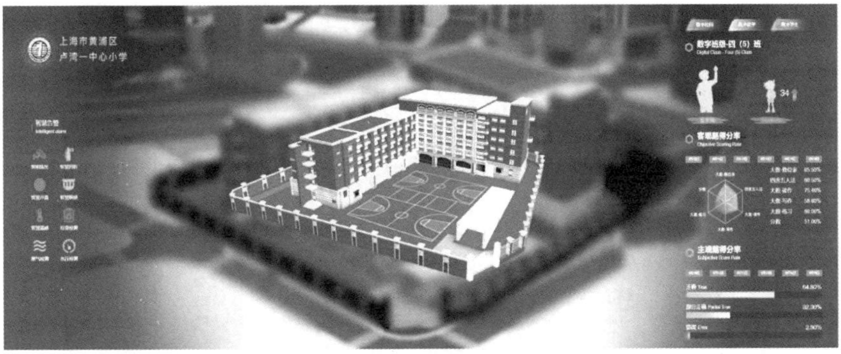

图 1-2-26　卢湾一中心小学数字校园信息展示界面

（二）物联感知，打造安全适宜的学习环境

借助物联感知技术，聚焦校园安全和管理等场景，完成教室空气质量监测与净化、教室自动灯光控制、智慧烟感、智慧温感、校园燃气泄漏监测等 12 类物联场景建设。通过 500 多个物联感知节点设置，完成了校园数据伴随式无感知采集，实现数据汇聚展现和实时告警等工作流程闭环。

（三）人机协同，注重教学教研减负增效

过去，教师需花费较长时间搜集资料制作课件进行课前备课，需通过“逐个问询”获取学生的兴趣点、难点等重要信息，因此很难开展有针对性的教学教研。而如今通过“人机协同”让课堂数据透明化、让备课教研智能化。课堂中，“人机协同”的动态数据实时反馈通过对学生的答题数据分析，生成学习动态曲线，实时呈现知识点掌握情况、错题与错因分析，为教师下一步教学提供科学依据，让教学更加具有针对性与时效性。课前、课后，通过备课系统建立学习大数据库藏，丰富课堂素材并实现多预案设定、个性化推送，促进教师智慧凝练，大幅提升教研效率。基于大数据和 AI 等基础能力，结合教师们脑中的智慧教学方案，共同建立“教育信息化大脑”，实现教师和人工智能的有机协作。

（四）数据驱动，为每个孩子描绘专属“画像”

卢湾一中心小学关注每个孩子的个性化发展。“数字学生”以“中国学生发展核心素养”为依据，对德、智、体、美、劳五个维度做系统解构，勾勒出详尽、真实的学生个人数据画像，清晰描绘学生的学习特性、学习状态与成长特点。以上海联通教育云平台为载体，汇聚学生基础数据、学业数据、学习过程数据、社会实践和生活数据等各个层面的数据，通过数据智能分析和挖掘，构建了涵盖思想品德、学业水平、身心健康、审美情趣和社会实践等五大方面的综合性评价标签以及阅读能力评价等专业知识标签，实现为学生构建专属全景“画像”，如图 1-2-27 所示。

图 1-2-27　学生全景“画像”

二、反思与发展

（一）利用 5G 技术实现新探索和新突破

5G 作为新一代的蜂窝网络技术，具备大带宽、低延迟、泛连接等技术特点，可有效解决校园智能管理、教育教学所需解决的网络问题。利用 5G 网络切片等技术构建 5G 教育专网，将显著改善校园网络带宽，提高信息互通能力。利用 5G+XR 技术，开展虚拟实验室等课程设计，能够让学习和探究过程更加直观形象，能够激发学生兴趣，加深感受，促进知识吸收和理解。

（二）探索在线新经济背景下线上线下教育融合

疫情期间，上海联通为上海大规模智慧学习平台（上海微校）独家提供教育云服务，为全市 143.5 万中小学生开展在线学习保驾护航。这场大考也验证了上海联通教育云平台在云网融合、安全防护以及支撑大规模并发等方面具备专业技术和服务优势。随着学生陆续返校，教育形态将逐步从大规模在线教育转化为线上线下融合式教育。在线上基于知识图谱建立知识库以开展自适应学习，在线下开展数字教学把控整体进度。通过融合教育（OMO）模式形成线上线下数据联动，最终在教、学、练、测、评等多维度发挥作用。

（二）基于资源供给服务模式，提升智慧教育资源的品质

资源供给的服务模式是通过市场机制，依托企业、出版社等力量建设，为教育提供数字化教育资源的一种模式。在资源供应过程中，企业更注重提供个性化服务。通过企业服务，全面提高资源开发利用水平，引进 5G、虚拟现实、人工智能等先进技术，开发规模小、交互性强、智能化程度高的新型数字教育资源。

上海在建设市政培训课程的过程中，选择了优质的课程资源，并通过面向中小学、大学、培训机构、研究机构和企业等，以遴选、采购、自建、合作、联合建设或委托开发等方式建立了区、县、基层市政培训课程资源数据库。上海教育资源中心搭建了以资源中心为教育资源枢纽，以应用机构为集散分发的资源公共服务体系，汇聚各级各类教育资源 65 461 个，实现本市大规模在线学习服务与教育资源“前店后厂”总体格局。逐步形成了自主下单、授权引用、应用反馈的资源供给服务模式，实现了对各类学习平台和教育单位的资源按需共享。

（三）基于产学研合作模式，促进智能技术与教育深度融合

信息技术的发展和终端设备的普及，降低了教育资源和教学工具的开发门槛，不少优质的数字化资源和便捷的教学工具是由学校中的教师、学生以及社会上的教育资源和工具开发爱好者开发的。因此，智慧教育背景下，企业应该积极支持教育信息化服务的“产学研用”，与有能力的师生开展合作和产品研发，甚至可以向创新设计开发的团队提供技术开发平台支持和投资，也可以将教学、教研和学习中优质的成果转换为产品，开发面向不同群体的适合时代背景的课程资源。

挖掘大学特色资源，与区联合，校企合作，共同优化资源

【复旦大学第二附属中学】

复旦大学第二附属中学（以下简称“复旦二附中”）挖掘大学特色资源，与区

联合，校企合作，共同优化资源。复旦二附中的“漫游星空”课程建设采用了学校与杨浦区信息中心联合开发的形式。课程从2006年开发至今已有14个年头，目前已经是杨浦区的品牌课程。课程充分借助复旦大学及学校家长的资源，聘请各领域的专家为学生开设公益讲座，让学生了解最前沿的科学、文化、艺术等知识。每月一讲的课程已经通过区级共享网络平台分享至兄弟学校。

学校还充分利用校企合作的方式，与超星公司进行合作，一起共同提升优化课程的品质，比如范明月老师开发的“多彩的汉字”“汉字的前世与今生”等系列课程就得益于这种合作。

在超星公司的技术支持下，利用学校慕课平台搭建的“立体化阅读”课程是由阅读组教师、学生、家长、公司共同尝试的一种新的课程开发模式，内容包括了教师导读、学生的“好书推荐”、学生阅读笔记、阅读报告赏析、读书思考等板块。

在复旦大学信息化办公室、杨浦区教育局信息中心等的多方支持下，全校师生共同参与课程建设，经过两年的努力，复旦二附中的课程资源已经达到45门。课程受益人员包括学生、教师及家长。课程内容涉及德育类、学科类、活动类、拓展类四大类。见习教师、各类工作室也在慕课平台中向本校教师、联盟校、集团校教师进行相关学习资源的推送。

通过产学研合作教育，充分发挥信息技术企业在云计算、人工智能、技术等领域积累的大数据作用，以及在产品开发、运营等方面的实践经验，结合学校丰富的教学经验和高质量的教学内容，结合相关的专业人才培养方案、课程体系和课程内容，大大提高了智慧教育资源的质量。

（四）基于购买服务深度合作模式，建构有效的教育信息化服务生态

教育信息化服务是教育服务中的一项。特别在我国从教育信息化1.0到2.0转段升级的这一关键发展期，为建构有效的教育信息化服务生态，国家近年来更是大力向社会购买教育信息化服务。上海市政府通过竞争择优方式，确定承接政府购买服务的市场主体。在信息化平台建设方面，政府统一向符合条件的企业购买平台服务，学校在政府提供的平台中，结合学校所需，自行选择软件平台，形成“软件超市、按需选购”模式。

《上海市教育信息化2.0行动计划（2018—2022）》中提到要创新人技协同的混合智能教学模式，推进虚实融合的教学方式变革，回归教育本质、注重应用成效成为凸显技术价值的关键。以人工智能、VR技术等新兴技术帮助解决教育发展过程中的突出问题。对企业而言，智能教育作为教育与技术密切结合的领域，有助于技术落地。

统编版语文阅读课程的混合学习案例

【摩天轮大语文】

2019 年秋季新学期开始，全国所有中小学都开始统一使用统编版语文教材。其中，小学教材中设置了“快乐读书吧”，初中设置了“名著导读”，对学生课外阅读提出了较高的要求。然而，整本书阅读的教学与课文教学不同，教师不可能在课堂上留出足够的时间让学生进行整本书阅读。学生一定是在课外进行自行阅读，当学生对书籍有了一定的了解后，教师才能够在课堂上进行分享。但是，学生课外的自主阅读行为难以管理，进度参差不齐。因此，整本书阅读的教学尤其需要“学生课外线下自主阅读＋线上微课统一讲解＋学生学习进度实时反馈＋教师引领课堂探究活动”的模式来进行支持，这样能让课堂时间达到最大效益，让学生进行充分学习与探究，保障学习效果。

为了帮助教师更好地实现整本书阅读的教与学，思来氏教育旗下的摩天轮大语文研究团队设计了如下的八大环节混合学习模式，如图 1-2-28 所示。

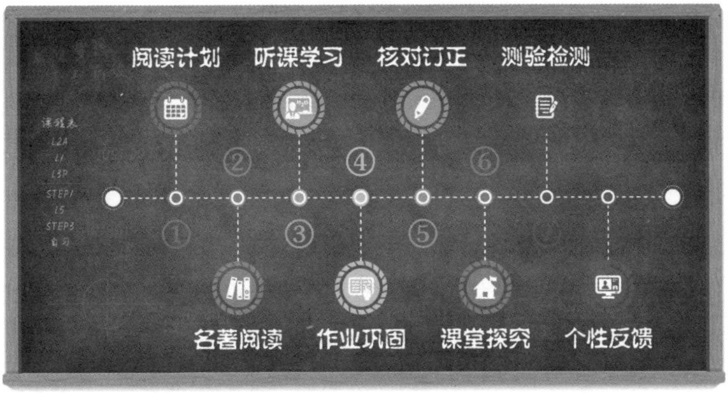

图 1-2-28　八大环节的混合学习模式

①阅读计划：阅读前学生完成小程序上相应视频课程的学习，并制定切实可行的阅读计划；②名著阅读：学生进行线下书籍的阅读；③听课学习：每一本必读书配备了精彩生动的课程讲解，学生进行线上听课学习，了解每本书的精髓所在；④作业巩固：紧扣课程目标和学科核心素养的要求，精心设计了配套习题，并且根据学生的学习水平对作业进行分层设计；⑤核对订正：学生在学生端小程序上查看题目答案和解析，教师在教师端小程序上查看学生听课与作业进度；⑥课堂探究：教师根据后台数据组织学生在课堂上进行小组合作式探究；⑦测验检测：每学

期组织阅读测试，检验学习成效；⑧个性反馈：根据学生测试成绩发放个性化作业任务单，指导学生后续阅读课程的开展。

摩天轮阅读课程目前在上海市一百多家中小学开展，受到了师生的广泛好评。该套课程具备以下特点：

①线上线下融合，提供了线下阅读手册和线上微信小程序两个学习载体，配备了丰富的微课资源。②贴合教材内容，完全配套统编版语文推荐的书目进行编写。同时，紧扣课程目标设计了配套习题，以精彩新颖的命题形式助力学生巩固阅读成效，适应新中考。③设置科学的质量监测，提供了智能化的过程性评价和阶段性评价功能，教师可以通过教师端小程序实时了解学生的阅读进度与问题。此外，通过学期末组织的阅读测试来阶段性了解学生的阅读素养水平。④提供多套实施方案。不定时组织语文教师的主题化研修活动，聆听专家讲座，观摩优质课例，并进行研讨交流。

虚拟现实技术在生命科学教学中的探索与实践

【上海市金杨中学】

生命科学是一门实践性非常强的学科，学生们需要经常通过走进自然进行观察、走进实验室进行实验等各种实践活动进行自主探究，寻找科学规律。但是在实际教学过程中，有很多教学内容我们很难给学生提供真实场景进行探究，学生无法真切地感受生命的规律。比如关于人体和其他生物体的内部结构和功能的内容，绝大部分我们是无法提供解剖实验的，即便有些内容可以进行实验观察，很多生理过程和微观结构也无法体验。虚拟现实（VR）技术为我们的想象提供了可能。

然而VR技术在基础教育中的运用还刚刚起步，即使我们给学生提供了最先进的VR设备，学生要看的内容从哪里来？要让VR真正走入课堂，最大的需求就是与我们教材契合的VR课程。如果没有VR课程的研发，“VR＋教育”只是空谈。那么谁来开发VR课程？如何开发VR课程？无论是VR工程师，还是教学一线的教师，单方面都无法完成课程的开发。金杨中学在教育信息化探索过程中一直在努力寻找突破方向。

一、项目的诞生和思路

2018年底，学校在“VR+教育”这一课题上找到了百度作为深度合作伙伴。在百度技术的支持下，我们创建了VR智慧教室，同时由我们金杨中学牵头，邀请区生命科学教研员、学区兄弟学校优秀生命科学教师和我校教师共同组成VR研发团队，合作开发一期初二生命科学VR课程。我们团队经过多次研讨，对初二生命科学教材中适合开发VR课程的教学内容，以及未来VR教学进入常态化课程的可行性反复讨论，最后确定采取边研发边实践的策略，在实践中打磨和优化每一节课。

对于选哪个内容作为首节开发的VR课，我们也作了综合考虑，最后选定了“人体内环境的稳定之人体血液循环”。因为人体内环境是一个非常抽象的概念，以往学生很难理解，或是把细胞内液体说成内环境，或是把人体体腔中的环境或肠胃中的环境当作内环境，因为学生无法真切体会人体的细胞是生活在什么环境中。而对于人体血液循环在维持人体内环境的稳定中的作用，过去教师利用图片或动画也有一定的教学效果，但我们想让学生利用VR场景进行互动体验，应该会有更好的效果。这节课主要由金杨中学的教师负责课程内容和课程设计，包括后期试讲和执教公开课。整个VR团队共同对课程进行打磨，包括对VR课件的修改和完善课堂设计。

二、“人体内环境的稳定之人体血液循环”VR课的推进过程

2018年11月，由百度产品经理和金杨中学两位生命科学教师，合作沟通完成“人体内环境的稳定之人体血液循环”的VR课件的需求文档，经过团队成员的讨论，金杨中学教师提供了知识点的框架结构以及课堂设计。

2018年12月，课程进入制作过程，包含人体内部环境的场景搭建和人体各模型的构建，从真实、科学的角度，呈现人体血液循环系统的组成和血液循环的途径。在制作过程中，百度技术人员和教师多次沟通，力求利用信息技术为学生呈现最好的体验场景。

2019年1月—3月，VR团队的各位教师对“人体内环境的稳定之人体血液循环”一课组织了试讲、观摩、研讨。试讲课由金杨中学费士华老师执教。经过大家对课堂的观摩、对学生学习体验的询问，以及每位教师对课件的亲自体验，我们对这节VR课的课件和教师的VR课堂教学设计先后提出了很多修改意见，例如：血液中血细胞虽然清晰、漂亮，但各类血细胞的形态、大小、数量等不够符合真实性。VR提供的虚拟场景应该尽可能地接近真实，所以我们给出了显微镜下血涂片的照片作为科学依据。又如：在肺泡与毛细血管的气体交换过程中，课件缺乏动态的效果，没有充分体现VR技术的优势。所以我们要求把二氧化碳和氧气的扩散过程展示出来。针对学校提出的很多问题，执教教师和百度技术人员以及团队成员多次研讨，进行了多轮修改。

2019年4月24日，金杨中学费士华老师对这一节“人体内环境的稳定之人

体血液循环”VR课进行了公开教学展示。浦东新区信息教育技术协会的领导、学区各兄弟学校的领导和生命科学教师、百度VR产品经理和团队到现场观摩、听课、评课。课后，各位专家对我们展示的这一节VR课予以高度肯定。教研员宋华英老师感叹：“以前想象利用‘VR＋教育’技术教学到今天真正实现，我们教师的教学发生了革命性的改革，确实体现了课堂教学中教师是引领，学生是主体，课堂教学以学生为主的自主探究、合作式学习的智慧模式。我们从中也看到了“VR＋教育”的前景。”

2019年5月，VR团队再次开会研讨，总结第一节课的成功与不足。同时，在第一节课开发和教学实践的基础上，团队成员分工合作，研发整学年其余课程。

三、反思和展望

虽然第一节VR课取得了一定成果，但团队也发现了未来VR真正走进常规课堂会遇到的一些问题。尤其在课程研发上，需要VR技术人员和一线教师高度合作，否则会出现VR技术人员对教学内容的科学性和真实性把握不够，而我们教师则不知怎样将前沿的VR技术融入教学中。同时在未来的VR课程中，我们还要设计更多的人机互动的内容和任务驱动的内容，体现VR教学的主动性和交互性，也能融入项目化教学等现代教学新理念。

当前我们正在加紧研发整学年生命科学课程，计划从2019学年第一学期开始把研发的VR课程放入日常教学中进行实践、打磨，让每一节VR课都在实践中得到优化，力保每一节课内容的科学严谨性、场景的真实性和VR技术的先进性。同时，双重身份的教师（既是课程开发者，又是课堂教学实践者）对VR课的课堂教学设计进行反复推敲，让教师真正成为一个高效的引导者，而学生真正成为自主学习的主体。

同时，我们也联合百度团队，对今后的VR教学效果进行跟踪，评估教师的教学反馈和学生的学习体验，也通过学生的阶段性测验的对比等方式，再反过来指导我们对VR课程进行进一步优化。我们希望通过共同努力，研发出更多更优质的VR课程，让更多的教师和学生受益。同时探索学校如何通过购买服务方式与企业深度合作，推进优质资源建设与应用。

三、政府、学校、企业服务模式下的几点思考

（一）完善政府购买教育服务的政策体系

为了有效实施政府购买教育服务，一方面，要完善基本政策，为政府购买教育服务的实践提供政策引导、支持和保障。另一方面，要完善购买教育服务的具体政策，包括目标政策、途径政策和条件政策，来指导和规范政府购买教育服务

的实践操作过程。

根据《上海市教育信息化 2.0 行动计划（2018—2022）》的目标，要构建多方参与的教育信息化新生态，为上海教育现代化的发展打下坚实基础。规范经费支出，形成经常性的教育信息化经费投入保障及监管机制。部分项目可以采取市、区两级按事权和财权的责任划分协同规划、分级投入、试点开展的模式，确保教育信息化 2.0 项目的顺利开展。充分发挥政府和市场的作用，提供一个良好的政策环境和发展空间来促进教育信息化的发展，积极鼓励企业投资基金在教育信息化的建设上，提供高质量的信息化产品和服务，实现多样途径的投资和协调推进。

（二）推进教育信息化服务走向市场化

政府和学校可以购买教育信息化服务，以确保服务能力满足地区和学校的需求，尽可能高效和经济地购买服务，充分利用政府外部的专业知识，并促进教育服务供应的模式创新。

政府促进了中国教育服务的市场化。一方面表明，以“三通两平台”为核心的教育信息化基础设施和公共数字资源的建设取得了长足的进步，但高质量的教育信息化资源和服务的供应却不足。市场需要的有偿参与、定制和提供教育信息、资源服务，将有效促进教育信息化建设的可持续发展。政府购买教育信息化服务将是进一步推进教育信息化供给侧改革，促进信息技术与教学深度融合的重要途径。

（三）政府、学校购买教育信息化服务的内容

政府、学校、企业三方协同下，教育信息化服务的内容主要以如下方式呈现：

1. 传统自建的教育信息化软件与硬件的运行维护购买服务

教育信息化初期，学校多基于需要自主购买企业服务建设教育信息化软件平台和硬件维护的服务，企业选择学校合作进行软硬件建设，促进资源平台、管理平台与教育信息化的服务实现精准对接。企业根据学校实际情况提供软硬件服务。

2. 教育信息化的有关教育教学数字资源的购买服务

政府、学校以教育所需信息化资源服务的类型、质量和数量为标准，与企业签署服务购买合同，用财政税收采购服务承包商供给的教育信息化资源服务，并根据合同对承包人的服务进行监督和管理。对于政府部门来说，教育信息化服务外包促进了政府教育部门职能向私营组织部门的转移，削弱了政府的一手包办，减少了教育部门在人员扩充方面的额外支出；对于社会而言，充分利用自身的技术、资本和人才优势，通过不断提供高质量、多样化的教育信息化资源和服务来获取利润。

3. 教师信息技术应用能力提升培训的购买服务

信息技术在教育教学中的作用已经凸显，国家对教育信息化建设越来越重视，教师信息技术应用能力提高显得尤为重要。在教师信息技术应用能力提升培训上，可以采用购买服务进行培训，结合企业健全的培训体系和架构，融合先进的技术应用经验，全面提升教师信息技术应用能力。

4. 教育信息化（智慧教育）软件平台的购买服务

智慧教育是运用新一代信息技术，如物联网、云计算、无线通信等，打造一个互联、智能、感知、无处不在的教育信息化生态系统。政府与学校的信息化（智慧教育）软件平台的建设离不开企业的参与。政府向企业购买服务，在这样的购买服务关系中，学校作为需求方，向政府提出定制的需求，政府针对学校提出的需求进行招标，符合条件的多家公司入围，学校在政府制定的企业范围内进行选择合作，政府主要负责项目决策，监督平台的搭建、评价、资金保障等，并根据契约对企业进行管理，对学校提供资金支持。企业作为服务方，提供技术支持、咨询、培训、产品开发等一系列项目的服务。三者相互合作，共同搭建教育信息化（智慧教育）软件平台。

5. 学校网络与信息安全的运维服务

安全操作和维护服务是信息系统的安全运行过程中的所有安全相关的管理和维护的行为。随着信息化的不断发展，校园网的基础数量不断增加，各种各样的网络应用也越来越多。新发展同时也带来了新的挑战，因黑客引起的网络事故时有发生。由于教育信息系统承载了实时信息公开、新闻宣传、在线互动等业务，报名系统、考试系统、证书查询等都存储着大量的学生个人信息，使得校园网络成了黑客攻击的重灾区。教育单位因为专业技术人员少、专业技术能力与服务外包企业人员相比存在差距，需要引进专业力量，购买学校网络与信息安全的运维服务，让企业和学校在网络信息安全工作中融合，共同保障网络信息安全，也可以探索“政府统一购买服务、学校按需选择使用”的模式，即政府统一选购网络与信息安全运维服务，学校根据实际情况，从中按需选择合作企业的模式。

6. 教育云云网融合的购买服务

云计算有助于消除信息孤岛，实现系统互联、资源共享和应用互操作性。因此，信息化教育需要走上云服务平台。基于教育云的发展理念的大型设备，继承“班班通”的建设，形成一个数字学校，通过信息化云教室，然后扩大到城市区教育云，最后建立一个公共教育资源与数据的云服务中心。

上海市教委在2018年率先研究制定《上海市教育信息化2.0行动计划（2018—2022）》，开展教育城域网统一接入互联网及云网融合工程，并严格筛选上海教育云网融合合作服务商。

上海教育城域网是在原上海教科网和校校通网络建设的基础上，利用上海市公共基础设施完善教育光缆传输系统，并在传输系统上建设了十万兆核心主干网，实现各教育单位网络互联，整合、开放、共享教育资源，从而为全市师生提供更好的信息化环境。上海教育云则基于上海教育城域网的网络互联优势，聚焦教育行业特点与共性需求，在保证安全可靠运行、满足教学科研与管理要求的基础上，纳入网络、计算、存储等多种云资源，以供各类教育单位按照需求灵活选用。

（四）加强评估与监管机制的建设

政府购买社会组织第三方服务在快速发展的同时，为促进政府购买的健康发展，同时因为政府购买社会第三方服务的资金来源性质属于政府财政资金预算支出，所以需要加强评估与监管机制的建设，明确政府购买评估与监管的主体、内容和运行机制。在政府和学校购买服务中，政府和学校肩负过程监督及绩效考评的责任。上海市在购买评估与监管方面积累了一些经验，主要体现在：

首先，要进行制度化建设。浦东新区制定了《浦东新区关于政府购买公共服务的实施意见（试行）》，其中明确规定了政府购买公共服务的内容、范围和程序。上海市发布了《上海市市级政府购买公共服务项目预算管理暂行办法》，逐步完善了政府公共服务采购体系。再者，需要建立多部门协调监督机制。上海遵循“谁买谁监管”的原则，明确了主要监管部门的职责，建立信息公开和社会监督制度。最后，重视绩效考核。上海一般对购置项目进行专项评估，通过内部评估与外部评估相结合的方式对项目的实施效果进行绩效跟踪与评估，以达到事前的资格预评估，事中监督管理，事后进行绩效评估。

在探索政府、学校、企业服务模式中，应完善教育信息化服务相关的统筹协调机制，落实好以用户为中心、企业为辅助、市场为导向的方向。确立教育信息化市场与学校教育对接的引导机制，疏通市场中的优质资源、优质服务进入学校的渠道。在政府层面，也要确立政府向市场购买教育信息化服务的专项制度，灵活选择购买方式，规范供需流程，确保资金投入和完善审计监管，还应该确立教育信息化服务创新研发的激励机制，鼓励社会、教师、学生供给优质的学习工具和资源。

技术与教育共生共融，技术的发展给教育带来的重要创生和革新之一在于教学空间和环境的变化。信息技术支持下的教学场景，类型从信息技术支持下传统学习环境的重构、技术增强线上线下融合的混合式学习新场景，到物理环境与虚拟技术空间重叠的沉浸式学习场景，到智能环境融合教学的智慧学习新场景，给教学带来了如下变革：丰富学科内涵、推进课程形态的变革；教学从支持知识技能学习向发展核心素养转变；教学向基于数据的个性化精准化方向转变，等等。

本已初具雏形的混合学习形态，经过疫情特殊阶段的大规模网上学习加速发展之后，已逐步走向深度应用，将成为今后教学的新常态。通过构建校域混合学习生态，线上线下全过程融合教学，在线平台数据充分支持评价等方面的实践，深入探索具有学科特色的混合教学模式。

教育信息化的全局发展离不开多方力量的整合。促进教育信息化，往往需要大量资本与技术投入。近几年，政府加大了向社会力量购买教育信息化服务的力度，鼓励与吸引更多有资质的企业或机构参与到教育信息化服务工作中来，通过技术构建、资源供给、产学研合作、购买服务、深度合作等多种服务模式，共同促进教育信息化服务的供给侧改革。

2

第二章

变革教育范式——问题驱动的智慧教育解决方案

信息社会的教育体系是新内涵的终身学习体系，大规模个性化学习构成其主要方式。为每个人提供最适合的教育，不仅成为可能，而且成为首要指向。疫情防控期间，师生信息素养在实践中得到锻炼与提升，学生的学习突破了时间和空间的限制，教师在积极探索和适应新的教研模式，线上教育与传统教学方式相互融合、相辅相成、相得益彰。

信息时代的教育努力为每一位学生提供最适合的教育，塑造个性化的终身教育体系，培养学习者因人而异的运用知识的能力。现阶段，人工智能、大数据、物联网等信息技术迅猛发展，为构建高质量教育体系提供有力的支撑和服务。新时代教育理念的更新与教育范式的变革离不开信息化发展。进入 2.0 阶段，数据驱动的智慧教育是教育信息化的高级发展。

第一部分　从数字化到个性化

第一节　课程资源重构教学模式

在今年疫情特殊形势下，全国各地中小学响应国家“停课不停学”的号召，纷纷组织师生开展在线教学工作，充分利用在线教育平台和资源，解决学生的居家学习问题。超大规模的在线教学实践，迎来了我国数字教育资源整合建设与应用的新的发展契机，打开了新的教育教学格局：人人平等享有高品质的学习资源服务，优质教学资源实现无缝流通与共享[①]。随着线上教学资源质量的不断提升，师生主动选择在线教学的意愿也不断增强，从最初的质疑，到实际推进过程中的磨合，再到不断改进、乐于接受在线教育。在线教学的便利性和教育资源的优质性在一定程度上推动了教育教学模式的创新发展，改变了以教授为主的教学方式，推动学生主动参与学习并进行积极思考，通过一系列的技术赋能，使得学生个性化、差异化的自主学习成为可能，实现了课堂教学模式变革。

随着信息技术的快速发展，在线教育会以何种形式融入未来教育，未来教育资源的建设与应用是什么样的呢？空中课堂从资源层面促进了教育系统的变革，为未来数字教育资源规划和建设提供了新的实施路径。在线教学既能班级统一授课，又能关注学生的个别需求，相信在未来的教育中，线上线下的混合教学模式将成为教育新常态。

一、数字教育资源的建设与应用

数字教育资源作为信息化教育教学工作的重要内容和手段，近年来受到了社会和国家高度关注，2019年发布的《中国教育现代化2035》明确提出“创新教育服务业态，建立数字教育资源共建共享机制”；2018年发布的《教育信息化2.0行动计划》提出“提升数字教育资源服务供给能力，改变数字教育资源自产自销的传统模式”，国家陆续启动了“三通两平台”工程、“一师一优课，一课一名师”等数字教育资源建设项目[②]，各中小学校也投资建设了大量的校本资源，然而在实际应用中还是

① 杨现民，赵鑫硕，陈世超．“互联网+”时代数字教育资源的建设与发展［J］．中国电化教育，2017（10）：51-59.

② 柯清超，王朋利，张洁琪．数字教育资源的供给模式、分类框架及发展对策［J］．电化教育研究，2018，39（3）：68-74；81.

共性地存在许多一线教师找不到适用的资源、资源使用效果不佳的现实问题。

数字教育资源利用率不高的主要原因在于资源建设与实际需求脱节、供求错位。不同学段、不同学校的教师在资源的选择和使用方面存在规律性差异，小学和初中的教师倾向于获取与教材配套的教学资源，对资源的呈现方式和知识点的精确性要求较高；高中教师更倾向于追求教育资源要具有专业性、可塑性[①]。大量已经建设的数字教育资源由于过于泛化、不能有针对性地满足师生需求而过剩、被闲置。与此同时，学校、教师和学生对优质资源的需求却日益强烈，教师和学生迫切需要能够满足自己个性化需求的数字化教学资源。

一场猝不及防的疫情，意外开启了一次开放教育资源运动。为保障疫情防控期间中小学教育教学活动的有序开展，上海采取了“空中课堂”在线教学模式，通过“优课示范、双师教学”的形式，统筹全市教学资源，实现了优质资源共建共享与普及应用，减小了城乡教育资源差距，大力促进教育公平，为疫情后上海数字教育资源实现更高程度优质均衡发展提供了新思路。

（一）系列化的优质资源建设与应用

在互联网环境下，以学生的核心素养培育为目标[②]，从提高学习的有效性出发，设计贯穿教学全过程的系列化课程资源，保障学校、教师、学生基本的教与学需求，提升课堂教学质量，推动优质课程在全市范围内共建共享。

1. 面向教学全过程的系列化资源建设

（1）从离散化到系统化。在基础教育阶段，由市级政府部门主导，统一制定覆盖全市、全学段、全学科的教育资源建设方案。基于学科课程标准，以大单元概念为核心进行单元任务设计，打破按教材章节进行教学资源设计的陈规，突出学科知识体系的完整性。将单元任务进行分解，形成课时任务，开发配套的教学资源，由若干个课时教学资源连贯组成系列化课程资源，并不断积累更新，最终形成良好的教育资源供给机制。课时教学资源包括授课微视频、导学案、辅助资源包等。微视频设计应突出最基础、最核心的知识内容，聚焦“理解学习内容”和“促进自主学习”，用系列化的教学问题组织视频内容，通过指向教学目标的问题引导学生学习。尊重学生在不同年龄段的身心发展、学习能力和知识点的难易程度，微视频时长可有所不同，但建议不要超过 20 分钟。

① 夏琪，沈书生，王家文．区域基础教育资源应用现状与建设新思路——基于对南京市江宁区的调研［J］．中国电化教育，2018（5）：103-109；124.

② 徐冰冰，张治．面向学习发展的上海市基础教育信息化——现状、趋势与问题［J］．现代教育，2018（6）：17-19.

（2）实现名师资源最大化。召集特级教师、正高级教师、“双名工程”团队成员、教研员等组成名师团队，打造优质名师课程。由名师团队共同录制推出基于教材、基于课程标准和基于学习特征的课程资源，每一节课都严格按程序层层把关——名师自主备课、学科组研讨、教研员指导、审核、专家组审定、拍摄、上传、播出，确保课程资源优质有效。由此发挥了名师团队的领航作用，实现了名师资源最大化。将优质教育资源输送给薄弱学校、边远农村学校，保障各级各类学校基本的数字教育资源需求，实现人人平等享有优质教育资源，推动实现公平而有质量的教育。

（3）构建全媒体资源生态。整合市、区、校已有的优质教学资源，并通过市级和部分区级在线学习平台、网络社交平台以及教育电视台等多渠道传播，保证师生能够通过电视、电脑、手机、平板等多终端接收、下载或重复收看，增加数字教育资源获取的途径和便捷性，支持学生在多种平台开展听课、作业、沟通交流等活动，以满足不同环境下师生的学习需求。这种全媒体资源生态架构，能够照顾到全市各个地区，尤其是偏远农村地区。

“空中课堂”的录播课程资源

【上海市】

新冠肺炎疫情期间，为了保证学生的基本学习需求，最大限度地降低疫情对教育教学活动的影响，提升学生居家学习质量，上海市教委及各相关部门联合搭建起全市中小学生的“空中课堂”，开启了大规模在线教学实践。

一是统筹教学资源。在基础教育方面，由市级层面制定统一了覆盖全市中小学的教学方案。市教委按照“同一学段、同一课表、同一授课老师”的原则，组织了全市各学段、各学科1 000多名优秀骨干教师按照课程标准录制相关课程。全市的统一排课作为托底性方案，学校如果有更好、更适合的课程资源，可自主选择安排。

二是优质资源共享。市教委组织高层次教师团队共同录制推出基于教材、基于课程标准以及基于在线教学特征的课程资源，确保课程内容的优质均衡，缓解了一线教师对在线课程开发和研制的技术短板。这些课例，是对学校教师研究教学、优化在线服务的示范课例。

三是多渠道、多终端、全覆盖。学生可通过网络、电视等渠道实时收看名师统一授课。其中电视播放包括有线电视和IPTV，共分为12个频道，涵盖小学一年级至高中三年级，每个年级一个频道，除了首播外，还安排重播；提供电脑、手机、平板等多种终端接入“空中课堂”开展听课；滞留外地的学生可通过网络点播、IPTV等省外服务收看课程；所有课程资源免费向师生开放；针对没有终端的学生，学校提供免费借用服务，确保全员参与，一个都不少。

四是个性化学习指导。每节课播出结束之后，学生可以通过专用网络直播间和其他社交平台与本校教师进行互动交流。教师在标准化课程的基础上，根据学生情况拾遗补阙。此外，教师和学生的互动过程可作为生成性教学资源，让不喜欢提问的学生通过观摩别的同学与教师的互动，来完成自己和教师的交互，促进自我知识建构。

2.“双师教学”应用模式

“双师教学”作为一种集合了线上线下优势而出现的一种教育新模式，在大规模在线教育活动中脱颖而出，创新性地提供了教育资源优质均衡问题的解决新思路，大大地促进了教育公平。

“双师教学”以数字教育资源提供为基础，采取“统一授课＋互动指导”的方式，一节课前半部分由学校采用名师在线统一授课，学生通过在线平台等方式开展在线学习；后半部分则由学校本校的教师提供学习互动资源，帮助学生更好地自主学习，围绕自主学习存在的问题进行现场答疑、练习巩固、拓展训练等。在系列化资源应用中可采取以下两种“双师教学”应用模式：

（1）名师线上授课，助教线下指导

名师主讲课程内容，本班教师担任助教提供指导支持。课堂的教学完全采用名师在线授课方式，名师授课视频一用到底。视频观看结束后，本班教师解答学生的个性化提问，布置线下作业评估学生学习效果，收集各项学生数据，并将教学中的问题及时反馈给授课的名师，以便名师在授课中进行适时的调整，提高授课效果。

（2）双师协同教学，明确分工指导

课程资源中的名师与本班教师协同授课，构成一种新型的“双师教学”。课堂教学采取名师在线授课为主，本校教师补充讲授为辅，双师强强联手，课堂教学节奏由本班教师掌控，授课结束后进行及时互动指导、答疑解惑。在实际应用中根据双师出场顺序和参与程度又可分为两类：

第一类，先看后学。前20分钟左右先学习名师授课视频，完成本节课的基本教学目标。后20分钟切换为本校教师依据不同班级、不同知识基础学生的认知需求，对重难点知识内容进行补充讲解，加深学生对知识的掌握，提高学生的课堂学习效果。

第二类，边看边学。观看一小段名师授课视频后，本校教师适时暂停，进行点拨讲解，如在课程导入时穿插本地教师的经验和做法，然后继续观看名师授课视频的下一个片段，接着在重难点知识出现时再次暂停播放，及时强化、辅导练习，以此类推，通过师生互动提升学习成效。

“双师教学”在一定程度上解决了困扰教育优质均衡发展的师资力量分配不均问题，实现名师全覆盖，优秀教育资源得到大面积推广应用，偏远学校的学生也能学习到名师精心打造的课程，同时减轻了教师的工作负担，促成青年教师的快速成长，推动公平教育的持续发展。“双师教学”模式下，教师将不再是教学的主要承担者，而是转变为学生学习的引导者、评价者，为学生提供学习活动、学习资源和作业任务，同时对学生进行必要的学习辅导，促进学生自主学习。

（二）差异化的个性资源建设与应用

以促进学生的全面发展为目标，以满足学生的个性化需求为导向，设计面向适应学生认知风格的差异化课程资源，提高资源的适切性，开展精准指导和推送学习，提升学生培养的针对性和有效性，推进个性化教育教学资源的建设和发展。

1. 适应认知风格的差异化资源建设

（1）差异化资源设计。优质的教育教学资源并不等同于有效的学习。教育教学资源不仅需要与其教学目标和内容密切关联，还需要符合现代学生的个体身心发展的需求，这样才能真正促使有效学习的发生。学生的学习是在教师指导下、教学资源支持下的一种个性化的学习活动，不同的学生在其性格、认知思维风格等各个方面往往存在很大的差异，从而使得学生具有不同的学习方式和特点，教育教学资源只有充分满足学生的这种个体需求，才能真正获得最大化的教学效率。在实际教学过程中，同一班级的学生对相同的知识内容的学习掌握存在显著差异，为此针对同一内容可以设计多种类型的教学资源，每类教学资源在内容组织、教学活动设计、教学方法选择和媒体呈现方式上有所不同，提高数字教育教学资源对不同认知风格的支持度，保障每一个学生都能按需获得学习资源，激发学生学习兴趣，增强学生的学习体验，让每一个学生都能获得最佳发展。

（2）颗粒化资源设计。教学资源的颗粒化是指资源（如微课）短小精悍的特点，聚焦一个颗粒化的知识点，抓住学生的注意力。教学资源片段化、颗粒化设计，首先需要对课程内容的知识结构进行系统的梳理，将完整的课堂学习打散成对多个知识点的掌握学习，引导学生分步达成教学要求；然后针对每个知识点制作单一内容的资源片段；按照知识的内在联系，将颗粒化的资源片段贯穿起来，形成互相关联、互相依托的立体化的教学资源包。针对不同认知风格的学生提供不同类型的教学资源包，方便学生选择和学习。

开展“小先生微课”的建设与应用

【上海市奉贤区金水苑中学】

奉贤区金水苑中学多年来一直在探索“小先生制”应用于课堂教学的方法，“小先生微课”是指让已经获得一定知识的学生担任“小先生”，以小先生为微课录制的主体，在较短时间内（通常不超过10分钟），针对目标相关内容进行的讲解及分析。

“小先生微课”的录制过程主要采用五步：第一步，根据课堂教学设计，教师找到与教学目标相关且需要进行微课录制的知识点或题目。第二步，确定录制微课的小先生，一开始可以选择班级中数学综合素养比较高的同学，而后拓展到更多的有意愿的同学。第三步，与小先生通过视频会议形式进行初步交流，对于学生在表述中不规范、说理不完整的地方予以指导。第四步，学生准备充分后，学生讲思路，教师操作并完成录制。第五步，教师再进行一定的编辑。在熟悉流程后，小先生们和教师通力合作，通常能在10～15分钟内完成一个小先生微课的录制。

“小先生微课”由不同学生根据自己的认知理解来制作，让学生成为知识加工的主体、过程及结果的评判主体，充分发挥了学生学习的主动性。

2.“自适应学习”应用模式

面对海量的数字教育资源，如何实现学生与适切性资源之间的匹配，仅凭借教师的教学经验和感觉，“粗放”地将资源发送给学生，容易造成教学资源投放精准度不高的问题。很多资源设计源于教师的假设和推测，教和学过程中还存在许多尚未厘清的规律和特点[①]。

大规模在线教育的迅速兴起从其时间维度、空间维度、内容维度为我们勾勒了立体化的在线学习图景，全面地记录、跟踪、掌握和可视化分析不同学生的学习兴趣、学习需求、学习基础和学习行为，为学生学习模型的建立积累了大量的数据。通过充分挖掘学生的在线学习数据，进行学习分析，可以为学生定制差异化的课程教学资源和活动；教师也能依据学生的认知需求，开展个性化辅导和干预。

“自适应学习”应用模式以在线学习平台为载体，通过在线学习平台将数字教育资源颗粒化和结构化，建立起资源推送和学生认知风格精准匹配的智能体系，利用个性化推荐算法建构学生认知风格和学习资源特征之间的联系，保障教育资

① 陈丽，李波，郭玉娟，等．“互联网+”时代我国基础教育信息化的新趋势和新方向[J]．电化教育研究，2017（5）：5-12；27.

源的精准推送。同时，借助在线学习平台采集学生的资源使用偏好、认知风格等个性化学习特征，结合对学生的学习诊断，自动汇聚，推荐适合学生的资源。

开展基于自适应学习推荐系统的英语语音矫正实践

【上海市宝山区顾村实验学校】

宝山区顾村实验学校依托世外教育托管资源，开发建构了“以学习者为中心，个性化分级分类推荐学习材料与任务”的自适应英语学习推荐系统，如图 2-1-1 所示，引导学生自主选择最合适的学习内容与学习方法。

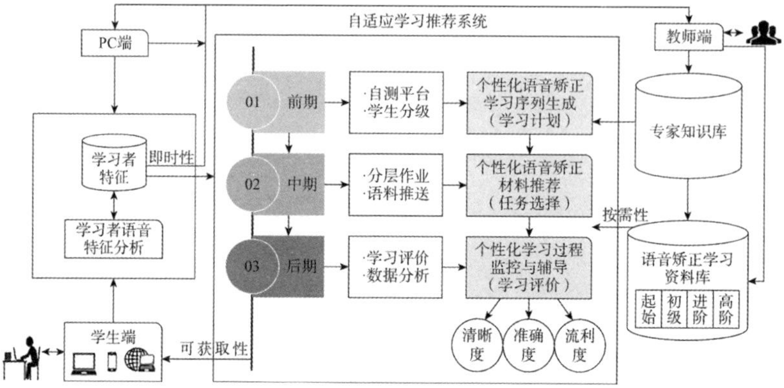

图 2-1-1　自适应学习推荐系统实施流程

前期——自测及分级（分类）。学生通过自测平台进行语音水平“自测”，系统进行智能评价及分析，并根据评价结果进行学生语音水平分级和常用语音错误分类。

中期——作业及推送。根据学生分级及错误分类情况，系统推送与之相适应的语料内容（含正音视频及相关练习语料），教师引导及督促学生完成相应的分层作业，包括教师布置的集体必修作业和个性推荐作业、平台推送的自主选择作业。根据学生完成情况，系统及时调整语料推送，并形成学生语音学习的过程性评价。

后期——评价及分析。过程性评价贯穿于整个推荐系统实施过程中，主要为学生日常作业的积累与反馈，是学生成长轨迹的重要组成部分；阶段性评价即阶段性口语评测，是学生阶段学习成果的检验，也是学生后续学习计划制定的依据。

总之，通过自适应学习推荐系统的应用，实现了作业自适应。教师通过教师端布置作业，学生通过学生端提交作业后，由 AI 完成打分并分析学生语音基础问题。在此基础上，系统推送个性语料，对学生进行强化训练。学生完成强化训练后，可以二次提交作业。收到作业后，教师通过教师端点评学生语音，提出个性化问题反馈给学生，学生通过学生端订正作业，解决个性化问题。

（三）数字教材资源建设与应用

在媒体融合发展态势下，面对信息技术和教学的深度融合的新常态，创新教育资源建设新形态，设计虚拟化的数字教学资源，引导学生在虚拟融合的环境中开展个性化、协作式和沉浸式学习，促进信息化环境下的教育公平，引领课程教学发展变革。

中小学数字教材作为信息化教学环境中的一种核心课程资源，在基础教育领域业已被广泛认知[①]。我国中小学数字教材发展呈现出阶梯状的三个阶段[②]：第一阶段，重在尝试与探索教科书的数字化方式；第二阶段，强调将多媒体资源融入数字教材；第三阶段，逐渐融合大数据、VR、人工智能等前沿技术，高科技含量为其发展的典型特征，它融教材、数字资源、学科工具、应用数据于一体，既是信息化教学环境中的基础资源和基本参考，又能实现各种扩展服务与个性化资源链接[③]。

2013年以来，上海积极开展中小学数字教材实验，目前，数字教材建设的新形态与新应用如下：

1. 富媒体形态

数字教材是一个集中了学校中的教学和学习领域里的数字媒介（兼具在线和离线媒体的优势），将教学需要的教材、教辅、工具书等按照科学的结构整合而成的综合教学资源包。数字教材将技术与课程内容结合在一起[④]，为教与学活动的开展提供了优质、权威、系统的数字教育资源。"互联网+"时代，数字教材不单单是将与教材内容或学科知识点相关的多媒体资源融入教材，还引入媒体标记语言、脚本控制语言，实现更加丰富多样的表现形式和交互方式，如三维立体展示、增强现实、互动答题等，激发了学生的课堂学习积极性和兴趣，吸引更多学生主动投入课堂学习，强化了学生与学生、学生与资源间的互动交流，促进学习效果的提升。

2. 数据化应用

在大数据、虚拟现实、人工智能等技术环境下，数字教材融教材、数字教育资源、学科工具、应用数据于一体。它提供各种扩展服务与个性化资源链接，实现

---

① 王志刚，沙沙．中小学数字教材：基础教育现代化的核心资源［J］．课程·教材·教法，2019（7）：14-20.

② 沙沙，余宏亮．我国中小学数字教材的发展历程与技术演进［J］．中小学数字化教学，2019（12）：5-8.

③ 蔡建学．数字教材在常态化教学中的创新应用——以第三代人教数字教材为例［J］．中小学数字化教学，2018（6）：37-40.

④ 郭炯，王晶晶．面向1：1数字化学习的电子教材设计与开发研究［J］．中国电化教育，2015（3）：90-96.

外部资源的链接或引入以及与各类教学平台的整合应用，汇聚不同来源的学习数据；通过内置数据采集接口，将教师和学生使用数字教材开展教学活动的行为过程数据记录下来，形成数字教材应用大数据；基于大数据分析技术，实现个性化的数字教材生成与内容推送，优化数字教材的版本更替和版本控制，使数字教材具有更好的应用体验与教学效果。

上海现行的全部教材已经基本实现了数字化，为数字化课程环境的应用增添了一个至关重要的教育资源支撑。在数字教材资源统一建设的同时，在全市范围内选择学校积极开展了数字教材的试点应用，各区和学校将数字教材与微视频、移动终端、互联网结合，促进教学模式创新，一些学校初步开展基于数字教材的信息技术与学科深度融合实践探索，形成了一些比较成熟的做法与经验。

整校开展“数字教材 +”的学科深度融合应用实践

【上海市虹口区曲阳第四小学】

虹口区曲阳第四小学2014年参加了上海市数字教材学校应用研究工作，经过5年多的应用发展，多个学科已经形成了以数字教材为核心的常态化教学新模式。

1. 抽象内容形象化，增进学生理解。在新技术与数字教材融合的过程中，将抽象的知识难点，通过具象化的资源呈现，来帮助学生更好地深入理解。

2. 操作体验深度化，发展思维能力。学生通过体验过程、总结结论、学习反思、二次建构，促进思维能力深度发展。例如，语文《太阳》一课，可以借助思维导图，辅助阅读理解文章的表达结构，教师课前借助数字教材云笔记功能推送给学生微课“昆虫的头部”和XMind思维导图软件简介，作为技术运用示范。学生将自己对《太阳》一课文章结构的认识以思维导图的形式呈现，上传至共享平台，便于教师备课时及时发现学生的共性问题，调整备课方案。课中，教师通过打开思维导图呈现学生所理解的文章结构，展开教学，针对思维导图中存在的共性问题，组织讨论，引导梳理，对文章结构进行第一次建构。课后，学生结合对文本中所描述的太阳特征的理解，反思自己制作的思维导图“重点不突出、关键内容找不全、没有概括”等问题，完善思维导图，对文章语言进行再建构，然后插入数字教材中。

3. 知识体系结构化，促进归纳整理。数字教材作为固定的电子教材，能呈现书上的知识点，但要清晰地呈现知识体系结构，需要教师立足学生认知水平，寻找相应资源，帮助学生形成结构化的知识体系。

开展基于四步导学教学设计的数字教材实践

【上海市普陀区新杨中学】

普陀区新杨中学以“基于四步导学教学设计的数字教材实践”为研究主题，引导教师使用数字教材备课，利用数字教材“云笔记”“插入资源”“圈划”和“批注”等功能，优化“自学—交流—指导—反馈—课后研讨”与5个教学环节，分学年关注在5个环节中合理运用数字教材各项功能的有效性和适切性，总结成熟的案例和规律性的操作策略，形成了具体的操作路径和应用流程，如图2-1-2所示。

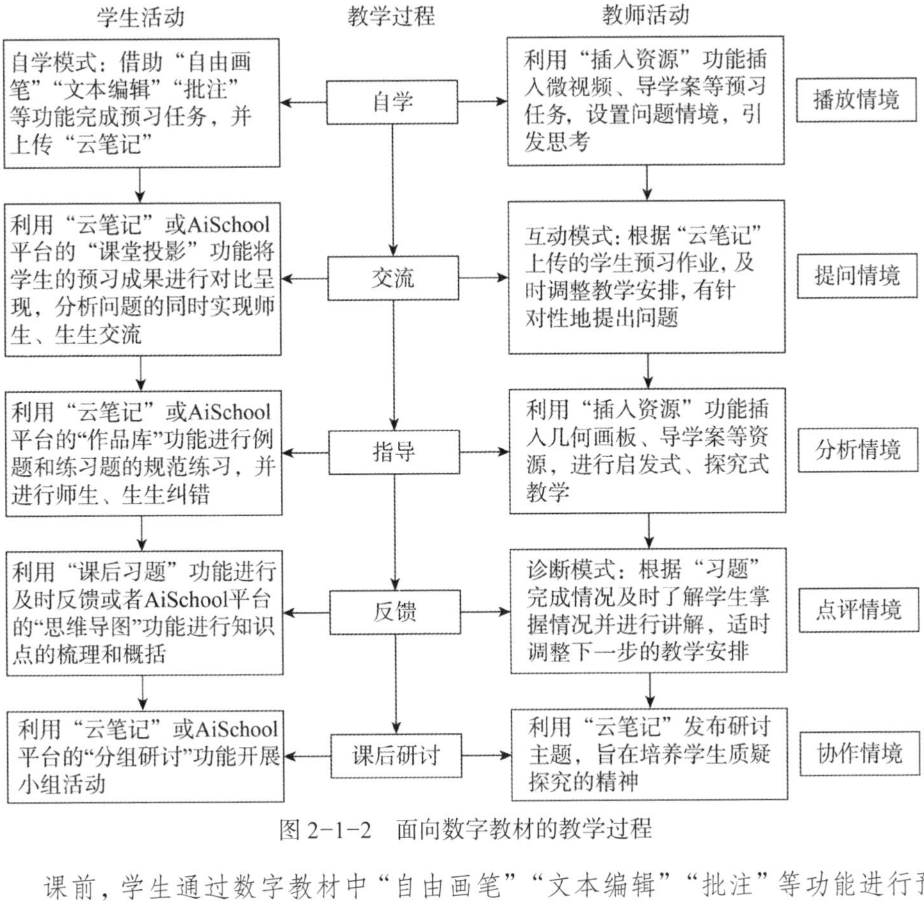

图2-1-2　面向数字教材的教学过程

课前，学生通过数字教材中“自由画笔”“文本编辑”“批注”等功能进行预习，浏览相关音视频资源和链接，借助云笔记上传导学案，教师批改并及时调整课堂教学进度，这样为课堂教学提供了足够的探究时间。

课中，学生利用数字教材对课中重点进行“圈划”和“批注”，并将笔记上传并共享，结合互动教学平台的“思维导图”功能，帮助学生进行知识点的梳理和概括。数字教材中"圈划""批注""云笔记""插入资源"等功能的使用，让学生全程投入师生互动、生生互动。互动教学平台的游戏练习、投票、分组研讨的功能拓展了交流的渠道。

课后，基于精准分析，进行诊断改进。数字教材"配套练习题"帮助学生巩固所学，教师根据反馈的正确率，有针对性地进行错因分析。同时教师针对一些典型错误进行讲解，最后利用"笔记流转"将对错误的纠正分享给学生，并让学生保存笔记，形成学习档案，方便学生用于课后自主复习。

（四）智能化资源建设与应用

在"互联网+"、人工智能和大数据等技术的支持下，基于知识图谱融合优质教育教学资源，实现对数字教育资源的升级与重构，为教师和学生提供智能化、个性化的资源服务，推动智能教育的发展。

1. 基于知识图谱的教育资源融合

知识图谱作为一种新型的、结构化的语义知识网络，能够描述现实世界中的各种实体（概念）及复杂的语义关系，并能实现自动化或半自动化的构建。基于知识图谱技术开展教育资源的知识整合推动了新形态的教育教学资源体系的构建[①]。

首先对所有的教学资源进行知识标注，将教学资源知识中包含的基本概念、定义、定理、性质、公式等领域术语都提炼出来。然后运用相关技术和数据分析算法搭建一个描述知识间相互关联的知识库，建立知识主题群组。通过知识、知识主题与教育资源的相关性分析，实现基于知识的教育资源分层融合。通过知识图谱，可以将教育教学资源以规范化、结构化的方式进行组织、表征与管理[②]，为学生提供多元精准的学习资源，促进学生的个性化成长。知识图谱技术能够将所有知识点和教育教学资源通过结点以网状形式进行相互关联，不仅能加强知识点的关联性，还能够促进知识点的传播与共享，推动数字教育教学资源在教师以及学生群体中的广泛应用[③]。

2. 智能学习路径推荐

学习路径是为达成一定教育目标而进行设计的学习任务、学习资源或学习活

① 李振，周东岱．教育知识图谱的概念模型与构建方法研究［J］．电化教育研究，2019（8）：78-86；113.

② 张治，刘小龙，余明华，等．研究型课程自适应学习系统：理念、策略与实践［J］．中国电化教育，2018（4）：119-130.

③ 李艳燕，张香玲，李新，等．面向智慧教育的学科知识图谱构建与创新应用［J］．电化教育研究，2019（8）：60-69.

动的组织序列[①]。在传统的教学过程中，学习路径推送往往受到教材对知识点组织的限定，使得所有学生不得不遵循相同的学习路径，存在个性化和动态性不足的弊端。知识图谱技术能够为学生推送个性化的学习资源与学习路径，为学生提供智能化、个性化的研究性学习服务。

具体而言，基于对学生解决问题情况的诊断和智能分析，利用图谱间建立的语义关系，连接到学生需要“补弱”或“固强”的知识点，推送适合其认知水平的学习资源，根据学生在问题解决中存在的不同的错误点，推荐给学生不同的学习资源，以此方式实现学习资源的个性化推荐。知识图谱将资源内容分拆成一个个相互关联的知识点，学生可以根据自身对知识的掌握情况自主决定学习进度，可以反复学习自己较为薄弱的学科知识点，教师也可以借助学习工具准确获取单个学生个体和班级学生群体在学习中存在的困难，从而给予有效的指导。这样保证学生在进入下一阶段的学习之前，能够掌握现阶段的学科知识，最终构建完整的个人知识体系。

基于可视化微知平台的多维度知识联结图谱构建及应用

【上海市杨浦职业技术学校】

杨浦职业技术学校结合“酒吧服务”课程教学偏实轻理、知识体系梳理多维性不突出等现状，变革传统信息化教学手段，以翻转课堂为视角，将“酒吧服务”课程常规目录章节的知识打散，通过知识点及知识点间的关联，把课程知识转变设计为具有归属性质、逻辑特征的知识网，形成一张“酒吧服务多维度知识联结逻辑图”和一张“以闯关模式为学习主线的知识点与资源间关联表”。以这两种结构图作为开发微知平台的支撑思路，整合与设计学习平台，并将资源按照知识点联结关系导入平台，形成学生的“两条学习线路”：第一条是多维知识地图学习线路，以晶体形状知识地图呈现，实现酒吧服务微知识的多维度联结；第二条是酒吧岛学习线路，属于另一个维度的知识学习地图，它以酒水分类、饮料分类命名形式呈现，实现知识学习之间的前后逻辑关系，形成入门知识—专业基础知识—技能知识体验—学习检验四个阶段的学习主线。借助“多维度知识联结图谱”帮助学生梳理其所学知识，厘清知识之间的联结，实现知识的融会贯通。

① 赵琳，解月光，杨鑫，等．智慧课堂的“动态”学习路径设计研究［J］．中国电化教育，2017（11）：1-6.

二、信息技术支持下的多种教学模式

传统课堂教学注重师生面对面，教师和学生可以直接展开情感交流，动手操作更便捷，但也存在因班级统一进度而无法满足学生个别需求，教学组织形态单一、时空受限等问题。疫情驱动下，全国实施了大规模在线教学行动。通过线上教学，信息技术打破了传统课堂的时空边界，延伸了课堂教学空间，学生可通过直播、录播、点播等多种形式自主观看教学内容，把教师从低层次的、单调的、重复的教学工作中解脱出来，让教师可以腾出更多的时间与学生进行互动，开展一对一个性化的指导。

这场大规模的在线教学行动，加速了学校教育理念变革的进程，迫使以前并没有接触过、对信息技术持保守甚至抵触态度的教师“被动”地亲身参与其中，从不适应到游刃有余，教师们惊喜地发现通过线上教学也可以完成大部分教育教学任务，渐渐地对在线教学模式产生认同，“倒逼”课堂教学模式变革。

信息技术与教育的深度融合促进了现代教育系统各要素的重组，实现对于传统教育理念的重塑、教学流程的再造。未来的教学不应忽视在线教学的优势，在基础教育阶段，应该是以线下的现场教学为主，采取线上线下相融合的新形态。

线上线下混合教学不是简单地将传统课堂教学移到线上，也不是在线教学对传统课堂的补充，更不是在线教学与传统课堂的简单相加，而是将在线教学和传统课堂进行深度融合，实现教育理念的融合、教学模式的混合、教学方法的整合，充分发挥线上线下各自的优势，取长补短。

（一）翻转课堂教学模式

互联网技术、大数据技术、人工智能技术的飞速发展及其与教育教学的深度融合，使得教学模式不再局限于传统教学的单一授课模式，越来越多新的教学模式配合新的教学资源进入人们的视野。传统课堂教学对学生的自主学习能力培养不够，未来的课堂教学必须以学生为中心，注重培养学生独立自主的学习能力，教师作为组织者、引导者，支持引导学生的个性化发展。翻转课堂（Flipping Classroom）是从美国引进的概念，为学校教育和课堂教学的改革带来了极大的启发和鼓舞。翻转课堂将整个教与学过程分为课前、课中、课后三个阶段，课前学生在互联网环境下利用先导性学习资源（通常是一个短小知识点的微课和导学案）进行自主学习，完成基础知识的意义建构，开展课前诊断，记录下学生未能理解的问题；课中针对课前诊断中发现学生未能很好地掌握的重难点知识进行深入剖析讲解，师生、生生开展互动交流、练习评价，并引导学生基于知识开展实际问题解决，促进学生将知识内化形成自己的解释与经验；课后教师对学生的知识掌握情况进行评价，组织巩固强化和拓展提升。

翻转课堂是一种重心前移的新型课堂教学模式，它重新设计调整了课堂教学流程，优化了课堂内外的学习时空。“互联网 +”时代的翻转课堂，是利用微视频、在线云平台等技术支撑的新型“先学后教、以学定教”新课堂[①]，将学习的主动权从教师手中转移到学生手中，构建了新型师生关系。通过大数据学习分析等新兴技术帮助教师高效地完成“以学定教”的设计，促进了教学资源的有效利用与研发。

疫情期间开展大规模“云”教学模式的实践探索

【同济大学第一附属中学】

同济大学第一附属中学开展了“基于前置学习的‘云翻转’课堂模式”探索。教师事先发布一些学生能够自行解决的学习任务单或者微视频，视频时长控制在10分钟内，供学生课前自主完成。课中教师利用在线实时互动平台着力解决学生最近发展区问题，开展高水平的学习任务和深度互动交流。课后学生可以从系列化微教学视频中有目的地挑选回看重难点和范例讲评，完成在线作业，巩固强化并促进学习创新。为确保学生学习成效及翻转实时课堂中的互动成效，基于前置学习的“云翻转”课堂模式强调充分利用好“开头结尾三分钟”的诊断性学情检测和课后反馈，如图 2-1-3 所示。

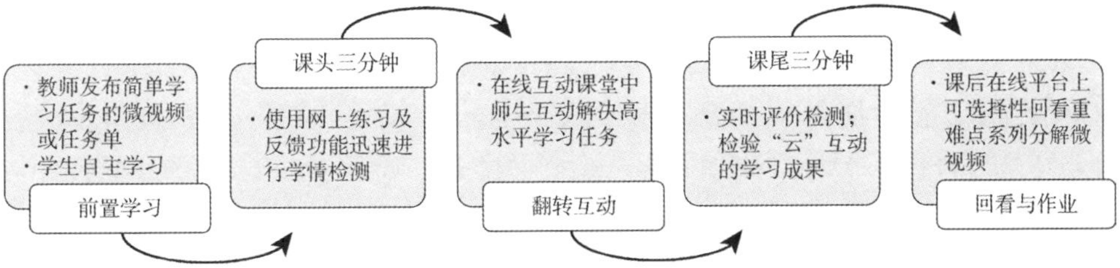

图 2-1-3　基于前置学习的“云翻转”课堂教学流程

（二）数据驱动的精准教学模式

传统课堂教学以教材、纸笔为主，师生面对面沟通交流、及时反馈，教师对学生习得情况的评估主要来源于常态化的教学测评，传统课堂教学缺少了对学习过程性数据的精准采集和个性化分析。将大数据和人工智能技术引入教学过程后，可依据互联网大数据分析学生行为，精准识别学生的个性化需求，从而辅助教师

① 韩彦凤. 基于 CNKI 文献的国内翻转课堂应用现状研究[J]. 信息与电脑，2017（12）：240-244.

进行精准化的教，指导学生进行个性化的学。

数据驱动的精准教学是指以大数据、人工智能技术为手段，在精准分析学情的基础上，精准设定教学目标、精准制定教学内容和资源、精准设计教学活动、精准评估学生表现，进而做出精准教学优化[①]，使教学过程变得科学化、精准化、智能化、个性化，最终实现因材施教。

数据采集是实现精准教学的基础。数据的采集必须是全过程、全方位、全时段的动态采集，既包含作业完成时间、视频点击次数、错题分析报告、在线答疑和辅导频率、课堂提问情况等外显数据，还包括学习态度、学习情感、个人特征等内隐数据，这样才能全面地了解学生的学习状态。数据分析是实现精准教学的核心。基于学情分析技术进行数据统计、分析、挖掘，对学生行为过程及行为结果数据进行综合分析，诊断学习风格、学业与心理状况，辨识学生的学习需求等；基于对学情数据的分析，利用个性化推荐技术（如知识图谱技术、认知诊断技术、协同过滤技术等）为学生及时推送自适应的学习资源，扬长补短。[②]教师需要对数据分析结果进行理解与运用，除了看到数据的表象特征，还应挖掘数据背后的意义，用数据读懂学生、读懂教学，实施精准的教学干预，优化教学策略，提升每一个学生的学习效果。

开展数据驱动的精准教学，让每个学生都卓尔不凡

【上海市实验学校】

上海市实验学校在2019年提出“让每个学生都卓尔不凡——全程、全样本学生数据驱动的精准教学实践”项目计划，尝试采集小学、初中、高中所有学生的信息并进行综合分析，形成能进行查漏补缺、突出优点的学生画像，如图2-1-4所示。

全程全样本的学生成绩管理系统落脚于学生的学业成绩分析，通过对学生核心课程、学养课程、特需课程等各科成绩的分析处理，突出学生的学习特长项并在画像中提示。全程全样本的学生成绩管理系统虽是为上海市实验学校打造的一款专属学生成绩跟踪分析系统，但同样适用于十二年一贯制、九年一贯制学校，其中成绩分析后对学生进行查漏补缺，优点突出的学生画像及标准化的接口对接和调用具有一定的代表性，可进行效果辐射。

① 万力勇，黄志芳，黄焕．大数据驱动的精准教学：操作框架与实施路径[J]．现代教育技术，2019，29（1）：31-37.

② 郭利明，杨现民，张瑶．大数据时代精准教学的新发展与价值取向分析[J]．电化教育研究，2019（10）：76-81；88.

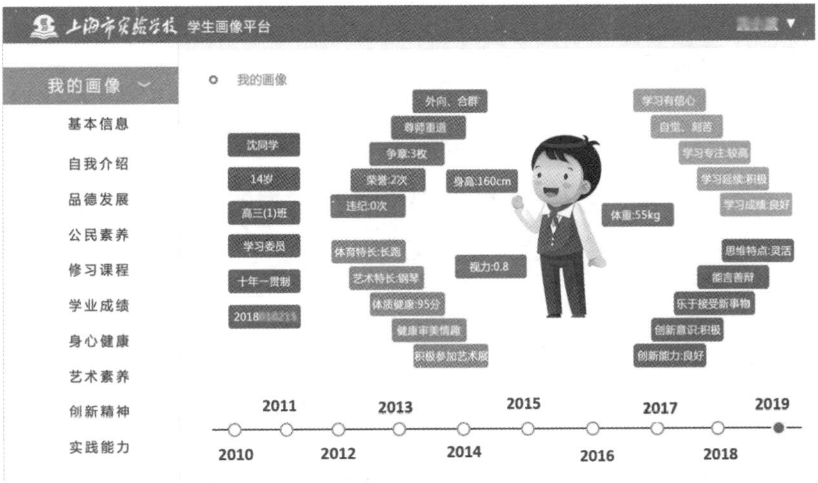

图 2-1-4　学生画像平台

（三）基于智慧教室的互动教学模式

技术与教育的深度有机融合，不仅重塑了教育理念和教学形式，还重构了课堂教学环境，智慧教室是信息技术支持下的课堂教学环境的新形态。智慧教室是借助物联网、云计算和大数据等构建起来的以高互动为核心，通过各类智能技术工具和技术手段优化教学内容呈现、便于学习资源获取、促进课堂交互开展，实现个性化服务、智能化管理、多元化交互的物理环境与虚拟环境相融合的智慧学习环境①。

智慧教室为课堂互动提供了丰富的技术支持。学生课前可利用平板电脑、在线云平台等技术工具开展基于人机互动的自主学习。平台为学生提供个性化、多元化的学习资源，支持小组沟通交流的表达工具，并对学生的学习情况及时进行监督和评估，教师可借助平台诊断了解学生当前的知识掌握情况，适当地调整后续教学。课中利用触控一体机、在线云平台、交互式电子白板等技术平台和工具，记录教师的操作演示过程，进行学生学习测评并及时反馈测评结果；教师针对重难点知识开展问题驱动的教学，借助可移动桌椅、多屏共享等技术手段组织小组协作学习，同时展示多个小组学习成果，引导学生对自己的成果进行阐述并讨论他人的思维和推理过程，总结不同的解决方法，促进学生思维的发展。课后在在线云平台、平板电脑等工具的支持下为学生提供拓展性学习资源、模拟的实验环境，学生通过与学习资源、学习平台、学习同伴等的互动进行巩固拓展学习。基于智慧课堂的互动教学打破了传统课堂师生、生生间单一的言语互动，实现了互

---

① 石映辉，彭常玲，张婧曼，等．智慧教室环境下的高校师生互动行为分析[J]．现代教育技术，2019（1）：45-51.

动方式的多元化、个性化，提升了互动频率，丰富了互动主体和互动内容，提高了课堂互动的整体质量。

构建智慧课堂，满足学生个性发展需求

【上海市嘉定区安亭小学】

嘉定区安亭小学积极开展“智慧课堂”信息化教学实践项目研究，学校深入建设智慧课堂系统，学校在语数英学科中构建了“自主+合作”的基于学生需求的个性化学习模式，实现课前、课中、课后全过程综合应用的智能化个性高效教学。

其一，课前前置学习。教师课前通过“智慧课堂教学系统”发布“自学任务单”“微视频”“自测题”等资源，学生借助这些资源开展自主学习，并完成教师布置的预习测评。教师对学生预习情况进行相应的分析，及时对学生练习情况给予评价反馈，并根据学生反馈情况做课堂教学策略的调整。

其二，课中合作学习。课堂上教师为学生推送数字资源，学生以学科问题为导向，利用小组合作学习的形式开展学习。教师依据教学内容与教学目标，对学生进行合理分组，并运用切实可行的小组合作学习策略开展教学。学生使用资源开展自主、合作、探究等学习活动。同时，全过程动态评价与教学系统为师生端应用提供学情实时测评和数据的即时反馈，教师在课堂过程中根据学生学习情况调整教学，跟进教学行为。

其三，课后个性拓展。课后主要是针对课中学习的难点、易错点以及拓展点开发学习资源，帮助学生进一步巩固和内化课堂学习成果，为不同能力水平的学生提供个性化学习的可能。

（四）线上线下混合教学模式

大规模在线教学的普及应用给学校教育带来了巨大挑战，同时也为教育教学方式的变革带来了新的契机。线上线下的混合教学不同于一般意义上的混合教学，而是指混合了多种教学方式、多种教学理念、多种教学环境、多元教学资源的一种教学模式，可包含的教学模式有翻转课堂教学模式、数据驱动的精准教学模式、智慧教室互动教学模式等。

线上线下的混合教学是真实与虚拟教学环境的融合，突破现场空间，实现时空延展，既有线下现场统一教学，又有线上个性化的自主学习；它是教学组织形态的混合，全班集体学习、小组合作学习、学生个别学习相交错；它是多元教学资

源的混合，课程资源内容实现结构化、选择性、个性化。学生是教学活动的主体，教师组织、引导学生的学习活动，师生关系民主平等。通过精准的伴随式评价促进学生个性化学习，推动大规模个性化教育的实现。

基于现有经验，面向未来教育的线上线下混合教学模式不是简单的线上、线下教学的整合，而是在教学过程中充分考虑到学生的多样化需求，通过学情数据分析，为学生提供个性化学习指导，从而实现大规模个性化教育。线上线下混合教学应包含以下几个要素：

1. 畅通无阻的学习环境

线上线下混合教学打破了时间和空间的壁垒，突破了班级、学校、区域甚至国界的局限，实现处处可学、时时可学、人人可学的学习场景。为学生提供多样化的知识获取途径，帮助不同程度、具有不同特长和兴趣爱好的学生学习不同的知识，获得不同的能力发展与提升，突破以教定学模式，实现以需定学。

2. 极为丰富的学习内容

教学资源可以呈现出丰富多样的课堂教学风格，可以提供讲解、演示、讨论等不同教学方式，还可借助软件营造虚拟现实、进行虚拟实验等，各学段、各学科可按需选择学习内容。学生可以根据自己的学习能力、学习节奏去适时选择自己所学的内容，教师或在线平台也可进行个性化推送。

3. 灵活选择的学习方式

将浅层次易于理解的内容，通过翻转课堂组织学生在线自主学习完成；针对学生学习中遇到的问题或实践操作性内容，开展小组合作探究，教师线下进行有针对性的学习指导，提高教学效益。学生可以和同学或教师进行同步或异步交流，或者线下直接面对面交流，通过自主选择合适的学习交流和互动方式加深对知识点或疑难点的理解。

4. 精准伴随的学习评价

在智慧学习环境下，采集学生在学习参与度、学习投入度、课堂互动、练习测验甚至情感状态等方面的详细数据，实现全过程、全方位、多维度数据的伴随式采集分析和过程化教学评价。发掘学生潜质，学生适合学什么？天资在哪方面？适合如何学？适合何时学？学得如何？通过诊断、实时跟踪，捕捉发现每个学生的不同，为学生提供及时、有针对性的精准教学干预，为每个学生提供最适合的教育。

畅通无阻的学习环境、极为丰富的学习内容、灵活选择的学习方式以及精准伴随的学习评价构成了一个有机整体，四者之间形成合力，才能实现线上线下融合的混合教学。

第二节 学习空间提升信息素养

信息化推动全球化，共同建构着信息社会的新教育形态，获取信息和综合解题的能力构成新的教育内容主体。泛在化的学习空间使师生的学习交流不再受封闭的物理空间限制，师生需要具备越来越高的信息素养，来适应不断发展的信息社会。师生信息素养的提升为师生的未来发展作准备，共享技术进步、数字化带来的社会福祉。

一、学生信息素养的培育

《上海市教育信息化2.0行动计划（2018—2022）》提出要加强学生信息素养的培养，促进中小学信息技术课程建设，按照国家课程计划和课程标准编制具有上海特色的课程资料，促进信息技术在各学科教学中的应用，并逐步明确信息技术的要求，探索信息技术实验室的建设，研究基于信息技术的学习环境和学习活动设计，创建无处不在的信息技术学习和应用环境，增强学生的数字学习和实践能力。

信息素养是中小学生在信息环境中生活、学习和工作必备的核心素养之一。提高中小学生的信息素养对提高我国教育的国际竞争力、促进教育现代化和建设教育力量具有重要意义。在信息时代，获取、分析、处理和利用信息资源的能力已成为在信息社会中培养创新型人才的基本要求[①]。

疫情期间，学生面对海量的信息，能够有效地甄选信息、使用信息也是信息素养的重要体现，在开展网络授课的过程中，学生拥有优质学习资源并不一定能开展有效的学习，在开放的教育资源空间和网络学习平台上，学生如何选择学习资源，通过观察、思考、操作、应用，主动去建构新的知识的能力仍需要进一步加强。由此，如何培养学生迅速适应在线教学场景，在信息技术环境下，积极参与在线教学活动，利用网络资源实现自主学习和探究性学习，培养科学的思维和解决问题的能力尤为重要。

（一）智慧教育背景下学生信息素养的内涵

智慧教育背景下学生的基本信息素养应包括控制信息、获取信息、传输信息、存储信息、处理信息和表达信息的能力，能够利用信息技术自主高效地与他人学习和交流，并有信息意识、信息道德、法律意识和社会责任。《国家中长期教育改革和发展规划纲要（2010—2020年）》提出应“鼓励学生利用信息手段主动学习、

① 吴砥，许林，朱莎，等.信息时代的中小学生信息素养评价研究[J].中国电化教育，2018（8）：54-59.

自主学习，增强运用信息技术分析解决问题能力”。信息素养的内涵随着社会的发展也不断增加内容，当今时代学生的信息素养内容除了信息技术知识与技能、信息意识与认知，以及信息伦理与道德之外，还要加入计算思维的内容。

信息技术知识与技能是有信息科学技术知识基础，知道信息技术的发展应用，学生获取、处理、交流、应用、创造信息的知识与技能的能力。信息意识与认知是指学生在面对诸多信息时有对所用信息敏锐捕捉的能力和初步的判断能力，是学生使用信息技术解决生活和学习中问题的意识和对所面对的信息的判别的认知。信息伦理与道德意味着学生在组织和使用信息时，必须树立正确的法律观念、增强信息安全意识、提高其判断和评估信息的能力，并准确合理地利用信息资源。计算思维的培养，侧重于学科教育的核心价值[①]，并帮助学生从学科方法层面理解人与技术之间的关系，了解信息社会的问题，并提高学生使用信息技术解决问题的能力。

（二）智慧教育背景下学生信息素养的提升路径

提升学生的信息素养也是持续推进教育信息化的目标与保障，上海市各中小学积极创新教学内容、环境和方式，在教学改革过程中渗透信息素养培养，制定有针对性、个性化的信息素养培养方案，从而满足不同学段学生信息素养培养需求，提高人才综合素质。

信息技术与课程教学的深度融合是培养学生良好信息素养的方法之一。通过课堂教学，教师可以使学生获得处理信息、表达信息、传输信息、传达信息、管理信息和应用信息的基本能力。可以通过学校各个学科的教学来明确或隐含地促进信息素养的培养，使学生的信息素养可以实现可持续发展。

计算思维是当今和未来学生信息素养的重要组成部分。基础教育阶段的学生正处于行为和习惯形成的关键时期，因此在基础教育阶段必须特别重视计算思维教学。在教师提高个人信息素养、充分理解计算思维理论的基础上，对本学科进行计算思维训练实践，以微妙的方式培养学生的计算思维能力。

在实施教育教学的过程中，也应高度重视信息伦理教育和信息意识及情感教育，指导学生建立和提高良好的心理和道德素质，使他们能够在瞬息万变的信息空间中正确获取信息。引导他们有意识地按照公民规范实践与信息技术相关的道德和道德行为准则，遵守国家法律法规，有意识地发展与信息社会兼容的价值观。

（三）对学生信息素养培育的反思

如今，教学和学习正在发生变化，在教育中单纯实施技术是不够的。教育者

① 时燕妮，石映辉，吴砥．面向未来教育的新能力发展：ICT 素养内涵、演化及其启示［J］. 比较教育研究，2018，40（3）：3-11.

的创新努力必须以学生学习为中心，平衡学习目标、可用技术、学生的既有知识和学习需求以及教学和学习发展的背景，而不是仅仅专注于技术的实施。

计算思维可看作人或人借助计算机开始解决问题之前所进行的思考，计算思维对于每个人来说都是一种基本技能，应将计算思维融入每位学生的学习中。因此，根据信息技术、语文、数学等不同学科，在课堂教学、兴趣小组、综合实践、创客活动等不同的教学环境下，进行数字化和创新的计算，构建思维学习方法培训。通过基于项目的学习，引导学生以实际问题为例参加项目实践，体验从问题分析、方案创建到解决方案形成的完整过程，并促进学生的整体思维能力和解决问题能力的提高。在平时，培养学生将复杂问题有意识地分解为若干易于管理和执行的简单问题，并按顺序和步骤解决的能力，以更好地适应信息社会的需求。

学生计算思维的培养需要更加重视和促进学生思维方式的转变，这可以通过外在行为来观察和分析。要重视计算思维的训练效果，有必要尽快建立计算思维评价体系。

二、智能时代的学习空间

学习环境是所有教学活动的基础，学习空间是学习环境的重要方面。随着大数据、云计算和智能技术在教育领域的应用，学习空间融合物理和虚拟时空，作为学习发生的场所也发生着重大改变。

（一）智慧教育背景下的泛在学习空间

智慧教育背景下的泛在学习旨在利用信息技术为学生提供一项学习活动，该活动可在任何地方、任何时间使用，并提供可用的技术工具。泛在的学习使所有学习对象可以随时交流，并随时随地获取他们所需的任何学习信息，使学习行为不再受环境等因素的限制，使学习和交流更加便捷。

学习空间是指用于学习的场所，智慧教育背景下学习空间呈现多种形态，这意味着学习可以发生在任意场所[①]，学习空间包括物理空间和虚拟空间。学习空间的最终目标是为了促进学习者的学习。学习者的学习需要信息技术的支持，移动互联网在推动学习的普及和发展的同时，也带来了新的挑战。泛在学习空间是一个支持普适学习并提供交互、通用、无缝学习系统的环境。与普通学习空间相比，泛在学习空间具有扩展性、复杂性和快速变化的特点。

智慧教育背景下的泛在学习空间如图 2-1-5 所示。

---

① 陈明阳，阳亚平，陈明，等．智慧教育视域下混合式学习空间的构建与实践研究[J]．中国远程教育，2019（11）：79-85.

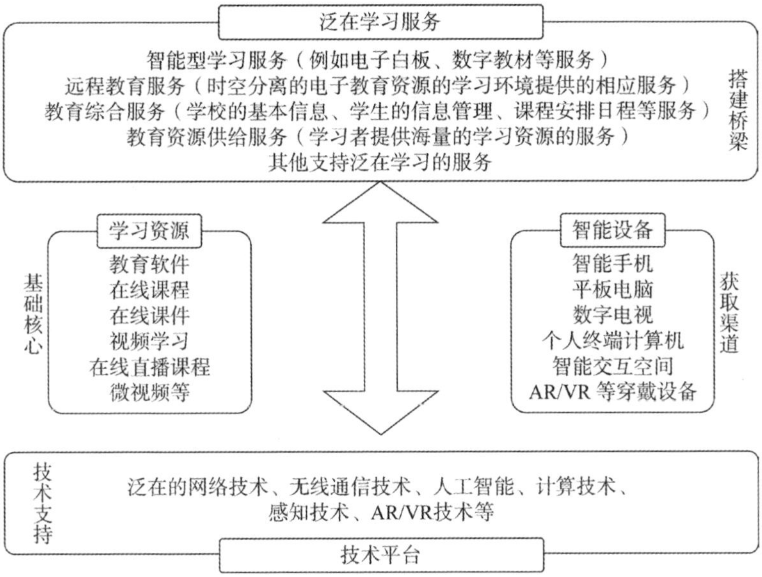

图 2-1-5　智慧教育背景下的泛在学习空间

泛在学习空间环境中，学习资源是学习的基础和核心，学习资源以更加生动形象的方式体现，可以是教育软件、在线课程、在线课件、视频学习、在线直播课程及微视频等方式呈现。

设备是环境中必不可少的一部分，借助各种智能设备，学习者可以听到、看到或实践练习，进而有效地吸收和理解知识。

泛在学习空间离不开相关技术的支持。泛在的网络、便捷的通信，智能芯片、云计算、云存储等技术为泛在的环境搭建了一个无形的应用平台，促进了学习空间的创新与发展。

泛在学习服务可以为学习者提供很多便利，并在资源和学习者之间架起一座桥梁，泛在学习环境中的学习服务主要包括智能学习服务、远程教育服务、教育资源供应服务和综合教育服务。

（二）构建泛在学习空间路径

泛在学习视域下的学生学习空间应充分发挥信息技术的先导作用。泛在学习环境是在泛在计算的背景下，基于技术和设备的发展而产生的。因此，随着科学技术的发展，涌现出的智能设备、无线网络、存储平台等技术成为泛在智能学习环境的物质基础。智能学习环境可以为学习者提供与自身学习特点相适应的学习支持和服务，通过先进的智能技术和工具的应用，有利于提升学习者的学习兴趣、促进学习者之间的沟通交流，并最终实现支持学习者的个性化学习。

基于融合创新，构建校域混合学习生态

【上海市民立中学】

上海市民立中学立足校情，构建混合学习的校域生态，建设的新型混合学习空间包括校园智慧环境、数字化学习平台及终端场景、专用创新实验室、系列化课程活动场所等多种形式，从学校层面上铺开了混合学习的"基础建设"。学校设计的一站式移动工作平台"博雅民立"App，构建了移动校园空间和混合学习平台。学校创建"互联网＋STEAM"创新实验室，接入互联网环境，建设了数字化理化生创新实验室、博雅苑自由学习空间、艺术创新实验室等支持开展混合学习的新型学习空间。此外，学校在校内开辟专用创新学习空间的同时，深耕校园环境建设，挖掘校外实践基地价值，形成常态化、系列化的混合学习空间，如屋顶花园数字有机农场、校园科艺长廊、上海自然博物馆课程等。

丰富的学生泛在学习空间的多元化学习资源（平台），将更有效地发挥学生学习空间以内容为核心的学习服务功能。应该积极探索出成熟的，且充分体现出学习者个性化学习需求、能有效促进学习者学习成长的资源途径，如强化建构现有的校本精品学习资源、以项目合作等方式校企共建共享学习资源，以及引进其他先进的多元化学习资源（平台）渠道，丰富学生学习空间多元化学习资源，从而以资源优势凸显学生泛在学习空间建构的核心功能。

正式学习场所固然是学生学习的主战场，但是非正式学习场所在学生的能力素质拓展、个性培养等方面发挥了重要作用。智慧教育背景下学生学习空间已不再局限于具体的物理空间，伴随着学习者的学习需求从线下拓展到线上，学生虚拟学习空间建构势在必行，学生虚拟学习空间更是弥补了线下学习时空、学习过程方面的不足。虚拟空间主要依托移动互联网和大数据等教育技术，建立各种学习管理系统、资源平台和社交平台。物理空间与虚拟空间的融合可以实现学习者学习空间与时间的无缝融合，是学习环境的最优选择。

"轻学·自然"学科平台

【上海市青浦区教师进修学院】

"轻学·自然"学科平台是在青浦区教育局支持下开发的网络学习平台，于2016

年9月正式上线。此平台具有课程分享、实时互动、交流展示、反馈统计等功能，本区师生均可用实名登录，同时面向更多的家长和游客。建立基于此平台的共享课程资源库，有利于课程资源开发向深入发展，也便于教师和学生进行深层的探究和体验，还能通过管理系统技术把各类资源联系起来，更加有利于学生开展网络学习。"轻学·自然"学科平台为学生学习自然学科知识提供了网上的学习空间。

（三）智能时代学习空间的反思

在泛在学习的过程中，学生面临着学习资源不同、时间不集中、学习进度和学习路径在一定程度上有所不同，这些特点将限制泛在学习的作用。泛在的学习是未来学习的理想方式，也是学生学习的重要趋势。教师必须干预学生的学习并发挥适当的作用，以帮助学生克服学习的普遍弊端。为了满足解决上述问题和尽到职责的需要，教师应在各个方面提高自己的能力，积极转变教师的角色，在泛在的学习环境中发挥应有的作用。

三、教师信息素养的提升

随着信息化的不断发展，对教师应用信息技术开展教育教学的要求不断提高，教师信息素养变得越来越重要，教师信息素养的内涵也在不断演进。新时代的教师必须不断提高自身的信息素养，以满足形势的需要，并与时俱进，培养大批创新人才。

（一）智慧教育背景下教师所面临的挑战

为应对2020年年初的疫情，教育部作出延期开学期间"停课不停学"的重要部署，对维护广大师生的健康与生命安全，在疫情防控期间开展教学工作提出了总体要求。上海市各学校迅速行动起来，根据实际情况开展直播教学、录播教学、线上辅导答疑等多种形式的在线教学活动。在此形势下，教师的教学面临前所未有的挑战，师生良好的信息素养是确保教学过程有序、顺利开展的关键因素。线上教学活动如教学组织管理、教学设计、教学过程及师生交互等环节与传统课堂存在较大差异，教师不仅要提升课堂教学能力，还需要提升信息技术应用能力及多平台的资源整合能力，此外还需要为学生居家学习提供更为精准的辅导。因此，如何快速适应时空分离的教学关系，调整教学方法，灵活处理在线教学的突发情况以及开展个性化线上辅导等，是对教师信息素养水平的一大考验。为迎接新挑战，加快教师角色转型，当前必须着力加强教师信息素养，解决教育教学过程中的人技结合问题。教师信息素养水平的提升对于实现信息技术与学科深度融合、改变传统的教学机制和学习范式、加快教育信息化进程等具有重要的现实意义。

（二）智慧教育背景下教师信息素养的内涵

教师的信息素养随着新技术的不断渗入被重新定义，信息素养被理解为一种包含意识、知识、技能及态度、价值观的综合素养。一个具有良好信息素养的人不仅需要拥有获取、整合、管理、评价信息的能力，还应在此基础上建构新的理解，具有利用信息技术发现、分析和解决问题的意识、能力、思维及修养（计算思维）。智慧教育背景下，教师应具备的信息素养包含的内容越来越多，大数据在教育领域的应用将教育推向了实证时代，使得教育活动不再仅仅依靠理念和经验来展开，多元数据驱动教学已成为未来教师教学实践的主流，对教师数据素养的培养已成为教师专业发展的必修课。构成教师信息素养的信息意识、信息知识、信息能力和信息伦理的几个部分中都渗透着数据素养的内容，包括数据感知、大数据知识、大数据分析能力和数据伦理等方面。

教师在组织课堂教学的过程中，首先要有把技术融入课堂的意识，然后根据课堂内容明确本节课使用信息的需求，制定检索方案，进行所需信息的获取、甄别、评价、应用，将新信息与原有的知识进行融合，具有对应用结果进行分析再利用的能力和意识。

（三）教师信息素养的提升路径

《上海市教育信息化2.0行动计划（2018—2022）》中指出[①]，要提升教师信息素养，推进未来教师人技协同工程。人机协同将会改变教与学的方式，无论是教还是学都将变得更加个性化。我们所一直追求的因材施教，关注每个学生的成长，由于有了技术的支持而有机会变成现实。要积极构建适合人工智能和“互联网+”新时代基础教育教师信息素养发展的新型教师学习空间、高质量课程群和专业发展监控与评价体系，提升教师信息素养。

积极探索建立以学校为单位申报培训需求，以问题为导向，以信息化教学为重点，产、学、研、培、用一体，多方协同参与的教师培训体系，逐步形成教师信息素养培育与专业发展的长效推进机制。加强中小学（幼儿园）校（园）长教育信息化领导力提升培训，促进校（园）长形成智能教育意识，掌握智能教育工具，提高利用智能化工具和系统解决教育教学和管理问题的能力。开展教师信息技术培训，深入推进教师信息技术应用能力提升工程，加强乡村学校、薄弱学校和新入职教师信息

① 上海市教育委员会.关于印发《上海市教育信息化2.0行动计划（2018—2022）》的通知：沪教委信息［2018］28号［A/OL］.（2018-10-15）［2020-09-23］.http://edu.sh.gov.cn/html/xxgk/201809/3022018002.html.

化培训，发挥“双名工程”引领示范作用，提升教师信息素养和信息化教学能力。

利用各种途径与手段提升教师信息素养
【上海市新杨中学】

上海市新杨中学通过研究信息化环境下的有效教学，整合现有各类资源，满足学生个性化的学习需求，优化教育生态，引领教师和学生转变教与学的行为。积极开展对教师互联网技术、数字教材、移动技术、微视频技术等现代信息技术培训。同时，学校派出骨干教师参加全国教育信息化创新大会，获取前沿信息。先后派出多名教师前往信息化项目开展成熟的兄弟学校参观学习交流。学校把教师专业发展协作组作为重点研究对象，聘请导师对协作组内教师进行指导；邀请市数字教材技术人员、华师大慕课中心教师多次来校培训，通过开设基于平板的翻转课堂实践和数字教材实践，让教师掌握信息化平台在实际教学中的运用，提升教师信息素养。

上海市中小学（幼儿园）教师信息技术应用能力提升工程以教师专业发展规划、培训模式、培训课程、实际应用与评估、探索、创新和建设为基础，在大数据和人工智能等新兴技术的支持下，建立教师信息技术应用能力培训系统[①]，以满足不同发展阶段的教师培训需求，构建具有前瞻性的多层次培训课程资源库，为实践、创新、交流和共享创造应用环境。逐步建立了一个适合上海教育改革和发展的大型课程组，涉及四个方面：技术素养、信息技术和学科教学的整合、教师专业发展和教育信息化领导。课程数量达到 230 多门，各区通过区级配课、教师自主选课的方式，已完成近 7 万人的专业课程在线培训，完成网上培训达到 241 388 人次。着力提升教师信息技术应用能力、学科教学能力和专业发展能力，推动信息技术在学校教育教学中的常态化有效应用。

推进教师智能助手的研究开发和教学应用，促进人工智能环境下的人技协同课堂探索。基于人工智能技术，借助于多模态交互形式，不断拓展和丰富人工智能教学助手的功能，减轻教师工作负担，提高教师工作效能。创新人技协同的混合智能教学模式，促进教师跨学科融合教学能力提升，结合认知科学、学习行为、教学策略等，提升教师利用人工智能技术优化教学的能力，推进虚实融合的教学方式变革。

① 黄炜，张治．上海市中小学教师信息素养培养的理念与策略以上海市中小学（幼儿园）教师信息技术应用能力提升工程为例［J］．现代教学，2017（Z1）：8-10.

（四）教师信息素养提升的反思

随着新兴技术的发展，许多大数据分析方法被应用于教育教学，来自学生的数据反馈可以成为教学、学习和学生支持的强大工具。然而，对学生数据了解和使用的增加也让我们日益意识到，在学生数据隐私、收集和管理问题上尚有诸多悬而未决的问题。教育工作者和学生对数据隐私问题的理解和认识往往十分有限。在课堂内外的技术使用中，这一表现尤为突出。有这种意识的人往往也没有足够的知识、时间或支持来避免这些问题陷阱。移动设备和互联网技术在大多数学生的生活中无处不在。因此，教师应该加强了解数据隐私问题，知道如何以及何时保护数据。

上海市关于教师信息素养方面的研究实践已有了一定的基础，但是总体上对教师信息素养评价的研究与实践相对薄弱。教师信息素养已成为“互联网+”时代教师开展有效教育教学的必备素养之一，开展教师信息素养评价、根据评价结果有针对性地提升教师信息素养，是现阶段教师队伍建设的重要任务。构建完整的、时效性强的教师信息素养评价指标体系是评价工作的前提和保证。也应利用新兴技术提供更加科学、全面的评价。全面地从多维度分析教师信息素养相关信息，从而深度挖掘隐藏在数据背后的深层关系与价值，为教师发展策略及教育政策制定提供数据驱动的证据支持。开展教师信息素养评估研究是信息时代背景下教师发展的现实需求，需要进一步研究。

四、常态与泛在教师在线实践共同体的建构

（一）疫情下的教师研修特点

2020年2月6日，教育部应对新型冠状病毒感染肺炎疫情工作领导小组办公室发布了《疫情防控期间以信息化支持教育教学工作的通知》[①]，明确指出要加大培训指导力度，各地、各校要制定网络教学工作指南，充分利用网络教学组织方法、微课等资源，组织教师线上培训，指导开展网络教研，增强教师信息技术教学的意识和能力。很多教育行政领导、校长、教师在回顾这段时期时都会提到，这段时期是“教师全员的信息化教学能力大练兵”，“教师的信息素养在短期内得到全面提升”。在新冠病毒感染的肺炎防疫关键期，网络研修成为教师开展教学研讨与沟通的重要方式。教师充分利用假期延长、居家隔离的时机，依托各种信息化平台，开展网络研修，确保教师“发展不停步”。

① 教育部应对新型冠状病毒感染肺炎疫情工作领导小组办公室. 教育部应对新型冠状病毒感染肺炎疫情工作领导小组办公室关于疫情防控期间以信息化支持教育教学工作的通知：教技厅函［2020］7号［A/OL］.（2020−02−14）［2020−09−23］.http://www.moe.gov.cn/srcsite/A16/s3342/202002/t20200214_421005.html.

疫情期间的在线教学，是一次全线、全员、居家的在线教学。在这样紧急的情况下，绝大部分教师的能力储备都是不够的，因此，开展教师培训尤为重要。然而，与常态培训不同的是，此次教师所面临的任务明确而且比较紧急，教师培训方式相对常态的教师培训有很大的不同。疫情期间在线教研的主要任务是如何帮助教师快速适应网络信息平台，快速找到自己最切合的装备，教师得到最实用的在线教学指导，最大限度地保障学生的学业质量。由上级部门推送或自己寻找优质资源，教师边学习边实践，边实践边提升。

与常规教师培训相比，疫情期间的教师教研完全在线上，在线教研的主题聚焦、内容明确，重在回答“如何做”的问题，具有简单、实用、可迁移的原则。教师对优质资源有充分的选择权，不局限于固定的学习场所与学习时间，实现了在教育教学场所中的真实学习。教师根据自己的实践问题所选择的学习资源具有更强的针对性。培训更多以校本研修方式开展，教研组的在线学习、合作备课、教学研讨进行得更加频繁，所有的研修活动全部移到网上，校本研修的流程、方式、方法与评价标准在在线环境中被重新定义，教师更多的是在实践中学习与反思，在团队中请教与研讨，共同破解疫情期间存在的现实问题。

上海市教委全面调研了解了各区信息化平台与资源配置情况，并统筹各方力量，从课程整合与传递、平台铺设、教师考核机制等方面研制和讨论系统方案，先行确定了“一源双师多渠道多终端”的教学环境，为教师的在线教学提供了基本保障。在这个基础上，上海市教委从 2 月 15 日起，面向全市大中小学教师进行了《教师在线教学能力提升课程》5 天 5 讲的通识性在线专题培训，整合了华东师范大学、闵行区教育局、嘉定区教育学院、上海市师资培训中心、上海市电化教育馆等多个专业团队的力量。培训内容扎根于真实环境，面向真实挑战，培训的针对性与实效性得到了切实保障。

（二）后疫情时代混合式教师实践共同体

教师共同体是一种教师专业发展方式，疫情期间，网络技术为教师专业发展提供了多种便利，逐步形成教师共同体的新形式——在线教师共同体。在线教师共同体成为教师学习、工作和科研的主要方式，为教师交互、共享和协作提供支持，推动着教师专业化的发展。

疫情防控已经度过了最严峻的阶段，全国各地中小学陆续复课，教育教学工作也逐渐恢复了常态，教师教研工作也会进入一个恢复、调整、适配、优化、提升的全新阶段。这一阶段，不是与前一时期线上教研的内容简单对接，而是重构新的教研模式，结合现场教研和网络教研的优势，有机地匹配有关内容和方法，开展线上、线下相呼应的教研活动。“线上学习分享，线下合作探究”的混合式教师实践共同体模式将成为新时代的教研新常态，如图 2-1-6 所示。

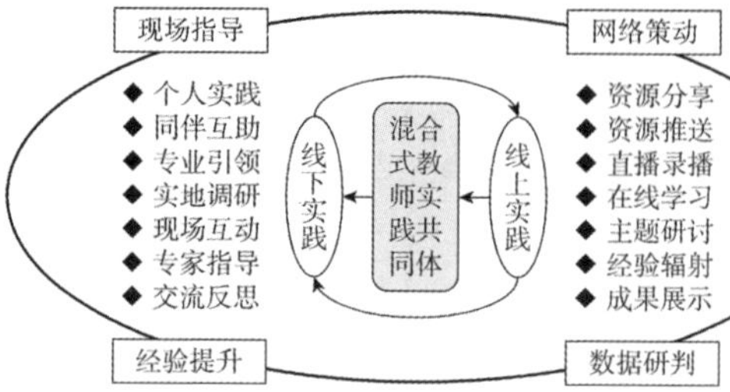

图 2-1-6　混合式教师实践共同体

结合线下实践教研和线上实践教研的优势，有机地匹配有关内容和方法，开展线上、线下相呼应的教研实践共同体活动。混合式教师实践共同体模式有助于教师方便而又有深度地参与教研活动，还可以通过信息手段，让教研的过程和信息数据得到沉淀，通过汇聚筛选，实现“经验”和“实证”相结合的教研。

（三）教师混合式教研的实践路径

从微观的教师个体层面来看，混合式协同教研是以教师主动适应智能教学工具等新技术变革为背景[①]，通过改进教学行为、提升教学能力、推动教学创新和实践智慧生成实现教师高水平的专业发展目标。从国家宏观教育发展蓝图来看，混合式协同教研要为提升教师教育质量和促进教育公平服务，通过发挥“互联网 +”的时空优势，支持区域内和跨区域、教育发达地区和薄弱地区、城市与乡村学校之间的精准教研帮扶，推动教师质量和教育质量的内涵式发展。

上海市积极探索服务为基本理念，深度融合现场教研与网络教研、常规教研与自主研修，构建上下联动、资源共享、智能灵活的研修模式。同时，借助开放、交互动态的研修平台，使学科专家、教研人员、学科教师，甚至学生更加广泛地参与互动，分享研修智慧，引领教师的专业成长。

在混合型教师的实践社区中，教学和研究的实施是技术性的，并取决于一定的学习支持平台。要更好地实施混合型教师实践社区教学研究模式，必须要有成熟技术作为后盾。线上线下协同教研依托互联网、大数据、人工智能等技术打造多样化的教研活动场景，使得“人人皆教研、时时能教研、处处可教研”成为可能，极大地拓展教研活动场域。

① 涂俊，吴健伟 . 创新混合式研训方式，开发情境教学教师教育课程［J］. 北京教育（普教版），2020（3）：41–42.

以数字化创新研修流程，促进教师专业发展

【上海市嘉定区教育学院】

上海市嘉定区教育局、嘉定区教育学院于2018年开始建设上海市嘉定区教师研修平台。“嘉研修”是集在线教研、考核评价、资源整合、研修社区、数据分析、积分管理为一体的数字化网络教研平台。支持PC端及移动端对区级、片级、校级网络研修活动的全流程数字化管理，简化教研流程、提升研修成效，建立在线学习、网络互动、社群共研的网络交互式研修模式，实现区域教研活动的数字化、一体化、精确化、覆盖化。“嘉研修”平台体现了“人人、时时、处处”的学习特征，提高了教研活动的精准度与时效性。

做好线上与线下的教师实践共同体教研，就必须要做好师资队伍建设，这样才能促进教学方式的改革，推动教师专业水平的提高。与传统教学相比，混合型教师教学研究模式的变化不仅体现在学习环境、学习行为、教学研究方法的变化上，而且还体现在教学观念的变化上，这也是最根本的变化。教育部印发《教育部关于实施全国中小学教师信息技术应用能力提升工程2.0的意见》①，提出到2022年，构建教师信息素养发展新机制，通过示范项目带动各地开展教师信息技术应用能力培训，基本实现校长信息化领导力、教师信息化教学能力、培训团队信息化指导能力显著提升，全面促进信息技术与教育教学融合创新发展。

（四）混合式教师实践共同体的反思

混合教学模式实现了优质课程资源的共享，在实施过程中，应加强师资队伍和技术队伍的培训，另一方面，应大力推进技术支持和良性机制的建设，为混合教学模式的发展提供更好的支持和保证。研修模式的选择与运用有一定的要求，研修模式必须要与研修目标相契合，要考虑实际开展研修的条件，针对不同的培训内容选择培训模式。因此，在采用混合型教师实践社区模式进行培训时，学员需要考虑是否合适。混合型教师实践社区模式的培养模式的发展需要培养教师利用信息技术整合教学资源、发布学习任务、组织教师在线学习的能力，并能充分利用平台数据、课堂活动，全方位、多层次地评价参训教师的学习结果。因此，研修者在选择混合式教师实践共同体模式时，需要考量自己是否具有其所要求的能力。

---

① 中华人民共和国教育部．教育部关于实施全国中小学教师信息技术应用能力提升工程2.0的意见：教师［2019］1号［A/OL］．(2019-03-21)［2020-09-23］.http://www.moe.gov.cn/srcsite/A10/s7034/201904/t20190402_376493.html.

线上线下协同教研是教育创新过程中的重要一环，它可以帮助教师打破传统线下教研环境对于时间和空间的要求，做到随时随地展开教研活动，改善教学流程和效果。所以，即使在疫情结束之后，学校在进行教研活动的时候，也可以采取多种方法的教研形式，充分发挥在线协同教研的优势，促进教师高水平专业化发展的教研形态。

第三节　标杆学校助力智慧教育

教育部 2018 年发布的《中小学数字校园建设规范（试行）》明确了数字校园建设应利用云计算、大数据、物联网、移动通讯、人工智能等信息技术，实现从基础设施（网络、终端、教室等）、资源（教材、图书、讲义等）到应用（学习、教学、管理、生活等）的数字化[①]。同年 4 月，《教育信息化 2.0 行动计划》印发，针对教育信息化应用提出了“培育千所标杆学校”引领行动，到 2022 年，分批组织遴选 100 所高等学校、300 所职业学校、1 000 所基础教育学校和一定数量的举办继续教育的学校开展示范，探索在信息化条件下实现差异化教学、个性化学习、精细化管理、智能化服务的典型途径[②]。2018 年 10 月，上海市教委印发《上海市教育信息化 2.0 行动计划（2018—2022）》提出了“数字学校和标杆学校创建工程”，全面推进数字学校建设，培育面向未来的新时代教育信息化应用标杆学校[③]。

该项工程作为上海市教育信息化 2.0 行动计划的重要组成部分，从策划立项伊始即坚持育人为本、整校推进、数据驱动、常态发展、点面结合的工作原则，以构建服务学生个性化发展、具有先进教育理念和现代化治理体系的新型学校为工作目标。2018 年 10 月，市教委发布了《关于组织开展上海市教育信息化应用标杆学校创建工作的通知》，经过各区初评、推荐，全市各级各类总计 146 所学校进行了申报。

① 中华人民共和国教育部．教育部关于发布《中小学数字校园建设规范（试行）》的通知：教技［2018］5 号［A/OL］.（2018-04-17）［2020-09-23］.http://www.moe.gov.cn/srcsite/A16/s3342/201805/t20180502_334759.html.

② 中华人民共和国教育部．教育部关于印发《教育信息化 2.0 行动计划》的通知：教技［2018］6 号［A/OL］.（2018-04-18）［2020-09-23］.http://www.moe.gov.cn/srcsite/A16/s3342/201804/t20180425_334188.html.

③ 上海市教育委员会．关于印发《上海市教育信息化 2.0 行动计划（2018—2022）》的通知：沪教委信息［2018］28 号［A/OL］.（2018-10-15）［2020-09-23］.http://edu.sh.gov.cn/html/xxgk/201809/3022018002.html.

2019 年 1 月—4 月，市教委组建了覆盖学校管理、教育教学、教育技术、项目管理和财务管理等领域近 50 人的顶尖专家团队，坚持“公平公正、促进发展、同区同类型遴选最优”的原则，严格按照教育信息化 2.0 行动计划中“一个核心三个转变”的要求，以育人为本、整校推进、常态应用、减负增效、绿色发展等 10 项维度为观察点，围绕学校创建的基础和准备工作、办学理念和改革思路、突破创新与特色发展等方面，采取文案评审和到校评审相结合的方式对每所申报学校的标杆学校创建计划进行了深入的论证。

2019 年 5 月起，市教委分两批公布了 54 所上海市教育信息化应用标杆培育校名单。其中，基础教育阶段学校共有 49 所，占比约 87%。为保障标杆学校创建工作的高质量发展，除了在评审遴选阶段的严格把关外，上海市对教育信息化应用标杆培育校在创建培育、发展评估和示范引领阶段分别予以规范和指导。

首先，在标杆学校创建培育阶段，从参与学校的实际出发，市、区积极调动教育系统、社会专业机构和优质企业等各方力量，指导参与学校制定为期 3 年的教育信息化应用标杆培育校发展计划，提供经费保障和政策支持，推进学校的整体变革与探索，发挥广大教师参与创建工作的积极性和主动性，在完成国家规定建设目标的基础上，全面开展信息技术支持下的教育体系、教育内容、教育形式、教育方法、教育评价等方面的实践与创新。

其次，在标杆学校发展评估阶段，市教委、区教育局将联合组织开展教育信息化应用标杆学校创建的全面发展性评估。对创建发展计划合理、基础良好的学校，将给予师资培养、资源建设等方面的政策支持，积极调动教育领域、信息技术领域的优质资源，进一步推动标杆培育校开展全面建设，推动标杆培育校在治理优化、教学变革、课程建设等特色发展方向进行深度的应用与研究，形成信息技术支撑下的新型学校管理体系、教学模式和家校协作机制，促进师生信息素养、学校治理水平的整体提升。

最后，在标杆学校示范引领阶段，市教委将组织进行标杆学校创建工作验收和授牌，并对先进经验和改革成效进行宣传推广。从基础环境、管理机制、师资培养、资源建设、教学应用、学习评价、社会协作等方面进行提炼总结，形成有一定普适性、可复制推广的新型学校创建发展策略和路径，引领全市同类学校的建设与探索，为区域现代化教育治理体系的构建与发展提供新思路与新模式。

上海市教委旨在通过标杆学校培育，从基础环境、管理机制、师资培养、资源建设、教学应用、学习评价、社会协作等方面进行提炼总结，形成有一定普适性、可复制推广的新型学校创建发展策略和路径，引领全市同类学校的建设与探索，为区域现代化教育治理体系的构建与发展提供新思路与新模式。在三年的创建周期内，上海市教育信息化应用标杆学校创建将从以下几个方面引领上海教育信息化发展。

第一，育人为本，立足教育发展规律，加强信息化建设。充分利用信息技术的优势，将教育信息化工作聚焦于“人”的全面、和谐、个性和卓越发展，将信息技术融入教育管理、教书育人、学前托育全过程，构建适合“人”的个性发展、终身发展的学习环境，促进学生的全面发展，帮助学生成就人生价值。

第二，注重实践，激发学生兴趣，助力自主学习。以面向师生的个性化和多样化服务为理念，以物联网、云计算、大数据、人工智能等信息技术为支撑，以推进学校的整体变革与创新发展为目标，制定学校整体发展规划，创建智能学习空间，提供数字化学习支持服务，为学生提供个性、优质、多样的学习体验环境，促进学生主动学习。

第三，数据驱动，助推大规模因材施教。对接市、区两级教育数据中心，构建一体化学校教育信息管理系统，实现各类平台间的数据融通，建立数据安全管理制度，实时安全地管理和使用数据。建立个性化的学生数字画像，以发掘潜质、激发兴趣为基础，开展基于大数据的大规模个性化学习支持和教学指导，促进学生综合素质多元评价体系的发展。

第四，常态发展，探索信息时代教育治理。立足学校自身办学理念、文化积淀、区域特征、师生特点以及办学资源等因素，建立信息技术深度融入教育教学全过程的常态发展机制，形成具有各校特色的可持续发展模式，使学校发展融入教育革新和信息技术创新应用的发展过程中。

一、信息化应用标杆学校典型案例——上海市黄浦区卢湾一中心小学

打造面向未来的智慧云学校，探索数据驱动的大规模因材施教

【上海市黄浦区卢湾一中心小学】

一、问题的提出

上海市黄浦区卢湾一中心小学以情感教育作为办学特色，自2010年开始“云课堂”的实践研究，探索现代化信息技术与教育教学的深度融合。学校经过历年的信息化建设实践积累，在基础教学设施、硬件基础建设、网络环境建设、数字校园应用等方面取得了一定成果，促进了学校管理水平和综合软实力的有效提升。

但同时，随着信息技术与教育教学融合的逐步深入，学校也发现了一些需要进一步解决的问题，如学校数据采集覆盖的场景和教学环节无法实现对教学全场景、全过程的伴随式采集，使得现有数据分析决策信度偏低，无法真正发挥教育数据分析的应用价值；多年来学校积累了许多教育信息化应用系统，但多是“按需、逐个、独立”建设，导致单体业务系统整合难度大；学校有丰富的课程体系，但是缺乏系统层面的资源建设和教学应用系统的支持等。

因此，学校以上海市标杆学校创建为契机，希望通过建设“智慧云学校”，打通备课、上课、作业、辅导、评价五大环节，进行伴随式无感知数据采集，利用 AI、大数据等科技手段，纵向拉通各年段的学生数字画像，横向打通学校数据信息，尝试推进大规模因材施教，促进学生的均衡健康发展，提升学校整体教育教学水平。

二、实践过程与推进方法

（一）面向未来，顶层设计“三数”体系

学校规划了集“数字校园”“数字教学”和“数字学生”为一体的“三数”体系。“数字校园”重点构建面向未来的智能信息化基础设施，部署云、大、物、智等能力，收集全态势、全时空、全要素信息，以支撑“数字教学”和“数字学生”的实现，如图 2-1-7 所示。“数字教学”旨在推动信息技术与教育教学的深度融合与改革创新，利用数据驱动实现教学范式转型，为教师减负增效。“数字学生”基于学生全生命周期、全方位数据实现综合素质评价，辅助教师开展因材施教，协助家长和学生了解学习状态和特长发展。

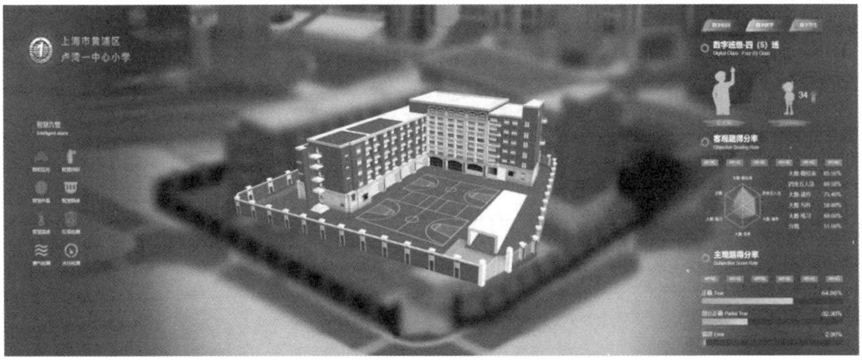

图 2-1-7　卢湾一中心小学数字校园信息展示

（二）物联感知，打造安全适宜的学习环境

借助物联感知技术，聚焦校园安全和管理等场景，完成教室空气质量监测与净化（如图 2-1-8 所示）、教室自动灯光控制、智慧烟感、智慧温感、校园燃气泄漏监测等 12 类物联场景建设。通过 500 多个物联感知节点设置，完成了校园数据伴随式无感知采集，实现数据汇聚展现和实时告警等工作流程闭环。

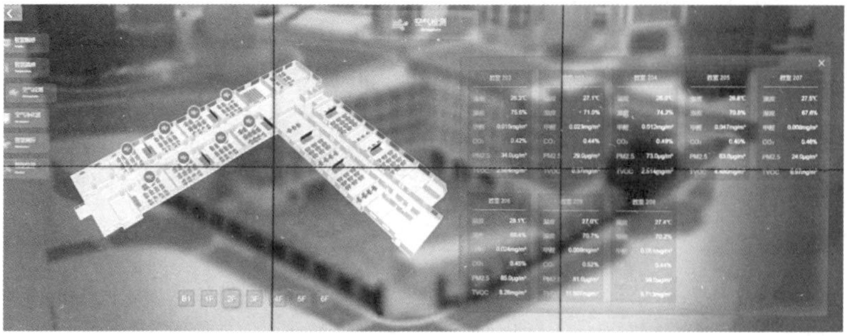

图 2-1-8　物联感知教室空气质量

（三）解构教学，设计五大教学“云”应用

针对传统教学中“备课、上课、作业、辅导、评价”五个环节，设计“三三制”备课系统、纸笔互动课堂系统、智能作业系统、个性化辅导系统和学生评价系统五大直接服务教学活动及教学管理的“云”应用系统，如图 2-1-9 所示。通过伴随式无感知的学业、行为、生理数据采集，获得动态学情实时反馈，为教师备课和教学提供科学依据，让教学更加具有针对性。

教学五环节在学校的开展

1. 备课 三三制备课	2. 上课 有效课堂	3. 作业 适切作业	4. 辅导 针对性辅导	5. 评价 各科评价
■ 教学目标 多维度教学目标全面落实 ① 知识与技能 ② 过程与方法 ③ 情感、态度与价值观 ■ 教学过程 多次备课帮助教师提升 ① 共案研讨 （学期初/每月/每周） ② 个性修改 （教学资源、过程、板书） ③ 课后反思 （一课一反思，讨论交流） ■ 教学手段 各种手段皆有实效 ① 传统化 ② 现代化 ③ 个性化	■ “三星”题库逐级引导，帮助学生巩固提升 ① 一星：基础 ② 二星：加强 ③ 三星：提升 ■ 及时反馈，提升课堂效益 ① 着眼全体，解决共性问题 ② 关注差异，个别辅导	■ 作业档案，帮助提升作业布置有效性 ① 记录多种内容：集中错题、举一反三题、难题、探究题，新颖思路 ② 帮助教师不断提升专业能力 ③ 经验传承 ■ 作业自评，培养学生良好学习习惯 ① 反思 ② 探索 ③ 提升 ■ 家校直通车，帮助家长了解学生学情，提供家庭辅导帮助	■ 预习/作业档案帮助扫清障碍 ■ 课堂练习及时反馈 ■ 作业一对一订正辅导 ① 课间穿插进行 ② 基础技能逐个过关 ■ 育苗计划跟进辅导 学困生课后辅导	■ 多学科评价（月乐） ① 语数英检测掌握情况 ② 音体美提升学习兴趣 ■ 多种评价方式 ① 过程评价 （课堂即时评价/阶段性评价） ② 综合评价 （成长手册）

图 2-1-9　五大信息化教学“云”应用

（四）打开黑盒，描绘每个孩子专属的“数字画像”

学校构建教育大数据平台，汇聚学生基础数据、学业数据、学习过程数据、社会实践和生活数据等各个层面的数据。以“中国学生发展核心素养”为依据，从德、智、体、美、劳五个维度清晰描绘学生的学习特性、学习状态与成长特点。通过数据智能分析和挖掘，构建了涵盖学业水平、思想品德、身心健康、审美情趣和社会实践等五大方面的综合性评价标签以及阅读能力评价等专业知识标签，勾勒出详尽、真实的学生专属全景“数字画像”，如图 2-1-10 所示。

图 2-1-10　个性化学生“数字画像”指标体系

（五）循序渐进，实施数据驱动的因材施教

学校在实施数据推动的因材施教教学探索中，采用了“单班级—单年级—多年级”的推进方式。首先在四年级选择了一个班级进行单班实验，在班级的数学、英语课堂上开始尝试纸笔互动课堂、学生评价系统、个性化辅导系统的应用。以课堂教学中进行练习为例，在信息化的云课堂中，“人机协同”的动态数据实时反馈，通过对学生的答题数据分析，生成学习动态曲线，实时呈现知识点掌握情况、错题与错因分析，为教师下一步教学提供科学依据，让教学更加具有针对性与时效性。

随后，学校在四年级和一年级的数学教研组开始集体尝试“三三制”备课系统和智慧作业系统。备课系统就像分类清晰的“超市橱窗”，教师仅需“动动鼠标”，就可以轻松找到自己想要的各类资料，如不同版本的教材、供参考的优秀教案、制作课件的素材等，大幅提升教师课前教学教研的效率。智慧作业系统帮助教师实现了从手工作业、人工批改到系统作业、人机批改、留痕反馈的进步。

接着，学校对前期使用的系统进行了梳理，制作了操作手册，组织了全校教师培训。培训结束后，在一至五年级开始全学科推进尝试。学校为每位实验教师配备了手写板设备，为每个实验班级部署硬件环境。因为涉及不同学科、不同年级，每天使用的教学资源供应一时难以跟上，所以决定选取部分重点章节，先期试点，并在推进过程中根据学科的差异性，不断迭代优化产品。

三、未来展望

卢湾一中心小学将继续完善建设“三数”体系，通过人工智能技术的应用，推动教学从数字化到数据化，为教师减负增效；推动学生学习发展的个性化分析、以学定教，实现大规模因材施教；基于大数据支撑为教学管理提供决策建议，辅助实现科学化治理。

二、智能、物联、融合、开放学习环境的构建

学习环境是影响学习者学习的外部环境，是促进学习者主动建构知识意义和促进能力生成的外部条件[①]。随着各种信息技术的不断发展，以及技术工具在教育领域应用的逐渐深入，学习者的学习环境呈现出智能、物联、融合、开放的特征。上海市在推进数字学校全覆盖建设和标杆学校培育创建过程中，深度融合现代智能技术，综合运用智能传感、物联网、云计算、大数据、智慧感知等新兴技术，对校园物理环境进行全面感知，对师生学习、工作、生活的情景以及师生个体的特征进行智能识别，有机衔接起学校的物理空间和数字空间，为师生提供开放智能的教育教学环境以及舒适便捷的生活环境，改变师生与学校空间环境、资源之间的交互方式，践行以人为本的个性化创新服务，助力学校的智能运行，支撑学校开展智慧教育。

（一）基于物联网的校园感知环境、智慧安防、智慧后勤

校园是学生除了家庭以外生活时间最多的地方，是学生接受教育的重要场所，安全稳定的校园环境是开展一切教学活动和管理工作的前提。但是，在传统的校园环境中，由于缺乏实时监管，很难将安全管理的重点放在事前的预防、风险的控制上，而物联网技术走进校园，为校园安全管理带来高效赋能，使得见微而知著、防患于未然的校园安全管理成为现实。

物联网是在现有网络的基础上，综合运用射频识别技术（RFID）、传感器技术、二维码技术、卫星定位技术、无线通信技术等信息感知技术手段，按照约定的协议，将物品和网络连接起来，进行信息交换和通信，以实现对物品的智能化识别、定位、跟踪、监控和管理的一种网络[②]。物联网具有全面感知、智能处理、可靠传递等特点。物联网技术走进校园，极大地加强了校园的感知能力，通过物联网技术可以随时随地实现对校园中各类环境、资源与活动的实时数据的感知、捕获、采集和传递，实现对校园各类设备设施的运行状态、师生工作学习生活的活动轨迹、师生与校园环

① 贺平，武法提．论学习环境设计的理论基础［J］．现代教育技术，2006（6）：36-39.

② 苏美文．物联网产业发展的理论分析与对策研究［D］．长春：吉林大学，2015.

境的互动情况等的全面感知。通过云计算、大数据等技术对采集到的数据进行汇总、融合、分析、处理，使得学校管理部门、各级安全保护单位等能够实时掌握相关感知对象的详细情况，及时应对，为其做出正确决策提供支撑。

上海市许多学校在校园环境建设中充分融合物联网技术，从校园设备的节能减排到智能化教育教学方式，从校园安防布控到后勤运管维护，实现全面感知的校园环境。

打造无感知安全智慧校园，加强校园安全管理

【上海理工大学附属小学】

上海理工大学附属小学利用 AI 人脸识别技术，实现了无感知安全校园建设的全覆盖，极大地加强了校园安全管理。通过校园无感知考勤系统，对学生进行无感知智能统计，为学校提供到课情况统计及明细，核实学生到校情况和请假情况；通过校外访客系统，自动采集校外访客面部信息，记录校内外人员的具体出入时间、次数及当前状态，并将这些信息通过后台系统反映给相关部门，形成访客大数据；通过智能课后看护系统，实现家长进入校园需要通过人脸识别系统确认，接到孩子需要通过刷脸确认及身份登记后方可离校，在此期间，后台系统会将家长到校时间、学生离校时间等信息同步反馈至班主任和管理教师，保障整个课后看护过程的安全性。

（二）数字创新实验室、智慧学习中心等数字化学习空间

伴随着智能技术在教育领域的融合应用，素质教育、创客教育、STEAM 教育等成为教育新常态，学科数字实验室、创新实验室、智慧学习中心、数字场馆等多类支持智能教育开展的智能教学场所也应运而生。智能教学场所融合了物联网、云计算、大数据、人工智能等现代智能技术，具备感知、交互、开放等特征，为师生教育教学活动的开展提供了全新的环境，为探索现代智能技术创新教与学模式变革创造了条件。

2017 年 7 月国务院印发的《新一代人工智能发展规划》中指出“应逐步开展全民智能教育项目，鼓励在中小学阶段设置人工智能相关课程”[①]。2018 年 4 月教育部印发的《教育信息化 2.0 行动计划》中强调推动人工智能在教学、管理等方面的全流程应用。

与很多中小学引入物联网实验室、创客实验室类似，人工智能实验室该如何走出“象牙之塔”，走进校园，成为普及 AI 教育、提高国民竞争力的助推器呢？上海市多所标杆培育学校尝试建设人工智能教育实验室，以普及教育为出发点，立

① 国务院．国务院关于印发新一代人工智能发展规划的通知：国发［2017］35 号［A/OL］.（2017-07-20）［2020-09-23］.http://www.gov.cn/zhengce/content/2017-07/20/content_5211996.htm.

足于学校的长期刚性需求，有目标分阶段地持续推进，配套开设了人工智能相关课程，让学生了解人工智能基本技术与背后的原理，同时也通过 AI 学科竞赛、实用项目探索等进行创新提高。

建设脑科学与人工智能创新实验中心，营造研究型氛围

【上海市上海中学】

上海中学创造性地将脑科学与人工智能结合，建设了脑科学与人工智能创新实验中心，包含脑认知神经反馈实验室、神经科学与基因工程实验室、类脑智能实验室三个实验室。其中，脑认知神经反馈实验室提供大脑认知功能检测的工具及软件，主要涉及大脑的注意、记忆、执行能力、决策、基本感知觉、语言等功能。神经科学与基因工程实验室主要分为神经元培养及观察实验区，以及细胞系培养及基因操作实验区。类脑智能实验室通过借鉴生物脑的视觉感知、学习决策、运动输出等功能，构建基于机器人的视觉信息处理模型、强化学习模型、运动控制模型等，实现对 NAO 机器人的运动控制、人体手势动作识别等基础任务，并进一步实现人机意图理解、人机协作等高级认知任务。实验中心邀请了中国科学院神经科学研究所、复旦大学附属华山医院、中国科学院自动化所等的领域内三十多名专家走进学校讲授知识、指导课题。设置两种不同水平的课程，面向普通班学生的实验组课程以普及脑科学和人工智能相关知识为主，面向实验班学生的专门课程则深入讲授相关知识的原理、研究进展和实际应用等。

随着虚拟现实、增强现实、混合现实等技术的不断成熟和深入应用，智能教学场所不仅可以是物理学习场所，也可以是虚拟学习环境，如模拟训练、虚拟实验室、数字场馆等，还可以是虚实结合的综合学习环境。虚拟的学习环境打破时间、空间、周边环境、资源等条件的限制，为学生的学习提供了多种可能性。例如化学虚拟实验室可以解决化学实验有危险、污染大、时间长的问题，“虚拟”实现破坏性实验、高温高压等小概率、难以重复事件、难以再现的事件等。通过计算机模拟的虚拟学习环境具有交互性、沉浸性、多感知性、自主性、构想性等特征，学生浸入在虚拟环境中，能够与环境中的各个要素进行互动，得到虚拟环境和物体的反馈，提升学生动手操作实践能力，获得“真实”的体验感受。[①]

---

① 陈莉．基于虚拟现实技术的仿真教学环境设计与实现［J］．计算机产品与流通，2020（7）：255.

上海市标杆培育学校利用虚拟现实、增强现实等技术为学生营造逼真、生动的学习环境，通过虚拟环境互动的真实感受来增强记忆，提高学生学习的积极性，提升掌握知识和技能的效率，达到优化教学过程、提升教学质量的目的，解决传统教学方式无法解决的问题。

三、一体化智慧教育平台的构建

近年来，在国家以及上海市发布的系列教育现代化、教育信息化文件中，多次提出智慧教育平台的建设要求。《中国教育现代化 2035》中将“加快信息化时代教育变革，建设智能化校园，统筹建设一体化智能化教学、管理与服务平台”列为面向教育现代化的十大战略任务之一①；《加快推进教育现代化实施方案（2018—2022 年）》中把“推进教育信息化，着力构建基于信息技术的新型教育教学模式、教育服务供给方式以及教育治理新模式……构建‘互联网 + 教育’支撑服务平台”作为任务之一进行了具体部署②；教育部《教育信息化 2.0 行动计划》中明确提到“到 2022 年基本实现‘三全两高一大’的发展目标，建成‘互联网 + 教育’大平台，发展基于互联网的教育服务新模式、探索信息时代教育治理新模式”。

智慧教育平台是以云计算技术为基础架构的平台，是实现校园智能化、智慧化的基础架构。智慧教育平台以“融合”为目标，旨在对现有应用、服务和资源进行整合，通过统一身份认证平台，实现用户的统一访问、身份管理及权限控制；通过基础数据库建立公共数据平台和数据交换平台，实现数据互通、信息共享；通过云存储实现用户数据的集中存储和管理；通过微门户实现统一访问界面，展现数字校园的各类应用系统③。

上海教育信息化已初步建成以促进信息技术与教育教学、管理决策和公共服务深度融合为核心的“一网三中心两平台”（上海教育城域网，上海教育数据中心、上海教育资源中心、上海教育认证中心，上海大规模智慧学习平台、上海教育综合管理决策平台）基础环境。“十三五”期间，上海教育城域网核心主干全面达到 100G，新增 600 多公里光缆，虚拟服务器超过 2 500 台，全面支撑起各类数字化教学实践。在校级层面，标杆培育学校积极建设一体化智慧教育平台，对校园内现有系统进行

① 祁培育．中共中央、国务院印发《中国教育现代化 2035》［EB/OL］．（2019-02-23）［2020-09-23］.http://www.gov.cn/xinwen/2019-02/23/content_5367987.htm.

② 吴啸浪．中共中央办公厅、国务院办公厅印发《加快推进教育现代化实施方案（2018—2022 年）》［EB/OL］．（2019-02-23）［2020-09-23］.http://www.gov.cn/zhengce/2019-02/23/content_5367988.htm.

③ 杨现民，余胜泉．智慧教育体系架构与关键支撑技术［J］．中国电化教育，2015（1）：77-84；130.

整合优化，实现校内系统之间数据的互联互通，有效解决校园管理中的数据孤岛、信息更新滞后、硬件重复投入以及人力资源不足等问题，达成绿色节能、管控及时、决策科学、服务便捷的学校校园管理目标，使学校加速迈向智能化、现代化。

（一）一体化的智慧教育平台

1. 一体化学校管理与服务信息系统

一站式学校管理与服务信息系统是在学校信息化资源现状充分认知的前提下，基于业务集成和服务管理的“一站式”服务平台，提供统一的接入服务，为校园用户提供统一的窗口[①]。标杆培育学校一体化管理与服务信息平台架构丰富的业务应用系统，功能涵盖校务教务、学生管理、在线教学、行政办公、学校人力资源管理、后勤管理等学校所有业务，实现管理无死角、信息无孤岛、过程可视化、分析智能化，决策科学化。

打造基于企业微信的综合教育平台

【上海市金山区枫泾小学】

金山区枫泾小学对学校的教育管理平台进行了整体规整，按照“顶层设计、统一标准、数据共享、硬件集群、应用集成、一站式服务”的规划建设理念，搭建基于企业微信端的“枫晓家园综合教育平台”，集成现有业务系统，面向师生提供教学、教务、生活等多方面的“一站式”服务，面向学校领导提供辅助决策分析的数据，如图 2-1-11 所示。

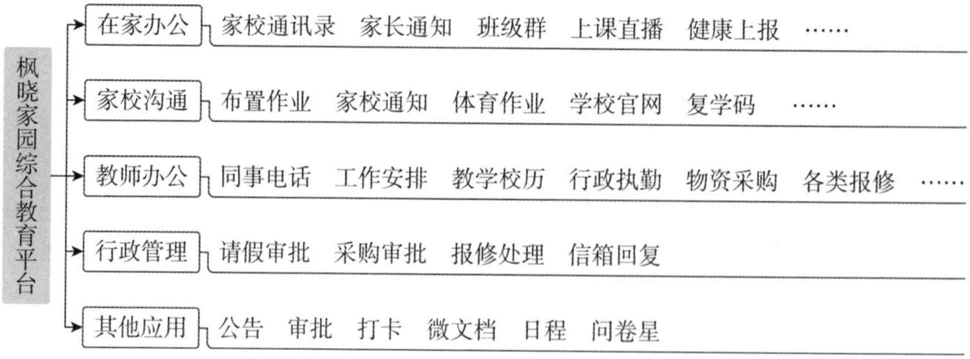

图 2-1-11 枫晓家园综合教育平台结构图

① 蒋东兴，付小龙，袁芳，等．高校智慧校园技术参考模型设计［J］．中国电化教育，2016（9）：108-114.

"枫晓家园综合教育平台"保留了企业微信一些实用、简洁、方便的通用功能；可以独立于微信进行单独管理，支持灵活组群和配置群功能；消息发送后记录对方是否查阅，并对未查阅人员可以再次发消息提醒；微盘功能使得文件的分享、收集、整理更加方便，可以记录文件流转情况等。此外，学校还自行开发了一部分符合学校需求的教育特色应用来强化企业微信在教育领域的管理功能。

2. 一体化教学与教研支撑系统

如何有效管理教研活动直接关系到区域及学校教研、科研、教师教学水平的高低。传统形式的教研活动，受固定的时间、地点所限，教研员难以组织长线的、可持续的、扩大影响力的研修活动。同时教研员难以对区级、片级、校级活动进行宏观上的资料数据管理、查阅、分析，以往只能通过其他方式如线上群组、共享邮箱等方式方法进行交流或获取活动信息以及教研资源，不能进行统一、完整的资源标引，教师找不到合适的研修资源及研修记录，无法将资源与研修过程进行有效匹配。在这种情况下，开展网络教研的优势尤为明显。

网络教研是指以现代信息技术手段为依托，组织教师基于网络平台开展互动化、开放化、个性化的教学研究活动。网络教研方便教师学习网络优质资源，开阔视野，提高认识；利用网络教研能聚焦研讨热点，实现教学思想的碰撞；网络教研能促进日常教研与网络教研的良性互动，使得教研活动借助平台得以继续拓展、生成、提升，从而变得富有成效。[①] 上海市各区都建立了区域网络教研平台，平台不仅是教研素材的"静态投放站"，更是教研资源的"动态生成场"和教学改进的"智慧生长所"。

打造一体化课程教学与教研平台

【上海市宝山区长江路小学】

长江路小学在学校的电子平台上搭建了集教师教育教学培训和管理于一体的教育教学课程平台。首先，学校组织教师上传教案和反思来充实平台资源。青年教师可以学习平台上优秀教师的备课设计，从单元分析到教学目标设计再到教学活动组织设计，帮助青年教师更好地理解课标、教材、教法，从模仿学习到自主做出一份规范的备课教案。其次，平台开通了网络教研和直播功能，直播优秀教师

① 郝琦蕾，王丽．新世纪网络教研研究的回顾与反思［J］．天津师范大学学报（基础教育版），2017，18（2）：16–20.

的课堂教学或者青年教师自身的课堂教学，组织学科组教师及不同学科青年教师开展网络观课和研讨，撰写评课记录等。再次，青年教师结成学习“共同体”，互相学习，互相促进，提高学习效率。在课程平台上协同编辑设计学案，以突破学生学习的难点为目标，设计让学生自主学习的环节。

（二）多样化的平台供给模式

我国中央和地方各级政府对基础教育方面的投入力度正在逐年加大，基础教育事业的发展取得了显著的成绩。但是，城乡教育资源不均衡等问题仍然存在，在一定程度上映射出教育领域供求关系之间的矛盾，以政府为主导的传统的单一供给模式已经无法满足当下教育需求日益多元化的现实状态。教育作为一种特殊的“公共物品”，正逐步从政府单一供给模式走向多元主体供给格局。[①] 在这种环境下，政府从垂直管理为主转为协同共治为主，需要善用市场的力量、企业的服务。

作为教育服务的内容之一，教育平台的建设方式也变得多样化。学校最初建设信息化平台，多采用按单个需求独立建设、本地部署的方式进行。但是随着信息化在教育领域的应用不断深入，这样的平台搭建方式已经不能满足当前多样化的教育需求，久而久之就会导致教育经费重复投入、信息孤岛情况严重、平台利用率低下、教育资源浪费以及发展不均衡等现象。在如今的网络环境下，搭建一个智慧教育平台并不是一件难事，但是如何搭建，以哪种更切合需求、更挑战未来的理念搭建却是值得思考的问题。

《上海市教育信息化 2.0 行动计划》正在推行教育城域网统一接入互联网及云网融合工程，提出“以云网融合建设为抓手，基于上海教育城域网，建立上海教育云准入机制，引入市场化第三方云计算、云应用和云服务资源，构建服务于各级各类教育单位的教育云平台，形成统一规范管理的教育云服务，并纳入整体安全管控。按照谁主管谁负责、谁运行谁管理的原则，推动市级教育行政及事业单位的信息系统全面上云，各区教育单位、高校、中职学校信息系统逐步上云。创新教育云建设和运行机制，鼓励政府和各级各类教育单位购买服务”。

1. 基于教育专有云的部署

云计算技术近年来发展迅速，它所具有的高速宽带网络接入、快速弹性架构、海量数据处理、按需提供服务等特点优势明显，得到越来越多的认可。云计算在教育领域中的迁移称之为“教育云”，是未来教育信息化的基础架构，包括了教育

① 尚海涛，任宗哲. 公共产品多元化供给的难题及解决［J］. 贵州社会科学，2010（10）：49-54.

信息化所必需的一切硬件计算资源，这些资源经虚拟化之后，向教育单位、教师、学生等教育用户提供一个良好的平台，即教育云平台[①]。

上海各区都建有教育云平台，教育专有云具有足够安全和先进的基础设施环境，如防火墙、入侵防御系统、定期渗透测试、多层物理安全防御、安全事件监控系统、恶意程序保护系统等等。云服务器还能及时感知威胁，随时随地通过 WEB 登录和管理云服务器，及时锁定账户访问，防止未授权的第三方访问云端的数据库。通过教育云部署方式实现平台上云，帮助学校节省了本地数据维护的精力和成本投入，将精力专注投入教育教学工作的开展。

基于浦东教育专有云部署校园应用系统

【上海市浦东新区第二中心小学】

浦东新区 2017 年启动与运营商合作开展的浦东教育专有云服务，采用云资源租用服务的方式为区域及学校提供所需要的计算与存储等资源，实现教育大网与教育云的融合。浦东教育云自正式启用以来，学校的许多信息化软件平台都可在云上部署。

以浦东新区第二中心小学为例，学校自主开发构建了统一认证、统一资源管理、数据高度关联的数字化校园应用平台。平台整合了数字化教师工作室、学科教学资源、学生学习空间、课堂教学平台、班级网站管理、学校门户等，实现智能推送和资源汇聚，学校现已生成教学设计资源 3 300 多篇，课堂教学资源 1 万多件；同时平台支持学生个性化学习，有效促进教师专业成长，实现学校的高效管理。平台在浦东新区范围内被推广应用，辐射新区 40 多所学校。数字化平台的应用经验也多次向外省市教育代表团交流分享，河南省、浙江省温州市多所学校试点应用。学校自主开发构建的数字化校园应用平台部署在浦东教育专有云空间中，学校不需要自己购买服务器，只要负责软件平台的使用，教育云根据学校资源实际需求，灵活调配 CPU、内存、存储空间等资源，以保障学校应用平台的正常运行。

2. 基于公有云构建应用软件平台

教育信息化产品的供给主体逐步多样化。互联网公司、互联网教育等参与到基础教育的教育信息化市场，提供各种产品与服务供用户选择。云部署、大数据、

① 祝智庭，杨志和. 云技术给中国教育信息化带来的机遇与挑战［J］. 中国电化教育，2012（10）：1-6.

云服务技术的充分利用有助于扩大优质教育资源覆盖面，企业和社会机构生产软件平台，政府购买服务，成为云平台在教育领域提供云服务的发展趋势。

基于公有云的服务，指的是在公有云基础设施上运行的、由提供者提供的应用程序。这些应用程序可以被各种不同的客户端设备，通过像 Web 浏览器这样的瘦客户端界面所访问。用户不需要直接管理或者控制底层云基础设施，包括网络、服务器、操作系统、存储等。[①] 政府通过服务外包的形式向社会购买优质的服务，既可以降低投入与建设的成本，也可以有效利用社会力量提高教育资源的利用率。这时政府的主要职责在于对购买的服务进行监管与评估，与服务供应商明确各自的权责。这种云服务模式犹如一个软件超市，所有的应用软件都在供应商那里，用户向供应商支付一定的费用来租赁这些软件即可使用。

标杆培育学校在学校信息化建设推进过程中尝试采用购买服务的方式助力日常教育教学工作的开展，极大地减少了学校在信息化运行维护方面投入的人力物力财力。

依托钉钉智能办公平台提升学校管理效能

【上海市崇明中学】

上海市崇明中学依托钉钉智能办公云平台，实现校园“信息流”的优化与提速，以期建立全新“智能型”学校管理模式。

消除信息“盲区”，形成信息联通闭环。学校搭建了全员互动、资源共享的钉钉智能办公数字化平台，并对全体教职工进行培训，做到全员安装电脑 PC 端、手机钉钉客户端，形成多端同步、无缝对接的信息闭环，消除信息“盲区”，构成多层次联结网络，为师生提供全方位、多角度、高效率的智能服务。为解决消息刷屏所导致的重要信息被覆盖的问题，学校充分利用钉钉有已读未读、DING 信息提醒、一键群发等功能，确保学校信息传输与接收畅通无阻。同时学校还可以进行全程跟踪，利用短信、电话等方式来提醒没有及时阅读消息的教师，可以确保消息的精准传递。

打通高速“通道”，实现线上审批移动化。学校同时采用了平台的“审批”功能，在审批后台设置了“用车申请”“接待用餐申请”“总务报修”等不同的行政管理审批表单，解决了公车派送、接待就餐和电教报修等问题，提高了各部门之间的协同度和工作效能。教师只需按照规则在线提交申请，申请自动转入下一个审批人的钉

① 王永军. 基于云服务的学习支持平台的设计与实现［D］. 上海：华东师范大学，2012.

钉流程，审批通过后直接将审批单抄送给相关人员，方便下一步的工作安排，短时间内就能完成在线审批，方便了教师，简化了程序，提高了效率。此外，学校还开发了“一课一研申报”“教研活动申请”“教师出版专集登记”等教育教学审批功能。

四、基于智能技术的学校治理与安全防范

党的十八届三中全会正式提出“推进国家治理体系与治理能力现代化”后，学校治理在教育界成为热门公共政策话语。“学校治理”是基于学校现实和长远建设发展需要的整体性决策、谋划和推进行动，是对学校办学理念、教育实践和管理方法等持续不断地进行调节的过程，其目的是促进学校各项工作能够得到快速、和谐、健康运行，办学品质能够得到最充分的提升。①

习近平总书记曾指出：“我们提出推进国家治理体系和治理能力现代化，信息是国家治理的重要依据，要发挥其在这个进程中的重要作用。要以信息化推进国家治理体系和治理能力现代化，……更好用信息化手段感知社会态势、畅通沟通渠道、辅助科学决策。”② 对学校而言，信息同样是学校治理的重要依据，基于智能技术的学校治理坚持基于数据支持寻求突破点，利用信息化手段精细化学校管理、智能化学校服务，提升学校现代化综合治理能力，创造一个“运作更加科学、协同更加精细、响应更加即时、流程更加优化”的校园现代化治理环境，实现智能化技术创新与学校治理的完美结合。

（一）精细化学校管理

1911 年“科学管理之父”弗雷德里克·泰罗（Frederick W. Taylor）在《科学管理原理》一书中首次提出精细化管理的管理理念。学校精细化管理是一个将管理责任明确化、具体化的系统工程。精细化管理的管理理念强调过程管理，尽可能地减少管理所占用的资源，降低管理成本，实现学校管理由粗放型向集约型、由简单化向精细化转变。其内涵包括“精”“细”“化”三点。“精”，即学校管理工作的重点要突出，要根据实际确定每个阶段的工作重点，重点工作重点做，才能把握住方向，要从小处入手，把每项工作的要求具体化、明确化，把“小事做细，细事做精”。“细”，即学校管理工作的覆盖环节要全面、细致。在日常管理中，它要求每一个过程都要精心，每一个环节都要精细，每一项成果都是精品。“化”，即学校管理工作要制度化、规范化，只有指定了一套完整又详尽的规章制度，才能做

① 李建成. 学校治理：新时代管理的理想变革［J］. 江苏教育，2020（18）：51-54.

② 黄庭满. 论习近平的网络空间治理新理念新思想新战略［EB/OL］.（2016-09-27）［2020-09-23］.http://theory.people.com.cn/n1/2016/0927/c49150-28744590.html.

到事事有章可循，有据可依，才能把工作做精、做细。[①]

学校精细化管理主要涉及学生管理、教学管理、科研管理、人事与行政管理、财务管理、考勤管理及各种信息流的上传下达。信息技术的介入，为实现学校精细化管理提供了技术保障。上海市标杆培育学校围绕以人为本的管理理念，以精心的态度、精致的过程，落实细节管理，通过各种信息化手段和工具对学校管理的各个环节进行精确定位、精益求精、细化目标、细化流程，最终实现学校管理效益的最优化。

利用物联网技术改造智能图书馆和智能实训室，
实现图书馆与实训室的精细化管理

【上海市贸易学校】

上海市贸易学校采用RFID技术的智能书架和电子标签来改进图书馆现有在架、外借图书，方便图书管理和图书统计。只需一部手机，学生就可以通过图书馆系统便捷地查询馆存书籍信息，系统通过对书库的扫描，查询出图书的最新状态细节信息，包括书籍信息、所在书架、是否已外借、归还期限等详细信息，方便学生借阅，极大地提升了图书管理的效率，提高了图书的阅读率。学校采用先进射频RFID技术的电子标签来改进实训室的资产管理手段，在每间实训室都安装了电子标签探测器，实时扫描实训室中设备的情况，当出现电子标签损坏或者设备被带出监测区域时立刻告警，提示有设备离开监测区域，从而实现资产设备的安全防范功能，RFID标签还可以记录实训设备的日常维护、使用、借用等情况，方便了管理，改善了传统资产定位系统管理人员不足、手段单一的短板，充分解决对贵重资产的实时监管的难题，完成了贵重资产管理的自动化、信息化、数字化。

（二）智能化学校服务

现代信息技术在教育领域的应用正在不断深入，智能化校园正在悄然改变着我们的校园生活。校园服务作为校园建设的重要组成部分，也变得越来越智能化。“智能”不仅是服务的工具，也是服务的内容。教育信息化应用标杆学校创建培育过程中，聚焦学校实际现状与发展需求，为学校量身定做适合本校发展的特色服务，极大限度地实现服务的“智能化”。智能安防、校园巡逻、智慧考勤、智慧食堂、

① 任红玉. 面向精细化管理的基础教育数字化校园建设研究［D］. 武汉：华中师范大学，2013.

智慧校车、智慧图书馆等服务应用，涉及校园生活的方方面面，为师生在校学习、工作、生活提供更加人性化、便捷化的智能服务，提升师生的体验感和满意度。

利用智能技术建设智慧学校食堂，实现个性化科学选餐

【上海市实验学校】

为解决学校食堂桌椅老旧、就餐环境简陋、购餐流程落后等问题，上海市实验学校在2018年对食堂就餐环境及就餐流程进行再造，研发了智慧食堂管理系统，实现了学生网上预约选餐、自由选餐、实时了解菜单及餐品营养成分、掌握就餐区域人数等实时信息，实现了从传统食堂到智慧食堂的转变，也为后续学校通过对学生选餐过程的记录分析，实现学生的精准就餐和配餐，以及结合学生的健康生理指数，研究营养专家模型，推荐学生个性化选餐，实现对学生选餐干预的研究提供了实践途径。

五、智能教学与个性化学习的探索

随着信息技术与教育教学融合的不断推进，学生所处的学习环境、接触的学习资源、运用的学习手段、表现的学习风格，与之前相比都产生了很大的变化。虽然学习者学习的过程有共同之处，学习目标也趋向一致，但是不同的学习者之间存在个别因素差异，尤其是在学习的能力、风格和策略方面的差异会使得每个学习者的学习过程不尽相同。再者，不同的学习者有着不同的学习需要。即使是同一个学习者，其学习需要也会因所处的不同学习阶段而有所不同。传统的一刀切的教学方式和教学内容无法满足学生实际的学习需要，以人为本的关注学生个体的个性化学习逐渐受到教育工作者和广大学习者的认可与重视。

个性化学习是指以反映学生个性差异为基础，以促进学生个性发展为目标的学习范式。从教育的角度来说，个性化更加强调“以人为本”，强调“因材施教”。在美国教育家约翰·杜威（John Dewey）提出的“以学习者为中心”思想以及我国教育家孔子提出的“因材施教”思想中都有个性化学习概念的体现。个性化学习重视“差异化、多样化”的人才培养目标，意在让每个学习者都能真正实现有效的学习。但现实中每一个学习者都各不相同，教师很难依据每位学习者的需求采取各不相同的教学方法和策略。

现代信息技术不断发展，在教育领域应用以后，深刻地改变着教育的方式和习惯，各种信息化软硬件设施设备，如关键地点高清摄像头、各种学生智能穿戴设备、各类教育教学软件系统等，动态记录着学生生理、心理、线下线上学习行为、学业结果等各种数据，使得个性化学习在实践层面有了可实现的契机。2018 年全国教育大会标志着教育现代化建设迈入新的征程，将会有越来越多的现代技术被运用到教育领域中，目前已经采用的信息技术也会越来越规范系统，大数据、学习分析、计算科学、人工智能等现代智能技术将成为个性化学习发展的强大驱动力。

（一）常态化的信息化教学

信息化教学是根据现代化教学环境中信息的传递方式和学生对知识信息加工的心理过程，充分利用现代教育技术手段的支持，调动尽可能多的教学媒体、信息资源，构建一个良好的学习环境，在教师的组织和指导下，充分发挥学生的积极性、主动性、创造性，使学生能够真正成为知识信息的主动建构者，达到良好的教学效果[①]。

随着各区对信息化教学环境的投入与改善，互动多媒体设备成为全市班级教室的常规配备，课堂中普遍可见 PPT 课件、微课、几何画板等学科教学软件的教学场景，电子白板、实物投影、平板电脑等其他信息化平台和设备在课堂教学中的使用率也越来越高，利用信息化手段辅助教学开展已经成为课堂教学的常态。每年上海市电化教育馆都会组织基础教育信息化研究课题申报活动，推进信息技术与教育教学的深度融合和创新发展，提升教师信息技术应用能力，普及信息技术在教学中的常态应用。

（二）大数据驱动的精准教学

精准教学由奥格登·林斯利（Ogden Lindsley）提出，是一种用以追踪学生学习表现的测量方法，后来迅速发展为评估教学方法有效性的框架。随着大数据、人工智能等现代信息技术的迅速发展，大数据驱动的精准教学成为教育教学变革的一大趋势。大数据驱动的精准教学是指以大数据技术为手段，在精准分析学生学业现状的基础上，对教学目标进行精准定位、对教学内容进行精准定制、对教学活动进行精准设计、对学生学习表现进行精准评价，进而做出精准教学决策，使教学过程和教学结果可量化、可监测、可调控[②]。如图 2-1-12 所示。

实施大数据驱动的精准教学，首先必须要有海量的教学大数据。这些教学大数据由教与学各环节产生的数据构成，包括结构化、半结构化、非结构化等多种数据类型，这些教学大数据是系统对学生过程性、即时性学习行为与表现的记录。

① 王永江．浅谈电子实训课程的信息化教学［J］．职业，2015（26）：109-111.

② 万力勇，黄志芳，黄焕．大数据驱动的精准教学：操作框架与实施路径［J］．现代教育技术，2019，29（1）：31-37.

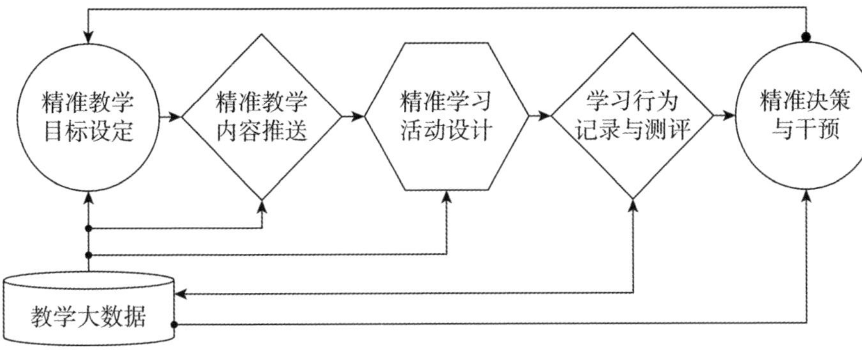

图 2-1-12 大数据驱动的精准教学框架

在数字学校和标杆学校建设中，综合运用智能传感、物联网、大数据、云计算、智慧感知等新兴技术，建设了全面感知的校园物理环境，搭建了各类智能化信息系统。通过这些信息化软硬件设施设备在日常教学活动中无感知地采集并记录学生学习数据，逐渐积累了教学大数据。有了教学大数据，如何有效分析，从而实现精准教学呢？这就离不开精准学习分析，具体包括数据的精准挖掘、表现的精准评价和基于数据支撑的精准干预。通过数据挖掘、分析技术识别每个学生的学习风格，分析其学习能力，精准定位知识掌握的薄弱点，有针对性地开展教学。

大数据背景下的精准教学实践探究

【上海市金山中学】

上海市金山中学基于大数据精准教学云平台，全过程动态采集学习数据，记录学生学习行为，生成学生专属错题本。通过错题分析，智能推送个性化学习资源，精准练习。学校通过“三学三研”教学模式实现课前精准诊断、课中精准教学、课后精准辅导。

课前精准诊断。学生通过移动终端登录平台接收学习任务，基于教师提供的课前资源进行自主学习、合作学习和测评反馈。经过云平台对学生学习数据进行分析，教师可以及时了解学生自主学习环节中碰到的问题，有针对性地设计课堂活动或调整课堂教学策略，对学生的课前导学实现精准诊断，实现“以学定教”。

课中精准教学。课堂中教师可随时发起互动作答，学生可通过移动设备终端进行多形式作答，教师将单个或多个学生作答界面投影到大屏幕进行点评。通过课堂的实时评测和互动交流，对互动中教师和学生的行为数据进行采集、分析，准确了解学生课堂学习的实时状态，及时调整教学策略，实现课中精准教学。

课后精准辅导。作业是学生学习的重要环节，学校对学生的作业开展了大数据支撑下的精准辅导实践。教师的传统批阅习惯与自动化阅卷相结合，通过高速阅卷仪采集学生作答信息，进而上传至云端服务器进行深度挖掘与分析。借助大数据分析，形成学生系统的、完整的、持续性的过程性评价数据，继而进一步完善教师的教学方法，提高教学效率。通过智能推送，实现课后作业的精准辅导，并通过微课，实现点对点的个性化辅导。

（三）基于网络平台的学生自主学习和成长记录与评价

在知识大爆炸的当前时代，学习者不可能通过受教育的方式获得人类全部的知识，教育的目标已然由教给学生知识转变为对学生学习能力的培养。培养学生的学习能力是学习的本质。与传统的接受学习的学习方式不同，自主学习是一种培养学生学习能力的重要方式。学生作为学习的主体，通过独立的分析、探索、实践、质疑、创造等方法来实现学习目标。倡导学生主动参与、乐于探究、勤于动手，培养学生搜集和处理信息的能力、获取新知识的能力、分析和解决问题的能力以及交流与合作的能力。

伴随着网络技术和计算机多媒体技术在教育教学过程中的运用，一种新的学习模式——网络学习顺势而生。和传统教学相比，网络学习模式在学生自主学习能力培养方面有着无可比拟的巨大优势。网络学习可以突破教学时空的限制，为学习者提供丰富的学习内容、方式和进程，学习者可以按需自主选择。网络学习平台具有丰富的教学交互功能，为师生的教学互动和生生的协作学习提供了多样化的交互环境，学习者在不断的交互中获得所需的学习资源、学习指导和技术支持。

学习者在基于网络平台开展自主学习的过程的同时，平台可以采集、记录学习者的学习轨迹数据，通过数据挖掘、分析技术，有效地反馈学生个性化的特征和学习规律。

AKIDS幼儿发展评价平台的建设与应用，让幼儿成长看得见

【上海市静安区安庆幼儿园】

上海市静安区安庆幼儿园建设AKIDS幼儿发展评价系统，努力实现幼儿成长信息的伴随式采集，采取基于幼儿行为表现的证据，进行分水平评估，使得数据从源头到判断更有据可循，让评价可视、科学。

从繁复到便捷——呈现方式扁平、直观。AKIDS 幼儿发展评价平台采用扁平化的呈现方式，使大量的评价内容更直观，系统后台自动将证据及时归类。教师只需在 PAD 上滑动手指就能随时根据条件筛选并进行查阅，了解和评价幼儿整合在一个过程中，幼儿成长的每一个阶段都能进行过程性评价。

从平面到立体——证据采集多样、可视。平台上有语音、录像、照片等即时采集和识别上传功能，这些基于平台的证据采集将幼儿的每一个学习、生活片段收集到一起，形成一个能揭示出成长和发展规律的信息收集体系，描绘出每一个幼儿的学习与成长过程，让每一个孩子的独特成长经历可视化。

从当下到未来——数据提供了趋势与依据。平台的后台数据多元，既包含班级整体数据也包含幼儿个体数据。在每一个评价阶段，教师都能根据需求，精确到评价时间、对象、内容进行条件筛选，以形成各类比对和报告，继而对幼儿进一步的发展产生预判，并给教师的后续观察和评价计划提供设计依据，如图 2-1-13 所示。

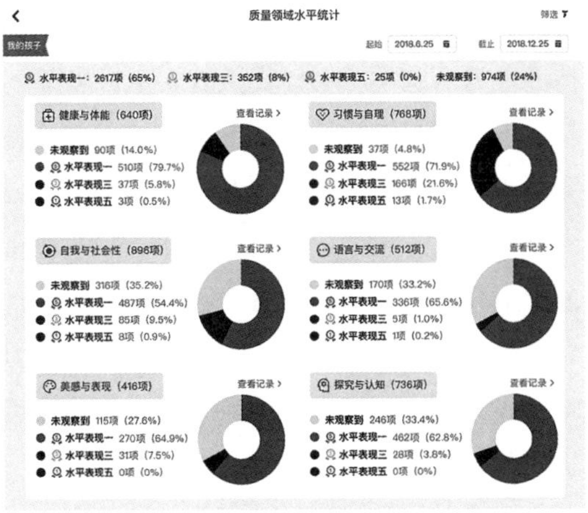

图 2-1-13　全班幼儿发展水平统计

从被动到主动——关注多元主体在评价中的分享。在评价过程中，教师可以有选择地邀请家长参与评价，共同回顾幼儿成长经验，家长也可以即时上传评价信息与教师分享，共商支持幼儿发展策略。教师、家长共同参与评价，有效沟通，形成教育共识，同时也让幼儿在评价中逐渐形成自我意识。

（四）基于数字画像与知识图谱的个性化学习

因材施教是我国著名教育家孔子提出的一项重要的教学理念。因材施教要求教师要根据学生的实际情况和个别差异，有针对性地进行有侧重有差别的教学，扬长避短，使得每个学生都能获得最佳发展。在传统教学中，因材施教的实施只能凭借教师自己的经验来判断，缺乏具有说服力的“证据”支持。而近年来大数据技术、计算科学和人工智能的发展与融合使得各类数据得以被记录和存储，数据呈现出大量化、快速化以及多样化等特征。在教育领域中，学生的全学习过程数据、课堂教学过程数据和教务管理数据等各类数据有了被记录和分析的可能性，教育开始尝试从普适化向个性化转变，从“用经验说话”转向“用数据驱动决策”。

学生在数据化的学习环境中学习，教师能够通过数据记录痕迹对学生的学习行为进行全方位跟踪、记录，从而掌握学生的学习需求，发现学生的思维特征。基于学生学习行为数据对其学习情况进行分析，针对学生特点建立学习模型，有的放矢地备课，有据可依地开展差异化教学，为学生提供个性化的学习资源和策略，基于数据分析挖掘学生个性优势，从而实现学生的多元智能发展和核心素养的品质养成。

实现个性化学习，学习者需求的精准挖掘是核心，绘制学习者画像可以很好地帮助教师了解学生的学习需求和学习特点。数字画像，是指基于某种个性化教学目的，通过将学习者标签化，对学习者提供总结性描述，促进教学利益相关者精准地为不同学习群体提供教学支持服务①。绘制数字画像背后需要诸多现代信息技术的支撑，包括各种数据采集技术、采集工具的应用，如全面感知的物联网、可穿戴设备、图像识别、RFID、学习行为轨迹转换记录系统等，这些技术能从多个维度记录学生的学习、生活数据，从而为数据挖掘分析提供了素材。

上海市已经启动关于学生数字画像的一系列探索，上海市电化教育馆牵头的大数据联合创新实验室，致力于为学生构建精准数字画像。实验室通过构建数字画像设计框架，挖掘学习模式下的类脑科学生化反应机制，从而建立标准化的学生成长数字画像数据采集维度和多源多维综合素质评价指标体系，形成教育大数据落地实践的应用模式。各标杆培育学校也在积极尝试勾勒一张张学生的数字画像，为学生记录更加完整的成长数据，发现每个学生不一样的闪光点。

基于学生数字画像提升学校教育教学精准度的实践探索

【上海市闵行区田园外语实验小学】

闵行区田园外语实验小学在研究与实践中将目光逐渐转移到真实反映学生发展状况的“学生数字画像”研究上。学校开发建设了覆盖学生成长和课程教学的全过程数据采集的智能化学习环境，包含五大系统及一个平台，分别是校园门户和办公管理系统、校本资源管理系统、GREAT课程管理系统、GREAT课程学习管理系统、学生综合素质分析系统和校园数据服务平台。

多样的智能化学习环境架构，覆盖了学生成长和课程教学的全过程，为完善

① 陈海建，戴永辉，韩冬梅，等．开放式教学下的学习者画像及个性化教学探讨［J］．开放教育研究，2017，23（3）：105-112.

学生数据的采集奠定了基础。学校针对学生成长需求，基于微信的选课操作生成学生个性课表，实现“一生一课表”。综合“区学生成长空间”和“校本学生分析系统”数据，对学生学习全过程的数据进行全面采集和深度挖掘，了解学生的学习兴趣、习惯、态度以及学业成果等学生评价的重要因素，实现数据的过程性采集和分析，形成每月一次的学生核心素养发展阶段评价报告，如图 2-1-14 所示。

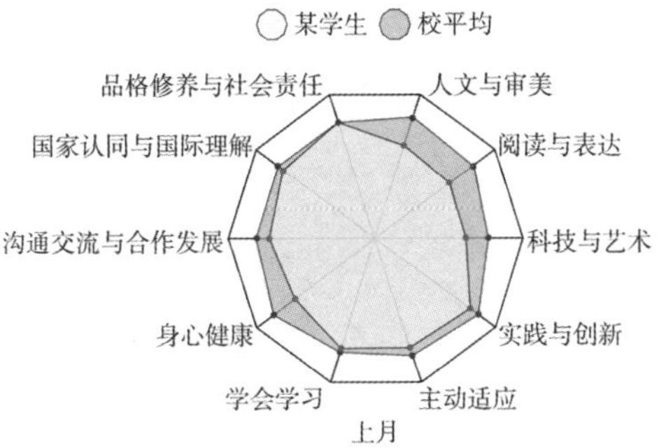

图 2-1-14　学生成长历程雷达图

此外，学校每个学期还会生成学生综合素质发展报告，解读每个学生的发展状况，为学生进行精准画像，为教学提供改进方向，真正实现了“一生一报告，一生一画像”。

基于数据追踪与解析的幼儿个性化科学探索

【上海市徐汇区科技幼儿园】

徐汇区科技幼儿园围绕幼儿科学启蒙教育开展了一系列课程研究，逐步丰富了课程体系。在课程内容获得极大丰富后，新的问题随之出现：一是教师如何决策提供最适宜幼儿个性化发展需要的课程内容？二是如何在科学探索的过程中给予每位幼儿个性化的支持？

为了解决这两个问题，幼儿园将课程研究的重心转移到对每一位幼儿玩中学规律的探索。幼儿所经历的学习轨迹对课程的实施至关重要，它体现了幼儿在科学探索过程中的成长，而这种成长与共同性课程不同，它是极具个体差异的。因此，必须通过科学量化可比较的方式去记录幼儿各有不同的学习经历，使这样的经历性数据为课程实施与评价所用，是解决这一难题的关键点。解决面临问题的突破口在于对幼儿过程性数据的记录，进行合理的评价。我们尝试通过信息化手段，构建幼儿科学探索活动过程性数据经历记录平台，记录、分析幼儿学习规律。实现一人一档案、一活动内容一数据、一班一库的综合评价。利用这样的评价方式，让每位幼儿通过一次次行为记录来展示自己在科学探索活动过程中个人的成长，其反映的内容更加真实、客观和公平。同样，这样的评价方式，让不同的活动内容有了统一的评价标准，使得选择不同活动的幼儿获得可比较的评价结果。幼儿参加不同活动的个人表现如图 2-1-15 所示。

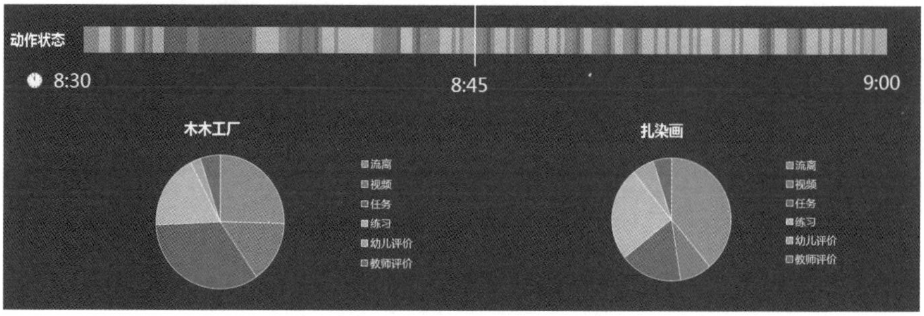

图 2-1-15　木木工厂和扎染画活动中幼儿个人活动表现

从幼儿个人角度分析数据，在扎染画活动中，幼儿选择了反复观看视频，而实际操作相对较少，这可能与幼儿对实际操作扎染兴趣较低，一直停留在观看演示视频有关；而在木木工厂活动中，幼儿看完视频后在任务操作环节用时较多，这可能与教学视频为活动提供了较多支持有关。

知识图谱是通过一系列图形来呈现某个知识的发展进程与结构关系。基于可视化的技术描述知识资源及其载体，挖掘、分析、构建、绘制和显示知识及它们之间的相互联系①。课程知识图谱是利用学科专家和 AI 技术，人工或自动梳理课程内容，抽取课程知识点，建立知识点和知识点之间的关系网络结构，关联知识点和课程资源而形成的课程内容的结构化、可视化成果②。知识图谱作为课程内容的精炼和归纳，有着广泛的应用。尤其是对于线上教育，知识图谱和 AI 推荐算法的结合可以基于知识点的掌握情况对每个学生进行个性化教育，规划学习路径，展示学情状况，从而做到千人千教。关于课程知识图谱建设与应用的实践探索，上海市标杆培育学校正在积极行动中。

① 李斐．移动学习的研究热点、主题与发展趋势——基于共词分析的知识图谱研究［J］．中国医学教育技术，2017，31（6）：638-643.

② 李振，周东岱，王勇．“人工智能 +”视域下的教育知识图谱：内涵、技术框架与应用研究［J］．远程教育杂志，2019，37（4）：42-53.

第四节 提高现代教育治理的有效性，助推智慧教育发展

随着“互联网 + 教育”的全面推进，教育面临的不仅是教与学层面的改革，更是教育管理和治理模式的变革。突如其来的新冠肺炎疫情，加速了互联网及相关技术在教育中的全面应用，也暴露出了当前“互联网 + 教育”环境下教育管理方面的不少弊病，使得基于信息化的教育管理和治理模式的变革变得尤为迫切。无论是顶层设计，还是基层实践，都表明教育不仅要进行教与学层面的改革，更要推进教育管理和治理模式的变革。

2016 年 6 月，教育部发布的《教育信息化“十三五”规划》[①] 明确指出，“要深入推进管理信息化，从服务教育管理拓展为全面提升教育治理能力”。2019 年 2 月，中共中央、国务院发布的《中国教育现代化 2035》明确提出，要“推进教育治理方式变革，加快形成现代化的教育管理与监测体系，推进管理精准化和决策科学化”[②]。2019 年 3 月，上海市发布的《上海教育现代化 2035》提出要“探索教育治理新途径，激发教育发展的内生动力和活力”。

从国家放开“二孩”政策引致的教育资源需求问题，到疫情期间“互联网 + 教育”承载“停课不停学”任务，都表明不能简单地把教育治理理解为教育系统内部的问题。教育治理作为社会治理体系中重要的一部分，需要将教育活动和社会生产活动有机衔接，形成统一的治理体系，从而真正落实社会整体治理体系中的教育治理服务。

究竟何为“教育治理”？从教育管理走向教育治理，要进行三个方面的转变：第一，主体参与力量更加多元，即从政府大包大揽的单向度管理，转向由政府、学校和社会共同参与的扁平化、开放式治理[③]。相对于单一主体的政府管理，多元主体参与的协同教育治理可形成更加优质且公平的治理新生态[④]。第二，主体权责更加明晰，即作为教育治理主体的政府、学校与社会之间要形成一种新型合作关系，

① 中华人民共和国教育部．教育部关于印发《教育信息化“十三五”规划》的通知：教技［2016］2 号［A/OL］．（2016-06-07）［2020-09-23］.http://www.moe.gov.cn/srcsite/A16/s3342/201606/t20160622_269367.html.

② 祁培育．中共中央、国务院印发《中国教育现代化 2035》［EB/OL］．（2019-02-23）［2020-09-23］.http://www.gov.cn/xinwen/2019-02/23/content_5367987.htm.

③ 刘来兵，张慕文．大数据时代教育治理现代化的内涵、愿景及体系构建［J］．教育研究与实验，2017（2）：30-35.

④ 褚宏启，贾继娥．教育治理中的多元主体及其作用互补［J］．教育发展研究，2014（19）：1-7.

明确各自的职责与权限，形成政府宏观调控、学校自主办学、社会积极参与的现代化教育体系[①]。第三，不断提高教育治理的社会化、法治化、智能化、专业化水平，即借助大数据支持、智能化管理，在建立科学的准入、评价、监管规范的前提下，形成共建共享多元化教育治理体系。

作为革命性内生变量，教育信息化成为教育现代化的动力引擎和典型特征。教育治理现代化是教育治理与信息化的结合，只有借助信息技术的力量，才能实现现代化的教育治理。如今，大数据、云计算、人工智能、区块链等新兴技术的涌现，不仅潜移默化地影响着社会生产生活的方方面面，也赋予了教育治理现代化新的内涵与愿景。对于学校管理活动、教师教学活动以及学生学习活动中产生的教育数据将可以通过新科技手段进行大量的监测、挖掘和分析，使教育评价从基于结果的考核转向基于过程性数据的精细调控，为学生的自我成长、教师的专业发展、学校的质量提升、区域的教育治理等提供了基于数据分析的实证支持，有利于更科学、更准确地对教育实施动态监测与科学评价，从而提高教育治理现代化水平[②]。

一、区域：依数而治，助力决策科学化

随着教育信息化的持续推进，教育教学管理及服务活动中已经产生并将继续产生大量的数据，这些都是实施教育治理的基础数据。美国教育部 2002 年通过的《教育科学改革法》明确提出，教育政策的制定应该建立在数据支持的基础上[③]。2019 年国际人工智能与教育大会上达成的《北京共识——人工智能与教育》，也提出了数据对教育决策的重要性，意识到应用数据变革给予实证的政策规划方面的突破。考虑集成或开发合适的智能技术和工具对教育管理信息系统（EMIS）进行升级，以加强数据收集和处理，使教育的治理和供给更加公平、包容、开放和个性化。

当前，独立化是教育治理体制面临的突出问题。突出表现为承担教育治理职能的政府各部门的协同性不足，部门之间的工作职能交叉，“信息孤岛”与“信息矛盾”现象并存。借助大数据技术，能够使松散独立的各教育工作条线紧密关联，通过教育基础数据和资源的整合，实现数据的开放融合共享，为复杂教育问题的

① 张治，李永智，游明．“互联网 +”时代的教育治理［M］. 上海：华东师范大学出版社，2018：42.

② 赵磊磊，梁茜，吴学峰．教育治理信息化：价值、结构及实施路径［J］. 现代远距离教育，2019（1）：77-82.

③ Congress of the U.S., Washington, DC. Senate Committee on Health, Education, Labor, and Pensions. Education Sciences Reform Act of 2002［A/OL］.（2002-09-12）［2020-09-23］. https://files.eric.ed.gov/fulltext/ED496046.pdf.

解决提供新思路，实现教育治理模式的不断创新化[①]。上海市对所有的教育资源和教育系统进行全局规划和统筹，进一步消除信息孤岛，教育数据的量和质都有了极大的提高，为上海市基础教育治理走向体系化、智能化打下坚实的基础。

新冠肺炎疫情期间，上海市教委以“教育规律优先，社会治理规律其次，网络技术规律托底”为指导思想，通过“一源双师多渠道多终端”的在线教学实施方案，面向上海市所有的中小学开展大规模在线教育，保证了疫情期间的“停课不停学”。同时，上海市对大规模线上线下融合教育环境下的教育治理新生态构建进行了探索和尝试，并积累了一定的实践经验。

（一）全局化监测教育发展态势

教育大数据平台是区域教育治理现代化的重要工具[②]。通过大数据平台对区域内各类用户、教育教学、管理等全流程数据进行采集，按照一定的数据标准和规则对多源、异构教育数据进行处理与挖掘，并对数据挖掘结果进行可视化展示，实现区域内教育发展态势的实时可视化监测，能为区域教育管理者个性化的管理决策和协调控制提供辅助，如分析影响教育发展的因素、预测教育发展趋势等。

上海市利用大数据技术构建覆盖各级各类学校、学习者和教与学全过程的教育管理与监测体系，用信息化手段对教育领域的数据进行收集、分析、预警，实现事中事后的有效监管，提高教育治理的水平，从用经验说话转向“用数据教学、用数据说话、用数据决策、用数据管理、用数据创新”的机制，精准评估教育的过程和效果。

推进教育数据资源管理平台建设，助推教育领域综合改革

【上海市】

上海市建设了面向全市教育管理单位的上海教育数据资源管理平台，实现数据归集近 4 000 万条，并以“上海教育管理基础信息分类与代码”为标准，初步完成了各学段学生、教师、学校三大基础数据库的建设。围绕学生综合数据分析、校情综合分析、教师综合数据分析等场景，以教育均衡化、学科综合评估、教育科研信息共享等方面为主要方向，从学生入园入学情况、学生综合素质发展情况、

① 王永颜．大数据时代教育治理能力现代化构建与路径选择［J］．电化教育研究，2017，38（8）：44–49.

② 薛耀锋，曾志通，王亚飞，等．面向区域教育治理的学校画像研究［J］．中国教育信息化，2020（7）：67–70.

师资力量配备情况、学校整体分布情况、教育信息化设备配置、校舍装备、奖金投入等方面进行大数据分析，通过市级教育数据资源管理平台向上海各级教育管理机构和市政府大数据中心提供共享数据近1 000万条，为上海市政府、市教委推进教育领域综合改革，优化教育资源布局提供了有力的数据支持。

基于大数据平台的区域教育治理包括两个方面：数据治理和综合应用。数据治理是解决区域的信息系统联通问题，对数据进行统一标准的集中管理，打破区域内不同部门、不同层级之间的数据孤岛，形成具有统筹作用的数据治理平台；综合应用面向实际的治理方案，链接应用方案与教育问题，形成基于数据的中央管理系统。其中，黄浦区搭建的教育数据中心系统平台、松江区建立的“云间智慧教育”一体化平台对其他区开展基于大数据平台的区域教育治理具有借鉴和指导的意义。

构建区域教育数据中心平台，监测与服务区域教育发展

【上海市黄浦区教育局】

黄浦区基于符合本区域特色的教育信息化建设数据标准与建设规范，全面建设和整合各类教育业务子系统，逐步搭建了面向教育管理者、学校/机构管理者、教师、学生、家长、市民的开放、综合、一站式的教育信息化云服务平台。该平台的建设与应用促进了黄浦区教育服务网络化、管理现代化、决策科学化。

统筹规划，建立特色化建设标准与规范。为推动信息系统建设有序、规范、可持续发展，制定了包括元数据标准规范、数据交换标准规范、数据服务标准规范等全套教育信息化管理标准与规范。

上下联通，建立核心数据仓库。基于黄浦区教育信息化建设标准与规范，该平台兼容国家核心系统数据标准，与市级管理系统（入学报名等）集成，与学校和机构的特色管理办学系统联通，解决了数据口径不一致、数据录入工作烦琐重复等问题。结合区域多维度信息化服务平台进一步丰富数据维度与层次，建立学生、教师、学校三大主题核心数据仓库，形成全区权威数据源。建立教育数据采集、处理、使用的权限体系、同步机制和监督办法，保护数据安全和个人隐私。

统一服务，构建一体化服务平台。该平台为黄浦区教育信息化系统与应用提供统一的平台级服务，形成黄浦教育数据平台的PaaS层，实现“一人一账号”、一站式登录、一站式管理和一站式服务。并为未来系统扩展及第三方系统提供接入标准与渠道，确保用户使用信息服务时身份畅通、数据畅通、应用畅通、门户畅

通、资源畅通，加强用户体验、提升工作效率。

（二）集约化管理教育网络与网站

随着教育信息化的持续推进，教育网络和网站的安全有效管理变得至关重要。《上海市教育信息化 2.0 行动计划》明确指出要“加强教育网络统一管理、统一监测、统一防护，提高教育网络基础设施的专业服务和运行保障能力”，要“打造教育网站群平台，促进上海教育系统网站规范整合”。集约化建设是网站群建设的高级阶段，能有效完成数据共享、业务协同、服务融合。

建设网站群，实现网站集约化管理

【上海市青浦区教育局】

自建校园网站成为各学校信息化建设和应用的常态。然而，不同学校网站独立分散部署建设，一定程度上制约着各学校间以及区域和学校之间的数据共享和业务协同，也增大了区域对学校网站安全管理的难度，还使得区域投入开发资金浪费严重。为此，青浦区通过网站集约化系统的建设在应用集成上真正做到无缝对接，既满足了各部门对信息宣传、主动公开的时效性的要求，也从根本上保障了系统的安全性和稳定性，更好地为广大师生及社会公众服务，如图 2-1-16 所示。

规范建设标准：面向青浦区教育系统各学校机构建设统一的集约化网站集群，形成统一数据标准和建设规范，对外提供统一的内容服务。

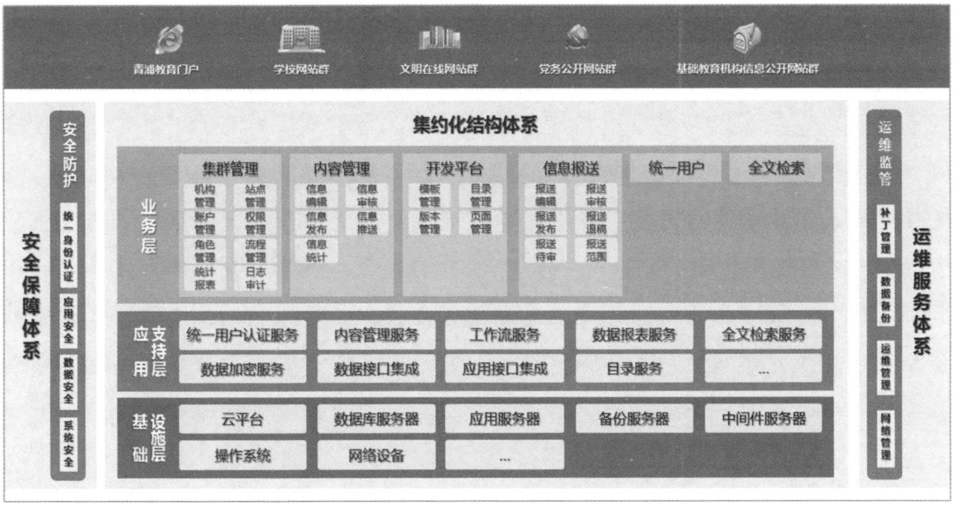

图 2-1-16　青浦教育系统网站集约化建设体系架构

共享数据资源：系统内可实现数据的高度共享、信息的自由流通，彻底消除了“信息孤岛”，并可达到统一管理、分级建设的效果。

集中运维服务：通过集中运维，加强了学校网站集约化平台的安全管理水平，全面提升整个青浦教育网站集群信息化建设和服务水平。

监管建设成本：利用云服务平台强大的数据处理能力，改变以往网站建设的独立系统和专供服务器的局面，既节省系统建设成本，又降低后续管理成本和运营成本。

（三）智能化服务教育对象需求

通过数据不仅可以洞悉过去、了解当下，更可以预测未来。基于数据的教育建模是区别教育管理与教育治理的重要因素，决定了教育治理在应用层面的高度和深度，是保证数据推动科学化教育治理的根本基础[①]。基于实时动态数据的即时分析和即时结论，可以第一时间掌握当前的教育治理需求，第一时间发现和解决问题，促进教育治理的良性发展。为建立科学化教育治理机制，可以在大数据分析的基础上建立不同的分析模型，对平台及数据所提供的信息进行深层次加工，从而挖掘简单现象背后的复杂原因。在教育建模相关理论指导下，对各教育应用场景提供模型支撑，能更加长远地服务于区域教育治理。

积极探索教育数字化智能服务

【上海市长宁区教育局】

长宁区以数据服务为核心，通过从信息化应用服务体系向数字化智能服务体系转变的“三个一”工程，制定和完善数据管理办法，实现了教育系统内部数据的生产与互通。在实践与探索中构建了区域数字化智能服务的雏形，聚焦核心数据应用场景的构建，围绕数据的生产、汇聚和分析应用建立数据服务的闭合环节，使教育发展领域的监测评估与规划指导逐步实现从经验判断向数据实证的过渡转变。以“家校共育管理数据应用场景”“初中升学管理数据应用场景”为例。

家校共育管理数据应用场景：通过覆盖全区中小幼家长的问卷调查、家校平台等获得家长对学校工作的诉求及建议，通过对家长诉求的数据挖掘分析，得到

① 郑勤华，熊潞颖，胡丹妮．“互联网＋教育”治理转型：实践路径与未来发展［J］．电化教育研究，2020，41（5）：45-51.

家长诉求最多的四个方面，分别为教师、作业、食堂、活动。针对家长关注的内容，学校会将相关内容及时反馈，且根据家长意见进行优化提升，保障教育教学质量，提高家长满意度，以此推进家庭和学校在育人目标上的聚合，形成育人合力。

初中升学管理数据应用场景：基于对当年招生总体情况的分析，为学生 / 家长填报志愿时提供更多有效数据的业务决策需求，通过对学生基本信息、学业成绩、体质监测成绩、对口区域高中招生计划等初始数据进行采集，基于学生初始数据的综合能力点位、片区内对口高中生源来源进行数据分析，让学生了解自己当前在区域所处的水平，为志愿填报提供决策辅助。未来，长宁教育将以用户对象为核心，考虑学生填报的决策依据和学校应对招生工作的资源配置调整等，通过不同业务条线相关数据的汇聚、关联分析、对比分析等深度挖掘，为最终的决策提供数据实证，如图 2-1-17 所示。

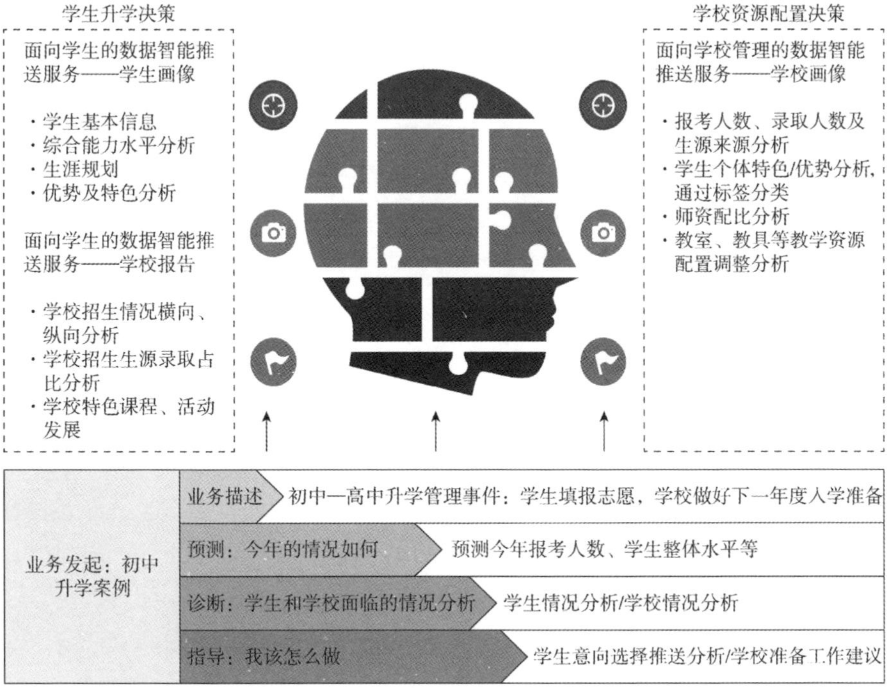

图 2-1-17　长宁区教育数字化智能服务——初中升学管理数据应用场景

（四）科学化决策教育未来发展

决策作为教育治理的关键环节，反映了以政府为主导的不同教育治理主体的实质性参与，并对教育治理的后续实践过程产生重要影响。某种程度上说，教育决策的科学与否也是衡量教育治理能力强弱的关键指标。

信息技术的发展为教育决策提供了至关重要的教育数据和数据分析技术，使得以经验判断为主的传统教育决策逐步转向基于数据的教育决策，使得政府及教育部门的教育治理水平和治理能力显著提升。教育数据产生于教育工作中，通过教育工作积累教育数据，再通过教育数据优化教育工作。一方面，提升教育工作的协同合作，实现"管理本位"向"服务本位"的教育治理转型；另一方面，教育大数据不仅为教育治理主体呈现了教育发展的直观图景，加深其系统性认识与理解，通过对相关教育数据的智能化分析，很大程度上也能够缩小教育治理决策中存在的误差，增强教育治理决策的精准性与科学性。

基于教育数据中心为区域教育可持续性发展与建设提供支持

【上海市黄浦区】

黄浦区基于教育数据中心系统平台核心数据仓库和一体化服务平台，先后建设了人事管理系统、预算管理系统、资产管理系统等共计约 20 个信息化服务应用，为信息管理、人事管理、资源管理等提供全方位信息化工作平台，构建了学校办学建设闭环发展平台，将学校管理人员、任教教师、行政督导人员、教育专家、教育决策者紧密相连，确保学校发展有规划、可监测、常督导、多交流、稳步发展，不仅为"走班制""3+3 高考改革""素质发展"等教育教学改革提供有力的支撑，为黄浦区教育管理相关工作人员提供了一个标准化高效的业务平台，更为区域教育相关决策提供了有效支撑。

二、学校：多元协同，实现校园现代化治理

实现科学高效的现代学校治理，是加快推进学校教育现代化的必由之路[①]。与此同时，学校治理体系的完整性直接影响"促进学生全面发展"这一育人目标的达成。《加快推进教育现代化实施方案（2018—2022 年）》明确要求"创新信息时代教育治理新模式，开展大数据支撑下的教育治理能力优化行动[②]"。

现代化的学校治理，要善于利用网络平台协调、平衡政府、社会、师生、家长等多方利益诉求，实现共赢；要完善学校制度体系，利用信息管理平台进行扁平

---

① 张泽科．现代学校治理：学校教育现代化的必由之路［J］．教育科学论坛，2019（34）：73-75.

② 吴啸浪．中共中央办公厅、国务院办公厅印发《加快推进教育现代化实施方案（2018—2022 年）》［EB/OL］．（2019-02-23）［2020-09-23］.http://www.gov.cn/zhengce/2019-02/23/content_5367988.htm.

化管理，广泛听取和尊重师生意见建议，建立民主科学的决策机制，提高决策透明度；要在信息技术的助力下，指导建设符合学校办学特色和需求的管理平台，推进信息技术与教学管理的深入融合创新；要加强校园信息化设施和外部信息化环境之间的整合，实现优质资源的互惠共享，促进管理信息数据的整合应用，创建良好的校园治理环境[①]。

（一）依托智能物联，实现校园安全的无感知管理

校园安全管理是学校管理中至关重要的一部分。利用传统的安防设备和安防制度，存在人力、物力的浪费，还存在不稳定性、不及时性，为校园安全管理带来了很多不便，同时也存在不少安全管理隐患。随着大数据、云计算、物联网等技术在教育系统中的渗透，在新兴技术的助力下进行校园安全管理，可以提高校园管理的智能化和信息化水平，实现校园的全方位、有预警、可溯源的安全管理。

（二）基于一站式平台，助力校园高效能管理

依托现代技术建立高质高效的学校治理，目的是实现教育资源的聚合流动、快速反馈，实现学校教育价值最大化，培育提升学校核心发展力。目前，建立学校基础信息化软硬件平台，统一基础数据标准，为各业务系统数据建立数据交换规范，提供汇聚诸多教学应用和校园数据的一站式信息化平台，保持数据互联互通和资源共享，在满足师生教学和学习需求的同时，也使得学校的各条线的管理变得更加高效、有序。

整合各类定制化开发的业务子系统，助力学校管理

【上海市奉贤中学】

奉贤中学自 2017 年起开展整体智慧校园建设，建立了学校基础信息化软硬件平台，统一基础数据标准，为各业务系统数据建立数据交换规范，为学校信息化各项业务提供稳定可靠的信息化平台；在整合原有 10 个业务系统的基础上，将 2017 年起新建的以学生综合评价为核心的各类定制化开发业务子系统整合为一体，统一平台登录（PC 端和移动端整合）、业务数据共享、综合数据展现（从学生综合评价系统抽取展现）。奉贤中学以信息化方式开展各条线的工作，提高了工作效率和管理效能，实现了过程化数据采集，为接下来的基于大数据和人工智能

① 申国昌，陈晓宇．中小学数字校园治理模式探究［J］．教学与管理，2020（4）：13-16.

的智能化、精细化管理和服务提供了基础支撑。

（三）多元互动，打造协同育人新常态

学校要达成“促进学生全面发展”的育人目标，仅仅依靠学校自身的力量是不够的，还需要借助家长资源来助力学校教育，更需要借助社区和社会的力量来创造丰富多彩的育人机会。《中小学德育工作指南》指出，要“坚持学校教育与家庭教育、社会教育相结合”。实现协同育人，就要发挥学校的主导作用，引导家庭、社会等主体参与到学校的育人活动中来，增强多元主体的育人责任意识，提高对学生发展和成长的重视度和参与度。通过新兴技术与工具，充分挖掘和汇聚各育人主体的教育力量，并与学校教育教学管理有效融合，实现学校育人方式的多元化和丰富化、育人质量的人性化和精准化。

着力打造基于钉钉的家校共育新常态
【上海市闵行区黄浦一中心世博小学】

黄浦一中心世博小学基于充分的筛选和调研，建立了基于钉钉的家校共育平台，从沟通、展示、学习三个方面实施家校共育。学校分步推出钉钉的各项功能并逐一实施，首要的是沟通功能。基于学校清晰的组织架构，家长们找人沟通十分方便，如输入“校长”，就跳出与校长沟通的页面，发出的信息校长是否阅读也有显示。又如群内交流，家长可以过滤掉其他人的发言，只看教师的发言，不会错过任何一条重要的信息。在家长们接受了钉钉作为学校唯一的沟通平台后，教师、家长通过班级圈展现、分享学生在学习活动中的表现以及在家的良好表现，记录学生的成长与进步。为帮助家长们不断学习，除了家长学校、家长会等面对面的系统培训，学校还通过工作圈发布一些家长急需了解的知识，通过班级圈分享亲子读书活动的视频，通过有效的互动展示，让家校教育真正聚成合力。

三、教师：构建立体档案，助推专业素质发展

教师专业素质是拓展教师教学资源、促进教育优质均衡、提升教育教学效率、促进教育转型发展的内在需求，也是提升教育品质的核心重点。近年来，信息网络分享平台的广泛建设与应用使得教师终身学习和专业成长显得尤为必要和迫切。教师专业发展是教师作为专业人员，在专业思想、专业知识、专业能力等方面不断发展和完善的过程，也是从专业新手到专家型教师的发展过程。教师专业

档案的建立、教师信息的记录和表征的设计，将有助于从数据积累、分析、挖掘角度推进教师专业发展，进而提升教学质量。

（一）政教结合，构建立体教师档案

教师档案不仅包括人事系统记录的姓名、学历、工作单位等静态信息，而且包括教师在专业知识、专业能力、专业思想方面不断发展的动态数据。然而，目前这些静态信息多保存于区教育系统人事管理部门，动态数据多记录于区教师发展职能管理部门，并由它们管理，这一方面使得教师的个人档案不完整，也增加了有效管理区域教师人才队伍的难度。如何建立一套能覆盖教师全方位信息的立体档案，在有效管理教师人才队伍的同时，通过科学决策和方案统筹推动教师人才队伍的良性健康发展，是区域教育治理的一项重要工作。

建设人事管理系统与教师任教系统，初步形成全面立体的教师档案

【上海市黄浦区】

黄浦区基于国家级、市级教师信息管理平台及师训管理平台，在教育数据中心系统平台中进一步建设了人事管理系统与教师任教系统，将人事管理与教学经历相结合，形成全面立体的教师档案。其中人事管理系统作为区人事主管部门的核心业务系统，目前管理了全区 8 000 多名在职教职工及 20 000 多名离退休教职工的基本信息、详细信息及工资、岗位等核心人事信息，为区级、校级两级人事工作人员提供了规范统一的人事业务流程和功能，充分体现了全区教育人事协同工作方式和管理思路，为教育局领导提供了重要的人事分析报表的数据来源和决策依据，为其他区教育系统提供了唯一的人事数据来源。

（二）实证作辅，谋划教师成长之路

教师研修活动是促进教师专业发展的重要途径。当前，教师需要参加的研修活动有在线研修、线下研修；校内研修、校际研修、区域研修；学科内研修、跨学科研修等多种类型。如何打通不同研修活动之间的壁垒，实现教师的区域统一研修以及成长数据的统一管理，进而形成一系列切实可行的区域教师研修模式及管理机制，将更有效地推动教师的个性化成长。

上海市各区基于教师的个人成长需要，在信息技术的助力下，加强统筹协调，整合各类研修资源，积极探索协同开放的线上线下混合式研修模式。

依托区域教研平台提升教研能效

【上海市金山区教育学院】

针对区级教研出勤率低、校际教研出行时间过长、教研实施碎片化等问题，金山区搭建了区域教研平台，共包括教研活动、工作坊中心、资源共享、视频观课、评价量表、协作区、互动研讨、任务与作业八大模块功能。拟定区域教研行动方案，明确每次教研活动教研流程的设计者、教研素材的建构者、教研路径的经营者和教研活动的参与者。依据行动方案开展系列主题学习研讨活动，保证活动推进"有料""有道"和"有为"，同时从基于教研平台的实证数据中进一步挖掘有效信息，为改进教师的教育教学提供证据，促进教师个人专业发展。

四、学生：精细化监测与评价，实现个性化成长

核心素养时代的到来对教育教学提出了新的更高的要求。以学生核心素养发展为导向，教学不再以追求学生对知识的记忆、背诵和复述为目的，而应当更加适性地关注到每一个学生的需求，促进学生的个性化学习，达成个性化发展。

（一）体质健康的个性化干预

青少年学生体质健康状况是衡量综合国力的重要指标之一。党和政府先后推出了多项政策和措施来确保提高青少年学生体质和健康水平。《学生体质健康监测评价办法》规定要"建立数据抽查复核制度"。为保证学生体质健康数据的真实可靠，上海市建立了市、区、校三级监测网络，以市级质量控制、区级集中监测、校级现场督察为核心，建设了完整的各级学生体质健康数据采集及抽查复核工作体系。上海市学生体质健康监测中心已经在着手搭建"一生一档"的健康公共服务平台，学生家长能看到学生由小到大的健康数据，让每个学生知道自己在人群中的健康位置，从而有利于开展个性化的干预手段[①]。上海市青少年体质健康监测采用第三方社会化监测服务，运用大数据平台进行监测数据评价、数据采集与处理信息化、注重个人健康、信息公开等具有市场化特色的运行机制，对推动我国青少年体质健康监测市场化改革具有探索和试验的意义。

与此同时，各学校也围绕促进学生健康成长的育人目标进行了一系列的个性化探索和实践。闵行区平南小学通过智能终端和智慧平台相结合的方式，实现了学生体质健康数据的伴随式采集，建立了一套校本的个性化干预机制。闵行区七

① 季钢．我国青少年体质健康监测运行机制研究［J］．当代体育科技，2020（2）：242–243；245.

宝实验小学在信息化的助力下，充分发挥家校沟通共育的力量，实现了对肥胖学生体重管理的个性化指导。

基于信息化手段开展学生体质健康的个性化干预

【上海市闵行区平南小学】

平南小学将“面向每一个”学生的体质健康问题作为提升办学质量的重要内容。为了全覆盖、全内容、精准地管理学生健康信息，平南小学与第三方机构合作研发了三个有效工具（学生健康信息管理平台、闵思运动手环、基于运动手环数据的体育课堂教学 App），实现学生体质健康数据的伴随式采集，综合运用运动干预、饮食干预、生活习惯干预，建立了一套校本的个性化干预机制。目前，平南小学形成了学生体质健康学校个性化干预的三大途径：一是根据健康管理平台数据开展实时监控、及时干预，量身定制学生体质健康改进方案；二是根据运动手环和体育课堂教学 App 的实时数据和预警分析，更精准地进行学生个性化的运动量设置、运动负荷干预与运动方式指导；三是加强家校合作，向家长发放“正面干预肥胖率”日常反馈表，进行长期跟踪和综合治理，促进学生在家养成良好的体锻习惯和健康的生活方式。

（二）学业质量的精细化监测

在课程教学的开展过程中，学生通过课程标准明确学习目标，但如何判断学生的学习达到了课标要求的目标？那就要通过学业质量监测。学业质量监测基于对课程标准的确认，通过对学生学习成绩数据的跟踪分析，判断学生对课标既定目标的完成度情况，从而可以帮助教师及区域教学管理者进行精准的教学决策调控。

构建 e 帮手平台——学业质量保障体系，
实现学业质量的精细化检测与管理

【上海市青浦区清河湾中学】

围绕扎实提升和保障学业质量的战略目标，清河湾中学依托“e 帮手平台——学业质量保障体系”，在学校各学科中普遍化、常态化应用平台的学习测评、校本资源库建设、寒暑假作业、学业质量大数据等模块，对六年级学生的学习潜能与学习方法进行了测评，形成分析报告，帮助班主任及学科教师对学生进行

精准管理和个性化教学，帮助学校管理层对学生整体发展情况进行宏观把控。对课堂与课后练习作业进行及时检测，提升作业后的反馈与矫正功能，并建立学生学习情况跟踪分析。通过学业质量检测题库、学业水平监测系统、自动组卷和分析系统以及大数据跟踪分析系统实现对学生学业质量检测数据的跟踪分析和反馈。通过“教—学—分析—反馈”的闭环，让学校实现对教学质量的精细化管理，让教师实现精准化教学，让学生实现个性化学习，从而切实有效地提升和保障学校的学业质量。

（三）综合素质的科学化评价

综合素质评价能让学生更了解自己，让学校更了解学生和自己的服务，让政府更了解学校和自己的管理①。综合素质评价的价值导向核心是促进学生发展。为给素质教育的评价提供更全面客观的证据，上海市普通高中学生综合素质评价信息管理平台应运而生，为高中学生在德、智、体、美各方面的发展状况和表现提供过程记录的信息化采集、呈现和基于诚信的管理支持，成为真实、准确的学生“大数据”中心。学校可据此提供更适切的个性化教育服务，政府可据此进行更科学的教育资源配置。

依托普通高中学生综合素质评价信息管理平台，开展普通高中学生综合素质评价

【上海市电化教育馆】

为促进中小学生健康成长和全面发展，上海市电化教育馆根据上海市基础教育的实际情况，设计和建设了上海市普通高中学生综合素质评价信息管理平台。上海市普通高中学生综合素质评价的内容主要包括“品德发展与公民素养”“修习课程与学业成绩”“身心健康与艺术素养”“创新精神与实践能力”四个模块，为高中学生在德、智、体、美各方面的发展状况和表现提供过程记录的信息化采集、呈现和基于诚信的管理支持。

平台数据的采集以高中学校为记录主体，采用客观数据导入、高中学校和社会机构统一录入、学生提交实证材料相结合的方式，客观记录学生的学习成长经历，由信息管理系统汇聚成真实、准确的学生“大数据”中心。通过学生成长大数

① 中华人民共和国教育部．教育部关于加强和改进普通高中学生综合素质评价的意见：教基二［2014］11号［A/OL］.（2014-12-10）［2020-09-03］.http://www.moe.gov.cn/srcsite/A06/s3732/201808/t20180807_344612.html.

据的采集与分析，可以帮助学生更好地了解自我，进行生涯规划和学习管理；帮助学校更好地了解学生，按需提供课程服务和成长指导，引导学校开展各种素质教育活动，促进学校特色化多样化发展。政府可以基于大数据分析，更好地配置教育资源、实施教育治理，引导社会、家庭、学校按照素质教育的导向，更科学地培养人才。

在信息技术的助力下，依托网络社交工具、信息化平台等，允许更多的主体力量（比如家长）参与学生综合素质的发展和评价，形成学生成长共同体，增强了学生的成长记录和评价的过程性、即时性，也使得对学生的评价更加客观多维。

在 K−12 全阶段 360° 绘制学生成长曲线

【上海市黄浦区教育局】

2017 年，黄浦区教育数据中心系统平台已全面打通幼儿健康系统、幼儿招生系统、学前儿童信息管理系统、入学招考系统、中小学学生信息系统、学业质量监测系统及体质健康监测系统，形成 K−12 全阶段 360° 成长监测体系。该监测体系全面记录儿童 / 学生学籍信息、个人发展、体质健康状况，绘制个人成长曲线，关注学业、心理及体质健康发展，全面贯彻落实素质教育。同时为教育管理者提供全区多学段学生人数、背景及发展状况分析报告，即时洞悉发展趋势，掌握区域内教育建设情况，为未来利用大数据及人工智能技术实现信息化因材施教提供基础。

基于智慧班牌的等第制评价

【上海市松江区九亭第五小学】

为优化学校的等第制评价方式，松江区九亭第五小学创新顶层设计，充分考虑区校协同，以“云间智慧教育”生态圈为基础，借助区教育数据中心、家校互动等平台，建设了数据能够及时采集、分析处理、长期保存、随时展示的智慧班牌——“墨宝学院”等第制评价系统。运用智慧班牌评价系统，全校教师利用移动终端可随时随地对学生的学科和德育表现进行口头即时评价，并发放不同面值的二维码积分卡。学生可至“墨宝集市”扫描二维码，录入积分。口头即时评价数据经过后台的数据处理会自动生成基于数据的诊断性、激励性、个性化评价，教师可以查看每个学生各个维度的积分总数和变化情况，给出矫正性和强化性建议。学生在课余时间可以通过指纹识别或人脸识别登录智慧班牌，查询自己的积分和评语。在智慧班牌评价系统的助力下，学校实现了学生评价方式的过程化转变、评价内容的综合化转变、评价手段的智能化转变。

数字画像是大数据技术的一种应用形式，依托画像技术生成的数字化素描，能直观、全面地呈现学生不同维度的发展概况，学校、家长可以依据画像对学生的发展情况作出精准评价，学校也可以将不同学生的数字画像进行比较，全面了解学生的发展情况，并作为学校开展精准化教育教学教研的参考。

第二部分　场景与案例

人类正在从信息时代走向智慧时代，智慧教育是信息化教育经历初期发展后的高级阶段。随着信息技术的飞速发展，人们的生产生活也发生了巨大的变化。大数据、云计算、物联网、人工智能等技术正在重构整个互联网体系架构，信息技术进入“智能移动互联”时代，基于新技术的“互联网 +”也推动着教育发生巨大变革。

2019 年 2 月，中共中央、国务院印发了《中国教育现代化 2035》，将“加快信息化时代教育变革，建设智能化校园，统筹建设一体化智能化教学、管理与服务平台”列为面向教育现代化的十大战略任务之一；要求各地区各部门结合实际认真贯彻落实。2019 年 3 月 21 日，上海市委、市人民政府为贯彻落实党中央、国务院的战略部署，加快推进上海教育现代化，印发了《上海教育现代化 2035》，提出加快教育信息化发展，推动教育教学实践变革。积极推动“互联网 + 教育”发展，将信息化作为上海加快推进教育现代化的重要支点，推动“智慧教育”成为上海智慧城市建设的亮点，促进教与学的方式、形态等变革。

2018 年 4 月，教育部发布了《教育信息化 2.0 行动计划》，在 1.0 阶段“三通两平台”的基础上，推动教育信息化转段升级，全面提升教育信息化发展水平。教育信息化由 1.0 进入 2.0 时代，学者们认为由于教育信息化走到了“临界点”，新技术促使信息化环境产生了质变，从而催生了智慧教育。智慧教育是教育信息化促进教育变革由外生变量向内生力量转变的新形态，也是“互联网 + 教育”的新形态。

第一节　智慧教育的实践经验

教育信息化 2.0 时代，上海智慧教育发展融入上海智慧城市整体建设，坚持“为了每一个学生的终身发展”理念，以教育信息化顶层设计引领，统一标准规范先行，实施云网融合大方案，市区校联动发展，建设智慧校园标杆校，提升师生信息素养，以信息化助推教师专业发展、教育综合改革，实现了先一步、高一层发展，教育信息化总体水平位居全国前列。上海智慧教育的国际影响力不断提升，为国家现代化建设和上海智慧城市发展作出了重要贡献，也为全国智慧教育开展作出了示范引领。

一、顶层设计凝结上海智慧，形成上海2.0行动计划

顶层设计是推动实践行动从起点走向终点的指导力，顶层设计有利于上海市市、区集中资源高效突破，顶层设计中的问题意识促使我们以解决问题、实现目标为核心任务，聚焦资源于着力点，快速推进弯道超车。

教育信息化2.0时代，上海站在新的历史起点，聚焦新时代人才培养，强化以能力为先的人才培养理念，将教育信息化作为教育系统性变革的内生变量，支撑引领教育现代化的发展，推动教育理念更新、模式变革、体系重构、改革为先，为教育信息化发展提供凝结上海智慧的上海方案。在此背景下，《上海市教育信息化2.0行动计划（2018—2022）》（以下简称《行动计划》）的推出为上海教育事业展开了一幅美好的上海教育信息化发展蓝图。

《行动计划》以习近平新时代中国特色社会主义思想为指导，全面贯彻党的十九大精神，围绕教育现代化和上海市教育综合改革，落实立德树人根本任务，始终坚守教育初心，把“是否有利于学生身心健康成长”作为教育信息化建设的根本原则。

《行动计划》坚持育人为本，以促进学生全面发展和自主学习为核心，以信息化引领构建以学习者为中心的教育生态。坚持融合创新，以全方位创新实现常态化应用，促进教育信息化从融合应用向创新发展高阶演进，推动从信息技术应用向能力素质提升拓展。坚持系统推进，加强顶层设计和统筹规划，整合各类社会资源，以学校为基本单位整体设计、推进建设，信息化建设和网络安全管理同步协调。坚持引领发展，构建与上海市经济社会和教育发展水平相适应的教育信息化体系，示范引领全国教育信息化发展。

《行动计划》以“发掘学生潜质、激发学生兴趣、指导学生学习、成就学生价值”为基本目标，适应数字时代的人才培养和教育发展需求，进一步推进大规模因材施教，提升教师人技协同能力，坚持示范引领、扎实推进，凝结上海智慧，形成上海方案。

二、标准规范先行，护航智慧教育发展

标准规范先行建设是国际上开展信息化工作的共同经验[①]，我国教育部于2000年初就成立了教育信息化技术标准委员会，创建适用于我国国情的标准体系。随着移动互联网、大数据、传感器、神经科学、人工智能等新技术在教育中的渗透使用以及教育形态的重构和创新，标准体系的更新是应对上述变化的必要举措。在教育信息化2.0时代，需要建立的不仅仅是硬件环境、软件工具和开发标

---

① 祝智庭，魏非．教育信息化2.0：智能教育启程，智慧教育领航[J]．电化教育研究，2018，39（9）：5-16.

准，还应当围绕着谁来用、如何用、如何评等建立相应的规范与指南，如信息化建设相关主体的能力标准、培训课程标准以及培训规范等。标准和规范建立的过程是对相关要素在教育信息化建设中的角色、职能、定位以及关联影响的思考过程，一旦建立，将厘清其作用和发展路线，勾勒其影响和作用半径，使得系统中多主体之间的对标与合作成为可能，并最大化其协作效益。

《行动计划》九大实施行动中提出“统一数据管理工程”。统一数据标准及规范，建立教师、学生、学校三大核心基础数据库，完善教育数据共享交换平台，连通各级各类教育信息系统，消除“信息孤岛”。构建教育大数据平台，助力教育治理能力提升。《行动计划》为上海智慧教育标准建设提供了指引，优化教育信息化建设标准。研究制定上海各级教育信息化建设标准，形成标准动态更新机制。建成信息化标准规范体系，制定准入门槛、注册学习、知识付费、名师授课、教育资源共享以及教育信息化规划、实施、应用和运营等各环节标准。

上海市教委已经研制教育数据标准和管理办法，推进数据统一归集利用，制定上海教育数据编码标准、颁布中小学信息化环境设施配备规范，逐步完善教育信息化标准规范体系。《上海教育数据管理办法》按照数据统一集成、数据业务归口、数据共享审批、数据安全管控等原则，对上海市教委以及上海市各区、高校等各类教育单位（部门）产生和使用的以学生、教师和学校为主体的基础性和业务性教育数据的采集、质量管理、共享、使用进行规范。建设市级教育数据交换与共享平台，对接本市多个重要教育业务系统和教育部全国教育管理信息系统，汇集涵盖学生、教职工、学校等各类结构化基础数据共五千余万条，形成以学生、教师、学校为主体的基础数据库。基本实现基础数据的“一数一源”“一次采集、处处可用”，确保基础数据的权威性、准确性和一致性。目前，学生和教师的基础数据已在各类教师管理业务、学生考试报名、学生综合素质评价系统中得到有效利用。

三、云网融合，市 / 区集中部署网络空间与信息安全

“上海教育城域网”已建成全国第一个 IPv4/v6 双栈主干带宽达 100GB 的教育城域网，并提供时钟、带宽、安全等网管监测工具服务；网络覆盖全市所有区、高校和市教委直属单位，以及 90% 以上中职学校；大部分单位都开通了 IPv6 业务。

云网融合已经成为云计算领域的发展趋势。随着云计算产业的不断成熟，业务需求和技术创新并行驱动加速网络架构发生深刻变革，云和网高度协同，不再各自独立，云计算业务的开展需要强大的网络能力支撑，网络资源的优化同样要借鉴云计算的理念，上海落地云网融合方案。

《行动计划》首推“教育城域网统一接入互联网及云网融合工程”，以上海教

育城域网统一接入互联网、上海教育云网融合建设为抓手，实施统一规范管理，完善网络配套设施，加强整体安全防护，推进统一身份认证，推广网站群等，基于教育城域网的各类教育云应用，打造应用丰富、认证可信、运行可靠、绿色安全的上海教育云环境。

大规模智慧学习平台云网一体部署

【上海市电化教育馆】

一、案例问题

疫情期间，为保障“停课不停教、停课不停学”工作，上海市教委以全市143余万中小学生和42 000个班级“一张课表、一位教师、多渠道、多终端”的思路，打造了市级大规模在线教学平台，提供了在线教学的托底资源。作为全市师生登录的主要门户，一方面在系统架构上要实现大规模并发访问，另一方面云平台要提供快速扩容、安全防护等环境支持。

二、解决方案与流程

（一）同城双活，保障业务高可用

在单机房部署的情况下，业务会面临诸多不可控的风险，机房故障时只能被动等待故障恢复，业务可靠性较弱。为满足大规模在线教育平台高并发、高可靠性的要求，采用本地教育专有云平台机同城双活容灾架构进行服务支撑。在相距不超过50km的两个主备数据中心之间可以搭建同城双活架构，当某个机房出现故障时，秉承“先恢复、再定位”的原则，可以将业务流程先切换到另一个机房，有效保障业务连续性，让业务恢复时间与故障修复时间解耦，提升服务的可用性。

双机房同时承载业务，可按比例设置两机房的流量分配，满足业务系统高可用需求。东西向通过裸纤或密集型光波复用（DWDM）实现网络高速互通，北向上联互联网出口允许互联网访问，部署架构规划如图2-2-1所示。

教育云双活解决方案：基于互联网化的云计算能力设计与开发，遵循国际通用的双活标准。国际标准Share 78中定义了7级双活标准，当前实现了Tier5的双活解决方案——同城双活，即在故障发生时，人工判断故障影响情况，在业务连续性工具BCMC（Business Continuity Management Center）中进行一键切换至备用机房，整体业务双活架构如图2-2-2所示。

SLB集群：采用双机房部署（多可用区实例），使用CIDR表示法来配置子网。

SLB 管控系统会同时在主机房、备机房宣告一个相同 VIP。SLB 下挂多台（ECS）VM 应用服务器，应用服务器通常可以直接访问 RDS 数据库实例，为保证查询负载较高的场景，经 Redis 缓存服务后再到 RDS，以实现更好的数据查询性能。

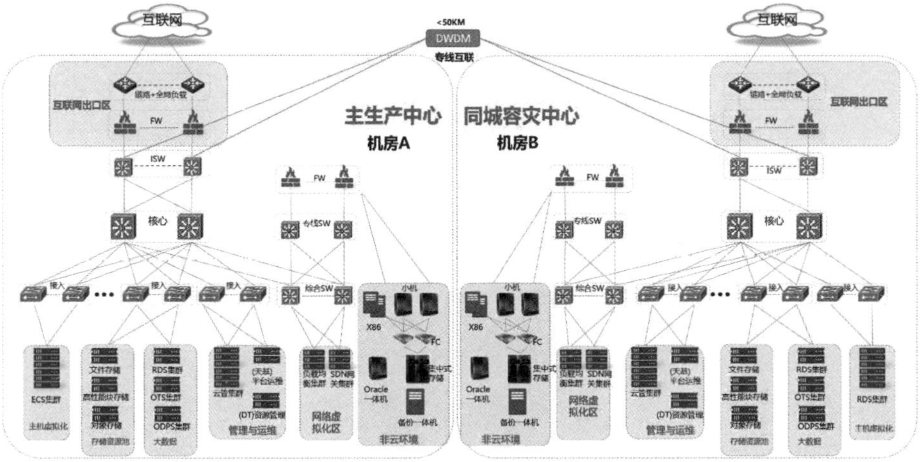

图 2-2-1　双机房部署架构

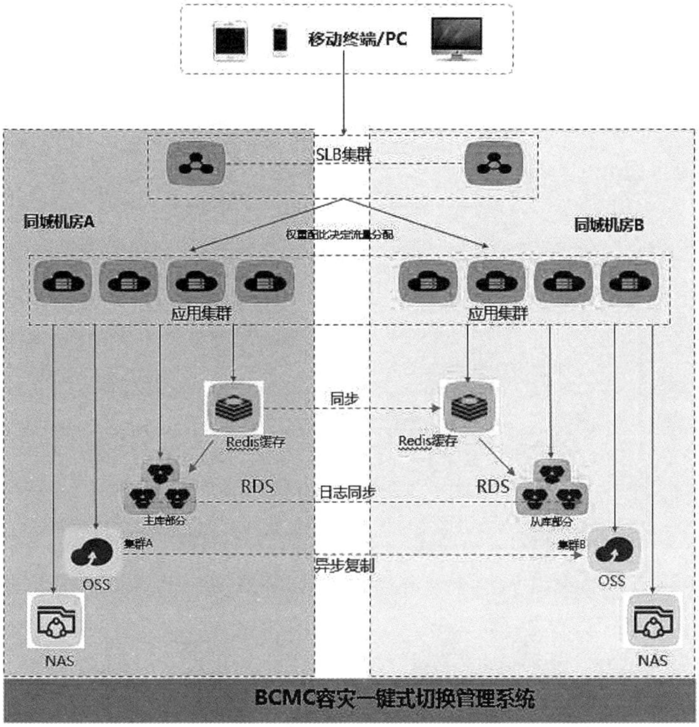

图 2-2-2　整体业务双活架构

Redis：采用每 2 台主机一主一备分别部署在同城的两个机房组成 HA 高可用架构，主备机之间作数据同步，产品本身在设计上实现同城双活的能力。

RDS：采用每 2 台主机一主一备分别部署在同城的两个机房组成 HA 高可用架构，主备机之间作 DubbleBinlog 数据同步，产品本身在设计上实现同城双活的能力。

OSS：双机房部署，并将主机房设置为主服务集群，备机房设置为灾备集群，数据只能在主集群写入。两个 OSS 集群间采用产品内置的 DSS 文件复制模块实现文件数据同步。

ECS：进行系统快照，RDS 数据库备份集、binlog 会统一备份至主 OSS 集群中，同时可根据需求设定是否复制到同城灾备 OSS 备集群。

底层设专有云的业务连续性管理平台，同城双活切换管理（BCMC）工具，可以快速实现机房间的一键双活切换与恢复。

（二）专线入云，保障网间低时延

由于疫情影响，上海大规模智慧学习平台从主要面向教育网内用户使用，通过云平台与教育城域网间专线互联实现业务上云，转为面向运营商家庭用户、家庭终端，通过运营商网络访问云平台。用户所使用的末梢网络（如家庭宽带、手机网络等）、学习终端配置情况、运营商省间互联网络均有可能会对用户实际访问体验产生影响。尤其是峰值时间段网络及访问的并发量可能会对省间互联及运营商网间互联流量产生影响，导致业务不可用。为确保网间互联流量冗余，保障家庭用户入云低延时，采用 OSPF 实现与运营商城域网间专线接入，具体接入方案如图 2-2-3 所示。

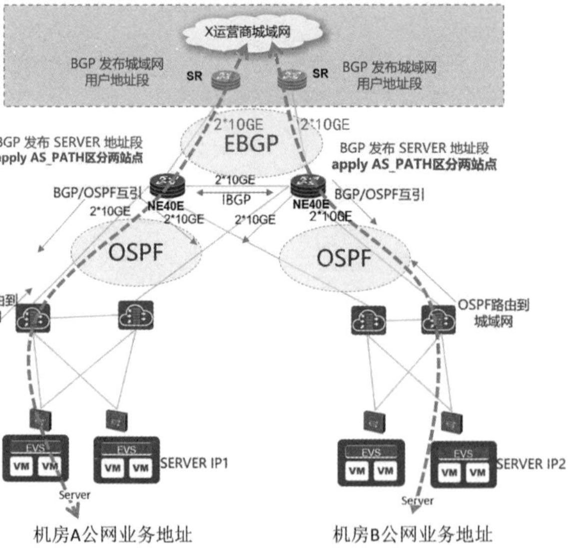

图 2-2-3　具体接入方案

三、反思与发展

大规模智慧学习平台通过视频分发实现了面向全市学生的直播和点播，但我们仍能发现在师生互动方面，对网络的要求远高于初步的设想。视频清晰度越来越高，以及 VR/AR 等教学资源及应用相继出现，对于视频分发的带宽要求也越来越大，优质资源的分发及教学互动面临很大压力。基于边缘云的内容分发能够满足需求，并大大降低带宽的成本。将 vCDN 节点分布式部署在 MEC 边缘节点中，降低集中节点的处理负荷和端到端时延，提升师生体验。

四、统一部署信息化相关系统平台，支撑教育信息化

上海教育信息化已初步建成以促进信息技术与教育教学、管理决策和公共服务深度融合为核心的“一网三中心两平台”（上海教育城域网，上海教育数据中心、上海教育资源中心、上海教育认证中心，上海大规模智慧学习平台、上海教育综合管理决策平台）基础环境。把所有与教和学有关的信息资源全部整合进“上海大规模智慧学习平台”，将所有与教育行政管理、服务、决策和保障有关的信息全部整合进“上海教育综合管理决策平台”，并通过“数据”“资源”“认证”三个中心支撑整个开放的信息化环境。

推进教育业务管理与信息技术融合，提升管理能级与服务能级。建设“上海市义务教育入学报名系统”，联通公安、人保与幼教系统数据，实现数据共享下的一站式招生信息化服务，促进招生入学过程公开透明和全程监管。建设“上海市普通高中学生综合素质评价信息管理系统”，汇聚学生成长数据，促进学生健康可持续发展，也服务于高校选拔人才和持续培养。完善“上海市基础教育学生信息管理系统”，为各类应用提供数据支持和服务。建设“上海市特殊教育信息报告系统”，为残障儿童提供个性化教育和康复支持服务。

上海市基础教育统一身份认证系统

【上海市电化教育馆】

一、案例问题

随着教育信息化的不断深入发展，在上海市教育委员会的指导下，上海市电化教育馆承建、管理、运维了上海市基础教育学生信息管理系统（简称“学籍管理”）、上海市中小学专题教育平台（简称“专题教育”）、上海市义务教育入学报名系统（简称“义务教育报名”）、上海市普通高中学生综合素质评价信息管理系统

（简称“高中综评”）、上海市初中学生综合素质评价信息管理系统（简称“初中综评”）、高中研究型课程自适应学习平台（简称“MOORS”）、上海市高中名校慕课平台（简称“高中慕课”）、上海市大规模智慧学习平台（简称“微校”）等诸多服务于基础教育的应用系统。由于各个应用系统是在不同的时期，围绕不同的业务目标，分别开发建设的，其用户信息独立管理，独立认证，但在现实应用中，大量的用户群体，以及他们所访问的应用系统存在普遍性的交集。这种分散自治管理模式和认证机制，导致用户基础信息多源维护，给信息一致性带来挑战，造成“信息孤岛”，也给用户跨系统的登录和使用带来不良体验。

二、解决方案与流程

为解决上述问题，基于用户需求导向，提升和改善用户体验，上海市电化教育馆规划建设了统一的基础教育身份认证平台，为上述各类应用系统和未来建设的应用系统提供统一的身份基础信息管理、用户认证、跨域单点登录/登出等公共服务。实现了一人一账号可以登录多个应用系统，在改善用户使用体验的同时，提高了用户基础信息的一致性与完整性，为各应用系统业务数据的关联、汇聚奠定基础，有利于形成全场景、“良”性结构的教育大数据，为未来深入挖掘提供基础。

上海市基础教育统一身份认证系统（简称“基础教育统一认证”）自2016年建设完成并运营以来，已对接专题教育、高中慕课、初中综评、MOORS、微校等市级基础教育信息化平台，后台集成全市学生和教师基础身份信息，实现全市基础教育阶段学生和教师的统一身份认证服务，全市师生只需记住一个账号，即可登录接入的各应用系统。

（一）关键技术

基础教育统一认证提供两种独立的认证服务：采用CAS协议，面向教育系统各类应用系统或教育行政部门许可的第三方应用提供统一身份认证服务；采用SAML协议，基于Shibboleth，支持OAuth 2.0授权，面向上海教育认证中心及其接入应用系统提供联盟身份认证服务。

（二）平台业务架构（如图2-2-4所示）

通过与学籍管理系统、上海市教师教育管理平台和义务教育招生报名系统等对接，采用ETL技术，获取初始的学生和教师基本身份信息，汇聚形成用户身份基础信息数据库。建立相应规则下的初始化用户账号、密码等认证数据，并加载到认证服务数据库，系统管理员可通过认证服务管理平台进行访问权限管理、账号审计、用户行为审计、数据统计分析等；用户可通过自助服务平台进行账号密码修改、邮箱地址绑定、密码重置等服务。

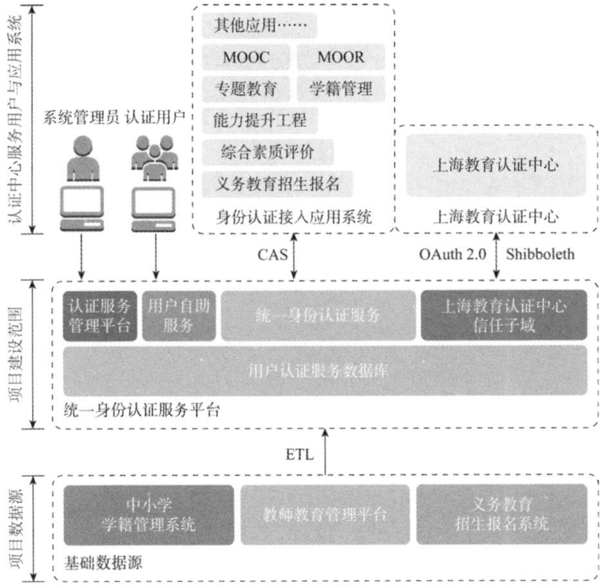

图 2-2-4　平台业务架构图

系统提供 7×24 小时运行服务，2020 年以来，为支持疫情期间“停课不停学”，系统迁移到联通教育云后，可支撑超 20 000 的并发。上线运行 4 年来，很好地支持了全市 160 万中小学生和 18 万教师用户的认证服务，支撑了专题教育、高中慕课、微校、高中综评、初中综评、MOORS、教师培训等各种教与学的活动，对基于“一网通办”为基础的教育综合改革形成一定程度的支撑。基础教育统一认证系统部署如图 2-2-5 所示。

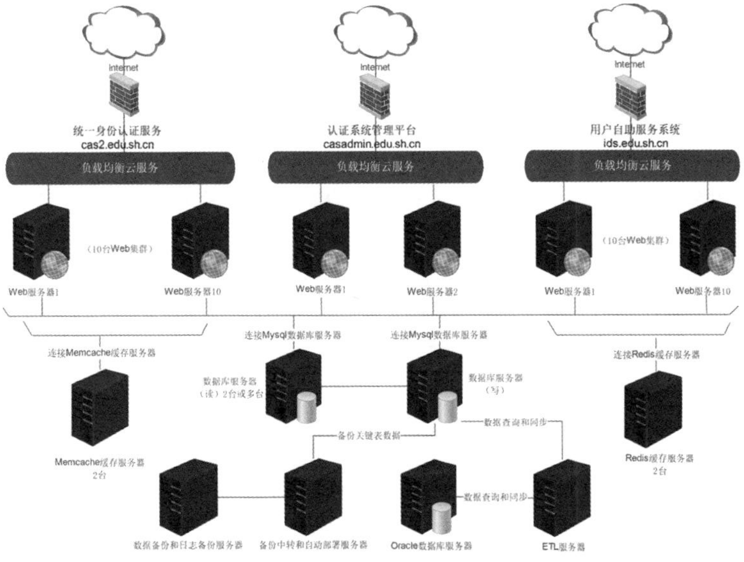

图 2-2-5　基础教育统一身份认证系统部署图

（三）应用效果

2020年以来，为支持疫情期间中小学生“停课不停学”，基础教育统一认证系统进一步与学生学习空间、晓黑板、腾讯直播、钉钉直播、电信IPTV、有线通电视、弘衍阅读App等进行了对接，支持了空中课堂多个直播系统的同步播出（如图2-2-6所示），目前对接的市级应用系统超40个；同时完成与嘉定区等区相关教师培训、教研、学习平台的认证对接，实现了业务对区的延伸。为提升服务质量，满足各业务系统日益提高的对数据准确性的需求，加速推进了基础数据的治理工作，基于应用驱动，梳理了学生和教师账号体系，采用源头治理和技术治理相结合的机制，全面提升了教师和学生信息的准确性。

图2-2-6　空中课堂对接认证的直播系统

2020年2月份以来，平均每天认证超20万人次，高峰期每天近40万人次。今年以来，累计认证超1亿人次，很好地支撑了全市“停课不停学”期间的相关业务系统的认证需求。

三、反思与发展

基础教育统一身份认证系统支撑了2020年疫情期间大规模在线学习相关平台的认证服务工作，认证服务的数量呈爆发式的增长，截至2月份的认证总量已超过过去5年的总和，系统并发处理能力也由3 500扩充到现在的20 000。

随着信息技术不断发展，为满足不断改善用户体验的需求，加上接入的业务系统的数量不断增加，需要对系统进行升级改造，包括高并发架构改造、自动化数据治理（基础数据校验、机构数据校验、基础数据自动归档、业务数据自动化治理）、认证方式及用户功能拓展（支持CAS6.X升级，用户多身份模式升级，支持微信扫码登录、支持认证服务基础数据接口加密等）、系统运营驾驶舱支持（认证数据流向监控、用户基础数据更新监控、认证系统运营数据复合统计等）。

五、市区校联动，推进市信息化应用标杆校培育

为加快对接适应数字时代的人才培养和教育发展需求，推进大规模因材施教和服务学生个性学习，支撑教育改革和创新，以及教育信息化实现以立德树人为中心，上海市教育委员会以“上海市教育信息化应用标杆学校创建”为抓手和契机，积极探索实践，深入推进信息技术与教育教学融合，以数据驱动大规模因材施教，构建教育信息化应用新生态。上海市教育信息化应用标杆学校创建工作作为上海市教育信息化 2.0 行动计划的重要组成部分，从策划立项伊始就坚持育人为本、整校推进、数据驱动、常态发展、点面结合的工作原则，以构建服务学生个性化发展、具有先进教育理念和现代化治理体系的新型学校为工作目标。

上海市教育信息化应用标杆学校创建是以《国家中长期教育改革和发展规划纲要（2010—2020 年）》和《上海市中长期教育改革和发展规划纲要（2010—2020 年）》为指导，全面贯彻党和国家的教育方针，以“为每个学生提供最适合的教育”为目标，以立德树人为根本，以激发兴趣、发掘潜质为途径，以数据驱动大规模因材施教为指引，立足于信息时代人才培养需求，探索面向未来的新时代教育信息化应用标杆学校建设、管理、运行模式，逐步形成与上海建设卓越的全球城市相适应的现代化教育治理体系，加速推动上海教育现代化进程，办好人民满意的教育。为此，上海市教育信息化也希望能通过此次创建工作，真正实现为每个学生创造最适合的教育。随着标杆学校创建工作的深入推进，也为大家展开了一幅未来学校教育的美好画卷。

上海市教育信息化应用标杆学校创建以“发掘学生潜质、激发学生兴趣、指导学生学习、成就学生价值”为基本目标，建成一批服务学生个性化发展、具有先进教育理念和现代化治理体系的新型学校，进一步促进教育信息化从技术驱动向育人为本转变，从碎片化建设向系统推进转变，从脉冲式应用向常态化应用转变。探索新时代学校教育的发展路径和有效策略，推动各级各类学校创新发展，推动现代化教育治理体系建构形成，从而全面提升人才培养质量。

继续探索一体化学校教育信息管理系统，实现各类平台间的数据融通，建立数据安全管理制度，实时安全地管理和使用数据。建立个性化的学生数字画像，以发掘潜质、激发兴趣为基础，开展基于大数据的大规模个性化学习支持和教学指导，促进学生综合素质多元评价体系的发展。

探索新时代学校教育的发展路径和有效策略，推动各级各类学校创新发展，推动现代化教育治理体系建构，形成可复制、可共享的改革成果，提高上海学校现代化、信息化的整体水平。

探索在全面感知、伴随式物联网基础上的全息数据驱动的大规模因材施教，

探索"人工智能+教育"应用，推进智能教学助手、智能评测、知识图谱与自适应学习等应用场景，为每个学生提供最适合的教育。

上海要努力当好全国教育改革探路者，努力办出与城市发展战略定位相匹配、与人的全面发展需求相契合、与信息革命大趋势相适应、与现代化教育制度体系相适应的一流教育。教育信息化赋能教育现代化，上海市教育信息化应用标杆学校创建将进一步贯彻全国教育大会精神，进一步深化上海教育综合改革，全面落实《教育信息化2.0行动计划》和《上海市教育信息化2.0行动计划（2018—2022）》的有关要求，探索信息时代背景下面向未来的新型学校改革试点，并加快实现上海教育现代化，为教育信息化变革教育、实现大规模因材施教提供全国领先的实践案例。

探索智慧校园建设方略　实现师生个性化和谐发展

【上海市建平中学　刘宏福】

建平教育集团智慧校园项目探索建设目标就是充分利用人工智能、大数据等新一代信息技术，逐步探索构建出学生画像、教师画像、管理者画像等，助推学生个性化学习、教师针对性教学和学校科学化治理。

一、学生画像帮助教师准确了解及评价学生，开展更具针对性的教学

为全面刻画学生画像，建平教育集团智慧校园伴随式采集的数据类型多样且全面，包括生理数据（如生理指标、身高、体重、体脂、能量消耗、呼吸熵、骨密度等）、行为数据（如课堂教学过程、课外学习过程、在校活动等）、学业测试（如随堂测试、纸笔考试、口试测评、作业等）、量表数据（如认知量表、人格量表、访谈问卷等），以及集团特色数据（如"众创学院"应用使用过程中师生产生的各类数据）。多维度的学生数据为构建学生画像提供更多的标签信息，帮助学校和教师更全面深入地了解学生的整体状况，辅助教师在数据分析基础上为学生提供更有针对性的精准教学干预，帮助学生科学规划自主学习路径，查漏补缺，实现因材施教。

二、教师画像帮助学校有效管理和监控教学活动，为教师提供更加优化的教学服务

通过采集教师基础信息、日常教学任务、教研任务、科研任务以及信息化应用使用等过程性数据，生成教师数据画像，为不断改进教师教学水平、提高教师综合素质提供个性化的指导建议，持续助力教师专业发展。

三、管理者画像帮助决策者全面了解学校的教育质量全貌，助力学校实施科学管理

项目通过教育大数据、云服务平台提供的深度分析手段，实现各类数据的收集融合，为集团教育管理者及时掌握各类信息，实现高效、科学的教育管理提供坚实保障。初步构建出学生学习画像、教师教学画像，进一步探索管理者画像。对学校教育质量的监测评价结果进行深度挖掘和分析，将数据的价值充分应用到学校管理、教学和学习的过程中，以数据的客观性精准辅助学校管理者的科学监管、科学决策和教师的教育教学，提高学生学习效率和学习主动性，促进集团信息化水平提升。

六、学习环境重构，支撑教与学的深度变革

智慧学习环境的建设、学习空间的构建是实现教与学方式变革的基础。智慧学习环境支持学生全面、充分、高效、自主的学习，应当以传递教育智慧作为建设的核心理念。为达成该目标，祝智庭教授等提出生态化智慧学习环境设计的四大原则：学生为中心、数据为中心、服务为中心、体验为中心[①]。同时，研究指出智慧学习环境应该具备六大功能需求：无缝连接学习空间，敏捷感知学习情境，自然交互学习体验，精准适配学习服务，全程记录学习过程，开放整合数据资源。上海有学校在智慧校园环境建设、智慧课堂、数字学习中心环境建设等方面做出了先行探索。

（一）新型智慧校园环境

智慧校园是智慧教育的重要组成部分，起到关键支撑作用。陈丽教授认为，数字化校园是一个网络化、数字化、智能化有机结合的新型教育、学习和研究的校园平台[②]。因此，智慧校园是一个较高层次的标准，2018 年教育部出台的《中小学数字校园建设规范（试行）》是一个参考的依据。此后，全国有十几个省市出台了智慧校园标准，经过两年多的达标试点建设，还少有真正意义上的智慧校园。智慧校园从宏观上包括智慧校园环境、智慧云空间、智慧校园文化建设三个维度，其中环境包括场所、空间、资源、工具等诸多要素，是对传统环境的智能化改造。目前上海的许多学校积极开展新型智慧校园建设，以便推动学校智能化教学、管理与服务，为大规模因材施教提供环境支撑。

① 祝智庭，彭红超．智慧学习生态：培育智慧人才的系统方法论［J］．电化教育研究，2017，38（4）：5-14；29.

② 陈丽．数字化校园与 E-learning——信息时代大学的必然选择［M］．北京：北京师范大学出版社，2007：25.

用“人脸识别”打造无感知智慧校园

【上海理工大学附属小学】

上海理工大学附属小学智慧校园项目自2018年下半年开始建设，于2019年5月开始投入使用。学校利用人脸识别技术，实现了无感知安全校园建设的全覆盖，对学生进行无感知智能统计，为学校提供到课情况统计及明细，核实学生到校情况和请假情况，减轻了学校在安全管理方面的人员投入，释放了教师的精力，让教师将更多精力投入教学与教学研究中。除此之外，还记录校外人员的具体出入时间、次数以及当前状态。同时，通过移动终端应用结合手机拍照和智能人脸识别技术，可以自动识别学生信息，并按类别将学生成长过程中的各种荣誉及社会活动自动归档到学生的成长空间中，实现了伴随式数据采集的功能，大幅度提升了教师录入数据的效率和质量，全面、真实地还原了学生综合素质发展的过程，帮助各级管理者、教师和家长更全面地了解学生的综合素质和发展水平，为教育决策、提升学生的全面发展，进行评价改革和考试招生提供重要的参考依据。

一、缘由

校园安全问题是学生家长关心的重要问题，营造安全、和谐、舒适的校园是学校建设的重中之重。随着社会的不断发展，学校的安防工作面临新的挑战。传统的安全管理体系中，教师承担着重要责任，若再增加安全防护任务，会增加教师的工作压力，影响正常的教育教学工作。

目前学校的校园监控系统能简单记录众多校园活动，但是，无法匹配学生的身份信息，导致搜寻过程需要耗费大量时间、人力。同时，教师需要花费大量时间对众多学生进行考勤，无法及时跟家长确认学生到校情况，为校园安全事故埋下了隐患。

使用无感知人脸识别系统来加强校园安全建设，主要原因是接触类的卡件或穿戴类的设备对于小学生来说都存在不确定因素，只有无感知记录学生的成长和学习数据，才便于教学教育管理和教学分析。

二、过程

为了防止校园安全事件发生，切实增强校园安全管理能力，降低校园安全风险，同时促进教育教学方式创新，依据国家社会治安管理条例及相关法律法规、校园安全现状、安防技术发展现状和趋势，学校决定在原有校园安防的基础上增加无感知考勤系统（包括出入口考勤、走班考勤、行政班考勤）、访客管理系统和智能课后看护系统。

1. 教室考勤系统利用AI人脸识别技术，在学校每个教室部署高清摄像头，对学生进行无感知智能考勤，确认学生出勤情况，为安全部门提供到课情况统计及明细，极大地简化了统计的流程。同时，该系统提供多种考勤方式，除了支持以班级或者科目为单位的考勤之外，还支持多种场景模式下的考勤，如班级固定时间考勤、固定科目考勤、走班考勤等，教师可以不影响课堂秩序，统计学生到课情况。另外，该系统还可将学生到校情况、迟到早退情况、请假情况和旷课情况反馈给家长，加强家校互通，及时确认学生到校信息，排除安全隐患，保证校内师生人身安全，营造安全、稳定、文明、健康的育人环境。

2. 为了全面提升校园的安全管理，学校还加强了对校外访客的管理。访客管理系统是针对人员进出登记事务而开发的专业信息管理系统，当访客进入校园时，系统通过身份证自动识别、人脸识别等技术，自动采集访客面部信息，记录校内外人员的具体出入时间、次数及当前状态，并将这些信息通过后台系统反映给相关部门，形成访客大数据，为学生的安全增加保护屏障。

3. 为了提高放学后看护服务的安全性，学校还增加了智能课后看护系统，主要通过在校门口配置人脸识别系统、家校信息推送系统来完成。家长在课后规定看护时间段内，通过校门口的人脸识别系统，进入校园，接学生离开学校时，刷脸进行身份登记。在此期间，后台系统将家长到校时间、学生离校时间等信息同步反馈至班主任和管理老师，保障整个课后看护过程的安全性。

三、效果

上海理工大学附属小学以云计算、AI、物联网、大数据技术支撑智慧校园建设，充分实现了信息技术与教育教学的深度融合，形成了“可感知、可诊断、可分析、可自愈”的新型校园生态，切实地保障了校园安全，实现了“开开心心上学去，平平安安回家来”。

1. 节约统计时间。在学校拓展课的实施中，因为学生众多，开设拓展型课程的科目量较大，一学期科目数量接近60门，教学管理和学生管理压力相当大，尤其是上课教师未必熟悉本科目报名学生，容易出现混淆和遗漏。而利用每个教室内的人脸识别系统，只要学生进入拓展课的相应教学活动地点，就会被系统自动记录，完成出席考评，节省了教师在统计方面的时间和精力，也让拓展课活动高效有序地进行。

2. 简化统计步骤。刷卡或使用手环记录都要学生主动操作，在复杂情况下，比如入校出校高峰时降低了统计效率。使用人脸识别技术的特点就是不需要学生主动做统计动作，人脸识别摄像机可以随时自动识别学生的信息，不影响教育教学过程，同时可将每天的出勤信息快速传递给班主任、卫生老师（疾控中心）和学校管理层。

3. 记录学生成长档案。拓展课的评价系统利用人脸识别，教师只要拍一张学生和其作品在一起的照片并上传，系统就能识别学生信息，学生的拓展课的成果就可以被记录。另外，人脸识别技术也被用于德育管理，在校园公共区域，教师只要拍摄或扫描学生人脸即可识别学生的身份信息，对学生的某个德育行为进行实时评价，引导学生时刻重视自身德育情况，对学生的发展起到积极的导向作用，促进学生的全面、均衡发展。

四、反思

学校将人脸识别摄像机安装在学校的各个教室、走廊等地，结合对学生、教师基础信息的分析追踪，不仅能极大地加强校园安全管理，而且能减轻教师在学生安全管理工作上的压力，使其将精力投入教育教学工作，同时也可以更加方便有效地做好学生在校园中的生活记录和学习生涯记录，为学生的发展提供参考。

（二）依托智慧教室创造智慧课堂

随着信息技术与教育的融合创新发展，以智慧教室为代表的智慧学习环境的设计与应用得到广泛关注。黄荣怀教授认为，在传感技术、网络技术、富媒体技术及人工智能技术充分发展的信息时代，教室环境应是一种优化教学内容呈现、便于学习资源获取、促进课堂交互开展、具有情境感知和环境管理功能的新型教室。数字原住民偏好多源头快速接收信息，多任务和平行处理，喜欢图片、声音和影像及超链接资源，重视实时互动、用户生产的内容，偏好及时、关联和趣味的学习。智慧教室即是这样一种融合新技术、满足新一代“数字原住民”诉求的新型教室。

信息时代的学习将以智慧学习环境为基本依托，而智慧教室是智慧学习环境的典型代表，功能分区、教室多屏、人手一屏、互动空间等空间支持能够适应新一代数字原住民“任意时间、任意地点、任意步调”的学习诉求，形成一个教与学，课前、课中、课后，教室内外，教师、学生、家长、学校多维度的教学应用生态。

基于一间教室的教育教学创新变革

【上海市浦东教育发展研究院　褚金岭】

把握信息技术与教育融合的契机，浦东新区基于“一间教室”的纵向整合、横向辐射，深入创新实践，集优质资源力量带来了教学的变革，进入教育信息化应用2.0发展时期。

一、学校数字学习中心定位与特色

学校数字学习中心由人工智能、云计算、大数据等现代信息技术环境支撑，配有互动教学平台及丰富媒体资源，集成移动学习、计算机教学、智能听说、仿真实验等多种功能，形成全学科可用的“智能、交互、一体化”的未来学习空间。试点学校根据浦东新区统一的建设标准，因地制宜、自选主题，充分发挥学校特色，申报了主题建设的数字学习中心。

二、“建设与应用并重，融合与创新共进”的项目推进

我们采用“区域主导—学校主体”的建设模式，标准化统一管理，特色创新，区域经验辐射共享，形成区域规模效益。项目采用“云网端”的架构模式，依托浦东云，数据互通，教师账号及学生账号统一认证、登录。学校端项目完成后，集中学校信息化管理人员开展项目整体培训和校本专题培训。针对不同项目内容，开展英语听说教学专项培训，开展初中仿真实验专题培训等。同时，建立完善培训资料，依托实时互动工具，建立学校培训交流群，开展“应答式、伴随式”培训。

三、形成多学科教研实践共同体，孵化科研课题成果

为进一步推进学校开展数字学习常态化教学应用，我们组建了研究小组，形成教研实践共同体，定期开展分学科的主题研讨活动，在学校数字学习中心开展学科智慧教学主题活动、长课主题教学展示、创新实践教学展示、英语听说教学展示。每次活动都认真备课，课中集体研讨，课后资源汇集，推广辐射优秀课例。从数字学习中心孵化了“面向智慧教学的浦东数字学习中心的构建与应用”“基于数字学习中心学生批判性思维的实践与思考”等12项课题。

四、反思与发展

1. 可视化的区校两级教学应用集成展示系统

区校两级的集成展示系统对接教学服务供应商，抓取对应多个模块的数据，完成15所数字学习中心教师、学生使用的伴随式数据采集。根据已采集的数据进行分析归纳，梳理指标体系，形成学校数字学习中心的应用画像。对教师使用的行为习惯、学习成效、信息素养等方面进行数据汇总，有针对性地发展不同类型的教师应用模式，以模型分析结果研究促进教师专业成长应用策略。两所学校试点AI智能录播系统，分析不同整合课型，为精准教研提供数据支撑。

2. 大数据视角的学校“数据中心”汇聚

学校数字学习中心以学习空间再造，构建理念技术前瞻性的信息化环境，搭

建教师专业成长平台，实现试点校学习方式变革。“中心”是不同条线的汇聚，有硬件、平台、资源、数据，实现区校两级打通。但从学校层面看，数字学习中心还是数据孤岛，未与学校其他业务条线数据融合。后期希望能够将学校数字学习中心产生的数据与教师发展、学生综合素质评价等融合，充分展现大数据支持下的师生信息化应用画像。

七、创建教师专业发展支撑体系，面向信息化教师能力提升

信息素养培育对于落实立德树人目标、培养创新人才有着重要作用，信息技术应用能力是新时代教师的核心素养，也是教师基本能力要求。《上海市教育信息化 2.0 行动计划（2018—2022）》提出要进一步培育和提升师生信息素养，探索推进人工智能环境下的教师人技协作支撑体系建设和课堂教学变革，全面促进信息技术与教育教学融合创新发展。教育信息化系统中的主导人员角色，包括了信息化管理者（校长）、教师、网络管理者等。上海市级层面以“优师优课”活动、教师信息技术应用能力提升工程 2.0、教师网络教学能力等为抓手工程，各区创建教师专业发展技术支撑保障体系，采用“市—区—校三级联动”策略，多渠道整体推进教师信息素养，奠定智慧教育坚实基础。

近年来，上海市多个区积极构建区域教师专业发展的支持系统平台，推进信息化环境下的教师专业成长。

黄浦区教育学院构建基于信息化的区域课堂观察平台，为教研员和教师提供实用、便捷、开放的课堂观察流程导引和实用工具，从而较为全面地把握课堂中师生教学的情形，引领教研员和教师借助对课堂教学的观察和深入分析来反思和改进自身的教研行为。

金山区“借助信息技术，助推教研转型提质”，立足于解决区域学科教研的一系列困惑，专注于学科教研的整体设计和路径探索。聚焦区域学科教研能效的提升，通过教研平台的研发、教研团队的组建、有效教研的设计、教研实践的推进，以及教研数据的挖掘等，进行了系统思考、周密谋划和教研实践，探索出学科教研的有效新路径，制定了提升学科教研品质的新方略。

崇明区整合课堂教学资源，建设课堂教学资源库，以点带面，让教研组活动、跨校联合体活动、区级教研活动等能在网上、校内、校外、课堂上同时展开，不受时间和空间的限制，以多视角、多层次、多画面呈现课堂教学的魅力。通过平台进行课堂教学问题诊断、讨论研究等思想观点交流，不断促进教学人员的因材因地施教能力水平，促进教师教学反思和教学研究水平的提升，实现研训一体管理。

以数字化创新研修流程，促进教师专业发展

【上海市嘉定区教育学院】

上海市嘉定区教育局、教育学院于2018年开始建设上海市嘉定区教师研修平台（http://jyx.jdjy.sh.cn，下称“嘉研修”）并开发了相应的移动端App“嘉研修”，旨在促进研训教一体化的教师专业发展。嘉研修项目的建设为嘉定区教师研修活动提供技术基础和保障，满足研修对信息化、数字化管理的需求，形成研修数据资料，促进优质研修资源共享，系统性地提高研修效率和质量。

“嘉研修”是集在线教研、考核评价、资源整合、研修社区、数据分析、积分管理为一体的数字化网络教研平台。它支持PC端及移动端对区级、片级、校级网络研修活动的全流程数字化管理，简化教研流程，提升研修成效，建立在线学习、网络互动、社群共研的网络交互式研修模式，实现区域教研活动的数字化、一体化、精确化、覆盖化，如图2-2-7所示。

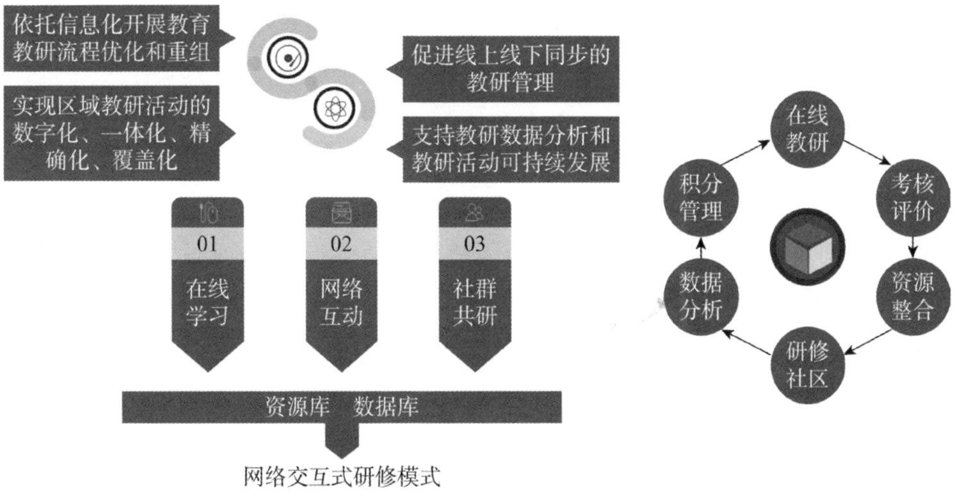

图2-2-7　嘉研修网络教研平台

嘉研修平台体现了“人人、时时、处处”的学习特征，提高了教研活动的精准度与时效性。平台的建设理念主要体现在三个方面：一是以人为本，基于教师的专业发展需要，探索协同开放的线上线下混合式研修模式，实现教师专业水平的提升。二是开放共享，坚持信息技术开放共享的基本特征，加强统筹协调、整合各类研修资源，积极推进区、片、校的三级开放共享体系建设，探索多元的教师研修生态圈。

三是创新驱动，通过创新驱动来提升教研信息化应用水平，在数字化教与学、数字化教育研究的创新实践中，聚焦教育发展的核心问题，支撑区域的教育综合改革。

一、数字化——促进教研形式的变革

嘉研修平台最重要的一点是教研活动流程的数字化，所有资料通过云端服务器同步发给PC及移动端。研修过程资料全都以数字化、信息化的方式呈现。平台功能结构如图2-2-8所示。

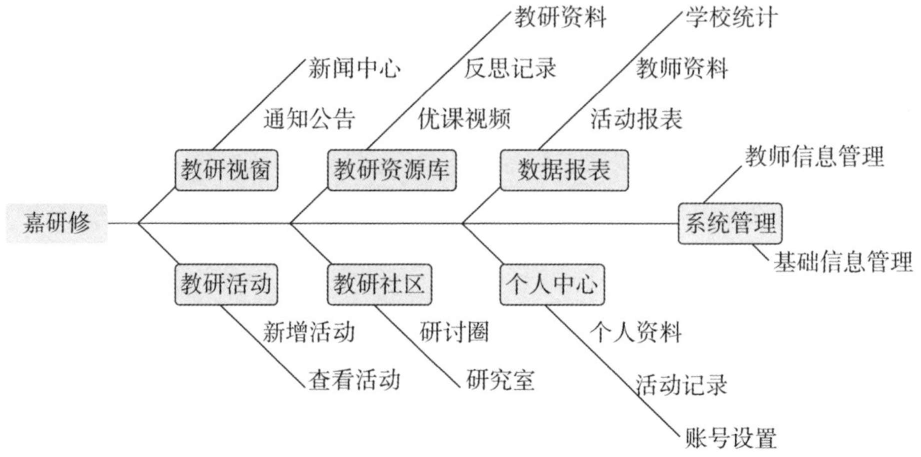

图2-2-8　嘉研修平台功能结构图

平台支持教师线上线下互动的教研，教师在活动前可随时随地通过手机查看相关的活动通知、活动信息、活动议程、活动资源，在活动中可通过二维码签到、在线评价。评价表分为教师评价表（公开课评价、讲座评价、论文交流评价）、教研员评价表、活动评价表。签到教师可在教研活动中对公开课、讲座、论文交流等进行多个维度的评分或文字互动点评，做到评价迅速、反馈及时、统计快捷，使研修工作效率更高、更轻松，教研员则可保存、导出相应评价表做资料留档。

活动中教师成员还可以通过活动讨论区进行在线文本、语音、图片的交流。活动后教师可在教研社区的研讨圈中与全区教师分享自己的活动感受、心得体会，在研究室模块可建立研修子群，与全区名师工作室在线答疑的专家进行互动，实时解决教育教学中的疑难困惑。

平台的数据报表模块对全区的教研活动数据进行收集及自动分析。其中活动报表模块里可统计分析区级、片级、校级教研活动的相关研修数据，可以按学年、学期、周次、学段、学科、年级、主题关键词等条件进行筛选导出。教师资料模块支持教研室对全区教师资料进行分类数据分析，可以按学段、学校、主副学科、年级、职称、校内教研职务、行政职务、教龄、年龄、荣誉称号、参与项目等进行数据查看及导出，辅助教研员在开展研修活动前，提前确定培训的对象人数及相关信息。学校统计模块则可以统计分析个体学校、个体教师教研活动数据，可以按学段、学校等筛选，包含教师参与活动次数、上传资源数、发帖数、个人积分等相关研修数据。

所有教师的平台账号对接市十三五平台，支持使用市级平台统一密码登入，构建完整的教师研修数据中心，积累的教师研修数据未来可支持同步至市级平台，实现教师研修个性化分析及数字画像，通过平台把教师网络研修行为与教师区本、校本研修学分认定结合。

二、一体化——支持活动信息的统整

依托嘉研修平台，研修活动组织者可以将研修活动的信息进行一体化的资源统整，主要体现在如下几个方面。

（1）汇总研修信息。教研员、片组长、校教研组长可以广泛地收集教师的意见，在教研活动前发布教研信息，主要包含以下内容：学段年级、学科、活动级别、参与对象、活动时间、活动地点、任务承担者、任务类型、管理学校、直播码、签到码、活动备注、活动资源等。引导教师预习活动内容，提前思考和准备，提升教研活动的开展效率。

（2）提供交流渠道。活动管理者也能实时地根据教研活动情况，在活动讨论区抛出问题，激发教师们思考。网络平台也给教师提供了更多发言的机会，可以在活动实录区域对活动录像、在线直播进行点评，提出优化建议，能够在有限的时间里汇集更多的观点。实时录播系统打破时空界限，能够向未能参加活动的教师提供一手的教研资料。在非正式的教研活动时间内，教师们也可以随时随地通过移动平台的研修社区分享自己的教学理念、教学设计、教学中突出的重难点和解决方法，以及改进及创新的教学手段。

（3）分享研修经验。活动管理者可以总结活动内容，汇集多方理念，传播先进教学经验。通过平台收集归纳一线教师的活动反思、活动作业，能够及时记录并反馈，帮助教师们不断转变观念，改进做法。同时平台支持活动管理者发布活动简讯，及时在区域范围内分享研修资讯。

（4）记录研修轨迹。每个研修活动的过程性资料会统一留存在独立的空间中，方便管理者调取。每个教师参与过的研修活动都将收藏在个人中心的活动记录里，就像一个个人电子成长档案袋，可供教师随时随地查阅相关资料，同时教师的研修数据也同步记录在自己的个人中心。

三、精确化——关注教师研修的需求

一线教师在自身专业化发展过程中总希望能不间断地得到骨干教师、专家教研员伙伴式的帮助，通过嘉研修平台，嘉定区全体教研员及专家可以时时处处指导教研活动。

一是依托云服务基础平台，打造研修资源库、数据库，对区级、片级、校级活动进行资料数据管理、查阅、分析，并进行统一、完整的资源标引，协助全区教师搜索合适的研修资源及研修信息，将资源与研修过程进行整合，为教研活动的可持续发展提供保障。合理发挥网络教研资源库的作用，根据实际活动需要，在教研资源库中会收录教研活动的所有研讨文字记录、视频、图片资源，包括课改示范课、学科带头人观摩课、骨干教师展示课、“一师一优课”活动优课，并配套课件素材，各校名师教案、课堂设计、教研论文等丰富的优秀教育教学资源，为教师的讲备课、教研提供强有力的资源支持。这样，在各学校开展教学研讨活动的同时，共享名师讲学之乐，教师之间共享优质教学资源。

二是实时提供重要的教育教学资讯，通过通知公告及新闻中心，让教师们及时了解有关区域教育教学的信息、区域研修活动的最新安排及资讯。同时平台资源库内有很多内容，是全区中小学教师日常必备的教育教学参考资料。

三是教研员、管理者可以通过研修平台的数据统计分析，查看区域、学校教研活动组织的频率、成效、完整度，及时调整下一阶段教研活动开展的时间、内容、形式，同时依照平台教师账户信息，筛选出适合自己研修活动的参与对象，如针对区骨干、校骨干或中心组教师，有针对性地开展定向研修培训、按需培训。

四、覆盖化——提供多层次研修渠道

嘉研修平台从2018年11月开始测试运行，2019年3月对全区研训员及学校管理人员进行了系统培训并上线运行。目前开通注册学校168个，其中高中8所、初中21所、小学42所、幼儿园70所、一贯制学校19所，其他类学校8所。共计开通学校管理账号168个，教师账号9 045个，84.35%的教师账号参与过各级研修活动。从2019年3月上线运行至6月，累计参与活动的教师签到11 635人次，上传资源937个，教研社区发帖420个，活动评论发帖2 200个。共计创建研修活动411次，其中区级活动99次，片级活动46次，校级活动266次。

同时嘉研修平台通过区域性跨学科、跨年级、跨学校线上线下互动研修形式，全方位、多层次、立体化地支持校际教研活动，共享优质教学资源，这种形式受到教师的普遍欢迎。嘉定区在这个方面做了很多有益的尝试，以“两圈四区”六个实验平台，合理布局发展品质教育生态圈，多次组织开展集团化、学区化的连片网络研修活动，各个集团学区、各校之间可以资源共享，形成了集团联盟、校际间的教研合作伙伴关系，达到了更好的研讨效果。随着区现代信息设施建设的飞速发展，未来将对平台做二期升级优化，支持常态化的网络直播教研，优化互动教研工具，升级优课视频库等功能，同时让常态化的教研活动向课程化方向发展，使每一个教师都成为信息技术的受益者、运用者和学习者。

嘉研修平台给学科教研和教师培训带来了一种创新形式，探索了教研形式的变革方向，扩大了教研活动的职能，挖掘了区域资源，使教研活动更科学、更有实效性。

基于信息化的区域课堂观察平台

【上海市黄浦区教育学院】

一、解决的主要问题

听课评课是日常教学中开展教学研究、促进教学工作交流的主要方法。在日常的听评课过程中一般采取人工纸质记录的方式，而课堂观察一般要求观课者通过制作观察表格，细化观察点，明确了观课者的职责，但就课堂而言，观课者在忙于记录时难免遗漏，而且这种记录也难免带有主观成分，因此制约了对师生教与学情况的真实全面反映。

基于对上述实践问题的思考，黄浦区开展了“基于信息化构建区域课堂观察平台的实践研究”，并被立项为2014年度的市级课题。旨在通过依托信息化的区域课堂观察平台，为教研员和教师提供实用、便捷、开放的课堂观察流程导引和实用工具，从而较为全面地把握课堂中师生教学的情形，引领教研员和教师借助对课堂教学的观察和深入分析来反思和改进自身的教研行为。

二、观课平台的主要功能

作为一个区域性课堂观察平台，应能满足各学科各学段教研员开展课堂观察的需要，具备一定的灵活性，教研员能自主设定观察指标，设定观察任务，组织学科教师参与课堂观察，并在课后即时汇总各维度的观察数据，为教研员及教师开展课后讨论时提供各类观察数据及汇总统计分析情况。

整个观课平台的运作由区教育学院、中小学校、区教育信息中心三方协同进行，分工明确，协同共进，开展了区域课堂观察信息平台的应用实践。

在构建区域课堂观察信息平台的基础上，课题组首先组织参与课题研究的教研员参加了平台应用培训。在培训的过程中，开发制作公司介绍了区域课堂观察信息平台的用户权限、发布任务、接收任务、数据统计、系统管理和评价指标等内容。随后我们组织相关教师参加了平台应用培训，最后由区教育学院教研员引领教师开展了基于区域课堂观察信息平台，以学习为中心的课堂观察实践。在这个过程中，经过区教育学院、区基层学校、区教育信息中心三方的共同努力，形成了大量实践案例。通过研究推广，目前有大同中学、格致中学、中山学校等使用平台，积累了几十个课堂观察平台实践案例，并由学科教研员引领，开展了基于观察数据的区域教研工作改进，形成观察信息与教研工作改进的互联机制，使其成为教师成长的资源。

三、观课平台的实践成效

区教育学院先后组织开展了各类培训十余次，在大同中学、敬业中学、光明初级中学、中山学校、师专附小、海华小学等二十余所中小学进行了课堂观察，中山学校作为主要研究基地，组织教师进行了课堂实践，并在课后评课过程中有效使用了这些数据，形成的实践案例如下：

1. 探究观课数据中的学生行为——大同中学高一地理课堂观察报告

2. 基于即时的实证数据，让观课议课精准聚焦英语课堂中学生的学——敬业中学高二英语课堂观察报告

3. 对学生课堂学习状态的课堂观察——来自格致中学的观课报告

4. 对学生课堂学习主体性活动的观察与分析——市南中学课堂观察报告

5. 关注学生学习状态的对照性观察——中山学校六年级政治课堂观察报告

6. 聚焦教师问题设计的课堂观察——光明初级中学六年级科学课课堂观察报告

7. 聚焦单元教学设计的课堂观察——中山学校八年级数学课堂观察报告

8. 着眼于学生学习投入与学习效果——市南中学初中历史课堂观察报告

9. 以学生学习为中心的课堂观察——北京东路小学五年级语文课堂观察报告

10. 聚焦学生学习体验的课堂观察——中山学校五年级数学课堂观察报告

11. 关注小学低年级学生学习表现——中山学校一年级数学课堂观察报告

12. 聚焦学生学习投入状态——师专附小一年级英语学科课堂观察报告

13. 对小学生在拼图合作模式中学习投入状态的观察——师专附小三年级英语学科课堂观察报告

四、观课平台的创新价值

1. 有效记录师生的教学活动，快速分类记录课堂观察到的现象，让信息系统和课堂教学的参与者共同完成任务，大大提高课堂观察的效率。通过设在区教育信息中心的课堂观察云平台，为全区中小学教师和教研员开展基于信息化的课堂观察提供了有效工具和数据服务平台。

2. 为即时的观课、评课研讨提供针对具体问题的实证分析，对课堂诊断更准确。在研究推进中，研究团队结合区域教研工作的实际需求，基于信息技术手段构建了相对分类鲜明、实用便捷的课堂观察服务与管理平台，这成为区域开展课堂研究的实践载体和有力抓手。依托区域课堂观察平台所进行的课堂观察更科学、更专业、更便利。通过对学生学习行为进行定量和定性的统计分析，对观察结果进行反思推论，更利于教师认识、理解、把握课堂教学事件，解决教学实践中的焦点问题，在数据分析的基础上反思自己或他人的教学行为，从而改进教学策略或方式，提升学生的学习效果，促进教师的专业发展。

为建设适应新时代教育发展的高素质、专业化、创新型教师队伍，上海市教委在 2019 年 11 月发布了《上海市教育委员会关于实施中小学教师信息技术应用能力提升工程 2.0 的通知》，采取“以点带面、分类实施、整校推进、学用融合”的推进策略，全面提升校长的信息化领导力、教师的信息化教学能力和指导团队的信息化应用指导力；构建“面向未来、整校推进、融合创新、精准服务”的新时代下教师信息素养培育的长效推进机制，全面推进信息技术与教育教学的融合创新发展，深入推动数据支持下的大规模因材施教的教学模式改革。各区与学校合力开展教师信息技术应用能力提升培训。

八、培育学生信息素养，对接智能时代科创上海

人才是最宝贵的资源，也是上海实现创新驱动发展、经济转型升级的关键所在。上海建设“四个中心”和具有全球影响力的科技创新中心，需要站在服务国家战略、推进改革发展的高度，加快实施人才优先发展战略，完善人才培养机制，提高人才培养质量。学生要成为技术赋能者、数字公民、知识建构者、创新设计者、计算思维者、创新交流者以及全球合作者[①]。《上海市教育信息化 2.0 行动计划（2018—2022）》中提出要加强学生信息素养培育，推进中小学信息科技课程建设，依据国家课程方案和课程标准，编制具有上海特色的多层次课程教材，逐步强化、优化编程和人工智能等教学内容。此外，上海学校还在开展 STEAM 教育、人工智能教育与机器人教育等，培育学生的信息素养、创新素养。

（一）STEAM 教育的开展

STEM 教育是通过整合科学、技术、工程和数学各学科，将知识的获取、方法与工具的应用、创新生产的过程以及情感、态度进行有机的统一，体现多元学科

① International Society for Technology in Education. ISTE Standards for Students［EB/OL］.（2016-10-12）［2020-09-23］. http://www.iste.org/standards/standards/for-students.

文化的融合创新。STEM 教育后来增加艺术学科，成为 STEAM 教育，也拓展到其他学科领域。STEAM 教育利用新的信息技术来设计、制作、分享和跨时空学习，没有标准化教学和测试，鼓励创新创造。当下，以物联网、云计算、大数据、人工智能等为代表的新一代信息技术的快速发展，为 STEAM 教育融合了许多新的元素，其中有的发展成为创客教育。

学校依托 STEAM 教育培养学生，从基于项目学习的学科素养到以项目学习为基础的创造力延伸发展，STEAM 课程引导学生“从活动中学”“从真实体验中学”，将所学知识与生活实践联系起来，解决生活真实问题，强调学习者融入创造情境、投入创造过程，不以结果作为主要评价标准。这种教育培育学生信息素养等综合能力，为科创上海储备未来的创新人才。

信息技术助力学科融合，让创意更容易

【上海市杨浦区六一小学】

一、两难问题：要车位还是要绿化

在“科创萌芽”社团课上，孩子们正讨论生活中的“护绿”行动，交流护绿心得。忽然，小刘同学发问：“小区里的绿化太多啦！爸爸每次开车接我回家，在小区里转好几圈都找不到车位。为什么不能把绿化带减少，留出更多空间作为停车位呢？”

小妍马上反驳：“减少小区绿化，空气质量就不好了。”

睿涵跳起来说：“我也觉得停车位太少！车子越来越多，怎么办？”

该如何解决小区里绿化带和停车位的矛盾呢？

二、启发思维：让创意充满惊喜

经过讨论，学生们提出设计一款“搭撤便捷的护绿停车位”。在绿化带不受损的前提下，设计一个可移动到绿化带上方的停车位。当车位充足的时候，这个停车位就撤到路面，让绿化带继续享受阳光的沐浴。这个创意能变出许多停车位，解决停车难的麻烦。

三、信息技术：让创意之花绽放

新奇的想法加上信息技术，模拟护绿停车位分 4 个方面的分解行动。

1. 车位定位系统的制作：利用 Swift Playgrounds 软件结合其他辅助软件进行编程，通过编程实现 Dash 机器人的移动，帮助它准确地找到车位。

2. 可移动车位的制作：利用马达、滑轮、支架、车位板等材料，当接通电源，

启动马达带动车位板，就会产生一个牵引力，滑轮就会带动车位移动至绿化带上方；同理，当发生启动归位的命令，滑轮会带动停车位移动至马路平面，与马路融为一体。撤搭快速高效，不影响绿化和路面畅通。

3. 模拟场景的制作：项目组学生设计了在模拟小区寻找停车位的场景。他们观察了真实小区之后，制作了模拟小区所需要的房屋模型、栏杆、马路、绿化带、小车模型、普通车位、移动车位等。

4. 人物角色的设计：为了增加趣味性，用 Dash 机器人充当需要车位的小车，让 Jimu robot（积木机器人）充当门卫和小区居民。

四、经验与启示

作为信息化标杆培育校，六一小学的预期成果之一便是借助信息技术的力量，完成学校核心项目"儿童哲学 +STEAM"课程建设。"车位与绿化"项目正是学校的探索，获得的启示有二：

1. 真实问题情境下，创意更能源源不断。案例呈现的，都是在真实情境中的问题解决。教师不"出手"，只"观望"，孩子们真真切切地自主学习、快乐成长。

2. 借力信息技术，创新更有不竭动力。信息技术助推课程发展，这也是学校创建信息化标杆培育校的应有之义。

（二）人工智能与机器人教育

《2017 年国务院政府工作报告》指出要加快培育壮大包括人工智能在内的新兴产业，"人工智能"首次被写入政府工作报告。在国务院印发的《新一代人工智能发展规划》中明确指出，要在中小学阶段开展与人工智能相关的课程建设。

为学生提供多样化、个性化课程，建立起以学生发展为本的现代课程体系是上海基础教育课程改革的一大工程。根据国家在中小学阶段设置人工智能课程的宏观决策，依据国务院发布的《新一代人工智能发展规划》等文件精神，立足上海部分中小学前期对人工智能课程与教学的探索和成功经验，编制了小学、初中、高中三个学段的线上线下互动的新课程，如图 2-2-9 所示。目前已经在一些试点学校实施课

图 2-2-9 《人工智能》立体课程

程内容，为人工智能教育做好 K-12 阶段的全贯通式教育。

“AI+ 学校”先从“AI+ 教室”起飞

【华东师范大学第二附属中学附属初级中学】

2019 年，华东师范大学第二附属中学附属初级中学（以下简称“华二附初”）被评为上海市教育信息化标杆培育校。标杆校一期的建设中，人工智能走进了华二附初学生的课堂，融入了教与学中，学校结合实际建立了人工智能教育实验室。目前学校建有初高中两间机器人实验室（如图 2-2-10 所示），利用教育机器人展开人工智能的普及教学，响应国家人工智能学科建设号召。并开展人工智能机器人竞赛和相关科技活动，促进人工智能学习氛围的形成。

图 2-2-10　机器人实验室

学校目前已经与上海交通大学学生创新中心共建创建 vex 实验室，开展 vex 基础教学，并且搭建了比赛模拟场地，为参与比赛实战做准备。

学校开设数字智能（Digital Intelligent，DI）课程，让学生参与即时挑战的比赛，用生活中的简易材料，发散思维，用科学的方法解决问题。开设 Python 编程课程，让学生学习前沿的编程语言。开设 Arduino 课程，通过编写代码来控制控件，实现智能化的控制。

华二附初在人工智能应用于教学方面取得了一定的成绩，建立了完善的机器人课程体系。华二附初将在智慧校园建设、数据支撑“N 个 100%”素质教育育人模式，智能技术的个性化学习环境、数据支撑学生数字画像、数据驱动集团一体化办学等方面继续前行。在人工智能应用于教学，打造人工智能生态环境方面，学校的探索将会更加深入。

《上海市教育信息化 2.0 行动计划（2018—2022）》在落实完成教育部提出的“三全两高一大”发展目标基础上，继续深入推进上海市教育信息化“十三五”规划提出的“一网三中心两平台”建设，以大规模因材施教和个性化学习为抓手，统一实施教育城域网接入互联网，建设上海教育云，实现教育数据统一管理，优化教育信息化项目治理，创新数字教学资源建设模式，全面推进数字学校建设，培育新时代教育信息化应用标杆学校，创新大规模智慧学习平台资源供给模式，落实网络与信息安全保障，推进师生信息素养全面提升，加强网络思政与网络诚信，以此打造安全可靠的基础设施新环境，建立机制创新的资源建设新体系，实施面向未来的学校建设新探索，构建多方参与的教育信息化新生态，为上海市教育现代化发展奠定坚实基础。

全面进入 2.0 时代，上海教育信息化不忘初心，始终以用户服务为中心，支撑教育改革和创新，努力实现三个转变：从技术驱动向育人为本转变，从碎片化建设向系统推进转变，从脉冲式应用向常态化应用转变。随着上海教育改革进一步深化，上海教育信息化取得了明显进步，为下一步教育事业改革发展创造了更大空间。

第二节　智慧教育的实施痛点

信息化为教育改革发展带来千载难逢的机遇，同时也带来巨大挑战。面向新时代，作为革命性内生变量，教育信息化支撑引领着智慧教育发展。诚然，“卓越于全球的城市”仰赖“卓越于全球的人才”，“卓越于全球的人才”呼唤“卓越于全球的教育”，“卓越于全球的教育”需要“卓越于全球的教育信息化”，上海作为全国重要的教育综合改革试验区，承担着当好全国教育改革开放排头兵和创新发展先行者的重任。我们也清楚地看到，全面进入 2.0 时代的上海教育信息化推进不是一蹴而就的，当前，智慧教育的发展只是这一阶段的开始，还存在很多的亟待解决的痛点。

首先，是技术方面仍然存在很多障碍，完美解决智慧教育的方案还不存在。其次，既往的智慧教育建设还存在以下问题和挑战：重建设，轻应用；零散性应用太多，一体化应用缺乏；数据分散，整合不够；重复建设，存在信息孤岛等。这些问题集中在教学中的表现，即是数据采集与问题处理还没有很好的解决办法，如现在的学习分析系统采集的数据大部分是事后数据，还做不到采集与分析同步进行，即便能够同时进行，也仍然缺乏兼具准确性与科学性的分析模型。

一、智慧教育实施的核心要素

“为了每一个学生的终身发展”是《上海市中长期教育改革和发展规划纲要（2010—2020年）》的核心理念，上海“率先实现教育现代化，率先基本建成学习型社会，努力使每一个人的发展潜能得到激发，教育发展和人力资源开发水平迈入世界先进行列”。深刻理解上海教育改革和发展的核心理念、战略部署、重点任务和重要举措，更加迫切地呼唤智慧教育对“个性化学习”的突破。

自人类社会诞生以来，即产生了教育这个传统的产业，伴随着农业社会、工业社会、信息社会的发展，教育并未发生翻天覆地的变化。当前的智慧教育，在信息化智能管理、教学辅助等方面发挥了重要作用，但对于学生的综合信息，包括个性、学情、学习风格等信息的采集与分析一直是个非常难突破的痛点。对学生学情的精准分析又是教学质量提升的根本，也是教育产业价值的核心点，可以说教育的智慧体现在对“精准教学”的把握上。从理论上讲，教学最好的方法是为每一个孩子建立个性化学习模型，按照个人的学习兴趣、学习风格、学习进度来掌控学习。教师可以随时随地在学习的过程中监测出一个学生的学习能力和学习盲区，继而在掌握这些学情之后进行差异化教学，不做无用功；学生也可以脱离题海战术，有针对性地查漏补缺。

在现行的学校标准化教育模式主导下，大多数学校遵循传统的教育理念，以班级集体授课模式，按学生年龄分班教学，教师按照统一步调教学，难以照顾到每一个学生。大多数学校普遍采用统一标准要求学生，用标准化的考试分数衡量学生，学生的能力得不到全面发展，个性被抹杀。用标准化考试评价学生，也不利于培养学生的创造力。个性化学习，可以说是传统教育难以突破的瓶颈问题，也是智慧教育需要攻坚克难突破的痛点。

个性化学习是上海教育信息化2.0核心。教师如何根据每个学生的个性特点进行对应性的授课，如何通过智能技术对学生掌握的知识点进行分析，包括智能批阅和推荐，这些都是智慧教育重要的内容。智慧教育要根据学习者的兴趣、学习习惯、学习风格等来开展教学，让每个人都能充分发挥出其个性化特点，全面培育全体学生。

二、上海典型信息化应用的启示与经验

（一）上海研究性学习的迭代发展

研究型课程是世纪之交上海“二期课改”的亮点之一，与综合实践活动中的研究性学习对应，旨在让学生获得项目研究的经历，培养创新精神和实践能力。课程注重在教师的指导下，学生根据自身兴趣和条件自主选择研究课题，并通过

科学研究或项目设计的方式获取知识、应用知识和解决问题。

通过调研发现，在课程实施中出现了开设率低、水平不高等现象，需要解决的主要问题包括：① 如何克服研究型课程实施中遇到的资源匮乏、导师不足、教法陈旧、管理困难等导致的课程开展普及难，避免以部分学生的深入发展掩盖对全体学生的支持不足；② 如何克服研究型课程大量纸质材料和过程数据记录、分析处理难、评价难导致的课程实施效率低；③ 如何利用技术有效地支持、引导、激励和服务学生开展深入、个性化的课题研究活动，解决大规模因材施教难。

研究型课程自适应学习平台（MOORS）

【上海市电化教育馆】

一、解决方案

本项目成果主要包括 MOORS 平台构建及基于 MOORS 的课程实施模式探索，是“互联网 +”和人工智能时代下的研究型课程与智能技术深度融合的实践与探索，是当下创新素养培育理论与实践、理念与技术、管理与评价、探索与创新的综合研究产物，属于大型教学智能支持平台研发及实施模式探索，旨在支持学校大规模实施研究型课程的教学、管理和评价。

（一）MOORS 核心组件

项目组基于学习者的能力倾向和兴趣，构建了“个性化学习者模型”；开发、汇聚优质教学资源，构建了“程序性和方法类知识模型”；从大量案例提炼建立了“个性化教学策略模型”，支持开展“工程设计”“社会调查”等 13 个领域的研究性学习。三个模型结合，构成智能支持的核心，并随实践不断进化。

1. 个性化学习者模型

MOORS 针对学习者操作、协作、探究等多种行为特点，通过描述学习者本身的特征（如个人信息、兴趣爱好等）、学习情境特征（如学习环境、技术环境、资源环境等）、学习者偏好（如学习风格、学习方法等）、学习行为特征（如操作特征、协作特征等）、研学绩效（如教师评价、成果等）等信息构建学习者模型，以便更全面地呈现学习者特征，更好地监督学习者学情和状态，进一步提供个性化学习服务和支持。

2. 程序性和方法类知识模型

知识模型是解决现实问题时用到的知识类型和结构关系。MOORS 构建知识模型时强调程序性知识和方法类知识，针对高中开展研究性学习各阶段所需的方法性知识、研究背景知识和问题解决案例等资源进行征集和梳理。同时，不同于以往根据学习者对陈述性知识掌握程度的资源推送机制，MOORS强调技能类、方法类知识，为每个知识点关联相应的研究策略和路径建议，即矩阵关联。

3. 个性化教学策略模型

教学策略模型旨在通过预先设定的教学策略来为学习者提供学习引导和支持。MOORS从大量研究型课程研究案例中抽提出研究性学习的一般范式，其教学策略根据不同研究领域（工程设计、社会调查等）预置规范化研究过程，为学习者提供研究支架，通过构建研究性学习行为分析模型，对学习者行为数据进行采集和分析，结合学习者模型和知识模型，为学习者推荐匹配的学习资源、学习策略和学习路径建议。学习者在学习过程中可随时根据需求开展记笔记、讨论、分享等来支持学习的开展。

（二）基于MOORS的课程实施模式

为更好地支持研究型课程实施，本成果结合混合式学习模式理念，形成基于MOORS的大规模实施模式，即融合学生线上基于个性化指导的项目研究过程和线下的调研探究体验：基于MOORS，线上借助智能教学助手，为学生推荐研究主题，引导学生参与规范化研究过程；适时智能推送个性化学习资源和任务，让教师有更多时间、精力指导个性化和深度学习；记录过程性数据，并转化为表现性评价，为教师管理、服务、评价学生的创新实践活动提供大数据支持。线下在MOORS支持下，学生能够在真实世界便捷开展自主探究，如调研、观察、实验等探究活动，教师也能适时掌控学情，由此形成网络空间与真实世界深度融合的学习模式。

二、应用效果

（一）平台应用概况

MOORS自投入实践以来，利用自适应技术实现了对开展研究性学习的有力支持和推进，因而受到社会各方的广泛关注，包括“第一教育”公众号、《文汇报》等17家媒体给予了报道。自发注册使用该系统的学生已达284 418名，分布于上海市控江中学、上海市育才中学、上海市进才中学、上海市吴淞中学和上海市曹杨第二中学等460余所初高中学校以及北京市、河南省、安徽省、山西省等的170余所初高中学校，从不同层面为学校提供了良好的研究性学习平台。系统在实践过程中，累计形成有效课题成果83 683项，部分学生课题成果荣获全国创新大赛奖项。学生取得成绩的同时，也使教师专业化发展效果显著，提升教育理念，提高教师指导课题的效率。

（二）应用效果

1. 有效辅助学校管理研究型课程

教育管理者可以随时了解全校师生研究型课程的参与情况，同时也可以便捷掌握教师工作和学生学习的情况。

2. 有效辅助教师开展研究型课程教学

通过自适应推送学习资源和任务，减少教师的重复讲授，从而让教师有更多时间和精力指导学生的个性化和深度学习，促进学生研究水平的提升。通识、通法和通用技能的教学完全外包给信息系统完成，从而减少了教师 70% 以上的备课时间；教师也可以使用该系统组织课堂教学，一个教师可以管理全校上千名学生的课题研究，也支持更多教师参与进来，提供跨学科知识领域的学习指导和帮助。

3. 变革资源共享新方式

系统突破传统教育资源配置结构，稀缺的专家教学资源得以释放，促进了优质教育资源的普惠推广。项目共开发了 2 680 分钟的研究型课程教学微视频或动画，方法指导案例 150 万字，优秀研究报告实例 106 个。这些资源经元数据标注后，构成了研究型课程教学资源知识图谱，通过智能推送，可以让金山区、崇明区的学生和七宝中学、交大附中的学生一样，随时得到教育专家提供的教学指导，从而抵消因为地域、经济水平带来的教育不公平，创造了全新的优质教育资源供给方式。

4. 沉淀大量研究型课程过程性和结果数据

2017 年，系统有 2 000 多个课题数据一键同步到上海市普通高中学生综合素质评价信息管理系统，成为学生综合素质评价“创新精神与实践能力”模块信息的组成部分，为上海高校自主招生提供实证参考，支持“两依据一参考”的高考改革，促进教育治理现代化，并将在教育规律挖掘和人才发现等领域持续发挥效应。

三、反思与发展

MOORS 的目标是实现学生大规模在线开展个性化研究性学习，旨在为每个学生在最能学、最擅长的领域制定个性化的课程方案，随时随地都能得到研究指导。MOORS 的特征可总结如下：一是个性化设计学程，依据学习者模型，设计研究导航；二是资源智能推送，根据用户行为，智能推送学习资源；三是数据自动化归类，精准记录学习轨迹，研究档案、结果数据一键导入综评系统，为高校提供可靠的评价依据；四是情感激励功能，及时提醒和鼓励；五是结对研究、团队成长，异度空间组建研究学伴，社交互动；六是便捷终端自适应，移动跨屏。

在具体实践中，不再单纯强调技术取代一切，而是将线上学习和线下实践相结合，采取混合式研究性学习模式来更好地提高学习者的学习效果。MOORS 运行至今虽取得了较好的效果，但也存在不足，将从以下方面继续深入探索和实践。

（一）基于知识图谱实现知识关联的教育资源分层融合

知识图谱技术是进行海量教育资源组织、表征与管理，实现教育资源融合的关键技术之一。本研究在实施过程中已针对性征集和建设了部分研究性学习资源，下一步将基于知识图谱技术继续征集和建设研究性学习资源，并对在线教育中大量的配套教材、教辅书籍、讲义文本和讲座视频等进行数字化与知识标注，探索运用技术和算法构建具有知识间关联描述的知识库，建立知识主题群组，初步形成研究性学习知识图谱。通过知识、知识主题与教育资源的相关性分析，实现基于知识的教育资源分层融合；以教育资源为载体，描绘学习者在知识图谱上的学习路径，为学生提供智能化、个性化的研究性学习服务。

（二）丰富基于物联网技术的学习状态数据采集

目前，平台实现了在线学习行为数据的采集功能，在下一步功能构建中，将探索基于物联网和感知技术，利用穿戴设备、语音、视频等多模态交互方式，基于媒体分析、识别和理解，收集学生参与研究性学习时的面部表情、肢体动作、脑波反应等数据，研究智能化的用户在线辅助学习技术，支持更准确的学习者特征描述，不断修正个性化学习者模型。针对多摄像头学习环境，面向在线的动作辅助学习，通过传感器数据研究细粒度的动作识别和动作质量评价。

（三）通过大数据和人工智能技术，促进系统不断进化

作为可以利用技术不断进化的智能支持系统，随着数据的积累和技术的优化，基于大量理论研究和实践数据支持推理引擎的校准，为学习者模型、知识模型和教学策略模型的自我进化等提供支撑，实现更加精准的个性化服务、更加便捷的教学管理，以及更加科学的评价。

（四）基于大数据的研究性学习评价关键技术研究

目前教育领域的教学过程分析与绩效评价存在缺乏大数据驱动的科学测量方法的问题，研究面向不同情境的分层多维教学绩效评价指标体系，并在人机混合增强智能技术支持下构建教学评价常模；研究多模态数据协同的语义分析与理解关键技术，实现语义协同分析计算框架，对数据的智能分析提供基础；研究时空数据的智能分析与挖掘，计算教学过程中的学习产出、情感演化、学习路径、社交关系等教学绩效关键要素，辅助面向学生、教师和教学过程的监测干预和预测优化。

（二）上海学校智慧教育初形态及存在的问题

学校的新形态主要体现在学习空间再造、课程体系重构、学习方式变革以及教

学模式创新等四个方面，以培养符合21世纪发展需要的创新型人才。上海学校在市智慧教育顶层设计、标杆校工程推动下，呈现了“数据驱动下的大规模因材施教”智慧教育初形态。例如：黄浦区卢湾一中心小学通过建设“智慧云学校”，打通备课、上课、作业、辅导、评价五大环节，进行伴随式无感知数据采集，利用AI、大数据等科技手段，助力教育教学、促进教师专业成长，提升学校综合管理水平。徐汇区教育学院附属实验中学关注到学生的层次、个性特长、兴趣爱好各不相同，试图解决学生的自主学习、差异化学习的问题，从本质上抓到了智慧教育的核心。学校依托“课程地图”网络平台，通过课程网络平台与网络课程的架构与开发，构建了具有本校特色的课程网络教学和学习平台，打造向全校师生开放的网络学习环境，探索促进学生自主学习的网络教学策略和有效学习策略，记录学习轨迹。普陀区曹杨实验小学，建设常态化个性学习的e乐园，以丰富的课程资源贯穿课前、课中、课后，融合校内与校外，联结线上与线下，实现了全年段、全学科覆盖，惠及全校1 200余位师生，使学习更个性。上海市川沙中学进行高中古诗文教学中微视频课程资源的开发与应用，一共完成了100篇、近1 600分钟的古诗文微视频的录制。选文的全面性增加了微视频资源的系列化、课程化，有效提升了学生古诗文学习的文体意识。宝山区宝虹小学以数据驱动的精准教学与评价为每个学生提供最适合的教育。

虽然许多学校开展信息技术与教育教学深度融合，经过多年的实践探索，学校在基础教学设施、硬件基础建设、网络环境建设、数字校园应用等方面取得了一定成果，教育理念得到了充分彰显，同时促进了学校管理水平和综合软实力的有效提升，但还面临着以下问题：

1. 学校多个单一业务系统缺乏统一的支撑平台

学校已部署的一批教育信息化应用系统大多为“按需、逐个、独立”的建设，形成了“数据孤岛”“应用孤岛”“硬件孤岛”“资源孤岛”组成的“孤岛架构”，建设的内容都是以单一场景需求为核心的单体业务系统，封闭技术架构带来的冲突使整合难度加大。

2. 匹配的教育资源欠缺，教学应用难以常态化开展

许多学校初步完成数字化的教学资源检索率和利用率较低，与信息化教学应用结合度较低，无法成为可即学即用的常态化数字资源。

3. 应用系统偏“课外”操作，常规教学仍偏向传统模式

许多学校的信息化应用是教务管理类和课外学习等非日常教学类应用，功能上也需要升级迭代。信息化工具无法有效支撑日常教学的提升和教师的专业发展，学校有丰富的课程体系，但缺乏系统层面的资源建设和教学应用系统的支持。

4. 数据采集成本较高，无法覆盖教育教学全过程

许多学校目前的数据采集手段相对单一，采集覆盖的场景和教学环节相对零散，无法实现对教学全场景、全过程的伴随式采集，从而导致数据质量相对较低，使得分析决策信度偏低，无法真正发挥数据分析，特别是大数据分析的应用价值。

三、智慧教育实施亟待解决的痛点问题

智慧教育的终极目标指向“人的培养”。“个性化”作为智慧教育的内核，是教育者自古以来“上下而求索”的美好理想[①]。有学者指出，教育信息化2.0阶段“至少需要经历30年甚至50年[②]”。从上海市、各个区、各类学校的智慧教育探索实践看，学习平台与空间、优质学习资源、数据驱动课堂教学、教师素养提升方面还存在亟待解决的痛点问题；从整体看，还未形成政企校协同合作的生态建设应用模式。

（一）缺乏支持教与学全过程一体化的网络学习空间

学习空间是教育信息化2.0的核心任务，教育部于2018年4月发布的《网络学习空间建设与应用指南》，推动各地启动学习空间建设。学习空间应当是线上、线下融合的无缝学习环境，不仅能为教学提供实景、多学科融合的学习环境，同时还是为教师、学生以及家长提供多种工具、技术以及应用的源头，就像智能手机上的App，方便快捷地满足应用需求。

教育信息化2.0理念下，对技术支持的学习空间提出了更高的要求。学习管理系统（learning management system，LMS）提供了课前、课中、课后完整的学习空间支持，集教学、学习与管理功能于一身，为辅助教师开展教学活动，以及实现教学交互提供了有力的技术支撑。国际使用较为广泛的学习管理系统有Blackboard、Moodle和Sakai三款，相对来讲，学习空间在高等教育领域已经有较为成熟的应用，在基础教育领域还未形成全空间一体化的应用。每一位学生都是独特鲜活的个体，功能完备的虚拟学习空间能够很好地承载个体的特性，也对教师的教学管理起到帮助作用。

上海网络学习空间以数据服务为核心，以服务于中小学教师专业成长和学生学习与成长为主旨，实现K-12阶段学生一站式立体化的评价、管理和服务，也是教师教育教研管理为一体的教师成长服务体系。上海网络学习空间按规模分为

---

① 恽敏霞．从数字化到智慧化：区域智慧教育的探索与思考［J］．中国教育技术装备，2019（23）：4-6．

② 祝智庭，魏非．教育信息化2.0：智能教育启程，智慧教育领航［J］．电化教育研究，2018，39（9）：5-16．

个人空间和机构空间，按类别分为学生空间、教师空间，并集成了公共应用服务和数据。目前阶段，空间的应用还需要师生教学理念的提升、活动的推进。

（二）缺乏支持个性化学习的优质视频动画资源

根据调查显示，教师、学生普遍认为目前适合个性化学习的优质资源还比较缺乏，尤其是带有互动性、适合学生自主学习的资源。教育信息化经过近20年的发展，互联网上的教学资源既丰富又繁杂，但并没有得到充分的利用，还是呈现为一个个“信息孤岛”、封闭的“知识仓库”，学习资源静态化、碎片化，利用率低，满足不了学习者个性化学习的迫切需求。在传统教育中，学习通过班级授课进行，大家都是同一内容、同一进度、同一起点，而事实上，学习者已有的知识千差万别，这种整齐划一的教学方式在某种程度上抹杀了学习者的个性、独立性与学习尊严。这是以往教育最大的弊端。富媒体学习资源提供与课内教学同步、全知识点体系的在线教学资源支持，学习者自主选择互动性学习资源，进行差异化学习、自适应学习，真正的“因材施教”才可望得以实现。

（三）还未全面形成以数据为核心驱动的精准教学

在信息时代，数据已成为重要的战略资源。对教育数据进行深度挖掘，是现阶段加深教学理解、提升管理效率、实现“个性化学习”的有效路径。教育数据分析专家将所获取的学习数据进行挖掘与分析，提取其特征信息，找出当前存在的问题，或对学习者进行学习行为画像，通过分析这些“画像”数据，对学习者的学习行为、习惯、兴趣进行解读，在教学上可以顺应其学习偏好，为教师的精准教学提供决策服务。由于教育活动是一个复杂大系统，学习全过程数据伴随式采集、处理，为每一个孩子建立起学习模型，还存在很大的难度。

（四）教师信息素养还存在一些短板

技术是教育信息化建设的动力，教师是新技术的使用者和重要推动者，但让我们遗憾的是“广大学科教师挣扎于对教育技术的变幻莫测和用处的困惑之中[①]”。经济合作与发展组织（OECD）在2019年6月发布的“教师教学国际调查（TALIS）”报告称：上海教师专业发展多项指标领先，而在课堂教学行为上，优势与不足共存，如在“促进学生自主学习”的行为方面，仅有24.3%的教师经常让学生使用信息和通信技术（ICT）完成项目或作业（OECD国际均值为52.7%），这也是上海教师急需提升的短板。让所有教师参与有意义的创新教学实践及专业发展，是成功实现技术整合的关键。目前很多自上而下、一刀切、被动接受培训的

① 任友群.学科教师是技术与教学融合的关键[N].中国教育报，2013-11-29（8）.

行为对教师信息技术能力素养提升帮助不大，而一些个性化嵌入工作的专业发展很好地支持教师作为终身学习者提升素养。

（五）政企校一体共建的协同合作模式刚刚起步

为应对新冠肺炎疫情，全国各地进入大规模在线教学实践，回顾反思这段师生全员参与的“互联网 +”教学实践，一方面对信息技术支持下的教育教学改革创新有很大的促进作用，另一方面也为上海基础教育信息化在“政企校合作”模式支撑在线教育的历程中留下重要里程碑。

广义上“政企校合作”的概念是指政府、产业界、学校在人才培养、科学研究和技术服务等领域开展的合作活动。一般意义上的“政企校合作”是指各级政府与企业、职业学校合作，探索产教融合、校企合作、集团化办学新模式，共同培育人才。现阶段，信息化领域的“政企校协同”呈现了新的发展趋势，企业由原来对学校、对政府的 IT 管理服务型业务支撑，转向企业与政府合作对学校教育教学主体业务支撑，学校反馈给企业业务需求，循环改善项目功能。

在 K-12 教育领域，除了少部分学校配备信息化开发能力较强的人员，大部分学校的信息化平台安全、服务等需求还是由外部力量来保障。其中，学校的共性需求很多都是由区域教育信息化提供，个性特色需求由学校对接具体企业，与企业共商共建，合作共建。目前，“政企校合作”少有深入教育教学层面的案例，之前少部分的合作案例基本是面向信息化安全、IT 外包等管理服务的。

一般的企业以追求利润为目的，信息化也不是学校的专长，校企合作需要企业有比较大的投入，需要花费较大人力、资金，磨合需求，而利润的产出相对较慢，导致一些企业跟 K-12 教育领域学校合作意愿不强，积极性不高。而学校是一个长期的固定组织，管理者及使用者教师也相对稳定，市面上很多企业则存在太多不稳定因素，项目经理的更换、技术人才的流失，甚至倒闭，这些都会给学校造成合作项目的中断、沟通协作不顺畅。学校的主体责任是教育，分出精力判别公司产品、管理信息化项目，则缺乏相应的能力与精力。

疫情期间，对于中小学在线教育工作，上海市委、市政府高度重视，市经济和信息化委员会、市公安局、市文化和旅游局、市广播电视局、市通信管理局等部门给予了大力支持，文广集团及东方明珠、万达信息、中国电信、中国移动、中国联通、腾讯、钉钉、晓黑板、哔哩哔哩等单位同步参与直播并进行技术保障。其中，作为市教委组织实施本市中小学在线教学活动的官方网站上海微校（上海大规模智慧学习平台，https://smile.shec.edu.cn/）承担着此次“空中课堂”有关信息发布、课表公布、教学资源汇聚任务，并与其他第三方学习平台共同承担资料分发、课程点播等功能。

疫情期间的政企校协同合作探索了未来信息化智慧教育建设的新模式。由政府主导，汇总学校需求，市、区、校联动，引入企业，共同参与到信息化建设中，企业在与政府、学校的合作中获得成长，实现共赢。未来我们还需要逐步构建政企校“三位一体”共建共管的智慧教育长效运行机制。

第三节 智慧教育的支撑技术

在上海市教育信息化 2.0 理念引领下，市、区已达成共识：智慧教育即教育信息化，指在教育领域全面深入运用现代信息技术来促进教育改革与发展的过程。智慧教育的技术特点是数字化、网络化、智能化和多媒体化，基本特征是开放、共享、交互、协作、泛在。依托人工智能、物联网、云计算、无线通信等新一代信息技术，将打造新型教育形态和教育模式。教育有可能发生革命性的改变。智慧教育的提出，是因人工智能、大数据、“互联网 +”及 AR/VR 等技术的快速发展与普及应运而生的[①]。

一、人工智能，智慧教育的核心技术

深度学习、知识图谱、人工神经网络等人工智能技术的迅猛发展，驱动着社会从“互联网 +”进入“人工智能 +”新时代。在人工智能时代，人工智能技术与教育融合，衍生出一种新的教育状态——教育人工智能。教育人工智能的应用与之前信息化教育存在的“技术本位”有着不同的特点，它非常强调“人机协同”，学习者利用智能学具实现建构性学习。教育人工智能是人工智能与学习科学相结合而形成的一个新领域，教育人工智能重在通过人工智能技术，更深入、更微观地窥视、理解学习是如何发生的，是如何受到外界各种因素影响的，进而为学习者创造高效学习的条件[②]。目前看来，教育人工智能还没有形成稳定的教育形态，具有极其广阔的发展前景。在人工智能某些领域，形成了成熟的应用场景，主要有：智能测评、德育评价、知识图谱、教育机器人等应用场景。

① 钟绍春 . 人工智能如何推动教育革命[J]. 中国电化教育，2020（3）：17-24.

② 闫志明，唐夏夏，秦旋，等 . 教育人工智能（EAI）的内涵、关键技术与应用趋势——美国《为人工智能的未来做好准备》和《国家人工智能研发战略规划》报告解析[J]. 远程教育杂志，2017，35（1）：26-35.

（一）人工智能技术的应用场景——智能测评

自动化智能测评是人工智能教育具有的优势，智能技术将教师从重复、枯燥的劳动中解放出来，以便真正发挥教师在育人方面的优势。借助技术的力量，能够让教学与学习更加智慧化。例如，只需简单地拍照，就能对速算作业自动进行检查和判分，代替了教师烦琐的劳动。又如，基于智能语音分析技术，以音素为粒度，对发音的准确度、完整度、流利度、重音、实际发音对应的音标等维度进行全方位评测，并能对发音情况进行错误定位、纠错及分析，客观反映学习者发音水平，方便个性化自学测评。

智能测评包括纸笔测试的自动评判、交互式计算机测评、基于多模态数据的评价。目前中高考英语口语测试即是应用智能测评技术进行评价。事实上，人工智能技术不仅是在试题生成、自动批阅、学习问题诊断等方面发挥重要的评价作用，而且可以对学习者学习过程中的知识、身体、心理状态进行诊断和反馈，在学生综合素质评价中发挥不可替代的作用。具体应用场景有：学生心理健康检测与预警、学生体质健康检测与发展性评估、学生问题解决能力的智能评价、学生成长发展规划、学生职业生涯发展规划等。由于目前受限于采集数据的设备端技术能力，以及学生全面成长数据采集存在的困难，还较少见到能够深入到学习者全过程中集成内化数据的客观测评。

智见AI，预见未来

【上海市晋元高级中学】

为了进一步优化教育供给，落实“建设智慧学习环境、提供精准助学服务”，晋元高级中学试点推进了“AI学智慧教育平台”项目（以下简称“AI平台”）。该平台可以对学生学习过程进行实时的分析，记录作业、训练、测试相关数据，及时提示教师引领学生的学习过程，可以提高教学服务的即时性和精准性。

一、AI见课堂

高二的数学习题课上，教师首先在AI平台教师端有选择地点开学生在课前平台作业中呈现出来的易错题、常错题和不应出错的题目，然后调取相关学生的作答情况，一并推送到AI平台的学生端。通过比对，学生能够准确地找到出错点，并主动纠错。AI平台新增了一项可以对学生作答时长进行记录的功能，这项功能是教师最心仪的。从学生答题的时间，不仅可以分析出题目的难易程度和学生的掌握程度，而且还能及时发现平时做题态度不认真的学生，有效杜绝抄作业的现象。利用这个功能，教师在课上的提问也变得有针对性，有懈怠心理的学生在教师“精准”的“盯防”下，也越来越认真地进行自我反思和分析，课堂教学效果明显提升。

二、AI 见课后

布置传统纸质作业时，有些教师最头疼的就是批改作业。耗时耗力的“无效劳动”，让教师根本没有精力顾及全体学生。不能精准掌握学情，就无法组织有效的教学。使用 AI 平台布置作业之后，平台可以实现对作业的自动批改，并将每个学生作答情况形成详细的报告第一时间推送给教师。通过查看报告，教师可以轻松地掌握每个学生的学习情况，有针对性地及时调整教学，基于数据科学指导学生学习，提高了教学效率。相比于传统纸质作业方式，利用平台每日向学生推送的题目可以随课堂的变化灵活调整，题目更有针对性。此外，平台还能将关键性的错题在下次作业中再次推送给学生。学生二次完成的错题，平台还会进行批改和统计。在这样的反复记忆和练习的过程中，学生对关键知识点的掌握程度明显提升。由于无纸化的作答方式与传统有纸化作答方式的不同，也能够有效杜绝由于学生死记答案而造成知识点已掌握的假象，检验出学生的真实水平。

“AI 学智慧教育平台”是晋元高级中学未来三年教育信息化工作重点推进项目，已经在高二年级的数学课日常教学活动中开展了半年多的试点应用。目前，项目推进顺利，应用效果良好。无论是试点教师平台使用频率，学生端的自主学习刷题频率、作业完成率和提交率都保持在一个相当高的水平，为后续精准刻画学生的个体行为特征，以及为教师教学改进提供可靠的依据奠定了良好基础。

（二）人工智能技术的应用场景——知识图谱

知识图谱技术是人工智能技术的重要组成部分，也是人工智能在教育领域极其有价值的应用。它建立的具有语义处理能力与开放互联能力的知识库，可在智能搜索、智能问答、个性化推荐等智能信息服务中产生应用价值。《上海市教育信息化 2.0 行动计划（2018—2022）》，明确提出“探索基于知识图谱技术的智能化、自适应学习方式，打造教学资源众筹众创、统一标准、开放建设的上海方案。建立优质资源供给新模式和共建共享新机制，以机制创新提升资源建设的效能”。2017 年，上海市电化教育馆正式启动“基于学科知识图谱的自适应学习平台”项目，尝试探索教育领域学科知识图谱的落地方案。教育知识图谱主要是利用知识图谱的方法来描述教育领域知识及知识间关联关系的集合。关于教育知识图谱的概念及内涵，学界还没有统一的定论，也较少见到完整成体系的教育知识图谱学科应用，但是上海从市级和学校层面已经开始了一定的探索。

基于可视化微知平台的多维度知识联结图谱构建探究

【上海市杨浦职业技术学校　陈艾娜】

常规的知识梳理依据是教材的章节体例，它的安排是先后模块学习关系，其逻辑关系一般是单向的，且各章节知识之间很多情况下并没有联系。若能运用立体思维导图工具，发散性地进行知识梳理，就可以做到各章节多维知识联结，深度全方位梳理，可以将知识灵活应用，举一反三，记忆深刻。

“酒吧服务”课程往往采用 PPT、微课等现代教学技术手段，能较好地传授知识，但是无法做到师生交互，无法检验学生过程化的学习成果，单一化的教学手段也会让课堂教学气氛变得令人疲劳。因此，丰富信息化教学手段，专注开发信息平台，才能一改课程的传统教法，有效率地传授知识与技能。

一、解决路径和思路

（一）微知平台知识图谱构建技术线路

以翻转课堂为视角，将传统的“酒吧服务”课程常规章节的知识打散，以 20 款常见鸡尾酒制作为中心，从“红粉佳人”鸡尾酒制作出发，运用头脑风暴方法，找出相关的上级知识点、下级知识点、二级知识单，以及知识点之间的关联，把传统的“酒吧服务”课程的知识转变为具有归属性质和逻辑特征的知识网，初步形成“一张知识逻辑图”与“一张知识资源关联表”，即酒吧服务的“多维度知识联结逻辑图”和“以闯关模式为学习主线的知识点与资源间关联表”，以这两样结构图作为开发微知平台的支撑思路，整合与设计学习平台，如图 2-2-11 所示，并将资源按照知识点联结关系导入平台，形成学生的“两条学习线路”，即第一，多维知识地图学习线路，以晶体形状知识地图呈现，实现酒吧服务微知识的多维度联结；第二，酒吧岛学习线路，属于另一个维度的知识学习地图，以酒水分类、饮料分类命名形式呈现，体现知识学习之间的前后逻辑关系，形成入门知识—专业基础知识—技能知识体验—学习检验四个阶段的学习主线，并以此为依据设计酒吧岛的相应馆，如职业入门大厅、金酒馆、伏特加馆、咖啡馆、技能体验馆和终极挑战赛馆等。

通过实验设计，将承载于该平台的两条线路的学习资源作为翻转课堂的有效教学素材，从课前、课中、课后三个时间实现学生的自主学习，而“多维知识图谱”作为本课题的重点，更是帮助学生梳理所学知识，厘清知识之间联结，达到融会贯通的目的。

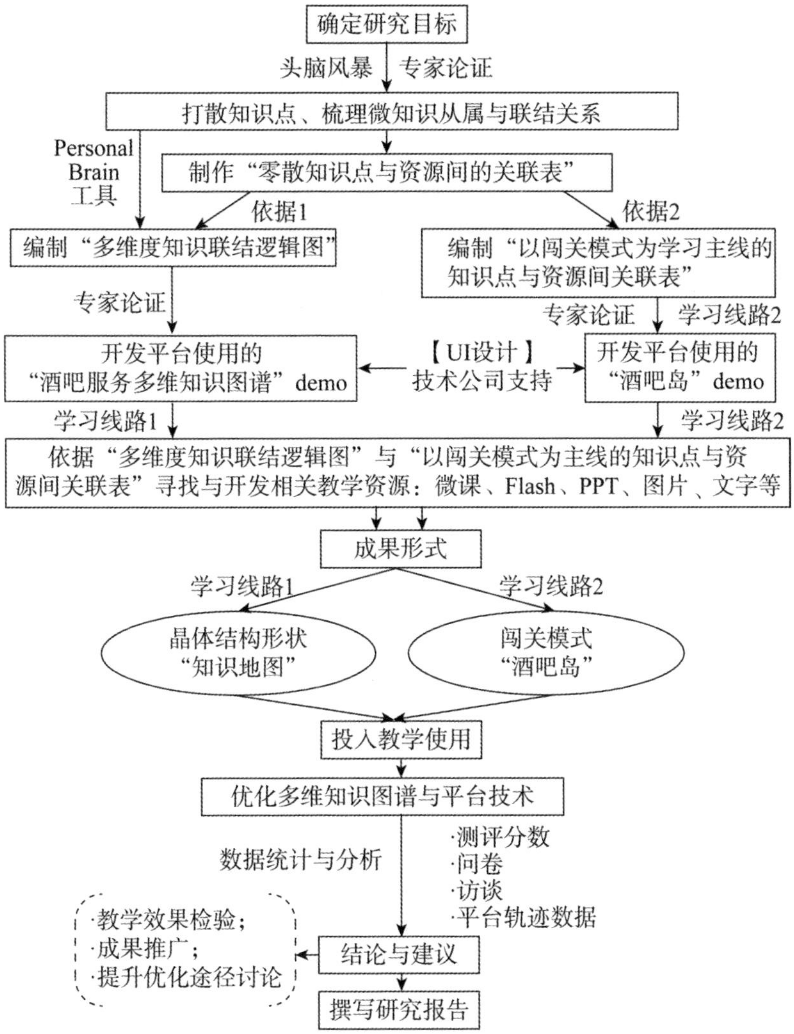

图 2-2-11 “酒吧服务多维度知识图谱”技术线路

（二）微知平台多维知识图谱构建具体方法

1. 以鸡尾酒调制模块为出发点，发散构建多维知识关联逻辑图

首先，将原本传统的“酒吧服务”课本中章节的知识点全部打散，并以调酒技能模块为重点，从鸡尾酒“红粉佳人”的调制出发，寻求红粉佳人的制作配方、制作方法、载杯、装饰物的发散知识点（称为子知识点），如：制作配方中包括金酒、君度、红石榴糖浆、柠檬汁、蛋白等，然后在这些子知识点中再寻求二级子知识点，例如：金酒（子知识点）代表品牌有哥顿、Beefeater、Bombay、Tanqueray等（二级子知识点）。在这些二级知识点以外，通过 Personal Brain 思维导图工具，自动寻找到与其他知识点关联的联结。例如：金酒作为红粉佳人鸡尾酒中的

重要基酒，在“长岛冰茶”和“俄罗斯人”鸡尾酒中也用到，通过 Personal Brain 工具，自动将两者进行联结，并且提示金酒是蒸馏酒，这样便自动形成一张知识关联网，如图 2-2-12 所示，它能有效帮助学习者快速梳理知识体系，举一反三记忆知识点。

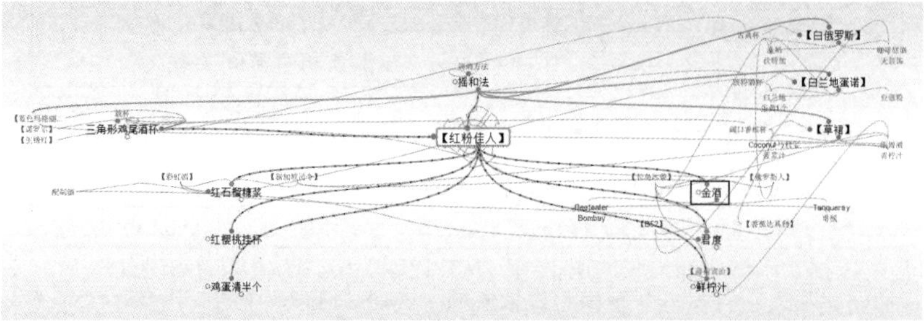

图 2-2-12　以红粉佳人鸡尾酒为出发点的配方知识结构

2. 以“零散知识点与资源间关联表”为结合点，开发教学资源

在梳理“酒吧服务”课程多维知识联结逻辑图与制作各项零散知识与资源间关联表的同时，我们开始以此为依据进行各类教学资源的开发，包括微视频、微课、PPT 课件、文字介绍、游戏软件等。运用相关软件对现有的“酒吧服务 1.0”精品课程的教学资源进行整理、编辑与提升，更新为具有更多信息量的高效学习资源，如微课“调酒方法”“各类装饰物制作”等。此外，鉴于咖啡知识模块是课标中的新增内容，课题组依据咖啡知识关系网，花大量时间积累与开发学习资料，其中包括各种微课程如“Espresso”“Coffee Latte”“Mocha”“Cappuccino”“Fresh Coffee”“仪容仪表规范”等。

3. 以闯关线路的设计为创新点，重组“馆”导向酒水知识体系

按照酒吧岛学习主线的设想，将打散的知识点重组设计为以“馆”命名关卡的闯关模式，进而形成了具有前后线性逻辑的知识体系，这也是学习线路 2 知识体系设计实现的关键点。总体设计为 15 个馆，按照闯关模式的先后顺序，分别有职业入门讲座大厅、酒吧陈列馆、金酒馆、伏特加馆、威士忌馆、特基拉馆、朗姆馆、白兰地馆、调法秘籍馆、酒品珍藏馆、软饮料馆、咖啡馆、酒吧经营馆、终极挑战赛场和成果收获颁奖台。酒吧岛学习线路的设计，主要帮助学生建立旧知识与新知识前后逻辑应用联结的能力，并且让学生能经过认知—学习—体验—挑战检验—成果评价这几个阶段顺利完成知识的学习，同时闯关模式的设计可以在学生自主学习中创建生生间的竞争意识，增强个人学习的主动性，提高课前知识输入的参与度。

4. 以功能形象的设计为落脚点，打造游戏竞争式互动学习平台

通过UI设计，确定三功能板块：酒吧岛、知识地图、后台管理，并对两条学习线路形象做精心设计，分别以晶体结构形式和酒吧岛形式呈现。平台用户界面友好，轻松实现游戏式的自主学习，其中的闯关模式学习方式激发学习积极性，得分的比较也无形中增强了学生之间学习竞争性。

如前所述，为更好激发学生在游戏中学习，在学习中竞争，我们采取学习轨迹跟踪评价技术，嵌入用户的学习功能区，实时反馈自我学习的状态。后台则第一时间获取学习者的学习轨迹，比如：进入金酒馆停留的时间长度，点击的PPT和视频学习的时间，每个馆内的测评分数，登录签到时间等，以此得知学生课前自主学习的细节，而这些学生学习的过程性资料为后续的课堂教学效果差异性比较的数据分析提供有力的帮助，从而真正为学生打造一个游戏竞争式的互动学习平台。

二、实践和推进过程

（一）微知平台学习线路呈现形式

1. 学习线路1：晶体结构多维度知识地图

如图2-2-13所示，在使用知识地图过程中，每点击一个知识圆点，将显示与它关联的一级子目录，并将其他分支的知识点全部淡化，方便清晰观察某一个支点的直接关联关系。此外，点击每一个支点圆点，都会弹出相应的配套教学资源，包括图片、PPT、视频、文字等文件，让每个知识点的内容通过语言形式与非语言形式进行输出，按照“双编码理论”与“联想记忆理论”的基础要求，通过媒介将知识与资源有效地联结起来，方便学生高效地获取、存储和提取知识。

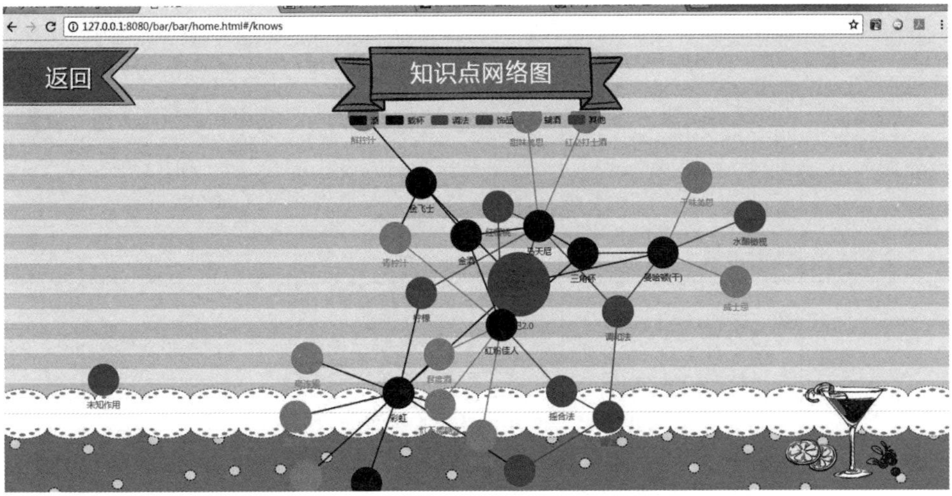

图2-2-13　晶体形状多维度知识结构图谱

2. 学习线路2：酒吧岛学习地图

（1）创建闯关特点之多个场馆，形成进阶学习模式

微知平台设计的酒吧岛是一个依据旧知识与新知识相互衔接，具有逻辑关系的知识地图形式，它展现的是时间上的新旧知识的联结。酒吧岛是一个界面为卡通风格的岛屿知识地图，学生像玩网络游戏一样，操作“酒吧精灵”在酒吧岛上自由行走，进入各个场馆进行调酒知识的学习，每学完一个场馆知识，将会有相应的量化测评分数，这样使原本枯燥的知识点变得生动有趣。酒吧岛总共有15个馆，各馆内的知识点都有相应的配套资源，包括文字、图片、视频、测试题等。场馆的画面设计卡通，强烈的视觉冲击感、身临其境的感觉能增强学生的学习兴趣。

（2）量化各场馆阶段学习成绩，营造竞争学习氛围

每个场馆都有相应的知识测试，并且在调法秘籍馆中的“体验区”嵌入了精品课程1.0开发的“调酒大师”软件，方便学生自主学习与记忆配方，以及对鸡尾酒制作初步技能的掌握。在最后阶段的终极赛场挑战馆中，依然嵌入调酒大师软件，是对之前所有技能知识与理论知识的全面检验，并且采用按照量化得分排名制度，这种模式大大提升了学生的积极性与竞争意识。

（二）多维度知识图谱构建教学方法与传统教学方法的实践对比

基于观察、访谈分析，笔者对多维度微知识图谱构建的教学方法与传统的教学方法进行对比，以此分析其优势。为了能量化不同教学方法对于各比较项的影响程度，我们给予各项指标的强度分值赋分1、2、3分，以此形成量化研究表。具体两者比较细节如表2-2-1所示。

表2-2-1　传统教学方法与微知平台多维度知识图谱构建教学方法对比

比较项	传统教学方法	分值	微知平台多维度知识图谱构建教学方法	分值
教学模式	教师“教”，学生“学”	1	学生“学”，教师“指导”——翻转课堂	2
预习参与频率	较低	0	较高	3
自主学习方式	依靠书本、网络资源	1	微知平台	2
资源呈现形式	传统框架目录如精品课程课件、word、视频	1	游戏界面 晶体形状学习线路1 酒吧岛学习线路2 （含课件、微课、文字、图片）	3
兴趣度	不高	1	较高	3
学习主动性	不强	1	较强	2

（续表）

比较项	传统教学方法	分值	微知平台多维度知识图谱构建教学方法	分值
学习轨迹	较难捕捉，限于课堂	1	平台数据统计，易于课前—课中—课后全面捕捉学习轨迹	2
学习成绩	考题、技能操作、分数形式呈现	1	除卷面和技能操作外，可以实况转播记录考试操作过程	2
思维导图	传统使用树状图、流程图、 组织图——单向单维度	1	使用发散性思维图谱形状，各节点自动联结——双向多维度	1
测试成绩	均值 71.2667 P=0.00 前后变化显著	1	均值 81.90，P=0.00 前后变化显著	2
竞争意识	不强	0	较强	2
得分		9	得分	24

通过比较可知，微知平台多维度知识图谱构建运用的主要价值在于：

第一，依托微知平台，有效拓展学生学习的时间和空间，变课中集中教学模式为课前—课中—课后全过程学习的教学模式，有利于实现翻转课堂，大大提高学生学习效率。

第二，依托线性与立体思维相结合思路，设计酒吧岛和晶体结构知识图谱的发散性学习线路，帮助学生全方位深度梳理知识体系，增强其知识灵活应用能力。

第三，依托游戏闯关模式评价系统，变单向知识传授为知识多向互动，以游戏竞技方法引领学生主动学习，变被动的"要我学"为"我要学"的主动学习意识。

（三）人工智能技术的应用场景——教育机器人

科技日新月异，机器人正走入人们的日常生活，如商场导购机器人、餐馆点餐机器人、扫地机器人、智能语音机器人等。教育机器人不会取代人类教师，它帮助人类教师共同完成教育教学工作，属于教育行业中的服务机器人[①]。未来教育机器人在课堂中也有大量应用，如创建人脸识别的智慧学习环境、支持学生互动问答、知识点的精讲等。《2019 全球教育机器人发展白皮书》提出，人机交互、机器视觉、情境感知是教育机器人研究中需要大力发展的三大关键技术；教育机器人本机智能与云端智能设计的结合将为提升感知与交互能力提供新思路。

---

① 赵帅，李岩．探索教育机器人在未来教育中的应用［J］．教育与装备研究，2020，36（4）：31–34.

智联乐玩

【上海市徐汇区科技幼儿园】

上海市徐汇区科技幼儿园以“乐玩科技”的科学启蒙教育为引领，培养“好奇、好问、好学、好动”，全面和谐发展的有个性的现代幼儿。

一、教师与AI智联

“小宝”是学校里的AI机器人，孩子们在活动中遇到问题时，可以自己去问“小宝老师”寻求答案，如图2-2-14所示，不仅解决了他们对解答问题的迫切，而且孩子们不再拘泥于教师给的资源，项目活动更为个性化。

图2-2-14　小朋友与“小宝”AI机器人互动

二、现实与虚拟智联

春游秋游时自然风光让孩子们充满好奇和对探索的渴望，通过AR/VR等信息技术的融入，让孩子们在教室里也能沉浸在自然世界的奇妙之中。自主探索动植物的小秘密，更能引发孩子在探索过程中进入深度学习的状态，如图2-2-15所示。

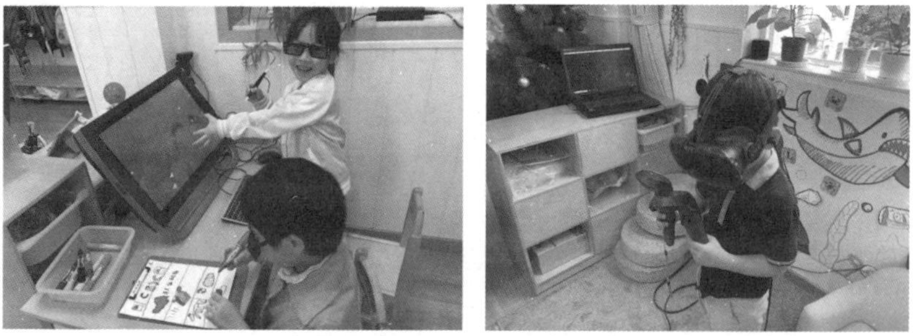

图2-2-15　小朋友通过AR/VR技术探索动植物的小秘密

二、大数据技术，打造教学新生态

随着信息技术的发展，人类已从IT（Information Technology）时代进入DT（Data Technology）时代。大数据是当今时代社会发展的重要趋势，各行各业通过利用大数据都能够为自身行业的发展提供有力支持。要实现教育中的智能支持，充分发挥人工智能技术优势，大数据技术是必不可少的。大数据的汇聚、沉淀、统计分析，让教育从基于经验转向基于实证。全面采集学生学习过程的各种大数据，通过数据拟合，形成模型，有助于教师进行差异化教学，将为学生个性化学习提供依据。

美国教育部在《通过教育数据挖掘和学习分析促进教与学》简报中指出，大数据在教育领域的应用主要包括教育数据挖掘（Educational Data Mining，EDM）和学习分析技术（Learning Analytics，LA）两大方向[①]。教育数据挖掘的内涵是指要对学习者的学习行为和学习过程进行量化、分析和建模，通过整合学习者知识、元认知、动机和态度等信息进行学习者建模，探索和改进包含最佳教学顺序和教学内容的领域模型，预测学习者未来的发展趋势，促进有效学习的发生。学习分析技术是对学习者及其学习环境的数据测量、收集和分析，目的是理解和优化学习过程和学习环境，特别是通过对教育大数据的分析，整理构建出学习者特征，并以此为基础，为其推送个性化资源[②]。

教育大数据驱动能够帮助人们更为深刻地认识学习过程，发现学生个性及在学习过程中的心理世界。利用设备端的伴随式数据采集技术，教育大数据能够深入教与学的微观层面，采集学习者学习过程数据，将原本模糊的教育活动通过数据客观真实表现出来，这有利于描述关键教育规律及其影响因素，提升教学的有效性和针对性[③]。教育大数据融入基础教育信息化发展过程中，对学生的自主学习，对社会提供给学生的公共服务，对教师的精准教学、精准教研，对基础教育决策具有重要意义；能为每个教育管理者提供服务，用大数据提升学校的教学质量，最终提升基础教育质量；通过大数据建立学生的个性化发展模型，全面了解学生的学习画像，实现个性化教学；可以提供线上线下相融合的学习空间，构建面向过程的学习评价，实现学生个性化、自主、有选择性的学习，建立未来个性化学习体系。

基于学生数字画像，提升学校教育教学精准度的实践探索

【上海市闵行区田园外语实验小学】

一、解决路径和思路

1. 系统开发智能空间，保障学生数据采集

为了保障对于学生成长全过程的记录和分析，实现对学生的准确数字画像和精

① Office of Educational Technology. Enhancing Teaching and Learning Through Educational Data Mining and Learning Analytic［R］. Washington，D.C.: U.S Department of Education，2012：13-15.

② 何克抗. 21 世纪以来的新兴信息技术对教育深化改革的重大影响［J］. 电化教育研究，2019，40（3）：5-12.

③ 万昆，任友群 . 技术赋能：教育信息化 2.0 时代基础教育信息化转型发展方向［J］. 电化教育研究，2020，41（6）：98-104.

准教育教学，田园外语实验小学（以下简称“田园外小”）与公司合作，开发建设了“五大系统一个平台”，多样的智能化学习环境架构（如图 2-2-16 所示）覆盖了学生成长和课程教学的全过程，为完善学生数据的采集奠定了基础。

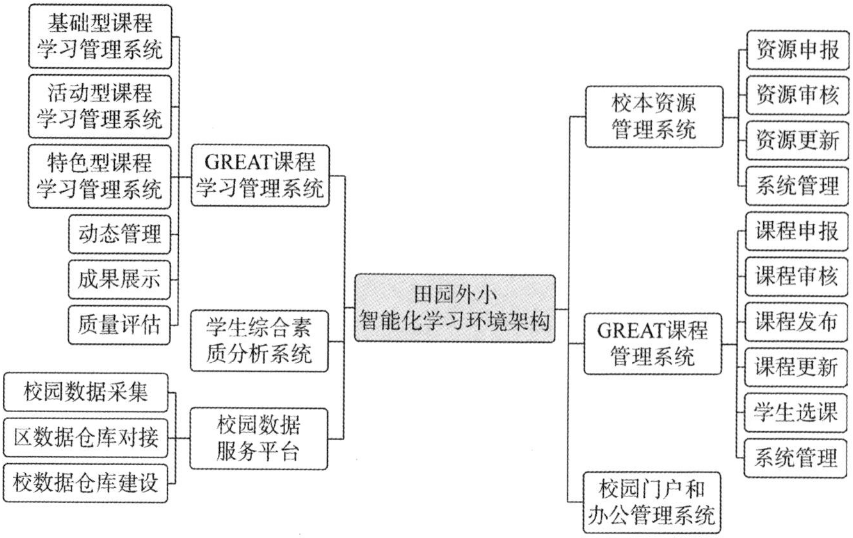

图 2-2-16　田园外小智能化学习环境架构图

2. 针对学生成长需求，生成学生个性课表

课程学习是一个全面感知和体验的过程，依托网络学习空间，学生能够充分利用丰富的课程资源并体验别样的学习经历。基于学生个性化学习需求，学校在课程学习管理系统中开发了基于微信的选课功能，学生通过微信端简单点选即可完成拓展、探究课程的选课操作。同时，结合学生的兴趣爱好和个性化需求，系统会为学生自动生成个性化课表，实现了从“一班一课表”向“一人一课表”的转变。

3. 完善数据过程采集，生成数字综合报告

学校通过闵行区学生成长空间和校本学生分析系统，对学生学习全过程的数据进行全面采集和深度挖掘，全面了解学生的学习兴趣、学习态度、学习习惯、学业成果等学生评价的关键因素，实现数据的过程性采集和分析。基于课程学习和多元评价的需要，学校还为每个班级和专用教室配备“希沃”智能一体机，通过“班级优化大师”“作业盒子”等 App，有效帮助教师对学生日常表现做出及时的评价、跟踪和指导，进一步完善学生过程性数据的综合采集和分析利用。

教师以学生在学习过程中的动态数据为基础，定期完成核心评价指标的统计和分析，形成每月一次的学生核心素养发展阶段评价报告。结合阶段报告，学校每学期还会综合区“学生成长空间”数据，生成学生综合素质发展报告，解读每个

学生的发展状况，为学生进行精准画像，为教学提供改进方向，真正实现了“一生一报告，一生一画像”。这些措施都为实现基于学生数字画像提升学校教育教学精准度奠定了基础。

二、实践和推进过程

精准的学生数字画像为学校教育教学精准度的提升创造了条件，学生借助数字画像能够更好地认识自我、发展自我、超越自我；家长借助数字画像能够清楚地认识孩子、指导孩子、教育孩子；教师借助数字画像能够更好地分析学生、改进教学、精准指导。作为教育教学的主要参与者，学生、家长、教师三方形成合力，更好地促进了学校教育教学精准度的提升。

1. 生成数字学习模式，提升学生自我发展精准度

作为闵行区第一批加入电子书包项目的实验学校，学校正式开展数字化教学模式的研究已五年多。在开展数字化学习研究的过程中，逐步形成了“三步四式五性”数字化学习模式，以“微课”为支点，贯穿“课前、课中、课后”全过程，基于智能技术与数字平台，设计具有趣味性、拓展性、探究性的学习任务，学生以自主、合作、探究、建构、内化等形式，结合个人兴趣爱好，开展个性化学习，实现具有目标性的自我改进。该模式已经得到了较为广泛的运用，效果正逐渐显现。

同时，学校设计的各类微课、练习资源和拓展活动，也会根据学生的需求，进行针对性的动态推送，学生可以在每个课程的不同学习阶段中找到下一个阶段的发展目标。有了清晰的目标指引，学生在开展自主学习时才能明确方向，实现自我发展精准度的提升。

2. 丰富家校交流形式，提升家庭教育指导精准度

学校通过对学生学习全过程的实时跟踪和数据采集，借助学生综合素质分析系统，不仅能够形成体现学生发展状况的学生综合素质发展报告，而且利用可视化的雷达图和数据指标，能够帮助家长了解学生的成长过程，基于数据指标提升家庭教育的针对性。学校目前已经形成了“综合数据 + 三级评语”的评价方式，实现了可视化、数据化评价报告的自动化生成，为个性化教学指导和决策提供充分的依据。

此外，学校根据多方需要，开发了微信端的田园外小校园应用和公众号，不仅能够方便教师之间推送校园信息、校内快速沟通，而且能够方便家长、学生和社会了解校园文化、参与学校活动并掌握学校动态。校园微信应用的开发，不仅提升了教师的工作效率，同时也带动了校园管理、课程学习、校园活动、家校沟通的进一步优化，如图 2-2-17 所示。全面打造数字化校园的同时，家校交流变得更加畅通，学校教育与家庭教育逐步形成合力。

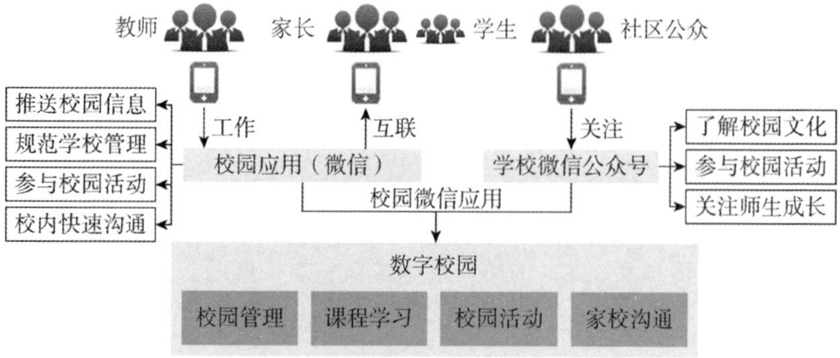

图 2-2-17　田园外小校园微信应用示意图

3. 个性干预聚类分析，提升学校教育教学精准度

基于学生数字画像，学校可以权衡分析教育教学管理中的优势与不足，为教师教育教学精准度的提升创造可能。面对问题，学校通过“分析—诊断—决策—干预—对比—实证”，逐步实现了学校体育课程的优化、教师体育教学的提升、学生体质健康的提高。基于数据，从教师队伍、体育课程、家校沟通等方面分析了问题所在，通过以下步骤，逐步实现了体育学科教育教学精准度的提升：

（1）推行项目负责，发挥教师所长。通过项目负责机制，发挥体育教师的能动性，基于学生问卷调查和选课平台数据，针对学生特点开展体育运动，带动学生体育锻炼的积极性。

（2）丰富课程设置，改进体育教学。学校通过问卷调查广泛了解学生的体育爱好和发展需求，积极引进体育合作课程，如游泳、网球、围棋、足球等，由专业教练开展教学，体育教师担任助教，带动教师专业训练技能的提升。

（3）开设进阶课程，满足个性发展。基于选课平台数据分析，学校以足球为第一发展课程，开设低、中、高三级足球课程，满足不同层次学生的发展需要。同时，组建校级足球队，开展校园足球联赛，为学生的个性化发展创造良好的条件。

通过多年实践，学生的体质健康发生了显著的变化，在 2017 学年办学绩效综合评估中，“身心健康”情况得分 5.21 分，领先同类学校平均分 0.24 分。与此同时，学校先后获得“全国青少年校园足球特色学校”、上海市“小学体育兴趣化”课程改革试点学校、“上海市学校体育工作先进单位”等称号。这些改变和成绩都得益于学校对网络学习空间和学生数字画像功能的广泛应用和深度挖掘。

三、反思与展望

学校在数字画像的应用方面仍有很多值得研究并亟待突破的问题。例如：如何利用网络学习空间及时检测教学改进的效果，如何在减轻家长填报负担的同时增进学校对家庭教育状况的了解，如何利用学生数字画像推动教师培训内容的优化等，这些都将成为我们开展后续研究的主要方向。

三、智能物联网，开启万物互联

物联网的出现意味着一直孤立存在的机器突然能够产生数据，并以一种为众多应用打开革命性操作模式的方式相互“交谈”。作为新一代信息技术的重要组成，智能物联网技术迅速发展，应用拓展。在智慧教育建设方面为智慧校园、家园共育提供了无限可能。

利用智能物联网技术可以创建物联网校园平台。通过合理应用物联网技术可以对校园车辆的停放实现智能化管理，出现火灾自动报警，实时监控、统计水电的使用量，建立智能照明系统，以及监控各类设备，及时发现异常。物联网监管校园，及时为工作人员提供反馈信息，确保校园的安全，为教师和学生提供安全的学习和生活环境。在校园教学楼、图书馆、宿舍、操场以及实验室等人员比较密集的地方安装视频监控器、烟雾传感器以及温度、湿度传感器等，可以随时监控校园的实时变化，预警危险状况，为广大师生营造健康的校园环境。

在教学平台中整合应用物联网技术，能够为学生创设更加真实、自然的教学场景，将难以展示的微观场景和宏观场景生动再现，使学生能够快速掌握和理解知识。运用视频技术和二维码技术，能够让学生更好地获取数字化教学资源，实现自助学习和实时学习，打破传统课堂教学模式的限制，实现移动化学习。利用物联网技术可以打造智慧教室，创建感知课堂，实现线上线下教学互相配合，把书本知识和现实社会结合在一起，可以让教学内容更为生动形象，帮助学生更好地理解教学内容，有效激发学生的学习兴趣，提高教学质量。

利用物联网技术还可以创建智慧图书馆，通过物联网智能化的管理与服务，可以实现书和书、书和人、人和人之间的联系，从而为师生借用图书、阅读交流等提供更多的便利。

物联网打造智慧校园，智慧管理引领校园新风尚

【上海市贸易学校】

在创建上海市教育信息化应用标杆培育校的大背景下，上海市贸易学校为打造智慧校园，实现智能化管理，运用物联网技术建立智能图书馆和智能实训室。

借鉴新时代校园图书管理经验，上海市贸易学校以采用 RFID 技术的智能书

架和电子标签来改进图书馆现有在架、外借图书，方便图书管理和图书统计。学生只需一部手机就可以访问图书馆系统，查询需要借阅的书籍，系统通过对书库的扫描，查出图书的最新状态，包括书籍信息、所在书架、是否已外借、归还期限等详细信息，方便学生借阅。在过去，针对书籍容易放错架的情况，配发书位牌、专设临时书架等方法都无法很好地解决乱架问题，造成文献资源的浪费和查阅借阅困难。通过 RFID 读取器读取电子标签信息，并将结果与数据库进行比对，可以检查并找出乱架图书以及相对应的正确架位。目前，图书馆内所有书籍都使用 RFID 标签，馆员工作站、自助借还机、智能书架等 RFID 硬件设备大大提升了图书管理员的工作效率，方便学生借阅，也提高了图书的阅读率。

学校有三个上海市的开放实训中心，设立多个专业实训室，实训室中包含多种实训专用设备，其中很大一部分为较贵重的实训器材和电子信息化设备。由于工作需要，实训设备使用频繁，实训室人员进出频繁。传统的人工管理方式不利于实训设备的领用、归还、盘点等管理工作效率的提升，而且部分小巧便携的实训电子设备也会被学生等误带出实训区域，不但容易造成学校资产的流失，而且影响正常的实训教学。为此，学校采用使用 RFID 技术的电子标签来改进实训室的资产管理手段，保证正常实训活动及学校资产安全。学校在每间实训室都安装了电子标签探测器，实时扫描实训室中设备的情况，当出现电子标签损坏或者设备被带出监测区域时立刻告警，起到安全防范作用。RFID 标签还可以记录实训设备的日常维护、使用、借用等情况，方便了管理。新技术新设备的应用，弥补了传统资产定位系统管理人员不足、手段单一的短板，解决了对贵重资产的实时监管难题，完成了贵重资产管理的自动化、信息化、数字化。

四、5G+ 虚拟现实融合技术，创设情境新体验

虚拟现实融合技术，让教育游戏化，让体验更丰富。虚拟现实技术通过模拟情境与实施研究活动，为学生提供以学生为中心的、体验式的以及协作学习的身临其境的环境。虚拟现实技术扩展了教室的边界，能够为学习者理解学科内容提供更丰富的学习资源。

目前，虚拟现实技术已经在基础教育领域有了初步的应用，取得良好的效果。但 VR/AR 资源由于较难进行多场景应用转换，在常态化课堂教学中的使用成本较为昂贵。交互类的虚拟仿真资源由于交互活动的高并发，使得存储在云端的资源调用缓慢，从而影响了师生的学习进度。对于 VR/AR 资源而言，5G 凭借传输速度的提升，实现资源应用的客户端服务模式向云端服务模式转变，扩展了师生应用的常态化场景范围，降低使用成本，提升共享效率；对于交互类的虚拟仿真

资源而言，5G 提升了云资源的调用速度，学生依据个人实际情况灵活掌握学习进度，更加精准化的个性化学习体验得以生成，基于虚拟工厂等的技能训练模式的效果将会进一步显现①。

基于 AR 交互式学习系统的传统文化启蒙课程的研发与实施
【上海中医药大学附属闵行蔷薇小学】

一、解决路径和思路

学校确定以信息技术为媒介，以传统中医药为支架，基于 BYOD 项目与创新实验室课程资源，构建“微微本草”传统中医药文化启蒙课程研发框架。

在具体的课程教学内容上，以药食同源本草植物为核心教学内容，贯彻 STEAM 教育理念，融合生物、语文、历史、劳技、美术等多门学科，实现跨学科综合性整合。培养学生的问题解决能力与动手实践能力，激发小朋友爱科学、爱自然的积极情感。

1. 纸质读本 +AR 虚拟，探索课堂交互新模式

对于低年龄段的学生，纸质读本仍是不可或缺的教学媒介。学校配套纸质读本资源，以利于学生养成阅读的好习惯。同时开发了中草药文化 AR 交互学习系统，以 AR 新技术将中医药文化以更高的维度及手段进行传播，让纸质的书本“动”起来，“活”起来。

2. 翻转课堂 +AR 交互，实现自主学习新模式

“微微本草”课程资源的设计与开发本着“科学又有趣”的原则，供学生与教师在课前、课上和课后使用。课前与课后的延伸使用，便于教师实现翻转课堂，从而进一步提升学生的探究精神与解决问题的实践能力。同时，AR 数字课程资源可在 PC 端和移动端多次重复使用，学生能有效开展自主学习。

二、AR 交互式学习系统

AR 交互式学习系统是整个数字课程的支撑系统，能实现 AR 内容资源的上传、管理与演示。学校加大力度开发平台的教学功能与大数据分析能力，从而为课程的过程性评估提供有力支撑。

① 赵兴龙，许林，李雅瑄. 5G 之教育应用：内涵探解与场景创新——兼论新兴信息技术优化育人生态的新思考［J］. 中国电化教育，2019（4）：5-9.

课程以纸质读本内容为基础，以 AR 数字化课程资源为核心内容，以 AR 交互学习系统为支撑技术，通过富媒体形式让学生感知学习，激发学生学习兴趣与个性发展，如图 2-2-18 所示。

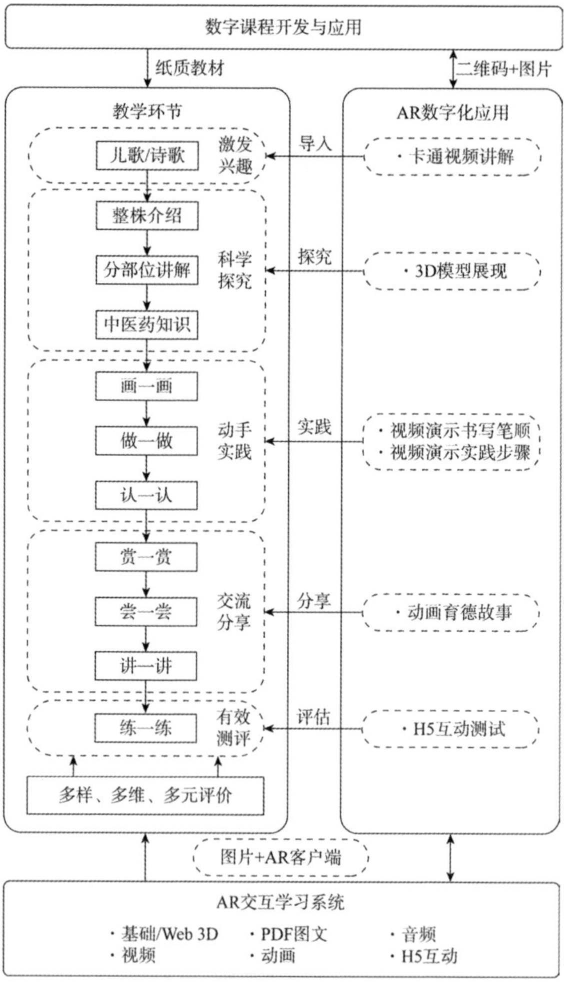

图 2-2-18 “微微本草”数字课程开发与应用富媒体设计框架

三、实践和推进过程

（一）策划阶段：融合多方资源，组建课程团队

学校组建课程建设教师团队，课程开发的组织结构类型为矩阵式组织。以副校长为该项目的总负责人，增加横向学科小组、专家组。调用本校语文组、数学组、英语组及综合组的教师，另与上海中医药大学相关专家组成员合作，组成临时课程研发项目小组，充分发挥教师专业及专家意见的优势，实现了师资的弹性共享。

（二）实施阶段：适应学生需求，规划课程内容

学校设计一、二年级低年段开展“小药童”课程，即重点学习“微微本草”课程中的31种药食同源植物，中高年段以实践为主，开展“小郎中”“小农夫”和“小厨师”自主拓展型课程。围绕常态化课程教学，分年级开展基于BYOD的校园植物探究科创实践活动。以多种形式，从多个方面推进课程的实施。

（三）推进阶段：校企合作研究，出版首套AR读本

学校与上海交通大学出版社合作研发并编著全国首套AR本草科普读本《微微本草》，已于2019年1月出版。

四、反思和展望

1. 课程活动形式多样化。现阶段的课程活动设计多与校内拓展和社团活动相结合。后期考虑达成馆校合作模式，与上海自然博物馆、上海中医药博物馆等大型科普场馆形成长期合作模式，丰富学生学习场景，设计并实施更具个性的多样化课程活动形式。

2. 学生学习报告可视化。现阶段学生多以口述方式与同伴进行交流和评价，后期考虑生成并完善可视化的学生学习报告，并进一步建立学习档案，不断充实课程资源。

3. 教学内容深度开发。持续挖掘中医药文化特色，在理论知识的基础上，进一步围绕加工处理、种植养护、科学实验等方面内容，带领学生尝试进阶式的学习。

4. 完善AR交互式学习系统。目前，AR交互式学习系统的实施与应用主要针对一、二年级低年段的学生。后期计划针对中高年段学生需求，结合实际课程教学内容进一步细化和完善。

这是一个多变的时代，随着信息化的普及，信息技术和教学场景不断融合，智慧教育的内涵也在不断丰富。2020年，因为一场疫情，在教育部“停课不停教、停课不停学”的号召下，我国开展了最大规模的在线教学实践，教育系统经历了一场“史无前例”的创新变革。上海也不例外，为满足广大学子居家学习的需求，上海市教委提供了“20分钟市录播课+20分钟班级互动”的托底方案，上海16个区各级各类学校彰显在线智慧教育特色。为应对疫情，上海各教育条线、上海各区依托技术先进企业，迅速建立起线上上海教育的组织架构，确定了“上海在线教学指挥部”，召开各类教学工作视频会议，保障教育管理工作正常稳定运行。根据市、区级推荐平台，学校全部开展在线互动教学的培训辅导，专业技术人员保障互动教学平台的平稳运行，统筹多方力量共同推进在线教学实

施，最大限度地降低疫情对上海市中小学教育教学活动的影响，满足学生居家学习需求。

回顾反思，疫情期间的在线教学、在线教育对上海智慧教育发展具有里程碑的意义。一是新的学校教育生态正在形成。疫情阻断了学校内部、学校与教育部门的社会化交互，疫情也促进了家庭内部、整个社会对教育的参与。在线教学由传统学校教学的辅助变为主体，促使“互联网 + 教育”的彻底颠覆。线上办公正在成为常态，视频会议取代了传统会议，效率更高。教育服务与治理方式发生变革，传统学校围墙被打破，新的学校教育生态正在形成。二是基于数据的教学评价。从数据产生角度看，在线教学与传统教学的主要区别是，所有的教与学都是基于平台的、有迹可循的，教育管理者应该充分挖掘这些数据资源，转变评价理念与方式。教育管理者从基于主观经验的评价转向客观数据支持的评价，开展基于数据的伴随式评价，评价内容从单一评价到多元化综合性评价，动态监测学校在线教学实施状况，予以实时指导和纠偏。三是 5G 与人工智能、大数据的相互融合。人工智能、5G 技术的发展，使得信息和数据能够迅速流通，进一步加速教育系统大规模社会化协同的教育服务。智能技术发展催生的智能作业批改、学习分析、个性化辅导、个性化推荐、个性化学习、AI 教师等应用正在加速运用于在线教育。随着 5G 时代来临，未来教育将聚焦大数据精准教学，不断优化学习体验，基于学习者个人的知识地图预测知识掌握状态，分析知识漏洞，推送相应的知识，学习者的学习效率也一定会有大幅提高。

此次疫情防控期间大规模全员参与的在线教学实践，给了我们重新审视基础教育信息化的机会。师生信息素养在实践中得到锻炼与提升，学生的学习克服了时间和空间的限制，教师在积极探索和适应新的教研模式，各级领导也直面信息化领导力问题，在线教学由最初的令人担忧走向平稳运行。事实上，在线教育并非与传统教育相对立，疫情之后在线教育也不会完全取代传统教育，而是成为传统教育的辅助，互为补充，相得益彰，融合为混合式教学。

我们也看到，当前在线教学、优质教育资源共建共享等实践的开展，切实推进了大规模个性化教育的实现，让更多的师生享受到个性化、智能化的教学体验，让学校在信息化浪潮中不断发展。但是实现真正意义上的智慧教育，对于现在的我们来说仍然很遥远，需要全方位融合式发展。现阶段，我们应聚焦教学场景，大力推动各项信息技术在教学场景中的持续深度应用，积极探索优质教育资源的均衡发展以及教育理念、教学模式、教育制度等的全面创新和深层次变革，推动智慧教育进一步发展。

第三章

拓展应用场景——不断变革与融合的技术流行色

全球视野下主动识变、求变、应变，是重塑智能时代特大城市教育形态、深化教育现代化的必由之路。本章探讨技术促进上海教育变革的战略定位和发展路径，力图回答技术赋能教育“做什么”和“怎样做”的问题。

教育信息化范式的变革是一种创新和飞跃，局限于某一单项技术发展对教育产生的工具性变革已不足以把握技术促进教育变革的整体趋势。本章第一部分从人对未来学习的需求出发，关注融合各项新技术的战略科技的总体发展趋势以及对于教育未来产生的颠覆性影响，提出个性化学习和学习者即创造者这两大发展趋势、数据驱动学习这一发展关键，以及当采用新技术的冲动优先于有效使用新技术的准备时出现的对于包括文化、领导力、教育学、课程和教学流程等在内的一系列严峻挑战。

技术通过创建应用场景增能、使能和赋能于教育。本章第二部分确定了技术对教育变革近期产生重大影响的下一代教育生态环境建设、面对面教学与网络教学融合的混合式学习、数据驱动的大规模因材施教、基于沉浸式技术的学生体验式学习以及STEAM与人工智能教育等五大应用场景，提供了13个上海案例、7个国际案例和3个国内案例。上海案例展现了上海学校、教师和企业在技术与教育融合创新方面的新探索和新做法，是教育信息化进程中“上海方案”的具体体现。国际案例和国内案例前瞻性地展示了技术如何赋能于应用场景，对上海推进教育信息化具有借鉴和学习意义。

第一部分　全球视野下的技术促进教育变革

当今世界正经历自工业革命以来百年未有之大变局，技术、全球化和风云变幻的政治环境正在影响世界的各个方面，工作和教育是其中影响最为直接和复杂的领域之一。在世界新一轮科技革命背景下，技术已成为重塑教育形态的驱动力。面向世界、面向未来，上海要率先实现教育现代化，重塑智能时代特大城市的教育形态，需要对标国际一流标准，在全球视野下主动识变、应变、求变，这是确立上海教育信息化战略定位和发展路径的必由之路。

技术促进教育变革是一种范式的转变，范式不是一系列孤立的具体技术、概念、模式的堆砌，而是指某一特定时代的特定科学共同体所支持的共同信念，是符号概括、模型、范例的总和。当今世界，教育正在经历从工业化时代划一的、“工厂式”的大规模人才培养范式向信息时代网络化、数字化、智能化、个性化、终身化的教育范式的历史性转变。这一转变诚如美国科学哲学家库恩（Thomas S. Kuhn）在《科学革命的结构》（The Structure of Scientific Revolutions，1962）中指出的：“范式的变革不可能是知识的直线积累，而是一种创新和飞跃，一种科学体系的革命。”[①] 局限于研究某一单项技术发展对教育产生的工具性变革已不足以支持我们把握技术促进教育变革的整体趋势，我们更关注的是融合各项新技术的新一代信息技术的总体发展趋势以及对于教育未来产生的颠覆性影响，这也是当今全球技术促进教育变革研究的聚焦点。

第一节　新一代信息技术的发展趋势与应用前景

2010 年前后，人工智能发展三大要素核心计算技术、算法和大数据有了突破性的进展，以人工智能为代表的新一代信息技术已进入大规模应用的新阶段。技术发展日新月异，我们很难精准地预测单项技术突破的时间点，但是我们能把握技术的总体发展趋势及应用前景。

① 库恩. 科学革命的结构［M］. 金吾伦，胡新和，译. 北京：北京大学出版社，2003.

一、新一代信息技术发展的三大趋势

未来较长一段时期，新一代信息技术的三大发展趋势是无处不在的人工智能（AI）、透明化沉浸式的体验（transparently immersive experiences）和数字化平台（digital platforms）。①

（一）无处不在的人工智能作为增能和赋能的技术

人工智能无所不在是指AI技术作为一种增能、使能和赋能技术，除了特定系统是以人工智能技术为主体外，主要是把语音识别、视觉计算、可穿戴技术、情感计算技术、机器学习技术、智能挖掘技术通过创设应用场景嵌入或融入各行各业中，从而改变人们的生产、生活、学习方式，形成智能时代各行业的新业态和新形态。

机器学习（ML）在教育中应用的探索②

机器学习（ML）是指不需要显式编程就能学习的机器。ML的理念是机器能够通过重复的训练学习实现自适应，而AI指的是机器能够智能地执行任务这一更广泛的概念。ML与AI相互融合，在高等教育中已有初步的探索。

美国西北大学（NU）和俄克拉荷马大学（OU）已经开发出了基于人工智能的聊天机器人，实现在课余时间开展学生学习支持和服务。西北大学的聊天机器人（chatbot）被集成到它的学习管理系统（LMS）中，回答学生和教师经常提出的常见和例行的问题。chatbot是使用IBM认知计算系统自然语言处理的元素开发的，利用决策树、上下文搜索和问题升级。chatbot使用谷歌（Google）的自定义搜索引擎，连接到LMS知识库，从而提供到文档库的直接链接。它甚至可以直接从聊天对话框生成一个helpdesk标签。俄克拉荷马大学推出的SoonerBot主要用于招生，并计划将其扩展到其他领域。到目前为止，已经有超过2.8万名学生通过SoonerBot进行了互动。作为这一努力的补充，俄克拉荷马大学图书馆在2018年推出了Bizzy chatbot来支持研究服务，它可以在业余时间回答关于图书馆的常见问题。

虽然人工智能还没有实现自我意识，即自主操作的能力，它也能够支持通常

① 2017年，国际技术咨询权威机构高德纳公司（Gartner）在对年度单项新兴技术成熟度曲线（Hype Cycle for Emerging Technologies）的比较分析基础上，提出了未来技术发展趋势。

② EDUCAUSE.2020 EDUCAUSE Horizon Report: Teaching and Learning Edition［R/OL］.（2020-03-02）［2020-09-23］. https://library.educause.edu/-/media/files/library/2020/3/2020_horizon_report_pdf.pdf ?la=en&hash=08A92C17998E8113BCB15DCA7BA1F467F303BA80.

由人类处理的低级例行公事和重复性认知任务，但AI赋能于学习管理系统，可以识别和标记那些有潜在学术风险的学生，可以测量学生表现指标的算法，并生成定制的、自适应的学习路径，以便每个学生都能获得适合他们需要的教学体验。

在教育中应用这些技术并不是没有争议的，利用学生数据并基于表现指标做出智能干预决策的系统正在受到密切监控，许多系统都基于云计算，这就引发了对潜在数据滥用的担忧。这些新兴技术、隐私、道德和学生数据访问之间的微妙平衡仍然是一个有争议的话题。

（二）沉浸式的学习体验

沉浸式技术，既包括扩展现实技术（XR）也包括模拟仿真技术，其核心是改变人机交互的方式，创建了全新的沉浸（Immersive）、交互（Interactive）和想象（Imaginative）的3I体验式学习方式。沉浸式技术无缝衔接虚拟数字世界和现实世界，增强学习者在学习过程中的存在感和实体感，唤醒学习者先前的学习经历，促进了知识的迁移。

（三）人工智能驱动的对话式数字化平台

数字生态系统通过数字化平台来实现人际和人机协同。人工智能驱动的、对话式数字化学习平台体现了智能时代人机协同、跨界融合、共创分享的特征，它具有以下特点：

- 智能技术驱动；
- 移动跨屏；
- 学习内容众包生产；
- 开放式汇聚创新网络工具；
- 强大的社交功能；
- 基于标准的大数据支持。

在线学习平台 StudyBlue

StudyBlue是美国一家“移动跨屏+学习内容众包生产”的在线学习平台。据其官网数据显示，自2006年成立以来，该平台已拥有1 600万学生、150万个主题课程，以及超过5亿张知识卡片及笔记，沉淀下大量的数据资料。StudyBlue在线学习平台具有三个特点：

一是学习内容众包生产。用户可以将知识点按照个人学习习惯或喜好，DIY成一张张图文并茂的小卡片，并设置提醒、测验、进度跟踪。创建完成后，就可以随时随地打开手机刷知识点。其他感兴趣的学习内容一键收藏后，也可以随时随地刷起来。

二是开放式汇聚创新网络工具。StudyBlue 更像一个在线学习的“生态系统”，开放式汇聚众多创新网络工具，无论提问、解答、创造和收藏知识卡片，还是创建学习小组、找到兴趣小组，都不用切换其他平台。而且，由于所有的学习体验都是在同一平台内完成，系统所生成的用户学习报告和学情分析也更加完整、连贯和个性化。

三是强社交属性。手机登录 StudyBlue 个人主页，会看到基于上述学习工具的四个模块：Materials（知识卡片）、Classes（课程小组）、Interests（兴趣小组）、Classmates（同学小组）。不论是创造或分享知识卡片，还是进入已有的主题小组去认识新的朋友，又或是邀请好友加入并介绍给其他人，都带有鲜明的社交驱动意味。

二、以人为中心的智能空间

战略科技发展趋势是指具有巨大颠覆性潜力、已从前期研究阶段转向规模应用阶段且影响范围和用途正不断扩大的科技发展趋势。高德纳公司（Gartner）在 2019 年 10 月发布了《2020 年十大战略科技发展趋势报告》（Top 10 Strategic Technology Trends for 2020）[①]，对未来五年将对经济社会发展产生颠覆性重大影响的战略科技作了进一步阐述，其核心结构是以人为中心的智能空间（people-centric smart spaces）。智能空间是指个人与科技系统能够在日益开放、互联、协调且智能的生态中进行交互的物理空间。人、流程、服务及物等多项元素在智能空间汇聚，创造出沉浸度、交互性和自动化程度更高的体验。Gartner 发布的十大战略科技如表 3-1-1 所示。

表 3-1-1　Gartner 发布的十大战略科技

以人为中心	智能空间
超自动化	边缘赋能
多重体验	分布式云
专业知识的民主化	自动化物件
人体机能增强	实用型区块链
透明度与可追溯性	人工智能安全

以人为中心的智能空间聚焦于用技术延伸人的能力和扩大人的参与，下列战

① Gartner. Top 10 Strategic Technology Trends for 2020［R/OL］.（2019-10-21）［2020-09-23］. https://emtemp.gcom.cloud/ngw/globalassets/en/doc/documents/432920-top-10-strategic-technology-trendsfor-2020.pdf.

略科技发展趋势对未来教育将产生革命性的影响。

（一）超自动化与学习工程

超自动化是一个为了交付工作，涵盖了多种机器学习、套装软件和自动化工具的集合体。超自动化不但包含了丰富的工具组合，还包含自动化本身的所有步骤（发现、分析、设计、自动化、测量、监控和再评估）。

在弱人工智能[①]时期，学习设计还不可能做到“超自动化”，但应用人工智能技术能实现学习设计某一项特定任务或者解决某一特定问题，例如：将自动聊天机器人整合入在线教学系统，回答师生提问。利用机器学习算法预测学生成效，识别潜在学习困难学生，定制自适应学习路径等。

《2020年地平线报告：教与学版》基于对学习设计的扩充和提升，提出了学习工程的概念，是指应用工程方法，对学习数据采集、分析、学习技术支持、数字化学习内容推送等进行系统设计，形成信息技术支撑下的学习生态系统，以实现提升学习绩效的目标。学习工程是以人为中心的智能空间的“教育版”，为人工智能技术在教学中的系统应用提供了实现的场景、路径和方法。

卡内基·梅隆大学的开放西蒙工具包

卡内基·梅隆大学（Carnegie Mellon University，CMU）投资1亿美元的开放西蒙（OpenSimon）工具包研究项目，完成了超过50种工具软件集成，并创设了用于教和学的50多种应用场景。项目旨在增进对人类学习的更大理解的同时，提高个体学习者的学习成果。例如，LearnSphere集成了现有的和新的教育数据与分析的数据库，以提供方法、链接数据以及对相关资源的门户访问，从而提供全球最大的学习分析基础架构。Tigris是LearnSphere的一个组成部分，是一种教学流程的创作工具，可帮助创建和共享自定义分析以及与外部存储库进行交互。又如，DataShop为学习科学界提供了两项主要服务：用于保护和存储研究数据的

① 关于人工智能，长期存在两种不同的目标或者理念。一种是希望借鉴人类的智能行为，研制出更好的工具以减轻人类智力劳动，一般称为“弱人工智能”，类似于“高级仿生学”。另一种是希望研制出达到甚至超越人类智慧水平的人造物，具有心智和意识，能根据自己的意图开展行动，一般称为“强人工智能”。近10年来，人工智能技术现在所取得的进展和成功，是源于“弱人工智能”而不是“强人工智能”的研究。正如国际人工智能联合会前主席、牛津大学计算机科学系主任迈克尔·伍尔德里奇（Michael Wooldridge）教授在2016年CCF-GAIR峰会报告中所说：强人工智能“几乎没有进展”，甚至“几乎没有严肃的活动”。

中央存储库以及一组分析和报告工具。研究人员可以快速访问诸如学习曲线之类的标准报告并分析学习情况。开放学习计划（OLI）是西蒙计划的旗舰项目。该计划以数十年的研究原则为基础，提供替代教材的课程内容，这些原则来自卡内基·梅隆大学的三大优势：认知科学、计算机工程和人机交互。OLI 为推送高质量的学习材料提供了一个和谐的平台，并具有促进突破性研究的能力。开放西蒙工具包也用于课堂场景，帮助学生学习数学、化学、科学课程与阅读的融合以及促进课堂的合作学习。

（二）多重体验与人体机能增强

今后的 10 年中，沉浸式技术用户体验将在两个方面发生巨大的变化，即用户对于数字世界的感知以及用户与数字世界的交互方式。同时通过在人类身体上植入或外置可穿戴设备等技术部件改变人类固有的身体机能，从而实现认知增强。认知增强通过传统的计算机系统和新兴的智能空间的多体验接口中的信息和应用来实现。

（三）专业知识的民主化

Gartner 对专业知识民主化的解释是通过极简的体验，使非 IT 专业人员通过使用工具和专家系统，应用超出自身具备的专业知识和受到的培训以外的专业技能。展望未来，Gartner 预测，从现在起到 2023 年，这一民主化趋势的四个关键方面将加速发展，包括数据和分析的民主化、开发的民主化、设计的民主化以及知识的民主化，几乎涉及智能时代推进“互联网 +”教育的所有领域。

（四）人工智能安全

物联网、云计算、微服务及智能空间中高度连接的系统增加了大量潜在的被攻击点，这给安全团队与风险领导者带来了新的挑战。安全与风险领导者应专注于三个关键领域：保护人工智能赋能系统、利用人工智能提升安全防御机制以及做好攻击者对人工智能恶意使用的心理准备。

三、近期趋势：5G 背景下技术赋能

（一）构建新冠肺炎疫情后的数字经济新常态

在新冠肺炎大流行前的 2019 年，Gartner 从 2 000 项技术中筛选出了 29 项技术，如图 3-1-1 所示，并由此总结出五大创新技术趋势：

- 传感和移动（Sensing and Mobility）
- 人类能力增强（Augmented Human）
- 后经典计算和通信（Postclassical Compute and Comms）
- 数字生态系统（Digital Ecosystems）
- 高级人工智能和分析（Advanced AI and Analytics）

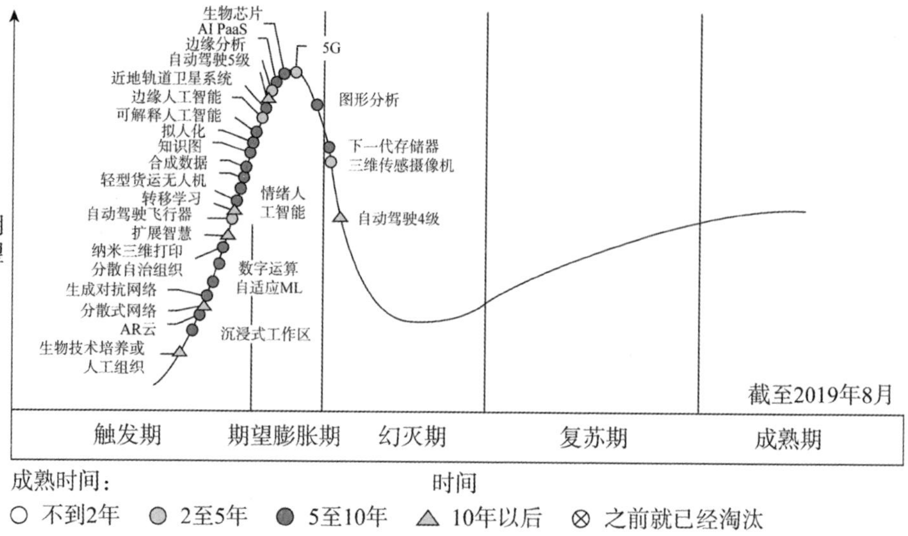

图 3-1-1　2019 年技术成熟度曲线

5G 为代表的新一代通信和集成技术通过对传统网络架构重建而获得快速发展，5G 技术催生了更快的 CPU、更高的存储密度和不断增加的吞吐量，在社会意义和经济效益上都将带来巨大影响。Gartner 预测下一代蜂窝网络标准 5G 技术已从触发期进入期望膨胀期，而且已上升为人们期望值最高的技术。

世界经济论坛（World Economic Forum，又称“达沃斯论坛”）2020 年 6 月发布了《5G 展望系列：应对新冠肺炎的移动技术影响力》报告[①]，归纳了新冠肺炎大流行期间全球数字经济崛起的五个关键领域：

- 从工作场所工作向远程工作的全球大规模转移；
- 远程教育取代课堂学习；
- 取代面对面交流的在线社交；
- 消费者行为的突然变化带来的商业和零售业电子商务的超常规发展；
- 全球公共卫生危机应对。

数字经济崛起的直接结果是，许多新的和现有的移动技术应用迅速发展。从增加移动应用和通过固定无线接入（FWA）扩展高速宽带互联网接入，5G 的推出进一步推动移动技术的应用场景，并使无数新的应用场景得以创建。

新冠肺炎的大流行触发了数字经济的崛起，在危机消退之后，移动技术大规

① World Economic Forum. 5G Outlook Series: The Impact of Mobile Technology on the Response to COVID-19 [R/OL].（2020-07-17）[2020-09-23].https://www.weforum.org/reports/5g-outlook-series-the-impact-of-mobile-technology-on-theresponse-to-covid-19.

模应用的趋势依然存在：在远程工作领域，视频会议、增强现实（AR）和虚拟现实（VR）培训、远程设施访问将得到广泛应用；在教育领域，虚拟教室、基于“扩展现实”技术的体验式学习将成为一种新常态；在线社交领域，视频聊天、网络游戏、虚拟运动课程将成为新的消费增长点；在商业和零售业，在线零售、货物派送、智能仓库快速增长；在公共卫生领域，远程医疗将快速推广。移动技术的大规模应用越来越依赖于高速宽带互联网，特别是在城市，城市的实体和虚拟存在日益交织在一起，而在农村地区，对远程医疗、教育和零售服务的需求正在增长。在短期内，5G 可以通过固定无线接入帮助解决宽带可用性的缺口，并使仓库、制造设施和医院的安全工作条件成为可能。进一步展望未来，5G 的全面覆盖将使面向直接消费者的应用成为可能。

（二）新基建：下一代网络的布局

2020 年 3 月初，中央政治局常委会召开会议提出，要“加快 5G 网络、数据中心等新型基础设施建设进度”。4 月 1 日，习近平总书记在浙江考察时强调，要“加快 5G 网络、数据中心等新型基础设施建设，抓紧布局数字经济、生命健康、新材料等战略性新兴产业、未来产业，大力推进科技创新，着力壮大新增长点、形成发展新动能”。习近平总书记在陕西考察时又一次强调，要“推进 5G、物联网、人工智能、工业互联网等新型基建投资，加大交通、水利、能源等领域投资力度，补齐农村基础设施和公共服务短板，着力解决发展不平衡不充分问题”。在新冠肺炎疫情冲击背景下，党中央和习近平总书记多次强调新型基础设施这一投资方向，不仅对长期战略新兴产业和中国经济高质量发展，也对短期内实现中国经济的稳增长、稳就业具有重要指导意义。

2020 年 4 月 20 日，国家发展和改革委员会明确将“新基建”[①]的范围界定为信息基础设施、融合基础设施、创新基础设施三个方面。信息基础设施包括以 5G、物联网、工业互联网、卫星互联网为代表的通信网络基础设施，以人工智能、云计算、区块链等为代表的新技术基础设施和以数据中心、智能计算中心为代表的算力基础设施等。融合基础设施主要是指深度应用互联网、大数据、人工智能等技术，支撑传统基础设施转型升级，进而形成的融合基础设施，如智能交通基础设施、智慧能源基础设施等。创新基础设施主要是指支撑科学研究、技术开发、产品研制等具有公益属性的基础设施，如重大科技基础设施、科教基础设施、产

① 杨漾．国家发改委首次明确“新基建”概念范围，将出台发展指导意见［N/OL］．（2020-04-20）［2020-09-23］．https://www.thepaper.cn/newsDetail_forward_7054170.

业技术创新基础设施等。

新基建本质是在5G背景下大数据、云计算、人工智能、区块链、物联网等新一代信息技术的集成，并赋能于各行各业。上海在全国率先发布了新基建的《上海市促进在线新经济发展行动方案（2020—2022年）》①，上海方案提出要建设以新一代网络基础设施为主的"新网络"，以创新基础设施为主的"新设施"，以人工智能等一体化融合基础设施为主的"新平台"，以智能化终端基础设施为主的"新终端"，在全国率先打造新一代信息基础设施的标杆城市。新基建首批48个重大项目和工程包预计总投资约2 700亿元。

《上海市推进新型基础设施建设行动方案（2020—2022年）》已把培育100所信息化应用标杆学校列入新基建项目，并把教育列为推动资源开放和培育市场需求的重点行业。如何在新基建框架下设计教育数字生态环境建设方案，是面向未来上海教育信息化战略发展的一项重要研究课题。

（三）5G背景下技术赋能教育的应用场景

2019年6月，中国联合网络通信集团有限公司发布了《中国联通5G+智慧教育典型应用场景白皮书》②，归纳了5G+智慧教育的四大典型应用场景：

（1）虚拟现实教育：作为5G+智慧教育的主战场，VR/AR与教育结合呈现的全新的教学体验，可极大地提升学生学习兴趣及对知识的快速吸收，为师生提供互动化、个性化、沉浸式课堂教学体验。

（2）远程互动教学：作为5G+智慧教育的"最后一公里"的关键环节，以学生为中心的多种形式的互动教学，能更好地激发学习兴趣，提升教学质量，促进有质量的教育目标实现。

（3）人工智能教育教学评测：作为智慧教育的大脑，基于大数据和人工智能，对课堂、学习、运动和教学等行为进行智能分析和可视管理，更好地指导和促进智慧教学。

（4）校园智能管理：作为智慧教育的服务平台，提供面向学校、教师、学生和家长的智慧管理服务，提供交流平台和教学空间。

---

① 上海市人民政府办公厅．上海市人民政府办公厅关于印发《上海市促进在线新经济发展行动方案（2020—2022年）》的通知：沪府办发［2020］1号［A/OL］.（2020-04-13）［2020-09-23］. http://www.shanghai.gov.cn/nw2/nw2314/nw2319/nw12344/u26aw64687.html.

② 中国联合网络通信有限公司．中国联通5G+智慧教育典型应用场景白皮书［R/OL］.（2019-06-27）［2020-09-23］. http://www.360doc.com/content/19/0430/12/41147620_832495154.shtml.

2019 年 9 月，中国信息通信研究院发布《5G 应用创新发展白皮书》[①]，提出 5G 教育创新应用的三大场景：

（1）5G 提升在线教育质量。在线教育在 5G+VR/AR/ 全息影像等技术的辅助下，可以实现跨时跨地共享教学资源，学生在远程课堂中感受真实的师生互动，教师可以及时得到学生对于教授内容的反馈，高质量的教学课堂得以保证。在教育资源不均衡的背景下，5G 等新一代移动通信技术结合智慧教育可促进优质教育资源的均衡分配，教育资源匮乏地区的学生接受线上教育亦可享受到优质的教学资源。另外，在专业技能培训课程中 5G+VR/AR/ 全息影像的技术方案可避免在培训中使用昂贵的精密仪器，避免置身于真实的高危场景中，为各行业的专业培训带来便利。

（2）5G 助力实现智慧课堂 / 教室。智慧课堂在传统课堂的基础上，利用 5G+超高清视频、AR/VR、语音系统、智能终端高效地进行互动教学，调节师生关系，强化学生在课堂的主体位置，强化人与环境的交互影响，提高教学质量。智慧课堂主要出现在校外教育机构，互动教学设备和方案的成功应用将逐步展现示范效应，相同模式将在行业内快速复制。智慧教室则利用 5G+ 人工智能物联网（AIoT）等技术设备实现对学生学习状态的感知，实时掌控学生情况。通过传感器、超高清视频等方式搜集数据，数据在边缘或云端进行处理分析，在平台展示。标准化考点是智慧教室的一个典型应用，5G 网络下的移动识别设备，配合超高清视频传输等可支撑身份认证、作弊防控、网上巡查、应急指挥等考务工作。

（3）5G 助力提升校园安全。以安防场景为代表的智慧校园在 5G 时代有了新升级。在无人机、物联网、移动边缘计算（MEC）、边缘云、人工智能等技术设备的支持下，全场景高清视频监控、智能视频分析、入侵探测报警、电子巡查可以有效解决当下视频模糊无法识别、陌生人进校、危险探测不及时等校园安全问题，智联化平台建设可有效提升学校的管理效率。

尽管预测的视角不同，其共同特征是 5G 背景下集成大数据、云计算、人工智能、扩展现实、物联网等新一代信息技术，实现实体空间和虚拟空间的一体化，重塑教育新形态。

《5G 应用创新发展白皮书》应用 5G 应用评估体系（CMM 模型），从 5G 能力要求（Capability）、成熟度（Maturity）、市场前景（Market）三个方面对具体应用进行评

① IMT-2020(5G) 推进组 .5G 应用创新发展白皮书——2019 年第二届“绽放杯”5G 应用征集大赛洞察［R/OL］.（2019-11-02）［2020-09-23］. http://www.caict.ac.cn/kxyj/qwfb/bps/201911/t20191102_268741.htm.

估。报告预测5G与超高清视频的融合应用将率先进入应用成熟期，基于超高清视频的课堂直播、安防监控将首先应用于远程教育和智慧校园的应用场景。远程巡考、远程督导需要网络、音视频、多媒体技术融合应用，统一通信标准，预计在1～2年内成熟。标准化考点、学生状态评价系统主要依托云端/边缘端的AI计算，算法对于学生状态的识别还需加强训练和学习以提高准确度，另外实时对学生监控、收集个人信息的做法缺乏标准规范，被大众讨论和接受尚需时日，预计在2～3年内成熟。基于AR/VR/MR辅助的远程课堂和全息课堂是在线教育提供沉浸式教学体验的有效手段，受限于设备制造、网络建设、内容制作等短板，这两项应用尚处在探索期。5G教育创新应用技术成熟度曲线如图3-1-2所示。

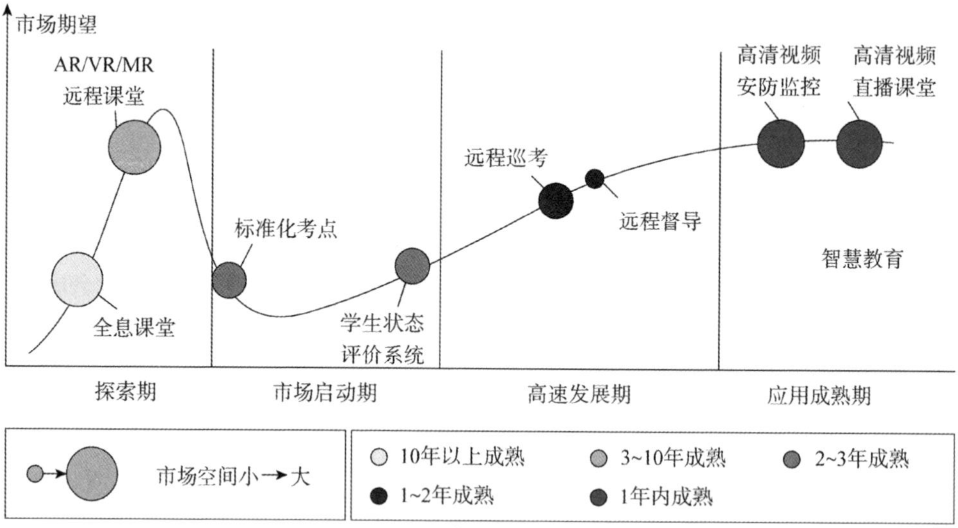

图3-1-2　5G教育创新应用技术成熟度曲线

［说明：资料来源于中国信息通信研究院《5G应用创新发展白皮书》(2019年)］

第二节　面向未来的学习需求

面对科学知识的爆炸性增长和一系列复杂的社会问题，“技能重塑”已成为全球的共识，据世界经济论坛预测：

• 未来10年，将有超过10亿个工作岗位（几乎占全球所有工作岗位的三分之一）会被技术所转变。到2022年，世界经济论坛估计主要经济体将会创造1.33

亿个新的工作岗位，以满足第四次工业革命的需求。

• 随着工作的变革，执行这些工作所需的技能也会随之改变。到 2022 年，平均 42% 的职业核心技能将会发生变化。

• 到 2030 年，我们（政府、企业和社会）必须齐心协力，为至少 10 亿人提供教育、技能和工作。20 国集团（G20）的所有国家如未能满足新技术时代的技能需求，可能会在未来 10 年内给潜在的 GDP 增长带来 11.5 万亿美元的风险，人力损失则会更大。

• 把焦点放在技能重塑，以及培养适应未来发展的劳动力上，这将有助于改善社会代际流动性，而这也是降低发展不平等的关键因素。全球社会代际流动性提高 10%，就能够在未来 10 年内推动近 5% 的经济增长。

经济合作与发展组织（OECD）2018 年发布了《OECD 学习框架 2030》[①]，提出要拓宽对教育目标的认识，教育的目的不仅仅是让年轻人为工作做好准备，还要使学生具备成为积极、负责任和积极参与的公民所需的技能，如图 3-1-3 所示。

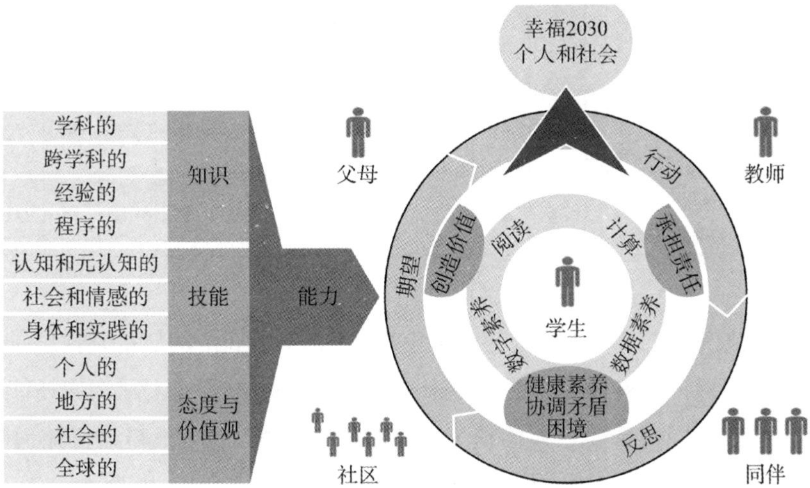

图 3-1-3　OECD 学习框架 2030

国际教育机构培生（Pearson）2019 年 9 月发布了全球学习者调查报告[②]，这项

① 经济合作与发展组织（OECD）.OECD 学习框架［J］. 孟鸿伟，译 . 开放学习研究，2018，23（3）：9-12；19.

② 培生教育集团 . 培生全球学习者调查报告［R/OL］.（2019-10-16）［2020-09-23］. https://www.pearson.com.cn/file/%E5%9F%B9%E7%94%9F%E5%85%A8%E7%90%83%E5%AD%A6%E4%B9%A0%E8%80%85%E8%B0%83%E6%9F%A5%E6%8A%A5%E5%91%8A-%E4%B8%AD%E6%96%87.pdf.

调查对全球 11 083 名 16～70 岁的学习者进行了约 20 分钟的网络调查。调查发现智能时代学习者对于学习目标、学习内容和学习方式的认识已发生了颠覆性的变化，主要发展趋势是：传统的职业道路已逐渐被职业重塑思维取代；除 STEM 技能外，学习者想发展自己的软技能；数字化和虚拟学习将成为未来十年的新常态；遏制网络霸凌和维护社交媒体安全。

1. 传统的职业道路已逐渐被职业重塑思维取代

在全球范围内，70% 的人认为在整个职业生涯中只为一名雇主工作的想法是过时的，与此同时，84% 的人认为："我的职业道路将明显不同于我的父母或祖父母。"值得注意的是我国这两项数据分别为 77% 和 90%，表明处于发展方式转变中的中国，对职业转换认同的幅度高于发达国家和其他新兴工业化国家，如表 3-1-2 所示。

表 3-1-2 职业转换的调查

调查内容	国家或地区										
关于您自己的个人发展和职业道路，您在多大程度上同意？（% 表示同意）	美国	英国	澳大利亚	加拿大	欧洲（不含英国）	南非	巴西	中国	印度	拉美	中东
在整个职业生涯中只为一名雇主工作的想法已经过时	64	65	70	64	73	75	64	77	76	72	73
我的职业道路将明显不同于我的父母或祖父母	84	81	85	85	80	93	85	90	74	91	79

2. 学习者想发展自己的软技能

在全球范围内，78% 的人认为，自己需要发展软技能，例如批判性思维、问题解决能力和创造性。88% 的人认为，未来社会将越来越重视人际沟通技能，人际技能和技术技能同等重要。人们认为，编程是新的第二语言，与语言知识同等重要，将帮助他们在新经济中占据更有利的竞争地位，如表 3-1-3 所示。

表 3-1-3 未来人们最需要了解和学习的领域调查

调查内容	国家或地区										
畅想未来的工作领域，您认为人们最需要了解和学习的领域是什么？（% 表示同意）	美国	英国	澳大利亚	加拿大	欧洲（不含英国）	南非	巴西	中国	印度	拉美	中东
英语	58	61	60	60	56	61	73	31	73	61	62

（续表）

调查内容	国家或地区										
编程	27	28	26	27	21	33	17	33	18	19	28
中文	4	8	11	7	14	5	5	36	3	10	7

3. 数字化和虚拟学习将成为未来十年的新常态

技术能够增强学习体验和学习材料的可及性；各个年龄段的人们都乐于接受新技术，以利于未来的学习。人们已经看到技术如何促进教育发展，大多数受访者认为，人工智能和其他创新技术能够让学习变得更有吸引力。

在未来十年，82% 的人们认为智能设备或应用程序将用于帮助学习者在家中或在课堂中学习，67% 的人们认为更多的中小学生将通过虚拟方式（网络）学习，而非坐在传统教室中。有趣的一点是，来自中国的受访者中有 40% 的人不赞同虚拟方式（网络）学习能替代传统教室学习，但他们对使用智能设备进行学习仍持非常开放的态度，如表 3-1-4 所示。

表 3-1-4　人们对未来应用智能设备学习和虚拟学习的看法

调查内容	国家或地区										
关于学校和教育的未来，您认为以下各项实现的可能性大吗？（%）	美国	英国	澳大利亚	加拿大	欧洲（不含英国）	南非	巴西	中国	印度	拉美	中东
智能设备或应用程序将用于帮助学习者在家中或在课堂中学习	80	76	83	79	75	92	83	89	77	86	78
在未来十年内，更多的中小学生将通过虚拟方式（网络）学习，而非坐在传统教室中	74	56	67	64	57	71	73	59	76	77	66

4. 遏制网络霸凌和维护社交媒体安全

尽管人们都认为社交媒体有能力构建互联互通的全球联系，但对社交媒体促进学习的接受程度认识不一。然而如何遏制日趋严重的网络霸凌和维护社交媒体安全已成为学习者关注的焦点。值得注意的是中国是全球社交媒体参与人群最多的国家，但仅有 48% 的中国学习者认为如今的校园更不安全，远低于全球平均值，表明他们对中国政府和学校维护网络安全的努力持乐观态度，如表 3-1-5 所示。

表 3-1-5　对学校环境的看法

调查内容	国家或地区										
关于您所在国家的中小学教育，您在多大程度上同意以下观点？（%表示同意）	美国	英国	澳大利亚	加拿大	欧洲（不含英国）	南非	巴西	中国	印度	拉美	中东
相比25年前，如今的学校更不安全	84	71	68	72	69	82	80	48	59	81	68
（现实和网络）霸凌让学生越来越难以在校园中学习	84	84	88	85	85	88	75	64	66	81	68
社交媒体让学生越来越难以在校园中学习	76	77	79	74	68	68	56	45	63	73	66

面对未来的学习需求，我们需要把握新一代技术改变未来的工作和教育的趋势，积极发现新问题，探索新做法，确立新路径。我们要思考以下问题：

- 学生要开展什么样的创新教育？
- 如何帮助教师构建沉浸式学习体验，从而激发学生的好奇心，深化知识，培养更高层次的思维和实践技能？
- 如何帮助学生成为自主学习的主体，以数字化方式探索知识、协作、创造和解决问题的能力？
- 学习、做事和思考如何与更广阔的世界建立联系？

第三节　学校变革：趋势、挑战与技术驱动

由美国新媒体联盟（NMC）编撰的《地平线报告》自2011年进入中国以来引起了教育界的广泛关注，对我国技术融入教育的研究和实践产生了积极而深远的影响。2017年新媒体联盟编撰的《地平线报告》结束出版后，高等教育版《2020年地平线报告：教与学版》由非营利的美国高等教育信息化协会（EDUCAUSE）继续出版[①]，基础教育版由美国学校网络联合会（Consortium for

① EDUCAUSE. 2020 EDUCAUSE Horizon Report: Teaching and Learning Edition［R/OL］.（2020-03-02）［2020-09-23］. https://library.educause.edu/-/media/files/library/2020/3/2020_horizon_report_pdf.pdf?la=en&hash=08A92C17998E8113BCB15DCA7BA1F467F303BA80.

School Networking, CoSN)以《基础教育创新驱动力报告》的形式出版[①]。在本节中,我们将介绍《地平线报告》近两年对学校变革的论述。

一、学校创新趋势、挑战与技术驱动的概述

趋势是指改变现状、重新定义未来、加快变革步伐的影响因素。判断与分析发展趋势有两方面的意义,既可以测试组织和人员制定创新战略的能力,也可以激发驱动创新的创业精神,促进未来应用于教育的技术发展。挑战不等同于障碍,主要是指教育技术应用于教育时所面临的组织和人员能力方面的重大挑战,这促使教育工作者用积极的态度做好准备,并通过充分的实践、知识和工具的积累来实现创新。技术驱动是指技术为教育领域更广泛的机会和解决方案提供支撑。

CoSN 设立的国际咨询委员会邀请 111 名著名教育技术专家和来自一线的教育工作者对每年基础教育领域学校创新的趋势(如表 3-1-6 所示)、挑战(如表 3-1-7 所示)和技术驱动作出判断与分析(如表 3-1-8 所示)。

表 3-1-6　CoSN 报告提出的发展趋势(2019—2020 年)

趋势(2019)	影响基础教育速度和强度(2019)	趋势(2020)	影响基础教育速度和强度(2020)
学习者即创造者	4.08	学习者即创造者	3.88
数据驱动实践创新	3.83	培养未来领导力	3.81
个性化发展	3.76	数据驱动实践创新	3.79
设计思维	3.53	社会情感学习	3.68
培养未来领导力	3.29	个性化发展	3.67

注:咨询委员会成员按 1—5 等级打分,1 代表影响最慢速度和最低强度,5 代表影响最快速度和最高强度。

表 3-1-7　CoSN 报告提出的挑战(2019—2020 年)

挑战(2019)	克服挑战难易程度(2019)	挑战(2020)	克服挑战难易程度(2020)
扩大并保持创新	3.95	创新和发展的可持续性	4.04
数字公平	3.61	数字公平	3.82

① 美国学校网络联合会．基础教育创新驱动力报告(挑战篇)[R/OL]．吴莎莎,季瑞芳,张春华,李国云,译．白晓晶,殷丙山,审定．(2019)[2020-09-23]．https://cosn.org/sites/default/files/CoSN%20DK12Innovation%20Hurdle-CN.pdf.

（续表）

挑战（2019）	克服挑战难易程度（2019）	挑战（2020）	克服挑战难易程度（2020）
技术与教学间的差距	3.53	技术与教学间的差距	3.66
不间断的专业发展	3.35	教与学的变革	3.59
技术与未来的工作	3.39	数据隐私	3.59

注：咨询委员会成员按 1—5 等级打分，1 代表最容易克服，5 代表最难克服。

表 3-1-8　CoSN 报告提出的技术驱动（2019 年）

技术驱动（2019）	影响教与学变革重要度（2019）	全球学校规模采用程度（2019）
手持与可穿戴设备	49%	2.49
混合式学习	44%	1.41
扩展现实	40%	2.48
学习分析与自适应技术	45%	1.26
云服务	36%	1.58

注：咨询委员会成员按 1—5 等级打分，1 代表最高采用程度，5 代表最低采用程度。

2019 年《基础教育创新驱动力报告》关注学校创新的两大趋势是“学习者即创造者”和“个性化发展”；两大挑战是“技术与教学间的差距”和“技术与未来的工作”；两大技术驱动是“混合式学习”和“学习分析与自适应技术”。2020 年《基础教育创新驱动力报告》综合趋势、挑战和技术驱动关注的两大热点问题是“数据”和“教与学的变革”。

二、热点：数据

数据是目前教育中的一个热点话题，全球范围日益兴起的数据驱动实践创新对教育产生了重大影响，数据可以指引教师改进教和学，促进学生学业成功，优化教育管理，实现学校创新。同时随着数据的广泛应用，教育正面临数据安全的严峻挑战。

（一）数据应用的复杂性

在全球范围，学校和地区应用数据驱动教学与管理实践正经历三个发展阶段：无数据或应用说明性数据（主观填报的结果数据）—应用基于标准的驱动实践的数据—应用新一代技术支持个性化学习和智能管理的数据。随着应用数据驱动实践的深入，对教育工作者应用数据的能力要求更为复杂，这些因素包括对数据的理解，有效、合理和安全应用数据，以及数据集成能力与对数据的洞察力。

（二）设计流程

应用数据必须成为整个学区的重点才能真正有所作为，学区要确定数据驱动实践的价值取向，善于应用运营的数据系统的各种功能展示数据的实践价值，集成相关数据、数据应用的可行性，以使教师能更便捷地上手实践。学校需设计教学（业务）流程和数据流程，从而方便而适当地收集、分析和使用数据。教师是数据的主要使用者，设计教学（业务）流程和数据流程必须有教师参与，只有教师广泛参与，才能了解和把握需求，制定确保重点优先级应用的实施方案。

（三）关注适切性和实用性

我们追求的是有效的、有重点的、有价值的数据驱动实践创新。要明确哪些数据是应该收集的，什么样的数据能够更好地帮助学生学习，如何应用已获取的数据开展学习分析，这些是借助数据最大限度提高学生学习能力的关键。学校的数据系统必须关注应用的适切性和实用性，重点是如何获取和应用高质量的、相关和有用的数据，并能准确地阐明数据能揭示哪些学习信息。在设计或修改数据流程时，要和教学流程一致，确保系统能围绕教师教学和测评工作流程运营。

（四）增强教师对数据的理解力和应用能力

教师对数据驱动实践创新的理解程度往往取决于教师发展和使用数据的能力。经合组织（OECD）认为教师需要掌握利用数据开展教学的能力、动力和机会，学校和地区必须投资于数据的培训和应用，这可能既昂贵又费时。教师还需要得到支持，以便在教学以外的学校活动中使用业务数据。在欧盟（EU），“数据驱动”项目为教师提供了使用数据的知识、技能和资源，来自 6 个国家的合作伙伴共同开发、试验、部署框架、提供应用工具、开展培训，以帮助教师应用数据提高教育质量，促进学生完成学业。

（五）评估

CoSN 开发了一套诊断学校应用数据驱动实践发展阶段的评估模型和工具量表。名为“数据互操作成熟度模型”的评估模型把学校应用数据的应用发展水平分为起步阶段、成熟阶段、整合阶段、优化阶段和变革阶段，从教学和管理效率、领导力与愿景、IT 治理、数据治理、数据信息和系统的集成、基础设施等六个维度开展评估，模型对每一阶段应用水平的特征都有详细的说明（如表 3-1-9 所示）。评估工具量表既可用于学校自评，也可用于第三方测评。

表 3-1-9 数据互操作成熟度模型评估量表

数据互操作成熟度模型	起步阶段	成熟阶段	整合阶段	优化阶段	变革阶段
教学和管理效率	开始使用数字资源和系统进行教学和管理	能分析部分数据的某些元素并用于指导和行政决策	能使用更多的跨部门数据以获得更深层次的数据洞察力以及应用数据驱动决策	基于实时数据驱动教学和管理决策	运用预测性和规范性数据分析来提高学生学习和行政效率已形成常态。系统地使用实时数据（学生表现、财务、人力资源、IT）为决策提供信息
领导力与愿景	理解数据互操作系统的价值和目的	鼓励IT部门与其他部门进行跨部门的数据交互，以解决综合问题	部门领导开始积极地计划变革管理，面向需求改善数据的可访问性、可靠性和容量	数据管理团队与所有有关人员为了共同的愿景协同工作，以有效及战略性地使用技术	形成协同工作的常态，学生能够选择和决定自己的个性化的学习途径，管理人员能够系统地应用数据信息实现教学和管理的持续改进
IT治理	认识到需要根据教育目标更系统地管理IT基础设施，如设备管理和数字内容的获取	创建用于审核供应商解决方案并增强数据互操作性、安全性以及保护数据隐私的数字资源开发计划	创建审核供应商解决方案并增强数据互操作性、安全性以及保护数据隐私的数字资源开发跨部门流程	学校领导团队负责任地决策和管理创建实施以及执行模型，并考虑开发学校系统技术相关的社会、法律和伦理问题	形成正式的IT治理结构，确保决策满足所有人员的需求

（续表）

数据互操作成熟度模型	起步阶段	成熟阶段	整合阶段	优化阶段	变革阶段
数据治理	注意到数据管理的准确性、完整性和安全性。认识到领导部门保护数据隐私的责任	对能够访问个人身份数据的人员开展数据隐私政策的全员培训，以确保数据的、数据管理的准确性、完整性和安全性	跨部门协同数据治理。明确用于创建和维护数据的主要数据元素的清晰定义和价值。专人负责监察个人资料隐私规定的实施情况	学校领导部门已经建立了数据价值和保护数据共同负责的治理制度	已形成常态数据治理结构，确保决策满足所有人员的需求
数据信息和系统的集成	人工管理数据上传/下载流程	建立主要数据系统和来源目录，应用程序局部实现系统之间的数据自动化集成	通过数据信息标准化和格式化实现系统与部门之间的数据流动，并定期向用户提供这些数据信息	通过应用开放的数据标准实现系统之间的数据被集成和互操作，并为每个用户提供所需功能的简单界面。该系统对学生和教职员的个人信息进行适当的控制和保护	构建设备、应用程序和数字资源互联的学校生态环境，集成工具、数据和内容，以支持学生学习和学校管理

（续表）

数据互操作成熟度模型	起步阶段	成熟阶段	整合阶段	优化阶段	变革阶段
基础设施	认识到学校需要安全可靠的网络系统和硬件	创建一个安全的生态环境，允许外部对单个系统数据进行有限的访问	创建一个安全的生态环境，支持基于角色的远程访问系统数据	学校基础设施系统正常、稳健运行，符合行业标准，足以满足用户的需求	教学和操作实践不再受内部基础设施的限制。将智能技术赋能于系统，为学生、教师、管理员和家长提供预测性和规范性分析

（六）政策与实践

CoSN给出的建议是：

- 研究技术的教育价值、数据保护和系统集成；
- 关注数据使用的目的是支持教学、学习和管理；
- 指定可以第三方共享的数据及共享路径；
- 主动处理数据，并将其作为常规的持续责任；
- 制定符合法律法规要求的数据使用制度和流程。

（七）驱动变革

战胜挑战，政策与程序固然重要，然而没有教育工作者的全员参与，我们将一事无成。驱动变革需要把增强教师使用数据的能力与提供对数据的安全访问一并考虑，教师全员参与，共同构建一个安全的数字生态环境。美国伊利诺伊州正在实施的“数字控制面板”项目就是驱动变革的试验。在控制面板开发过程中，从早期使用数据的教师中收集持续的数据反馈，根据教师的反馈对数据安全事项持续进行优先排序，不断增强和扩充功能，最终鼓励更多的教师广泛使用控制面板，从而更好地支持学生学习。

（八）建议

CoSN认为，全球数据驱动实践创新正处于十字路口，国际咨询委员会给出的建议可归纳为：

- 建立利益相关者对数据的认识和应用能力的框架；
- 投资于教师专业能力的培训与发展；
- 设计并不断改进策略和流程；
- 以学生为中心开展教学和其他工作；

- 勇于面对复杂变化的挑战。

三、趋势之一：学习者即创造者

近两年趋势排名第一的“学习者即创造者”告诉我们：创造力是学习者必不可少的能力，面向未来的教育仅仅掌握事实和概念是不够的，还需要从单纯的知识学习向深度学习[①]转变。发展学生创造力的学习指的是通过实践并运用知识和技能来解决实际问题的学习，这不仅是理论问题，也是实践问题。为学生创建积极而有意义的学习环境，使学生成为知识的共同建构者，有助于学校新的知识生态系统的建立。

CoSN 报告特别关注正在全球蓬勃开展的创客与 STEAM 教育实践，报告提供了世界各地大量学校的案例，认为创客运动及其相关的微观装配实验室（FabLab）、黑客空间、STEAM 实验室、未来图书馆等，通过对物体的制造、测试、分析，重新思考、重新制作和重新测试的能力，有助于促进学生对核心知识的深入学习。强大的创客空间或其他沉浸式学习方法，如基于项目的学习，对学生学习提出了新的挑战，学生需要在提出项目或构建解决方案之前进行广泛的研究、信息分析和综合，这需要具备与深度学习契合的能力。

四、趋势之二：个性化学习

个性化学习是 2019 年 CoSN 报告关注的热点问题。教育工作者早就意识到一刀切的学校教育对许多学习者来说是行不通的。学生的学习情况不同，在他们的学习过程中，有着不同的特点、需求、风格、兴趣和偏好。在过去的十年里，这种划一的教学模式正在逐渐被更加灵活的、以学生为中心的教学模式所取代。

吸引和激励学生是深度学习的起点，教师正在尝试多种创新来点燃每个学生的热情。他们根据学生评估的能力和需求将教学分出不同层次，进而转变教学路径，整合数字工具和内容。通过翻转课堂再造教学流程，活跃课堂氛围，强调学生的选择，关注不同学生的需求。教育工作者也在调整教学内容和环境，使教育内容和文化熏陶更符合学生的学习需求。

技术可以简化和增强个性化学习。数字平台已经开始支持教育工作者了解每一位学生的学习行为和学习成效。学习管理系统（LMS）综合了如下的纵向数据：

- 学生信息系统；
- 形成性、期中和终结性评估结果；

① 本报告中涉及的深度学习是指以创新方式向学生传递和应用丰富的核心学习内容。基于项目的学习、基于问题的学习、基于探究的学习、基于挑战的学习和其他相似的方法能够让学生在校内外具有更多主动学习的经历，培养学生们的批判性思维、协作能力、解决问题能力以及自我导向的学习能力。

- 学生在完成数字学习任务中的努力和效果；
- 学生在过程中的工作量、徽章数量和作品数量，以及课外活动和成就；
- 学生参与的学习活动；
- 教师观察；
- 家长和学生的反馈。

基于这些数据开展预测性分析可以进一步确定学生的即时需求。与使用任何技术一样，学校必须考虑与获取、存储和共享数据相关的隐私和伦理问题。

五、趋势之三：社会情感学习

早在21世纪初叶，基于脑科学的学习和认知研究发现情绪和认知同时存在于大脑之中，但是涉及不同的脑区。认知神经呈块状分布，情绪神经呈环状分布，包围整个大脑，能激活不同脑区的认知神经，因此情绪与认知是不可分割的，情绪促进认知，在认知中激发情感的升华。科学上的成功不仅取决于认知能力，也取决于人们承受挫折和压力的能力，以及对任务的持续和专注能力，即实现自我控制的能力。但是，我们往往强调认知能力，忽略了情绪的重要性。

近二十年来人们越来越认识到社会情感学习对塑造学生的品格和个性，养成学生的社会责任意识以及发展学生创造力的重要意义，越来越多的学校把同理心、勇气、毅力、灵活性和适应性等能力融入课程和教学过程中，让学生获得有成效的合作学习、问题解决和公民责任等方面的体验。

技术发展带来更多的交互，在技术整合的环境中如何开展社会情感学习是一个全新的研究课题。华莱士基金会（Wallace Foundation）与兰德公司（Rand）合作，正在执行一项名为“社会与情感学习合作伙伴计划（PSELI）”的为期六年的项目，项目覆盖美国波士顿、达拉斯、丹佛、棕榈滩县、塔科马和塔尔萨等城市，探讨通过成人在学校和课外时间（OST）的共同努力，协调、改善和促进社会情感学习的体验和氛围，以及学生是否从中受益。兰德公司负责收集活动数据，最终形成有关项目实施和效果的公共报告。人工智能技术如何融入社会情感学习，来自西班牙人工智能研究中心的夸德拉多（Cuadrado）等三位专家在《计算神经科学前沿杂志》（Frontiers in Computational Neuroscience Journal）上发表了题为“情感机器人助教发展的整合环境”（Affective Robot Tutor Integrated Environment, ARTIE）的论文[①]，公布了他们的最新研究成果。

---

① Imbernón Cuadrado L-E, Manjarrés Riesco Á, De La Paz López F. ARTIE: An Integrated Environment for the Development of Affective Robot Tutors[J/OL]. Front. Comput. Neurosci. 2016（10）: 77. ［2020-09-23］. https://www.frontiersin.org/articles/10.3389/fncom.2016.00077/full.

机器人助教的情绪识别

ARTIE 项目目标是可以设计出这样一个人工智能系统，首先识别学生与教育软件互动时的情绪状态，之后通过机器人助教进行教学活动，最终提高学生社会情感学习的体验。

ARTIE 不是某一个机器人，而是一个计算架构模型，结合以下三个部分：第一，已有的教育软件（目前是小学阶段的教育软件）；第二，能够识别小学生在与教育软件互动过程中的情绪状态；第三，可以为学生提供个性化的情绪以及教学上的辅助的机器人。

具体来说，首先研究人员重点关注三种认知情绪状态：集中的（concentrating）、分心的（distracted），以及不作为的（inactive）。利用键盘的敲击以及鼠标动作来预测学生处在这三种认知状态中的哪一种。而机器人助教会选择与相应的认知情绪状态相符的教学活动，通过面部表情、肢体语言、语音语调等来进行教学上的干预。他们的第一个机器人助教叫 MONICA，运用 ARTIE 的这个计算架构连接教育软件和教学机器人。

研究的价值在于：第一，我们可以通过比较经济的方法来识别最有可能影响学习过程的情绪，并且通过机器人进行教学干预。当然该研究团队的下一步就是通过摄像头、话筒等识别更加复杂的情绪，以及更长期地测试机器人助教对于学习者学习曲线的影响。第二，展示了这种能够普遍使用的架构，通过这样的架构，可以根据不同的教学目标，来结合更多的教育软件和机器人助教。

尽管目前机器人助教还不能取代学校教师，但是已经发现机器人助教在帮助学生达成具体学习目标上非常有效。

教与学的变革和社会情感学习是两个关联的主题，也是基础教育创新的关键，这两个主题都受到社会技术变革和学生学习需求与体验的影响，社会情感学习的发展趋势既有可能加剧教和学变革的挑战，也有可能促进教育超越这一障碍，关键还是取决于教师的专业发展是否做好应对挑战的准备。

六、挑战：技术与教学间的差距

CoSN 认为当采用新技术的冲动优先于有效使用新技术的准备时，就会出现技术与教学间差距的挑战性紧张局面。这一挑战包括文化、领导力、教育学、课程和教学流程等问题。技术的不断进步造成学生需求和教师技能之间的脱节，技术因素可能加速好的教学实践，也可能产生无效的行为，为使学生学习得到有效提高，必须进行技术与教学的同步变革。

根据普华永道（PWC）2018 年对 2 000 多名基础教育工作者的调查[1]，只有 10% 的美国教师有信心教授更高水平的技术技能。普华永道的调查发现，总的来说教师并没有创造性地利用技术。调查的数据表明在美国教师中大多数课堂技术使用（60%）是被动的（观看视频、阅读网站）。只有约三分之一的教师（32%）把编码、制作视频或执行数据分析用于课堂活动。

为了帮助教育工作者诊断技术应用的水平，CoSN 报告应用 SAMR 模型来评估技术应用水平，这一模型与布鲁姆教育分类目标相连接，把技术应用水平分为替代（Substitution）、增强（Augmentation）、修改（Modification）和重塑（Redefinition）四个层次。从全球多项调查来看，大多数教师中使用技术的水平目前仍停留在替代和增强阶段，即促进学生记忆的低阶思维阶段，与教学变革需求存在较大差距，如图 3-1-4 所示。

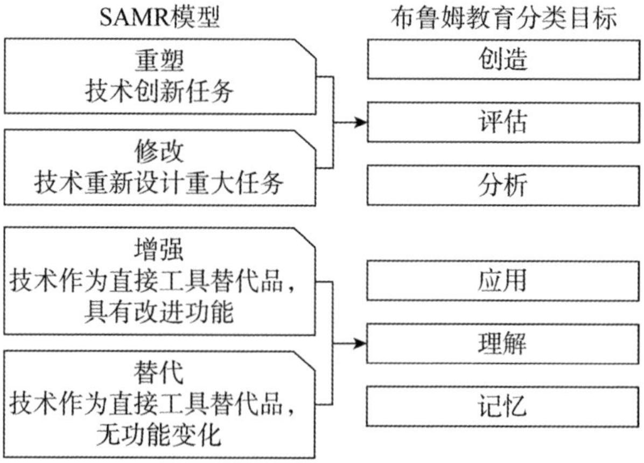

图 3-1-4　SAMR 模型与布鲁姆教育分类目标的对应

技术与教学之间的差距是多方面的，应对挑战首先要重新思考学校变革的价值取向。在技术上单纯追求“下一个新事物”“技术优先于教学，产品优先于人，潜力优先于现实”实际上是一种倒退的理念和行为。因此，需要明确学生在数字世界中取得成功所需的知识和技能，建立课程和教学方法的共同愿景，先制定战略计划，然后确定优先考虑教育价值的技术选择决策。来自一线的美国弗吉尼亚州阿灵顿公立学校助理主管塔拉·纳特拉斯（Tara Nattrass）指出：“当开展这项工

① Schuyler S, Buckley E. Technology in US schools: Are We Preparing Our Kids for the Jobs of Tomorrow?［EB/OL］.（2018）［2020-09-23］. https://www.pwc.com/us/en/about-us/corporate-responsibility/library/preparing-students-for-technology-jobs.html.

作时，学校和学区就开始实施新技术，而不是定义高质量的教学实践，并建立对核心教学策略的理解，然而这些策略在实施时对学习产生最大的影响。”技术应用正在使教学和学习发生变化，但这种演变并不明显。澳大利亚纳什高中主管凯伦·斯威夫特（Karen Swift）指出：“技术应用使教室的外观发生了变化，给人的感觉也不同以往。但我认为在许多情况下技术应用并未对学习产生明显的持续影响，在教育中单纯实施技术是不够的。”

技术与教学间的差距导致资金浪费，造成教育工作者的挫败感，也使学生失去了数字时代培养新的好奇心和技能的机会。CoSN 认为这些阻碍是可以克服的，不是拒绝新技术，而是需要技术和教学同步变革。一旦学校能提供良好的教学实践以及学生参与高价值、前瞻性学习活动的机会，使学生从被动学习者转变为主动学习者，让他们自己负责学习、协作、参与、查询、发现、推理和创造，新技术的引进就会产生长远的教学效益。

CoSN 认为教师专业发展是应对挑战的重中之重，没有教师的专业学习和成长，任何技术都不会产生预期的影响。按照教师对技术整合的要求，应用教学内容、教学法与技术知识融合的 TPACK 框架能为教师教育工作者和政策决策者提供可行性分析，来制定应对挑战的教师专业发展规划。

第四节 技术促进学习：上海的探索实践

上海是我国基础教育信息化的先行地区，肩负着创建智能时代特大都市网络化、数字化、智能化、个性化、终身化教育新形态，率先实现教育现代化的重任。以学生为本，满足面向未来的学习需求是教育信息化的出发点和最终目的。早在 2011 年，在《上海市中长期教育改革和发展规划纲要（2010—2020 年）》中就明确提出未来上海教育改革和发展要以育人为本，把“为了每一个学生的终身发展”作为核心理念。2018 年发布的《上海市教育信息化 2.0 行动计划（2018—2022）》进一步强调要适应数字时代的人才培养和教育发展需求，把“发掘学生潜质，激发学生兴趣，指导学生学习，成就学生价值”作为教育信息化的基本目标。行动计划提出在落实完成教育部提出的“三全两高一大”发展目标基础上，以大规模因材施教和个性化学习为抓手，以全方位创新实现常态化应用，促进教育信息化从融合应用向创新发展高阶演进，构建与上海市经济社会和教育发展水平相适应的教育信息化体系。行动计划还提出要坚持示范引领、扎实推进，凝结上海智慧，形成上海方案。

十年来，围绕“不忘初心，立德树人”，上海广大学校和教师积极探索技术驱动学校变革的路径和做法，开展了包括云计算和移动学习、技术支持的学生综合素质评价、微课程与翻转课堂、创客和STEM学习、DIS实验系统在科学教育中应用、学习分析等诸多方面的探索实践，形成了一批具有引领性和可复制的实践案例。本报告展示的大量区域和学校实践案例表明技术的应用已不再仅仅是知识传授的“工具”，也正在向用技术支撑学生为中心的教和学方向转变，尽管目前这种转变仍是局部范围的，但对整体变革的先导意义不容低估。上海技术促进学生学习已初见成效，PISA测试上海学生2009年、2012年连续两次阅读、科学、数学成绩全球第一，2018年包括上海在内的四省市（北京市、上海市、江苏省、浙江省）学生又重获阅读、科学、数学成绩全球第一；2018年发布的“教师教学国际调查（TAIS）”结果显示，上海教师在专业准备、专业动机、见习培训、专业发展活动、教学效率、教师效能与职业满意度等多个方面全球领先，在原先比较薄弱的指标，如工作满意度、教师让学生使用信息和通信技术完成项目或作业方面也有可喜变化。基础教育的上海经验和上海模式获得了国际教育界的关注和好评。

2019年启动的上海市教育信息化应用标杆学校创建项目是实施《上海市教育信息化2.0行动计划（2018—2022）》的重要举措，也是对标国际一流标准、技术促进学校变革的风向标。项目以育人为本，以数据驱动大规模因材施教为指引，用三年时间在上海率先培育一批服务学生个性化发展、具有先进教育理念和现代治理体系的新型学校。目前，标杆培育校的生态环境建设已全面展开，激发学习兴趣、发展学生创造力的多元课程已惠及学校的全体学生，数据集成和驱动个性化学习也有了明确的行动方案。可以确信标杆校的培育将凝结上海智慧，形成“上海方案”，示范引领上海教育信息化的发展。

第二部分 场景与案例

技术通过创建应用场景增能、使能和赋能于教育。场景一词最早出现在戏剧或影视剧中，社会学家埃尔温·戈夫曼（Erving Goffman）认为场景是根据所处的环境、特定角色、特定的行为等因素构成的生活场面，注重的是人类的社会和行为。我国学者武法提等人认为技术应用场景是指围绕以人为中心，以需求为导向，以感知设备为载体，以事件为表现形式，嵌入或融入智能技术的行为序列总和，是人物、时间、空间、技术、事件、背景等因素构成的统一体①。

在 EDUCAUSE 接手高等教育版《地平线报告》时提出：《地平线报告：教与学版》② 在不失其基本目的的情况下打破了传统的《地平线报告》的模式，放弃了过去采用的预测单项技术的时间结构，取而代之的是新报告提供了证据、数据和场景，包括确定趋势的证据，以及专家们对影响实际采用新兴技术的因素的定量评级。

新技术在教育领域应用是一项前瞻性和探索性的研究，往往需要经历一个较长的实验周期才能形成带规律性的应用模式。在研究对象本身与其发展背景的界限不清晰的情境下，选择案例研究是比较恰当的。应用场景下的案例研究是通过搜集带有前瞻性和探索性的个案的事例证据（Evidence），用归纳或解释的方法来具体回答"为什么"和"怎么做"的问题，发现个案所揭示出来的规律及相关研究结论，并推广应用到更广泛的、具有相似性的群体中。

本部分内容将展现对基础教育变革近期会产生重大影响的新技术应用场景及案例。依据《上海市教育信息化 2.0 行动计划（2018—2022）》，综合 CoSN 设立的国际咨询委员会 111 名国际教育技术专家对学校变革的 5 项技术驱动的判断，2020 年高等教育《地平线报告》国际教育技术专家从 131 个备选应用场景中遴选的 6 个影响力最大的应用场景，以及征询上海 50 余位专家所得的 5 项有影响力的重大技术判断，确定技术对教育变革近期产生重大影响的 5 个应用场景，如表 3-2-1 所示：

① 武法提，黄石华，殷宝媛．场景化：学习服务设计的新思路［J］．电化教育研究，2018（12）：63-69.

② EDUCAUSE. 2020 EDUCAUSE Horizon Report: Teaching and Learning Edition［R/OL］.（2020-03-02）［2020-09-23］. https://library.educause.edu/-/media/files/library/2020/3/2020_horizon_report_pdf.pdf?la=en&hash=08A92C17998E8113BCB15DCA7BA1F467F303BA80.

- 下一代教育生态环境建设；
- 面对面教学与网络教学融合的混合式学习；
- 数据驱动的大规模因材施教；
- 基于沉浸式技术的学生体验式学习；
- STEAM 与人工智能教育。

表 3-2-1 技术对教育变革近期产生重大影响的 5 个应用场景

CoSN 技术驱动（2019）	高等教育《地平线报告》遴选的应用场景（2020）	上海专家征询（2020）	应用场景（2020）
手持与可穿戴设备	自适应学习技术	自适应技术	下一代教育生态环境建设③
混合式学习	机器学习 / 人工智能在教学中应用	大数据挖掘与分析	面对面教学与网络教学融合的混合式学习
扩展现实	学生学习成就分析	学科知识图谱①	数据驱动的大规模因材施教
学习分析与自适应技术	教学设计、学习工程和用户体验设计	混合式学习	基于沉浸式技术的学生体验式学习②
云服务	开放教育资源	人工智能⑤	STEAM 与人工智能教育④
	扩展现实		

本部分内容还包括 5 个应用场景的 13 个上海案例、7 个国际案例和 3 个国内案例。13 个上海案例展现了上海学校、教师和企业在技术与教育融合创新方面

① 上海专家征询中的学科知识图谱是大数据挖掘与分析的一部分，两者并列不适宜，自适应技术与大数据挖掘与分析也不可分割，最终确定将《上海市教育信息化 2.0 行动计划（2018—2022）》提出的用数据驱动的大规模因材施教作为应用场景，其技术支撑是学习分析与自适应技术。

② 1997 年上海教育信息化就已关注虚拟现实技术应用，当时面临的主要障碍是教学模式的不确定和网络带宽的制约，近两年扩展现实在教学中应用无论国际国内都已取得重大进展，在 5G 背景下扩展现实在各行业应用将会有超常规发展，因此把基于沉浸式技术的学生体验式学习列为应用场景。

③ 教育信息化 2.0 的核心是构建下一代教育生态环境，这是一切应用的基础，因此把下一代教育生态环境建设列为应用场景。

④ STEAM 与人工智能教育体现学习者是创造者理念，是面向学生未来深度学习的重要实践，CoSN 国际专家学校变革趋势征询近两年重要度均列为第一位，因此把 STEAM 与人工智能教育列为应用场景。

⑤ 人工智能无处不在，它赋能于所有应用场景中，因此不宜再单独列为应用场景。

的新探索和新做法，是教育信息化进程中“上海方案”的具体体现。7 个国际案例和 3 个国内案例则是前瞻性地展示了技术如何赋能于应用场景，对上海推进教育信息化具有借鉴意义。

第一节 下一代教育生态环境

一、下一代教育生态环境建设

“互联网 + 教育”核心在于构建教育变革，需要构建校内外相互打通、资源高度共享、流程无缝衔接的教育新生态，这样才能真正把信息技术赋能于教学与治理，促进教育体系整体变革。

在 21 世纪初叶，在全球范围开展了“一人一本”项目，该项目通过给学生配备移动终端，并把纸质学习材料转化为数字资源，实现学生可应用学生移动终端开展“1 对 1”数字化学习（“电子书包”学习）。随着技术的发展和教育变革的深入，发现仅是人手一部平板电脑和电子教科书已不足以支持个性化的泛在学习，发展的趋势是建设互联的物理学习空间和虚拟学习空间（网络学习空间），网络学习空间的功能不仅是单纯的信息传播，而且是集网络学习、发布和交流、资源获取与重组功能于一体的虚拟学习环境。网络学习平台提供一系列创新的数字学习、协作和交互的工具，学习资源和储存空间来支撑网络学习空间的创建和运行。

其中教师学习空间功能为：

- 获取、组织和共享资源；
- 创建教师创作空间，创建课程、学习项目和其他学习活动；
- 创建虚拟班级，开展教学和交流。

学生学习空间功能为：

- 通过互联学习社区开展网络学习；
- 创建、发布和交流个性化学习体验；
- 搜索、获取学习资源。

未来五年战略科技的核心是构建以人为中心的智能空间，近期技术应用的场景是通过建设以需求为导向的智慧校园[①]来重构学校教育生态环境。

---

① 智慧校园可以从不同视角给出不同的解释，简明的技术解释为：智慧校园 = 教育云 + 教育数据集成 + 教育基础设施互联。

智慧校园建设不同于传统的数字校园建设，它的核心是互联和数据。

（1）数据驱动

数据在智慧校园的建设中起基础作用，数据中心等基础设施不仅应该充分考虑到海量数据的采集、承载、处理需求，还要考虑数据中心的运维管理和应用分析，以满足规模化、个性化和泛在教育对数据的新需求。

（2）基础设施互联

通过在学校铺设传感节点，应用各种传感技术将设备与互联网相连接，有效地的将电子白板（触摸屏）、学生端、班牌、录播等教室信息设备互联，并提供人工智能算力，能更充分发挥各设备的作用，形成更多的应用场景。还能获取视频、音频和图像信息，并进一步应用智能技术将其转化为数据，实现精准学习。

（3）教育云

学校可以通过建设教育云的方式，实现计算、存储、网络等硬件的融合，在满足智慧教育应用扩展的同时，实现远程监视、自动报警、控制、诊断和维护，进而实现“管理、控制、营运”一体化的网络。

智慧校园建设的愿景是构建现实学习空间和虚拟学习空间一体化的教育新形态，突破时空限制，将整个世界变成教室。除了面对面的学习过程，大部分学习都在虚拟学习空间上进行，虚拟学习空间提供阅读、反思、创造和人际交互所需的工具，这些工具将重塑学习过程。

二、特大城市下一代教育生态环境建设的上海方案

上海下一代教育生态环境建设是在上海建设智慧城市和上海新基础设施建设方案总体框架下实施的，《上海市教育信息化2.0行动计划（2018—2022）》规划了上海下一代教育生态环境建设的路径、行动计划和建设机制，形成了特大城市教育生态环境建设的“上海方案”。

上海教育生态环境建设的思路是通过智能交互技术集成创新、教育形态模式创新、服务创新和管理创新，市、区、校三级协同建设网络化、数字化、智能化教育生态环境，支持线上线下深度融合的泛在学习和智能治理。

（一）全市规划智能网络基础设施建设

《上海市促进在线新经济发展行动方案（2020—2022年）》提出加快建设5G引领的智能网络基础设施，重点支持5G、新型城域物联专网、互联网数据中心（IDC）等信息基础设施的示范应用和模式创新。加快推动新型网络基础设施规划布局，建设新型互联网交换中心，提高通信连接速度、国际出口带宽和计算存储能力。随着5G和固网“双千兆”宽带网络的建设进程的加快，将在很大程度上解

决学校教育信息化网络连通的瓶颈问题。

1. 市一级制定数据标准和资质准入规范，集中建设大规模智慧学习平台和上海教育云

根据《上海市教育信息化 2.0 行动计划（2018—2022）》的要求，市一级部门制定统一数据标准及规范，完善并持续更新上海教育数据编码标准、交换接口规范，建设统一的教育行业数据资源目录。建立数据授权使用规范，明确数据采集权、管理权、使用权确权原则。通过制定资质准入和运行监督规范，聚合互联网教育供应商，用众分、众筹、众包方式集中建设上海大规模智慧学习平台和上海教育云。

上海大规模智慧学习平台（上海微校）是以学习者为中心、智能技术驱动和基于标准的大数据支持的一站式教育服务供给平台，具有学习内容众包生产和推送、开放式汇聚创新网络工具和强大的社交功能。平台于 2019 年 12 月正式上线，在疫情期间，承担了信息发布、课表公布、教学资源汇聚任务，并通过接入第三方学习平台，共同承担了资料分发、课程点播等任务。通过平台，学生获取学习资源开展“空中课堂”学习，师生运用网络工具开展学习互动交流和作业提交反馈等活动。疫情期间，平台支持每周播出中小学 12 个年级 380 节课，接受数十万师生的访问和互动，有效地支持了全市 140 余万中小学生“停课不停学”的在线学习活动。

以上海教育城域网统一接入互联网、上海教育云网融合建设为抓手，实施统一规范管理，完善网络配套设施，加强整体安全防护，推进统一身份认证，推广网站群等基于教育城域网的各类教育云应用，打造应用丰富、认证可信、运行可靠、绿色安全的上海教育云环境。上海建立了教育云准入机制，引入市场化第三方云计算、云应用和云服务资源，构建服务于各级各类教育单位的教育云平台，形成统一规范管理的教育云服务，并纳入整体安全管控。按照谁主管谁负责、谁运行谁负责的原则，推动市级教育行政及事业单位的信息系统全面上云，各区教育单位、高校、中职学校信息系统逐步上云。

2. 区一级的教育云和数据中心建设

根据我国基础教育分级管理的体制，区一级教育行政部门对区域所辖学校教育信息化有直接指导和管理责任。在教育生态环境建设中，区域根据市制定的数据标准对学校教育数据汇聚和集中管理，通过建设教育云开展教育服务。

闵行区是上海第一个全国智慧教育示范区，闵行区的建设方案在上海具有代表性，是“上海方案”中区一级教育生态环境建设的一个典型案例。

闵行区智慧教育建设方案

【上海市闵行区教育局】

闵行区是上海规模仅次于浦东新区的第二大区，区域人口253万人，人均GDP 8.8万元，区内幼儿园183所，入园儿童7.3万人；小学65所，普通初中53所，普通高中22所，在校普通中小学学生15.2万人。经过多年建设，教育信息化已有相当基础，如图3-2-1所示。

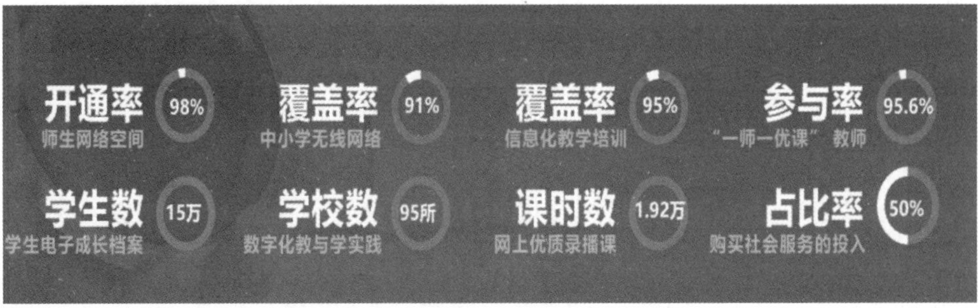

图3-2-1　闵行区教育信息化建设基础

闵行区智慧教育建设方案以满足全区中小学开展数字化学习需求和教学变革实践需求为导向，通过三年的努力，实现所有中小学依托各级各类应用平台，区域整体推进数字化教与学的变革。通过网络学习空间建设，推动学习资源、学习平台和学习评价等方面的常态化应用。全面支持“先学后教、以学定教、问题引领、关注个性”的数字化学习模式实践。

智慧教育三年的建设目标是基于智慧感知和人工智能技术，建成支持个性化教育的智慧学习环境，提供符合学习者特征的教育服务有效供给，促进区域教育的优质均衡发展。五个重点建设项目是：

1. 构建基于智能技术的个性化学习支持环境

开展学生手环、课堂视频分析、学习行为分析等智能教学助手和智能学伴应用；开展学习过程性数据的挖掘研究，推动基于学习者画像的学习技术研究；开展学习诊断、适应性学习应用，探索学习者的学程定制化、学习个性化。

2. 建立信息化的课堂教学改进支持系统

以教师专业发展档案为载体，推动课堂评价、学业质量分析和教师研修支持；开展优质资源共建、共享和个性需求推送；基于教学过程数据，开展常态教学反思、优秀教学分享和学科教研。

3. 全面完成中小学数字校园建设

建设区域教育混合云，推动“平安校园”“绿色校园”的建设全覆盖；建立“教师云、学生云、家长云”等服务，提高学校的智能管理水平；开展数字化、个性化学习空间的建设，开展多种形式的创新教育实践。

4. 构建区域现代教育治理体系

优化教育管理信息系统的云服务，优化区教育数据中心，实现数据融通；整合区学生校外管理平台，提升校外教育服务供给的个性化、有效性；推进“互联网+政务服务”，开展基于数据的区三级四类教育评价和过程管理。

5. 构建区域教育云服务体系

充分利用高校和企业的优势，完善“智慧教育”建设方案，提升项目实施绩效；结合电信云、上海教育云、阿里云和本地私有云，建设区域教育的混合云；通过购买服务，落实教育网维护、教育云服务和网络安全服务等服务项目。

数据汇聚与综合应用是区域教育信息化建设的难点，上海市杨浦区通过“聚、通、用”三个步骤，实现了全区教育局 14 个职能部门数据的融通，并综合应用于教育管理。

杨浦区共享互动信息服务平台

【上海市杨浦区教育局】

经过多年教育信息化建设，杨浦区已积累了海量的学校、教师和学生的数据信息，这些数据信息分散在杨浦区教育局 14 个职能部门，如何集聚数据，发挥数据的综合作用，从传统的教育管理走向智能治理，是杨浦区建设共享互动信息服务平台的目标和任务。

杨浦区共享互动信息服务平台的建设路径是“聚、通、用”。

“聚”是统一数据标准，建设数据采集平台和数据质量检查平台，完成 14 个系统数据标准化及清洗汇聚。为督导室建设办学绩效评估系统，覆盖办学绩效评价的整体业务。

“通”是统一数据技术接口，建设数据分享平台和统一登录平台，实现数据通、认证通、系统通。

“用”是建设报表门户和报表引擎，构建教育数据指标体系。从学校、校长、教师、学生四个维度制作 100 多张业务分析报表，覆盖 10 个科室的报表需求。

建设共享互动信息服务平台关键技术问题的解决方案如下：

1. 教育数据标准化和数据接口标准化

- 数据自动标准化为教育标准数据；
- 实现各部门业务数据共享，提高数据的准确性；
- 业务快速接入，快速展现教育数据价值；
- 灵活适应各种业务数据整合，增强业务连通范围。

2. 平台的认证通（单点登录）、数据通（数据门户）和系统通（数据共享平台）

通过开发数据门户实现各部门数据口径一致，快速共享数据，并降低了部门数据存储的难度。数据共享平台以数据中心的标准化数据为纽带，实现系统的互联，从而形成整个杨浦区的一致性数据视图，成为数据挖掘的基础。

3. 业务专题分析

按照业务领域提供精准数据分析，使教育参与者掌控业务的开展情况。逐步对各个主数据关联的业务数据进行数据综合分析，发掘数据规律，发挥数据价值，促进科学管理。例如学校办学能力分析是一个跨部门的综合专题，通过各部门的数据集聚，开展数据挖掘，最后用可视化方式展示分析结果，为诊断和决策提供了全面的数据支持。

（二）以数据驱动大规模因材施教为导向的信息化应用标杆学校

数据驱动的大规模因材施教是把握以人工智能为代表的新一代技术发展趋势提出的上海教育信息化发展的新目标、新任务和新举措。数据驱动的大规模因材施教是推进个性化教育和实施灵活多样教育的有效途径，也是实施高水平教育公平的必然选择。根据示范引领、扎实推进的教育信息化建设策略，《上海市教育信息化 2.0 行动计划（2018—2022）》提出“全面推进数字学校建设，培育面向未来的新时代教育信息化应用标杆学校”，在应用标杆培育校率先实现大规模因材施教，并用集团化办学、学校信息化服务共享与托管等多种形式带动面上的数字学校建设。目前上海教育信息化应用标杆培育校已全面启动新一代数字校园建设，数据聚集、挖掘和学习分析也有了系统的实施方案。此外，上海在全国率先发布和实施人工智能应用场景建设实施计划，2018 年有 3 所中小学校入选，2019 年有 1 所中小学校入选。

1. AI+ 学校：上海市市西中学

立足教学瓶颈问题，以建设面向未来的学校为目标，提出“基于 AI 的教与学模式变革”，推进学校组织的全面转型，构建个性化课程与内容，促进教学范式的重构，实现教学方式和流程的再造，促进学生全面而富有个性的优势发展，全力打造全国人工智能创新应用的样板校园。

2. AI+ 学校：上海中医药大学附属闵行蔷薇小学

蔷薇 AI 智慧校园建设，聚焦智能课堂评价、智能环境分析与控制、智能教师培训，提出系列智能解决方案。作为学校的校本特色，提出针对“易筋经”等非遗功法的智能运动提升计划，纠正学生运动姿态，AI 成为提升传承中华传统文化的赋能载体。

3. AI+ 学校：上海世外教育集团

基于现实教学需要，提出自适应学习、课堂实时分析、口语语音矫正等应用场景，旨在促进学生完成自适应学习过程，提升教师课堂效果。结合世外的英语优势，打造更为精确、更多维度的口语语音矫正系统，为全国利用智能化手段提升英语教学探索先行经验。

4. AI+ 学校：上海市黄浦区卢湾一中心小学

上海市黄浦区卢湾一中心小学是首批上海市教育信息化应用标杆培育校。学校制定并开始实施的智慧云学校建设方案的特色是建设目标服务于常态化的数字教学，有鲜明的价值取向；以学校和教师为主体设计教学业务流程和数据流程，实现了教育教学过程中的“数字孪生”，实现基于 AI 情感教育，推进数据驱动的大规模因材施教；边开发边实施，在应用实践中修正和完善建设方案。

智慧云学校建设方案

【上海市黄浦区卢湾一中心小学】

上海市黄浦区卢湾一中心小学智慧云学校建设方案的目标是打通备课、上课、作业、辅导、评价五大环节，进行伴随式无感知数据采集，利用 AI、大数据等科技手段，助力教育教学，促进教师专业成长，提升学校综合管理水平。

1. 教学流程和数据流程的设计

为了克服教学应用系统偏“课外”操作，常规教学仍偏向传统模式的弊端，解决“数据孤岛”问题，方案以学校和教师为主体设计教学业务流程和数据流程，实现教育教学过程中的“数字孪生”，如表 3-2-2 所示。

表 3-2-2　根据教学流程设计数据流程

信息化					
教学五环节	备课	上课	作业	辅导	评价
信息化辅助	“云”备课平台	及时反馈及上课辅助平台	“云”作业平台	个性化“云”档案	“云”评价系统

（续表）

信息化					
教学五环节	**备课**	**上课**	**作业**	**辅导**	**评价**
过程数据记录	教研组商讨过程记录	课堂时间分配记录	学生作业时间分配记录	学生个性化档案	“月”评价记录
	形成第一版教案(记录)	教师课上行动轨迹记录	学生作业完成情况记录	学生成长轨迹	“学期”评价记录
	个性化修改记录	教师与学生互动情况记录	学生作业自评记录		“学年”评价记录
	形成第二版教案(记录)	“一星”学生基础知识点掌握情况（讲解前及时反馈及记录）	教师批改作业情况记录		“综合”评价记录
	课后反思记录	“一星”学生基础知识点掌握情况（讲解后及时反馈及记录）			
	形成第三版教案(记录)	“二星”学生新知识点巩固加强训练（及时反馈及记录）			
		“三星”学生个性化数据记录及集中反馈			
数据分析及优化	“动态”教案	课上分层教学	作业自动批改	学生特长自动分析	自动综合评价
			作业自动评价		
			分层作业		

2. 智慧云学校建设的技术方案

智慧云学校系统包括“三三制”备课系统、基于电磁手写技术的纸笔互动课堂支持系统、智慧作业系统、个性化辅导系统和学生评价系统等五个子系统。系统功能架构是从外至内分为四层功能架构，分别为：终端设备层、教学应用层、教学能力层和业务支撑层。

3. 边开发边实验

实践和推进第一阶段是单班实验。实验班数学、英语教师与技术团队密切合作，在探索磨合的基础上，在课堂上开始尝试。实验的内容是纸笔互动课堂支持系统、学生评价系统、个性化辅导系统分别在课堂教学与作业、评价和辅导场景的应用。实践和推进第二阶段是年级推广，在四年级和一年级数学教研组开始集体尝试。实验的重点内容是“三三制”备课系统和智慧作业系统在备课和作业场景的应用。

两轮实验通过“人机协同”打开了数据“黑盒”，让数据透明化，初步形成了数据驱动教学的常态化格局，有效地支持了教学改进。实验过程也是教育数字生态系统在教学应用场景中落地的过程，破解了系统开发与实践应用脱节的难题，为整体推进教育数字生态系统建设提供了生动的、可复制的经验。

如何应用各种传感技术将设备与互联网相连接，应用计算机视觉和语音识别智能技术将信息转化为数值字数据，是下一代教育数字生态系统建设的难点。上海中医药大学附属闵行蔷薇小学是首批上海市教育信息化应用标杆培育校，在先期数字校园建设的基础上，建设下一代教育数字生态系统的思路是结合物联网、人工智能等技术应用，以建设智能可感知的校园环境、灵动可定制的课程体系及多元全方位的评价系统为主要突破点，重构教育教学空间，推动学习方式、评价方式的变革。建设智能可感知的校园环境是蔷薇小学建设方案的亮点，为我们提供了应用技术创新发展的生动案例。

建设智能可感知的校园环境的实践

【上海中医药大学附属闵行蔷薇小学】

蔷薇小学智能校园感知系统的主体项目是建立以数字学习中心为核心的智能学习空间，探索物联网、云计算、人工智能等技术在学习空间创建中的应用，为学生提供个性、优质、多样的学习体验环境。蔷薇小学数字学习中心已建成5A级图书馆、中医药创新实验室、蔷薇食之堂和创意实践中心等四个基于新技术的学生体验式学习的应用场景。

沉浸、体验式学习场景的构建主要源于学习的真实需要，让学生通过具身体验来了解知识、发展认知、获得体验、学会实践。创建的学习空间（如图3-2-2所示）主要体现以下特征：

（1）智能化。应用传感技术实现设备互联，支持移动式学习功能，实现互动式的分享功能，满足激发学生学习兴趣和学生自主泛在学习的需求。

（2）虚拟与现实的结合。引入虚拟现实等技术，助力学生突破传统学习空间。

（3）综合性。使学习场所成为学生进行活动、科学实验、技能训练等的综合实践场所，凸显学习场景的德育价值与生活训练价值。

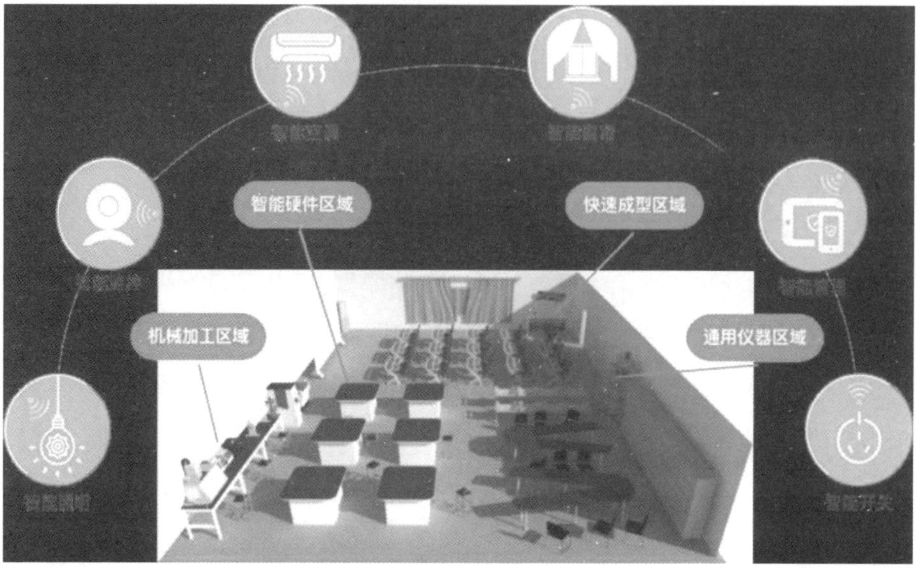

图 3-2-2　基于物联感知的课堂学习空间

聚焦于人工智能应用场景建设，学校在应用人工智能建设智能课堂评价以及智能环境分析与控制两个方向设计和建设智能安防系统、智能照明系统、智能健康监测系统和智能课堂行为分析系统。

（1）智能安防系统以校园安全物联终端为载体，将隐患排查、安全巡查、视频监控、视频智能分析预警、应急广播、出入校管理、考勤管理、访客管理、周界报警、安全用电等子系统融合集成，实现关键安全点位智能抓取全覆盖，打造校园“防、管、控”的智慧化防控新模式。

（2）智能照明系统通过物联网技术，感知学生学习环境质量，为照明设备配置“照度感应控制系统”“动静传感控制系统”“学习情景控制系统”“远程电源控制系统”等系统，帮助改善学生的视觉环境。

（3）智能健康监测系统集成智能身高、体重、视力、心理的采集终端以及红外线体感测试系统，感知学生的健康成长状况，全面了解学生的体质健康状况和身心成长的记录，合理地安排学习和体育活动时间，让每一位学生都能健康地学习和生活。

（4）智能课堂行为分析系统通过人脸检测与识别、语音分析、物体检测、头部姿态估计、面部动作单元（AU）检测等技术自动识别与分析学生的学习行为和教师的教学行为，实现应用数据分析、诊断和改进课堂教学。

第二节 面对面学习与网络学习融合的混合式学习

一、混合式学习方式

随着移动互联网的快速发展和普及，随时随地进行泛在学习已成为一种学习常态，催生了全新的混合式学习方式。混合式学习方式的发展源于信息社会对个性化学习的迫切需求。传统的学校用同样的教材及统一的节奏教授各种学科，生产出大量整齐划一的学生。这种工厂化的教学模式不仅无法发挥每个学生的潜能，更是造成教学无法满足存在个体差异的学生的个性化学习需求的主要原因。

混合式学习方式有多种解释，人们较普遍接受的一种解释是：在基础教育的学校教育中，学生的学习一部分是在校园内实体地点进行的有监督和指导的面对面学习，另一部分是通过在线方式开展个性化学习，学生能自己控制学习时间、地点、路径和进度，学生通过这两种混合的学习方式获得完整的个体学习体验。

2007 年美国科罗拉多州森林公园高中化学教师齐纳森·伯格曼（Jonathan Bergmann）和亚伦·萨姆斯（Aaron Sams）提出翻转课堂模式以来，翻转课堂已成为混合式的主流学习方式，但翻转课堂不是唯一方式[①]，根据不同的学习场景形成四种被普遍采用的混合式学习方式：

（1）移动学习模式

在移动网络环境下学生人手配备一台移动终端，学生在各种场地中开展各种学习形式的学习活动。

（2）多媒体教室与电脑教室交替学习模式

目前暂时未配备学生人手一台终端的学校，可充分应用学校电脑教室开展混合式学习，学生在多媒体教室里开展面对面学习，在电脑教室里开展在线学习。

（3）翻转课堂模式

在教室里进行面对面学习，课外进行在线学习的交替模式。这种模式信息设施配置有两种方式，一是在学生人手配备终端的班级开展翻转课堂实验，二是课内学生学习在多媒体教室中开展，回家后用家庭终端（PC 机、平板电脑、手机）开展在线学习。

（4）弹性和自适应学习模式

学校构建物理空间和虚拟空间融合的学习生态环境，提供各种学习场景（课

① 张渝江，张翼．崛起的 K-12 混合学习［J］．中国信息技术教育，2012（Z1）：177-180.

堂、研修教室、实验室、图书馆等）和学习形式（在线自主学习或面对面学习），通过网络推送学习资源，教师可根据需要提供现场支持，学生可以选择适合自己的各种学习形式和学习场所，如图 3-2-3 所示。

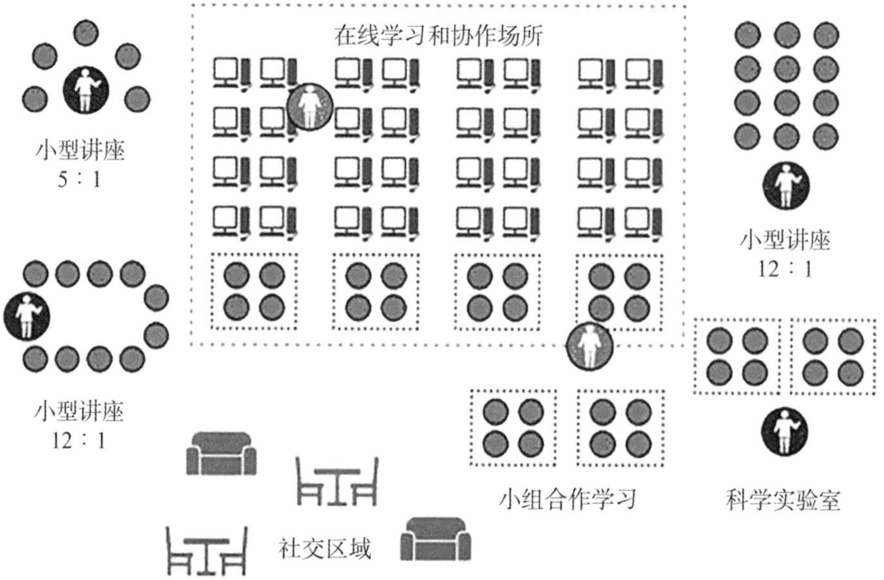

图 3-2-3　弹性和自适应学习模式

混合式学习不是两种学习方式的简单叠加，而是以学生为中心的教和学全方位变革，涉及教学流程、学习环境、学习内容、学习方式、学习策略、学习评价和教与学关系等诸多方面变革。经过十余年的实践探索，已成为中小学教学的一种新常态的教学模式：

• 根据“先学后教、以学定教”原则再造教学流程；

• 构建个性化学习环境，把课堂学习延伸到课外，改变课堂组织方式，让学生能够以最适合他们个性的学习方式学习；

• 向学生推送数字学习资源，这种新型的数字学习资源不同于传统的、辅助讲授的教学资源，能为学生“做中学”提供技术和内容支持，能实现学习者与资源的交互，通过网络发布、推送和共享；

• 根据不同学习内容的学习特点选择不同的学习方式，统筹课内与课外、网络学习和面对面学习，沿着学生学习路径开展全程教学设计；

• 构建以数据为基础的新型学习评价方式；

• 应用网络学习社区为学生提供全新的交流、表达思想、呈现信息以及判断内容价值的方式；

• 在混合式学习场景下选择和调整教学策略。

二、混合式学习案例

实施混合式学习方式的根本目的是改变人才培养模式。翻转课堂是实施混合式学习应用最广泛的教学模式。翻转，是指教育者赋予学生更多的自由，把知识传授的过程放在课外，让学生选择最适合自己的方式接受新知识；把知识内化的过程放在课内，以便同学之间、学生和教师之间有更多的沟通和交流。翻转课堂的核心思想是个性化的知识自主学习和交互环境下的知识内化，这对变革教学具有普遍意义。

翻转课堂的创始者指出："（人们对翻转学习）最大的误解是翻转学习最重要的部分是视频的应用……然而，尽管视频在翻转学习中确实非常重要，但是最重要的是提升课堂时间，让学生更多地参与深入思考。""在这种教学模式下，课堂的宝贵时间内，学生能够更专注于主动的基于项目的学习，共同研究解决本地化或全球化的挑战以及其他现实世界面临的问题。"

如果引入混合式学习方式仅仅是为了强化"讲授 + 操练"，而教和学，尤其是课堂教学模式没有得到实质性改变，那么这种技术应用方式就背离了教育信息化"发掘学生潜质、激发学生兴趣、指导学生学习、成就学生价值"的初心。

教育部科技司司长雷朝滋在总结反思"停课不停学"在线学习时认为："教学以知识传授为主，教学模式创新不足。目前，很多教师仍处于简单照搬线下教学模式的认知和实践中，主要采用传统讲授模式开展在线直播教学。调研显示，超过半数的教师主要以直播课堂和网络实时互动实施教学；只有很少的教师开展在线翻转课堂、尝试跨学科主题探究性学习。教学内容总体上还是以知识传授为主，生命教育、劳动教育和跨学科学习等只占很少一部分，这说明在线教学的教学理念还有待进一步提升，教学模式、内容、方法的创新还有待持续加强。"

新一代混合式学习的发展趋势是：促进以发展学生核心素养为导向的深度学习，将技术与互联网元素充分且有效地融入教育目标的制定、师生互动与合作关系的建立、教学实践的设计与实施、学习质量测评的设计与执行中来，实现学生对知识的掌握、理解、分析、评价、应用和创新。

构建以人为本、以智能空间为核心的教育生态环境，发展实体学习空间与虚拟学习空间一体化的弹性和自适应混合式学习模式，使学习在丰富的虚拟环境下更灵活多样，有更多的选择性，真正实现学生按自己的学习途径进行个性化学习。

一节旨在发展数学思维的翻转课堂课例

【上海市虹口区丽英小学】

虹口区丽英小学郑红老师执教的“组合图形面积”是“多边形面积”学习单元的最后一节课，学生在先前的学习中已学习了应用割补法求解平行四边形、三角形和梯形面积，本节课要求学生能在自主探索的活动中理解和灵活应用计算组合图形面积的多种方法。教师应用翻转课堂模式把学习前置到课前，同时根据学生前置学习的反馈再设计课堂教学，使课堂成为探究、思考和交互的课堂。

鉴于学生先前已学习并掌握了求解多边形的典型方法，教师认为没必要再进行记忆性的重复操练，只布置了一道组合图形求解的学习任务，要求学生打开思路探讨一题多解，感悟数学问题求解的多样性。

学生前置学习的反馈，教师在课中仅设计了两个教学活动，给学生留出更多时间思考和讨论，克服了常见的那种课堂呈现与教学目标无多大关联的名目繁多的“表演活动”，学生不再围着教师满堂转，回归了课堂常态。

第一个学习活动是让学生主持在交互式电子白板上开展的课前学习成果的展示和交流。学生自己展示问题解决的思路和方法，学生主持人对方法进行归纳和提炼，主持对各种方法比较和选优的讨论，教师在讨论过程中提一些激发学生思考的问题引导讨论的深入。

第二个学习活动是针对一位同学课前反馈的问题解决中的困惑展开讨论。这位同学展示了他的解决方法，发现计算出的答案不对。教师组织学生讨论，帮助这位同学诊断问题所在，经过讨论发现这位同学在观察认图形时出现了遗漏。教师在讨论归纳中展示了用课件动态模拟的过程，强调了数学学习的严谨性。

本节课例回应了在混合式学习中如何变革教学，构建探究、思考和交互课堂的问题：

（1）在混合式学习中教师不必像传统教学那样以讲授为主，而是把重点放在通过交流讨论发展数学思维上，促进知识内化。

（2）课堂交流讨论不再是简单地让学生上来做题，检查对与错，而是要让学生借助交互式电子设备用数学语言表述问题解决的思路和过程。

（3）讨论的重点是解题的化归思想、一题多解和举一反三，发展学生数学转化思想。

如何构建多样教学组合模式

【上海市市西中学】

近几年来，上海市市西中学致力于信息技术与教育的全面融合，面向教育的未来，积极探索未来学校的建构。

1. 智能手机：让学生上网，促进自主发展

2012年，市西中学就明确提出：将智能手机作为学习终端，鼓励学生使用手机。学校建成校园全覆盖的Wi-Fi，支持学生手机上网，进行网络学习。只要引导得好，管理得有效，智能手机会成为有效的学习工具，支持真正意义上的移动学习。

2. 思维广场：让自主选择成为学习常态

自2012年起，市西中学开始建设思维广场——整合教室和图书馆功能、融入信息技术、融合丰富课程资源、保障多样性学习方式、半封闭半开放的学习环境。学校组织骨干教师团队，根据思维广场的时空特点，结合人文学科特征，先小范围试点，再逐步稳妥地推进，形成了多样的教学组合模式，并探索形成了“目标引领—自主研习—合作研讨—思辨提升”教学流程。教师事先为学生设计学习任务单，明确学生的学习目标、内容，对学习过程和方法提供必要的建议，提出反馈和评价要求，并确定适应不同学生的要求的讨论主题和时间、地点安排。学生根据任务单的要求和自己的需要，自主开展学习，学习目标和内容、学习伙伴和方式、学习时间和空间等，都可以自主选择安排。在人文学科实验取得成效后，又开展以知识图谱导引的数学和科学学科学习的实验。

3. 重构环境：探究创造培育高阶思维

思维广场的创建与教学实践，进一步引发学校对拓展原有学习环境、推广教学模式的理性思考：重构适应不同需要的学习环境，打造“学习空间连续体”。

2013年，学校每层教学楼大厅改造为休闲式、开放型的新型学习空间，配置了电脑、开架图书等，供学生随时随地使用资源开展学习，享受便捷、愉悦的学习过程，逐渐将学习内化为一种习惯。

2014年，学校升级校园网络，建设网络学习平台，拓展建成18个创新实验室。创新实验室为学生高阶思维的发展、动手实践能力的提高、创意的实现提供了良好的条件，还成了学生、校园与真实（社会）、虚拟（网络）学习空间进行对接的通道之一。

自2019年起，市西中学作为上海市第一批人工智能应用场景建设单位，进一

步建设人工智能的教育生态环境，包括图形处理器（GPU）芯片的超算中心、智能遥感应用场景、视频传感机器人应用场景、基于计算机视觉技术的学生情感分析、主观题智能判卷系统、人工智能技术支持的美育中心以及支持学生人工智能课程学习的AI软件包等项目，支持学生科技和人文创新教育。

通过打造“学习空间连续体”，建构学习环境生态圈，思维广场的教学流程和学习形态拓展至学生学习全过程，进一步推动了学习的深度变革，有力促进了学生的优势发展和思维培育。

4. 网学课堂：以人机互动引导自主学习

云平台技术与课堂教学紧密结合，让课堂教学呈现多元化、多样化、跨时空的特色，蕴藏着启发、探究、表达和分享的教学理念，有效促进了师生互动、生生互动，达到“以教为中心”向“以学为中心”的转变。市西中学各学科通过各种信息技术进行教学，如通过微信公众号与微信平台答疑，通过网络线上布置练习，还充分利用二次学习平台和云教育平台等，以此更好地推进了信息技术在教学中的应用。

自2016年起，学校数学教研组依托企业开发的智能学习平台，启动了“视频先导，自主学习”的“网学课堂”实践探索。“网学课堂”是基于互联网，采用云计算技术，融入信息化教学手段的创新课堂，是基于移动互联环境满足师生课堂互动与即时反馈需求的移动教学课堂。数学教研组将精品课程制作成教学微视频，上传相关的同步分层习题等学习材料，可进行重复有选择的学习，并通过直播进行实时答疑反馈。同时通过在线讨论区和论坛，促进师生交流与生生交流，形成一个系统完整、内容丰富的网学课堂。

第三节 数据驱动的大规模因材施教

一、数据驱动个性化学习

数据驱动学习（data-driven learning，DDL）是指收集、分析、报告和使用数据用于改进学习的过程。其目的在于应用广泛的数据来理解学习行为，从而驱动深度的学习。数据驱动学习的技术基础是自适应学习技术。自适应学习技术整合云技术、大数据技术和人工智能技术，用技术手段提供适合每位学生的学习内容、学习途径和学习方式。数据驱动个性化学习的技术路线如图3-2-4所示。

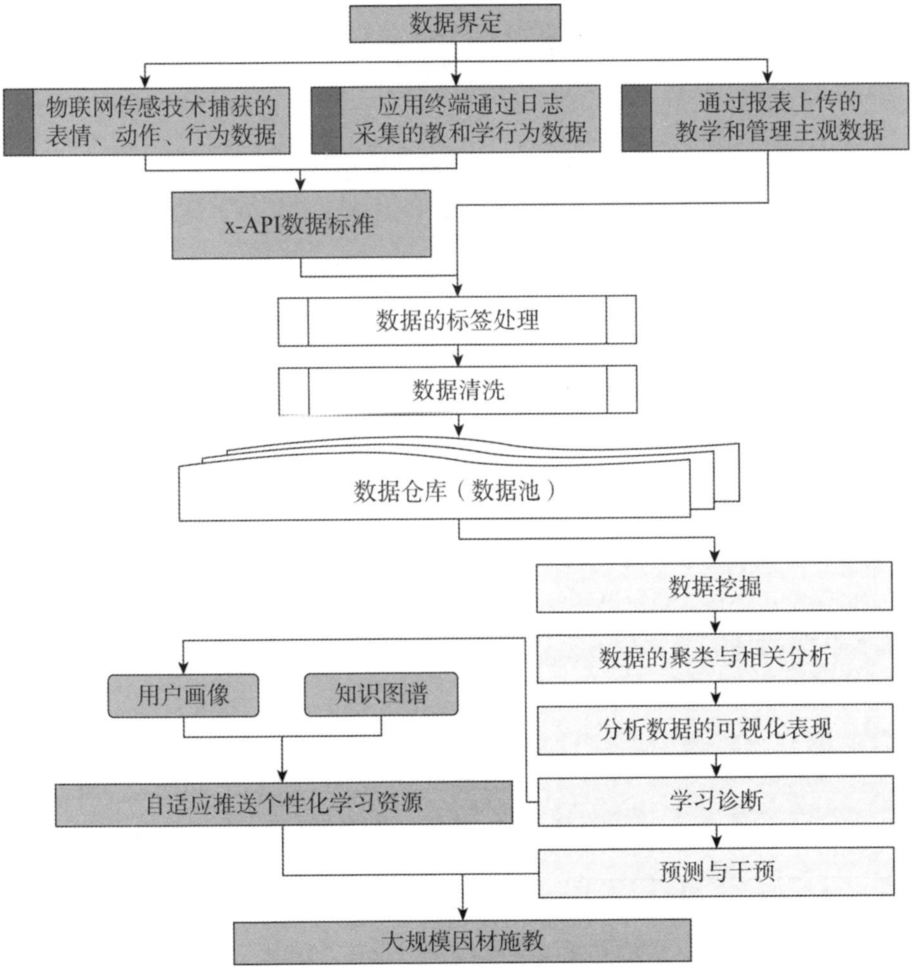

图 3-2-4　数据驱动个性化学习的技术路线

1. 数据采集

伴随教与学过程采集的数据包括三种类型：一是填报的统计数据和主观数据，二是通过计算机日志采集的在教和学中应用终端产生的教和学行为数据，三是用传感技术捕获的视频、音频和动作信息转化的数字型数据，后两类数据属于大数据范畴。

2. 数据存储

国际上一般采用 x-API 标准集成不同来源的教和学数据构建提供多方面应用的数据池。中央电化教育馆 - 英特尔“教和学行为的大数据分析项目（2016—2018）”在国内首次开发了集聚 9 个企业学习平台、140 多所学校的学习行为数据的实验性教育数据池，如图 3-2-5 所示，共收集数据 16 297 381 条。

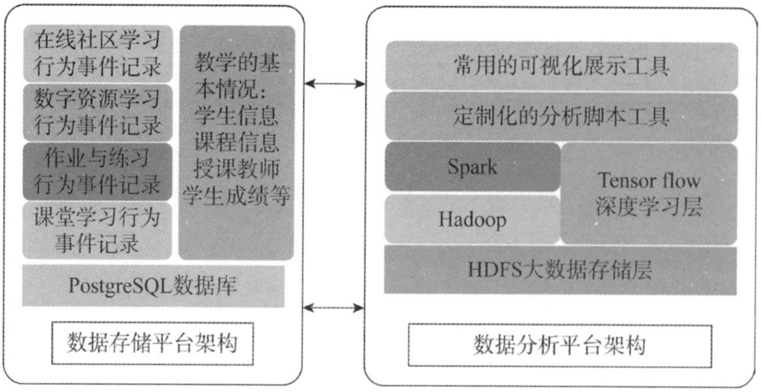

图 3-2-5　实验性教育数据池

3. 数据挖掘

数据挖掘一般是指从大量的数据中自动搜索隐藏于其中的有着特殊关系性信息的过程。数据挖掘通常与计算机科学有关，并通过统计、在线分析处理、情报检索、机器学习、专家系统和模式识别等诸多方法来实现上述目标。教和学中可以通过对课堂数据、在线学习数据、练习和测试数据、研究性学习数据的挖掘来支持学习分析和学习诊断。

Intel-Kno 数据分析模型

【Kno 公司】

这一案例是中央电化教育馆－英特尔“教和学行为的大数据分析项目(2016—2018)”英特尔公司(Intel)为中国专家提供的研究材料，展现了数据采集、数据挖掘、学习评价与诊断的方法、步骤和应用实例。

Kno 是一家由英特尔注资控股的学习公司，从事教育数据的专业服务。Kno 数据采集和分析模型的目标是通过广泛的数据集来理解学生行为，从而可以辨识学习者的学习参与程度(engagement)。Intel-Kno 数据分析模型包括 3 个层次，分别是数据、信息和知识，如图 3-2-6 所示。

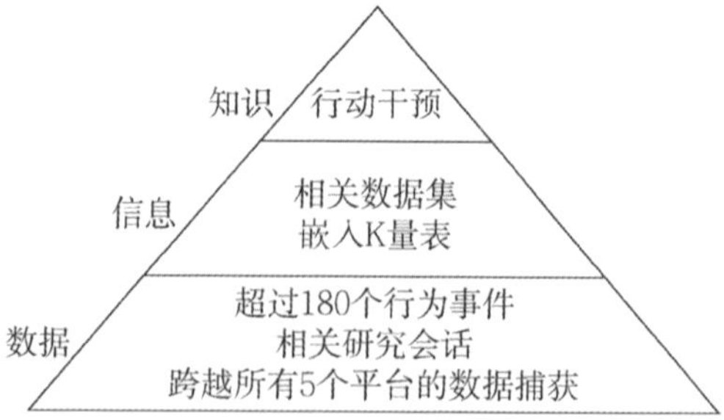

图 3-2-6　Intel-Kno 数据分析模型

1. 数据

通过学生终端使用过程中的网

络日志捕捉超过180个网络学习行为的数据。

归纳起来主要是7类学习行为：

- 浏览电子课本的学习行为（打开、浏览、关闭）；
- 浏览视（音）频的学习行为（打开、观看、关闭）；
- 应用搜索引擎的学习行为（打开、搜索关键词、浏览、关闭）；
- 应用问答词典的学习行为（打开、搜索的问题、浏览、关闭）；
- 参与社区活动的学习行为（发帖、评论等）；
- 应用笔记记录和批注的学习行为（笔记记录、电子书上批注）；
- 浏览学期和课程管理栏目的学习行为（查阅组织类材料和内容类名词或术语）。

2. 信息

关联资料处理封装系统数据（K量表）。

Intel-Kno数据分析模型应用数据聚类分析和主成分分析，借用K量表对网络学习行为数据的信息集聚，形成学习参与程度（engagement）指标值，以学习者学习参与程度指标的平均值为参照，分为4个等第：A（≥90%），B（≥80%），C（≥70%）和D/F（≥60%）。Intel-Kno数据分析模型提供实际应用样例。

4. 学习分析与教学改进

应用数据挖掘获取的数据信息对教和学全过程中学生学习行为和成效开展学习分析和学习诊断，并进而改进教学。当前国际教育大数据研究的一个前沿课题是学生学习参与度分析，学生学习参与度综合反映了学生学习动机、学习情感、学习态度和学习习惯，是从结果性评价转为过程性评价的关键。

5. 自适应学习

智能技术支持的自适应学习通过算法，将获取的学习者的数据分析反馈给已有的知识图谱，为学习者提供个性化难度和个性化节奏的课程和习题等，从而提高学习者的学习效率和学习效果。当前，在教和学领域已规模化应用的是个性化的、以内容为承载，以测试问题作为标签的自适应性学习系统。国际研究的一个前沿课题是应用智能技术构建学生数字画像，为学生定制个性化的学习途径和学习计划。

智能技术支持的自适应学习的关键是：

- 知识图谱；
- 学生学习的数字画像；
- 数据界定、采集和标记处理；
- 教与学习行为数据分析；
- 向学生推送个性化的学习资源与练习。

Knewton 自适应学习系统①

【Knewton 公司】

美国 Knewton 公司应用自适应技术开展大数据分析，通过数据收集、推断及建议来提供个性化教学，目前已服务学生超过1 000万名，为学生下一步学习计划提供个性化推荐超过150亿次，同时对 Knewton 公司应用自适应技术提升的培生和 DreamBox 等学习系统的评估表明，它们在学习完成率、提高学生学习兴趣等方面都取得了显著成效。

1. 知识图谱

课程的概念和概念之间的关系可以用知识图谱连接起来。当学生学习概念时，自适应学习系统不断挖掘学生的实时表现数据。例如，当一个学生遇到学习困难时，系统会分析学习的弱点在哪里，并提供巩固的学习内容和测试来提高学生对概念掌握的熟练程度。由于不同概念的学习是有顺序关系（前需知识）的，当一个概念的学习完成后，知识图谱会根据评估结果指引每个个体学生下一步要学习的概念。随着学习的进展，系统中对概念学习评估的内容数据积累得越多，知识图谱指引学习越精确，最终形成达成最终学习目标的个性化学习路径。

2. 学生学习档案

系统为学生创建一个不断更新的学习档案（student learning profile），包含学生已学了什么以及如何学习最好，逐步丰富。例如，如果一个学生已经学习了一门课程，要学习另一门课程时，系统会根据学生最近掌握的概念和技能，以及学习课程资源的轨迹，为学生定制学习方案。一旦积累足够的数据，学习档案将揭示学生学习上可能的盲点、对课程资源和媒介的偏好、学习顺序，以及合适的学习速度。

3. 学习资源的自适应推送

如何实时地推送个性化的学习资源？用统计分析模型来判断适合学生的资源。系统会给同一概念的众多学习资源打分，然后根据分数排序，来决定学生下一个该学习的资源。系统能够依据学习档案记录的学习盲点、对课程资源和媒介的偏好、学习顺序，以及合适的学习进度数据，给学生推荐下一步个性化的学习内容。

4. 自适应测试

系统根据项目反应理论（Item Response Theory，IRT，又称“试题反馈理论”）

① Knewton. Knewton Adaptive Learning: Building the World's Most Powerful Education Recommendation Engine [EB/OL]. (2015-02-20) [2020-09-23]. http://www.lmi.ub.edu/cursos/s21/REPOSITORIO/documents/knewton-adaptive-learning-whitepaper.pdf.

来构建自适应测试模型。不同级别的试题反映了认知水平（记忆性、概念理解、问题解决），它们对学生能力的贡献度也是不同的。IRT 通过对每个学生每道试题测试的表现提供的信息细微的观察，构建一个多参数的数学模型，包括一个人的潜在特性、能力和试题特征，从而精准评估学生的学习能力和水平。

5. 课堂里的自适应学习

自适应学习技术支持有效学习，认为学习获得进步在于对学习内容的掌握程度，具体体现在学生是否成功地完成一系列的学习任务，而不是花费在学习上的时间。课堂要创造一个引导性的、适应自主学习步调的学习环境，在这个学习环境中，围绕着分组话题开展自主学习。根据每个学生的个人学习路径为学生提供合适的学习资源，教师实时地进行有针对性的指导，持续地评估学生的掌握程度并且做出调整，并对学生的进步进行鼓励。这种自主学习模式非常灵活，有助于个性化学习。这种自主学习模式的有效性是明显的，美国亚利桑那州大学（ASU）对 2 000 个补习数学的学生开展实验，一个学期以后及格率从 66% 上升到 75%，并且有 50% 的同学提前 4 周完成所有任务。

二、数据驱动大规模因材施教

推进数据驱动的大规模因材施教是一个渐进的过程，一般可分为起步、发展和创新三个发展阶段。

（一）起步阶段

集成填报的统计数据和主观数据，同时采集一些碎片化的行为数据，如练习和测试的实时数据、应用智能手环采集学生健康数据等，来开展学习分析和学习评价，以改进教学。

（二）发展阶段

根据实施数据驱动的大规模因材施教的需要，全面采集和集成三类数据，构建教育数据池，跟踪监测教学全过程，开展学习分析和学习诊断，精准评估教学和学习效果，以改进教学，同时开展自适应学习试验。

（三）创新阶段

建设以人为本的智慧教育生态环境，全面实施自适应学习，数据驱动的大规模因材施教成为教育新常态。

推进数据驱动的大规模因材施教三个发展阶段不是分割的，有效的实施策略是“四代同堂”，即要“研究一代”“试点探索一代”“推广一代”和“普及一代”四代同堂。

上海推进数据驱动的大规模因材施教的基本格局是学校和教师已普遍接受个

性化学习的理念，初步完成了推进的理论准备和舆情准备，进入以信息化应用标杆校为先导的试点探索的实际应用阶段。下面的案例反映了“研究一代”和“试点探索一代”的新实践和新探索。

2016年9月，上海在小学阶段全面推行“等第制”评价，这是推进学生综合素质评价的重要一步。“等第制”评价从“学习兴趣”“学习习惯”“学业成果”三个维度对小学阶段学生全部课程的学习进行定量和定性评价相结合的“等第+评语”的评价。实施“等第制”评价的一个难点是如何在学生学习过程中获取和分析“学习兴趣”“学习习惯”和“学业成果”实时评价数据，用数据驱动从终结性评价向发展性评价的转轨。上海市普陀区武宁路小学与企业合作开发智慧校园评价系统，以数据驱动学生“等第制”评价，形成了完整的解决方案。武宁路小学的基于智能技术的评价模式已推广，是一个从“试点探索一代”走向“推广一代”的成功案例。

智慧校园评价系统设计与实施

【上海市普陀区武宁路小学】

1. 结合学校实际完善评价体系

早在2013年，武宁路小学就在小学低年段试点探索“等第制”评价，应用适时激励、双向评价方法，以儿童喜闻乐见的“欢乐游园会”形式开展评价。2016年以来，以上海市教委教研室下发的“小学各学科基于课程标准评价指南”为依据，结合学校实际完善了评价体系。评价分课堂和课后两个阶段实施，课堂评价从“学习兴趣”和“学习习惯”两个维度入手，设置不同的评价指标，收集评价学生表现数据，开展实时的激励性评价；课后综合课堂实时评价数据和单元测试分析数据，从“学习兴趣”“学习习惯”和“学业成果”三个维度开展单元“等第制”评价。以小学四年级数学学习评价为例，课堂评价设计了5个评价观察指标，单元测试按认知水平分为“计算掌握”“概念理解”和“方法应用”三个部分开展等第制评价。

2. 基于移动通信技术的课堂实时评价解决方案

学校和企业合作开发的智慧校园评价系统设计了基于移动通信技术和传感技术的课堂实时评价解决方案。其过程是在课桌上学生每人配制一块芯卡，教师在课堂上用手机根据课堂评价观察指标对学生表现进行实时等第评价，当教师用手机对被评价学生芯卡进行扫卡时，手机上近距离无线通信（NFC）功能被激活，手机碰一下学生卡，即可完成对该学生的评价，可以多次扫卡评价。

3. 评价信息的发布和可视化呈现

学期结束时，根据本学期内收集到的评价数据，在智慧校园评价系统的后台通过分析汇总形成每位学生每门学科的学科评价报告，定量评价用可视化图表形式呈现，定性评价则通过“评语”的形式呈现。学期末，系统通过家校沟通平台向家长发布评价信息，家长通过手机浏览学科综合评价报告，还能收到一份图文并茂的“成长纪念册”。

如何走出网上刷题、简单统计测试分数排名的应试教育误区，设计自适应测试的解决方案，包括收集测试学生表现数据，开展数据挖掘和学习分析，最终提出教学改进建议，是具有现实意义的研究课题。中央电化教育馆—英特尔“教和学行为的大数据分析项目（2016—2018）”由上海专家牵头，组织多学科专家和一线优秀教师参加研究团队，联合企业开发了自适应测试系统。系统实施首先在江苏省常州市城郊接合部的5所初中开展试点探索，总结完善后已在全国百余所学校推广应用，这是一个从“研究一代”到“试点探索一代”再到“推广一代”的较完整的案例。

自适应测试的设计和实施

【江苏省常州市5所初中学校】

2016年5月，上海专家牵头的多学科专家组在常州市5所初中开展了数学自适应测试实验。实验要探索的问题是如何用最少的练习题量精准地评价和诊断学生的测试表现。实验班级是初一年级10个班级，实验学科内容是反比例函数学习单元。学生人手一台终端（平板电脑），开展为期两周的课内外学习，采用翻转课堂教学模式，课前学习微课和进阶练习，课中教学流程是问题导引—学生自主答题—交互讨论—教师归纳—学生练习反馈，课后学生在线完成问题解决的练习。

1. 自适应测试模型

实验设计了以问题为导向的三层次数学学习翻转课堂模型，如图3-2-7所示。

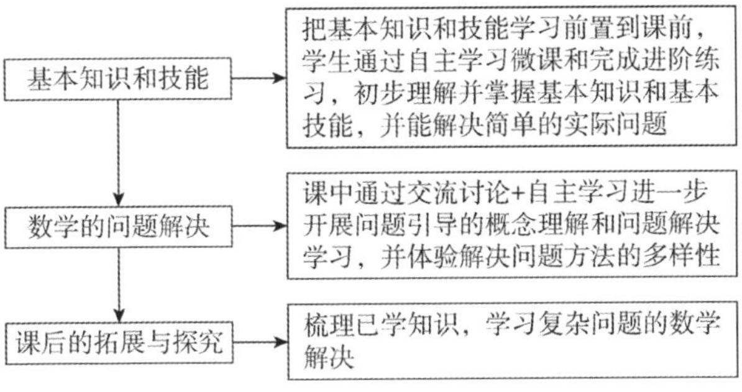

图3-2-7　问题为导向的三层次数学学习翻转课堂模型

实验对练习测试题目设计了简约的试题元数据属性：

（1）依据知识地图，对每一试题对应的知识点（一个或多个）给予数据标记。

（2）按记忆与识别、概念理解、问题解决认知层级把试题分为三类：

- 低难度类型很大程度上依赖于对之前学过的概念和原理的记忆和识别；
- 中等难度的题目与低难度的题目相比，偏重概念理解；
- 高难度题目以问题解决为导向，测试学生推理、分析、判断和创造性思考的表现。

（3）根据学生日常练习需要，形成基础练习 I（包括难度较低的基础练习题）、基础练习 II（包括概念变式题和相应知识点的简单应用题）、问题解决题（知识应用的综合问题解决题）。

学生每节课的课后练习包括 4 道基础练习 I、4 道基础练习 II 和 2 道问题解决题（从 10 道题中选做），题目经实验专家组两轮精选，用客观题形式呈现，学生完成练习时间一般不超过 30 分钟。

2. 自适应测试平台

借鉴可汗学院（Khan Academy）自适应测试平台，本轮实验设计的课后练习和课堂讨论平台界面如图 3-2-8 所示。

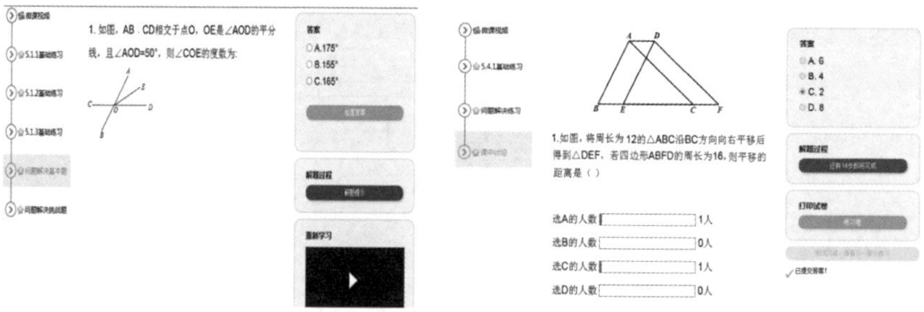

图 3-2-8　课后练习和课堂讨论平台界面

学生在课后练习平台上完成测试，当学生选择错误答案时，系统不会展示下一道试题，要求学生重新学习微课，甚至可以在学习试题解析后再次选择，只有选择答案正确时，系统才会展示下一道试题，直至全部正确完成练习和测试。

课中讨论流程是：

- 教师课前选择有典型意义的讨论题，并撰写问题解析（包括问题解决思路、一题多解和题型归纳）上传至平台；
- 学生在练习平台上完成测试，平台显示全班测试结果统计；
- 学生就不同解题思路进行比较和优化，开展讨论；
- 教师在界面上展示问题解析并进行归纳讲解。

3. 数据采集和挖掘

实验通过计算机日志采集终端产生的学生学习行为数据，设定依据 x-API 标准定义的练习行为。

本次实验共采集了 350 名学生的练习行为近 21 万条数据记录，包括试题类型与标记、学生审题时间（打开练习页面到第一次选择答案所用时间）、学生答题总时间、学生选择答案次数、学生得分（一次选择正确得 10 分，二次选择正确得 5 分，三次及以上选择正确得 1 分）等信息。

基于原生态数据回放可以比较分析不同学生的练习行为。

4. 数据集结与学习诊断

实验提供了一种易于操作的简明的学生学业水平分类方法，以基础练习平均得分（中位线）为 x 轴，以问题解决练习平均得分为 y 轴（中位线）绘制每位同学学业水平的散点图，如图 3-2-9 所示，可把学生分为四类：第一类，基础较扎实，具备较好的问题解决能力（优区）；第二类，基础较扎实，但问题解决能力较弱（提高区）；第三类，基础较弱，问题解决能力也较弱（弱区）；第四类，学业水平待定，需进一步观察（待定区）。

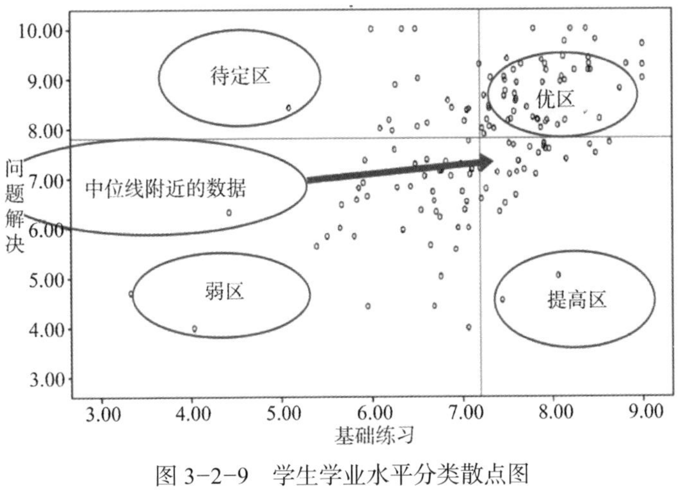

图 3-2-9　学生学业水平分类散点图

通过对每道练习答题情况的解析，结合课堂观察得出学习诊断。

数据分析表明，初中阶段数学教学的薄弱环节是反比例函数性质与图像部分，症结是数形关系的掌握和应用。教学中如不加以注意，就会影响学生对反比例函数应用的学习理解。

如何用数据测试学生高阶思维能力发展是技术赋能教育的一个前沿课题，上海实验学校初中数学组教师从改变课堂入手，引进以问题为导向的多媒体互动益智测试平台（IMMEX），坚持10多年开展本土化实践创新，取得了突破性的进展，是一个“试点探索一代”的典型案例。

应用数据驱动学生高阶思维发展

【上海市实验学校】

IMMEX是美国加州大学洛杉矶分校（UCLA）医学院教授罗纳德·史蒂文斯（Ronald Stevens）和他的团队开发的以马尔可夫模型（Markov model）为核心算法构架的人工智能交互式多媒体测试平台。系统通过特殊设计的问题集形成学习任务，利用信息系统采集受测者在问题解决过程中对信息认识、获取、筛选的数据，从而刻画、分析、评价受测者问题解决过程，以及问题解决策略的形成和发展。上海实验学校初中数学组教师2008年引进IMMEX，坚持10多年的本土化实践创新，取得了突破性的进展。

在实验初期，教学仍沿用教师为中心的讲授－操练的传统模式，与IMMEX要求的自主思考和探究的问题解决学习方式形成了尖锐矛盾。学生的完成学习任务练习活动进度差异越拉越大，甚至在一次练习活动中，最快和最慢的学生之间会有10多次任务量差异。由于任务分配的机制，此时因变式扰动，教师已经无法统一讲解某个具体的任务，要想进行具体讲题的教学辅导，几乎不可能。第二轮实验又试图要求学生统一练习进度，这种一刀切的做法非但没有缩小学习差距，反而增加了学生的心理负担。

2016年开始的第三轮实验从变革课堂开始，构建自主思考和探究的问题解决学习模式，如图3-2-10所示，教师角色从单纯的知识讲授者转化成指导者，根据监测数据在学生自主学习的关键点实施干预指导。通过校本化的建设，编写配套的实验手册作为脚手架，引导学生开展自我思考和学习，与此同时尊重差异，某

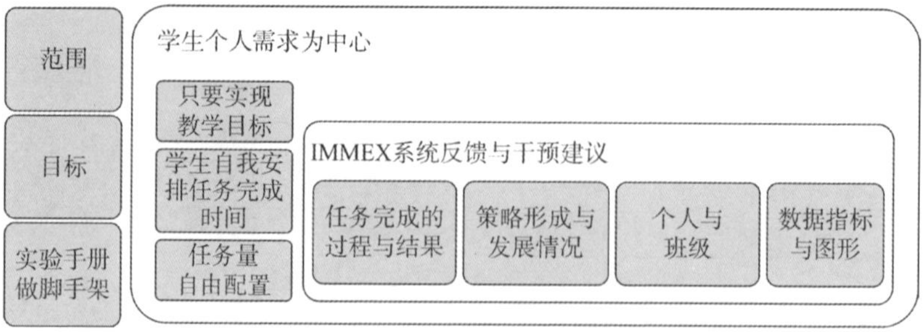

图3-2-10　自主思考和探究的问题解决学习模式

个具体问题的练习进度则由学生自行把握。快的同学可以很快完成问题集的若干变式，进而开始策略的形成与发展；慢的同学也无须着急，可以根据自己的实际情况，进行思考和练习。同样是应用 IMMEX 系统，学习效果有了质的提升。

2016 年以前，以教师为中心的教学中，学生由于课程中教师干预较多，统一和压制进度，所以学生完成任务量分布较为集中，两极分化现象突出；2016 年以后，学生完成任务量分布趋向均衡，平均完成任务量也有了明显增加（分布中位线明显向右偏移），如图 3-2-11 所示 。

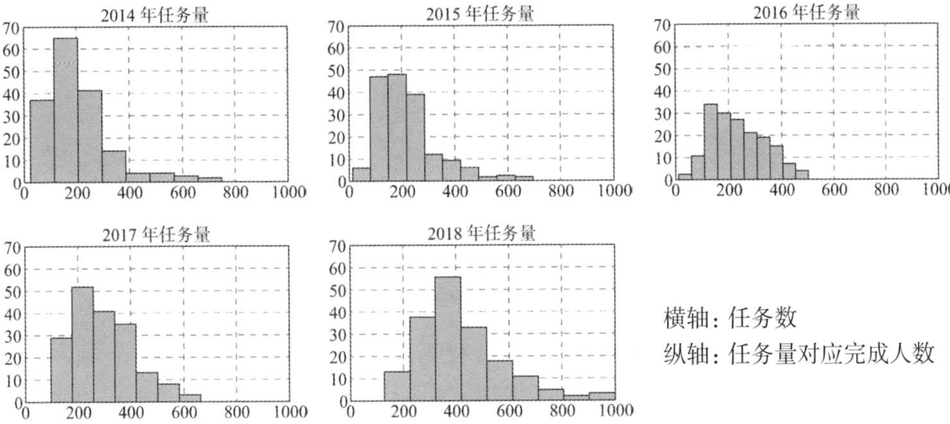

图 3-2-11　2014—2018 年学生完成任务量分布图

在确定了练习目标不再是找到答案或者找到正确答案，而是要在这类问题的变式扰动下，得到可行、优化并且稳定的解决策略后，学生的进度由于学生自身问题解决素养的高低而自然拉开差距，如图 3-2-12、图 3-2-13 所示，数据精准地指引教师对学习困难学生何时应进行干预指导，大大提高了教师指导的针对性和效率。

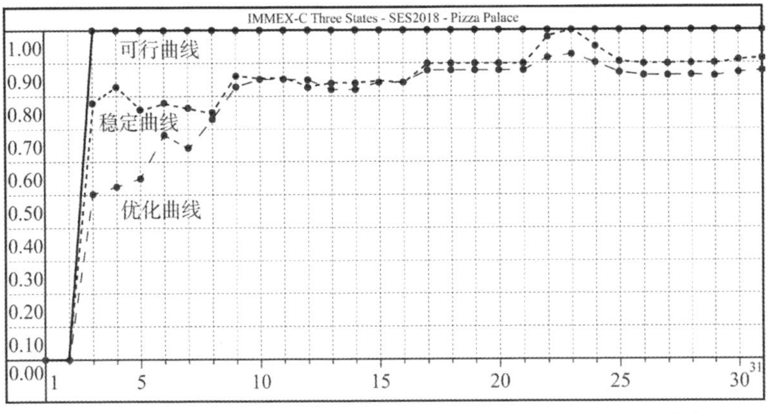

图 3-2-12　某生练习 10 次后就达到策略可行、优化并且稳定

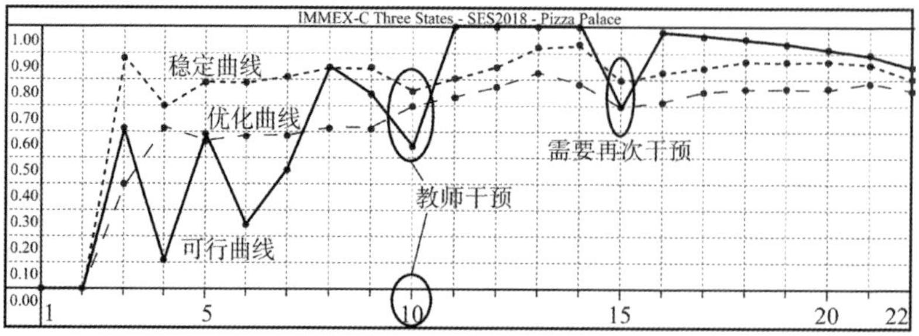

图 3-2-13　某生练习 22 次后仍未找到抗变式扰动的策略，教师在关键点实施干预

人工智能赋能数据驱动大规模因材施教的理论与模式研究远没有完成，实际应用也处于零星实验阶段。教育部科技司雷朝滋司长尖锐地指出：“弄个投影，安装个电子屏，甚至使用脑电生物反馈头箍来监测学生注意力是否集中，基于数据的错题分析强化学生机械性的刷题训练，这不是‘互联网＋教育’。”① 以下展示的两节应用人工智能技术开展学生学习中的动作分析和专注度分析的课堂案例有鲜明的价值取向，不仅把教学数据信息反馈指向学生，而且有逆向反馈，教学数据信息评估教学内容和教学方式是否对学习有益，通过对学生学习行为的精准分析找到教学的薄弱环节，有效地改进教学。

应用人工智能技术开展学生行为分析

【上海市北虹初级中学 沈伟锋、上海市洋泾中学东校 黄朱凤】

上海市北虹初级中学沈伟锋老师执教的“三角形的中位线”教学重点是引入三角形中位线定理，它揭示了线与线之间的位置关系、线段与线段间的数量关系，对进一步学习具有承上启下的重要作用。为了让学生更好地体验概念引入、猜想和证明的过程，本节课在多个环节运用学习软件（学件）让学生开展自主学习和探究。通过应用平台采集每位学生使用学件的动作和行为数据，有助于精准分析教学过程。教学过程如图 3-2-14 所示。

其中学件 2 是用 H5 编写的教学插件，学生可以拖动三角形的各个顶点，改变三角形的形状，直观地探索图形变化过程中三角形中位线的变化规律，并对自己的猜测进行验证。学件 3 给出一个排列顺序打乱的证明步骤，让学生在电脑上拖动步骤，按正确的顺序排列，从而加深对证明逻辑过程的理解。

① 张宁锐．别想歪了，教育部科技司司长告诉你“互联网＋教育”不是那样的［EB/OL］．（2020-01-06）［2020-09-10］.http://cppcc.china.com.cn/2020-01/06/content_75582897.htm.

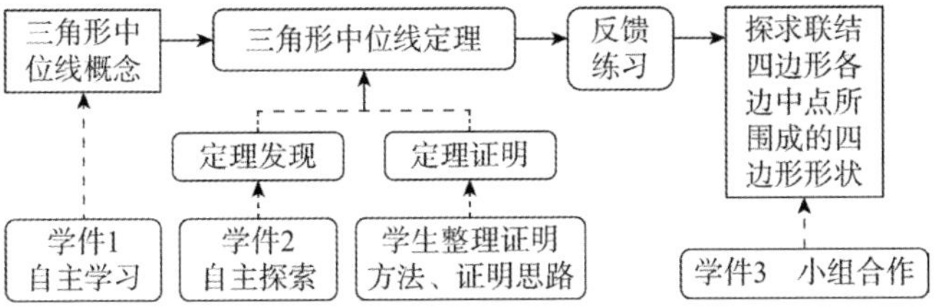

图 3-2-14 “三角形的中位线”教学过程

学习平台搜集了学生应用学件探究的动作行为数据，包括探究过程中拖动次数、拖动次序、完成探究任务的时间等，集成数据后用统计图可视化展示每位学生的探究过程。可视化展示面板上显示学习环节、教学录像，记录每位学生使用学件的动作时间并用直方图展示综合学生动作数据生成的学生参与度指标值。

上海市洋泾中学东校黄朱凤老师执教的“二元一次方程”是一节常态课，教学过程分导入、概念引入和展开、小组讨论问题解决三个环节。

本节课应用恒坐标公司自主开发的人工智能表情分析评估系统 FaceMind 监测学生课堂关注度。FaceMind 表情分析评估系统支持全部 27 种微观表情的毫秒级识别，通过观测学生细微的表情变化精确判断学习关注程度。课后实时生成的课堂行为数据报告为精准评价课堂教学行为提供了客观的数据支撑。

对照教学流程，发现学生关注度集中的是两个环节，一是导入中引用清明节买花根据买两种花总数量和总金额由学生讨论如何建立两元一次方程，二是教师应用一元两次方程求解实际生活中的问题，让学生小组合作讨论问题求解。学生关注度低的环节是教师讲授概念引入和展开。数据展示与课堂观察结果一致，建议教师讲授要采取启发－响应教学策略，加强师生互动。平台数据能跟踪每位学生细微的表情变化，这是一般课堂观察做不到的，结合教学录像可精准地帮助教师进行教学反思，关注每位学生的学习状态，从而发展教师指导个性化学习的教学能力。

第四节 基于扩展现实技术的学生体验式学习

一、扩展现实技术与学生体验式学习

（一）扩展现实技术带来的教育变革

扩展现实（XR）技术是一种可以创建和体验虚拟世界的计算机仿真系统，它是一种多源信息融合的交互式的三维动态视景和实体行为的系统仿真，使用户沉浸到该环境中。广义的 XR 技术可以分为三类：

（1）虚拟现实（VR）= 虚拟世界

是一种利用图形和计算机技术实现的仿真系统，让你仿佛身临其境沉浸在一个人为的虚构场景中。

（2）增强现实（AR）= 真实世界 + 数字化信息

通过电脑技术，将虚拟的信息应用到真实世界，真实的环境和虚拟的物体实时地叠加到了同一个画面或空间同时存在。

（3）混合现实（MR）= 真实世界 + 虚拟世界 + 数字化信息

指的是合并现实和虚拟世界而产生的新的可视化环境。在新的可视化环境里实体和数字对象共存，并实时互动。

XR 技术改变了人与人、人与软件系统交互的方式，具有 3I 特征：

• 沉浸（Immersive），将呈现的内容可视化、形象化，具有“身临其境”的效果；

• 交互（Interactive），非鼠标、键盘操作的自然交互方式，进行实时的用户和系统的交互；

• 想象（Imaginative），激发想象力和创造力。

XR 技术人机协同的特征赋能于教学，催生了全新的沉浸、交互、想象的体验式学习方式。XR 技术无缝融合了虚拟数字世界和现实世界，尤其是 3D 图像、视频、地图和地球仪的应用，可以将学习体验从 2D 时代提升到 3D 时代。XR 的另一个特点是使用过程中的存在感和实体感，这可以帮助学生回想以前有亲身经历的体验，促进已学知识的迁移。

潜力不等同于现实，现在大部分研究和讨论关注的是 XR 教育的未来趋势，但很少研究 XR 技术如何融入教学过程的问题。例如：如何设计沉浸式学习情境，融合到课程计划中；如何分析不同类型的 XR 会给团队协作带来哪些不同的后果；教学中 XR 应用有哪些局限性等。

（二）体验式教学模式[①]

2007 年，扬·哈灵顿（Jan Herrington）博士提出了沉浸式学习（实境学习）（Immersive Learning）模型[②]，并开展了大量基于 AR 技术的在线实境学习实践研究，在此基础上提出了支持沉浸式学习的教学模型，如图 3-2-15 所示。

① 体验式学习也称沉浸式学习，笔者认为沉浸是 XR 技术人机协同的重要特征，但还有交互和想象特征，因此称体验式学习更能全面体现 XR 技术人机协同的特征。

② Herrington J, Parker J. Emerging Technologies as Cognitive Tools for Authentic Learning [J].British Journal of Educational Technology, 2013, 44（4）: 607-615.

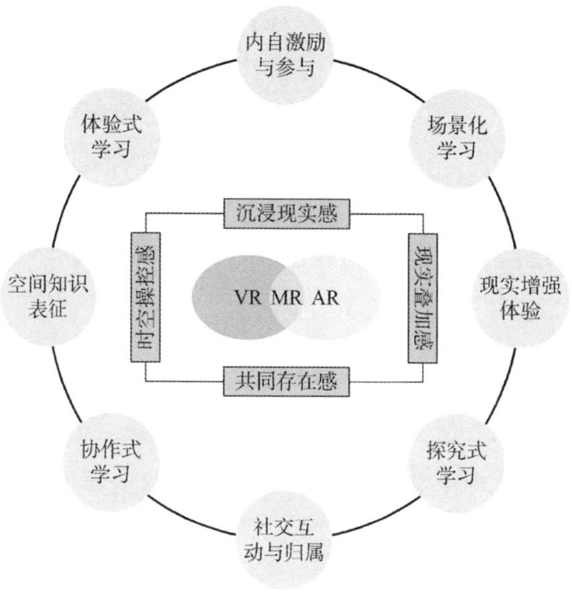

图 3-2-15　沉浸式学习的教学模型

模型包括真实的情境、真实的任务和活动、教师表现、多种视角、指导和支架、协作、反思、清晰表达和真实测评等九个基本元素，这些元素中的每一个都通过任务、活动、支持、资源和必需的技术等环节在学习中实施。体验式学习教学流程如图 3-2-16 所示。

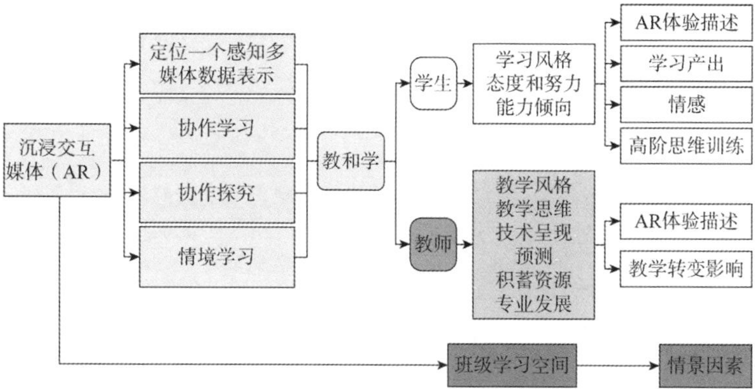

图 3-2-16　体验式学习教学流程

（三）XR 技术在学科教学中的应用

近年来，XR 在教育中的应用已进入具体的学科领域，呈现了大量成功的应用案例。

数学：XR 展示抽象立体三维图形，发展学生空间想象力。

科学：科学不仅有可见的实验教学，还有很多难以直接观察的物质对象，如电场、磁场等“场”的概念，但借助XR技术和体感技术，就可将磁场可视化。

语言：XR能创建沉浸式语言学习环境，从而大大增强了语言交际的交互性。

地理：借助XR开发的增强现实沙盘、虚拟地球仪Google Earth、增强现实地球仪让学生自主创造各种地理形状，直观地学习地理知识。

二、扩展现实技术与学科教学融合

本案例选自新媒体、新技术展示活动的5节优秀课例，代表了国内AR/VR技术与各学科教学融合的发展趋势。

信息技术与各学科教学融合的优秀课例

课例1　海陆的变迁

上海上外静安外国语中学陆陈燕老师执教的VR技术用于六年级地理教学的探索课“海陆的变迁”，目标是让学生初步了解地球板块运动方式及其产生的结果。教师精心设计了“小小魏格纳：发现之旅和板块如何运动”两个学生自主探究活动，通过观察VR动画，大胆提出假设并求证，从而加深了对海陆变迁成因的科学原理的理解。教学活动设计如图3-2-17所示。

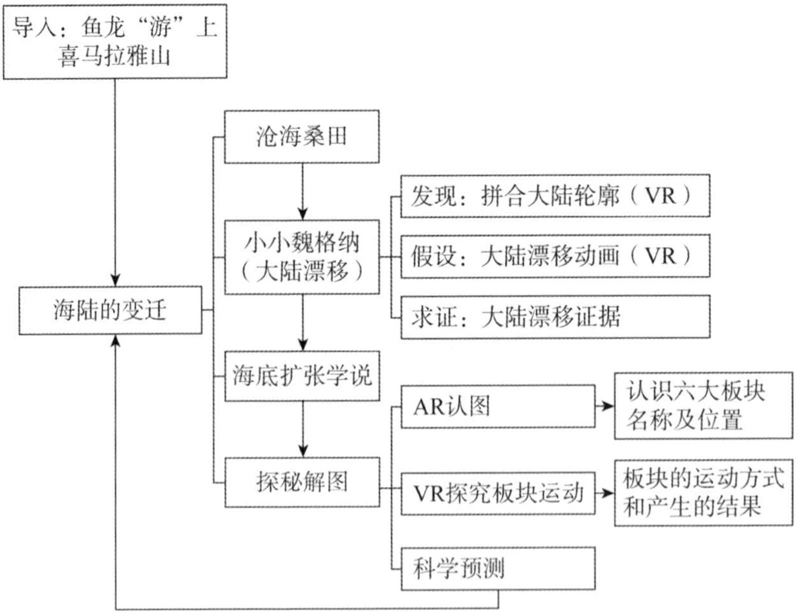

图3-2-17　“海陆的变迁”教学活动设计

活动 1 小小魏格纳：发现之旅

利用大陆轮廓拼合让学生发现假设。鼓励学生自己发现、大胆假设、勇于求证。

活动 2 板块如何运动

利用 XR 和 PAD 软件探究板块是如何运动的，板块的运动会产生什么结果。

学习任务设计不是简单地告诉学生做什么，更不是为了 VR 技术的“酷炫”，教师采用基于问题的学习策略，让 VR 技术真正融入学生的探究活动中，探索了 VR 用于教学的自主探究模式：坚持以探究为核心，设计了发现（VR）－假设－求证的探究过程；学生按学习任务单自主学习，可以根据能力和水平个性化地应用 AR 技术，既能拼合平面图，也能拼合出立体图，使不同能力的学生都有收获。

课例 2 热机

天津市第四中学刘春绮老师执教的九年级物理“热机”，目标是让学生了解发动机的构造及工作过程。教师设计了应用 VR 技术观察发动机四气缸的工作特点和柴油机构造等两个学生自主学习活动，从而变使用挂图和教师演示的被动接受学习为主动的感知和理解学习，达成了课堂教学目标。

活动 1 观察发动机四气缸工作特点

学生直观地了解四缸汽油机的结构和具体工作过程，细致地观察到同一时刻四个气缸的工作冲程并不相同。

活动 2 观察柴油机构造

通过 VR 来了解柴油机的结构，并找到柴油机与汽油机结构的主要区别——喷油嘴。

科学教学的特点是通过实验来探究科学原理。在科学课堂中分组实验是基础，演示实验是补充，而基于 AR 技术的虚拟实验是突破：化不可见为可见，化不可能为可能。在本节课中，教师对实验设计的处理方式是：首先设计“让发动机动起来”的分组动手实验活动，教师基于 AR 的原理讲解活动。学生在对发动机原理有了初步理解的基础上再开展基于 VR 的虚拟实验，把重点放在细节观察上，化不可见为可见，进一步理解了四缸汽油机具体工作过程，以及柴油机与汽油机结构的主要区别。

课例 3 输送血液的泵——心脏

广东省佛山市禅城区南庄镇第三中学廖丽霞执教的七年级生物“输送血液的泵——心脏”，目标是让学生了解心脏的位置、大小和结构，以及心脏的功能。教师设置了生命体征心脏搏动这一真实世界的情景，学生应用 AR 技术进行发现式学习，通过实体感知经历发现之旅，从而从感知到理解，达成了教学目标。

活动 1　感知生命体征心脏搏动

通过 VR 感受心脏平静与快跑时的心跳。

活动 2　感知心脏位置与大小

学生自主通过立体模型的解剖，认清心脏的位置，通过尺子的测量了解心脏的大小，并用切片功能辨别心脏壁的厚薄。

活动 3　感知心脏的运动与功能

借助 VR 设备和摄像机功能立体解剖心脏，观察血管和心房、心室的连接以及瓣膜的结构。

把 VR 技术整合到传统传授教学模式中，对改变知识内容呈现方式固然也能有一定的作用，但 AR 技术的潜力远未发挥。本节课中教师打破了传统教学程式，设置生命体征心脏搏动这一真实情景，用 AR 开启发现之旅，在感知中一步步发现知识，这种基于 AR 的发现式学习设计体现了教师从融合应用到创新发展的探索。

课例 4　秦兵马俑

淮阴师范学院第一附属小学张丽老师执教的五年级语文课“秦兵马俑”，目标是让学生通过自主阅读了解秦兵马俑类型众多、个性鲜明的特点，在自主学习与合作学习中感受中华民族悠久灿烂的文化和人民无穷的智慧。教师引导学生应用 VR 开展观察 + 联想，在此基础上让学生应用个人终端开展批注式阅读，再开展基于交互式白板的交流与讨论，有效地发展了学生自主阅读的能力。

本课应用 AR 开展观察 + 联想：首先从身材、穿着、动作、神态观察 6 种兵马俑鲜明的个性特点，然后借助 VR，近距离观察兵马俑的宏伟壮观的场面，感受中华民族悠久灿烂的文化和智慧。在此基础上应用个人终端开展批注式阅读和开展基于交互式白板的交流讨论。

本课的学习任务是自主阅读，单一的 VR 技术应用不能完成自主阅读的任务，教师从学习任务出发，根据不同技术的功能特点组合应用技术，这种设计方法值得借鉴。

课例 5　等高线地形图的判读

深圳实验学校中学部杨洁兰老师执教的高二年级地理“等高线地形图的判读”，目标是理解海拔、相对高度、等高线的概念，体验等高线地形图的形成过程。教师根据学习任务，有针对性地应用 AR 技术，突破了等高线地形图的形成过程和等高线地形图判读两个难点，并进一步设计基于真实世界的应用探究任务，从而发展了学生的地理核心素养。

活动 1　观察等高线地形图形成过程

展示虚拟现实的山体模型上等高线与变成平面的转换过程。

活动 2　判读等高线地形图

按照学案指引，学生与 VR 交互，识别等高线地形图上不同山体部位，并总结规律。

活动 3　等高线地形图的应用

绘制与学生生活所在地区的山地的等高线地形图，在地形图的基础上绘制多条登山线路，让学生根据地形特点选择适合的线路，并说出依据。

在本课中，教师在 VR 应用设计中充分把握了 VR 的沉浸、交互和想象的 3I 特征，在激发学生想象力和创造力方面进行了有效的探索：精心选择 VR 学习工具，教师选择 Global Mapper 地图绘制软件，学生操作软件自主完成在当地七娘山的等高线地形图上绘制旅行路线图；在学习过程中，充分应用学生与 VR 系统的实时交互来感知理解等高线地图的形成过程和判读；强调协作完成探究任务。

第五节　STEAM 教育与人工智能教育

一、人工智能赋能的科技创新

在智能时代，创新人才是国家的核心竞争力，创新人才前期培养是时代赋予基础教育的新使命。基于“学习者是创造者”的理念，在全球开展的 STEAM 教育与正在兴起的人工智能赋能的科技创新教育是创新人才前期培养的有效途径。我国基础教育学生知识基础扎实，位于世界前列，但创新不足，呈现“高均值、低方差”的现象，不适应时代培养大批信息社会创新人才的要求。创新人才前期培养要探究的是解决从未知到已知的问题，即解决从 0 到 1 的问题，而不是解决从已知到已知的 1 到 100 的问题。

世界融合创新教育大会（World STEAM Conference，简称“WSC 大会”）对 STEAM 教育进行了新的定义：STEAM 教育即融合创新教育，是一种基于现行教育与未来社会发展相匹配的需求，以解决未来世界性的问题为目的，将科学、技术、工程、人文、数学等多学科充分融合，以激发学生好奇心为出发点，培养学生的持续学习兴趣；运用情景式、任务型的教学方法，采取探究式的学习方式，提升直观发散思维和融合创新思维能力的教育理念。

STEAM 教育从学科概念、学科核心概念和实践创新三个维度来推进学习方式变革：

- 整合性的真实情境；
- 有意义的开放性活动或任务；
- 学习过程是问题解决过程；
- 在充分地展示和交流中加深对知识的理解和应用；
- 教师是设计者、辅助者和指导者。

自从教育部陈宝生部长在国际人工智能与教育大会上提出“人工智能新技术、新知识进学科、进专业、进课程、进教材、进课堂、进教案，进学生头脑”以来，人工智能教育已在全国开展。

人工智能技术赋能的科技创新教育实践正在探索一种新的学习模式：

- 把人工智能技术融合于项目学习、STEAM 与创客活动中；
- 结合探究任务构建人工智能应用场景；
- 应用开源开放平台创建体验和探究活动；
- 在探究中发展学生的计算思维。

创新人才是如何培养的：高中生弗兰斯的故事

美国著名的人工智能学术期刊《连线》（Wired）2018 年发表了一篇关于分层强化学习新算法的论文，第一作者是正在特斯拉总裁马斯克创立的 AI 实验室 OpenAI 实习的 17 岁的高中生凯文·弗兰斯（Kevin Frans），他说：“我们成功地发现了一种有意义的行动基元（motor primitive），仅需要与迷宫环境进行互动，就可以使四腿智能体在不同方向上移动。我们还展示了基元的迁移性，以解决长时间尺度的障碍训练，我们使 3D 仿真机器人使用同样的策略实现稳健地步行和爬行。”

两年前，他受到雅达利（Atari）游戏和 AlphaGo 有关报道的启发，阅读了大量论文，并部分地复现了它们。“我喜欢让计算机去实现看起来不可能的事。”他创作过一个交互式网页，可以用漫画风格为线条素描自动上色。

后来弗兰斯申请 OpenAI 实习生职位，他致力于解决一个机器人和强化学习领域的关键问题：机器如何利用先前已学的知识解决新问题？

尝试机器学习和 AI 对于中学生来说十分困难，要获取计算资源也是一个障碍。弗兰斯用借记卡申请了一个谷歌云计算服务（Google Cloud Machine 学习引擎）的账号，应用 API 调用 AI 开源开放平台软件开发工具包创建个性化的机器学习项目。他还鼓励其他对机器学习感兴趣的同学也尝试一下："最好的（研究机器学习的）方式就是走出去，自己动手去尝试。"

凯文·弗兰斯的成长告诉我们，人工智能技术赋能的科技创新教育不是沿着学科—教材—教学的途径实施的知识教育，而是从"孩子面向未来需要学什么"来决定教育的方向的另一种全新的创新人才培养的方式：

- 以激发学生好奇心为出发点，探索并解决未来世界问题，培养学生的持续学习兴趣；
- 学生在人工智能开源开放平台上创建自己的AI探究项目；
- 构建全科创人才培养网络，通过网络社区构建一流研究机构与学生的对话和研讨的渠道。

二、实践探索

上海是汇聚科技创新人才的国际大都市，如何创建具有上海全球科技创新中心城市特色的科技人才前期培养的模式和机制是一个具有长远历史意义的研究课题。

上海构建全社会科创育人网络

早在2016年之初，上海市教育委员会和上海市科学技术委员会便进行统筹协调，集社会各方资源，启动"上海市青少年科学创新实践工作站"项目。

实践工作站以"普及"和"提高"为导向，针对学生年龄阶段、认知能力和知识结构特点，将高中知识与大学知识有效衔接，量身设计定制课程。课程由基础课程和研究课程两部分构成，每家工作站提供不少于10个课题研究方向供学生选择。项目实施三年来共开设生物学、医学、化学、计算机等10大类课程，做到学员"人人有一个小课题"，近8 000名学生完成课程学习30余万课时，课题研究近8 000项。

实践工作站以激发学生学习兴趣为驱动，以鼓励学生学习创新为核心，采用教学科研与课题实践相结合，专业教学与科技实验相结合，带领学生们走进高校、科研院所、科普教育基地、高科技企业、博物馆等开展课题研究。项目注重科学实践，着眼于教与学关系的转变，让每个学生经历一个较为完整的科研过程，在实践学习中逐步培养思维品质、知识素养、创新能力、创新习惯和创新精神。项目采用成长记录与素质评价相结合的评价模式，依托项目信息化平台，完整记录每位学生的学习经历，留存学生项目研究的全过程，通过对学生设立合格性指标和发展性指标2个维度的综合评价，客观反映学生创新素质和个性特长发展情况。

实践工作站充分挖掘高校及科研院所教师资源，组建师德品行高、专业底蕴深、教学能力强、教育视野宽的辅导教师团队，三年累计有13名院士，近300名正、副教授(研究员)，工程师走进课堂，走近学生，带教学生课题研究。

庞大的“科创育人网络”的形成，大大提高了高中生高质量科创教育的覆盖面，2016—2018年共招收高中学生7 860名，招生人数逐年递增，其中自荐生的报名人数增长尤为明显。目前，该项目已经成为高中学生走近科学、规范学术、实现创想、发展兴趣的平台。经过实践学习和成长，已有一批优秀学员明确专业方向，取得科创成果。

上海的人工智能教育实践

2018年4月，面向高中的《人工智能基础(高中版)》一书面世，华东师范大学第二附属中学、上海交通大学附属中学、清华大学附属中学、市西中学等40所学校成为首批“人工智能教育实验基地学校”。人工智能课怎么上，既能体验感受，也可动手操作实践?

盲人进入电梯后，如何准确揿下电梯里的楼层按钮?其实，早在去年，市西中学高二研究型课程课题研究时，就有学生提出了“盲人在电梯中准确揿下楼层按钮的方案设计”，这是一个典型的人工智能方案。在市西中学副校长林勤看来，学生所设想的语音方案和腕表方案，都是利用人工智能技术来设计的，这也说明，学生在自己的学习生活中，已经开始接触并对人工智能技术有了学习需求。还有些高二学生已学完了深度学习、深度神经网络、Python语言编程等人工智能相关内容，并且加载到机器人的运行中。“基础教育就应该为他们提供必要的资源和课程，这既是教育面向现代化，教育与科技发展、社会发展接轨的具体表现，也是教育走向个性化、促进学生个性发展的具体措施。”林勤说。

从2018年起，人工智能课程在市西中学开课。作为拓展性选修课程，每周二下午人工智能课程面向高一、高二学生开设。图像识别技术课上，学生们坐在电脑前，与教师互动，再到电脑教学实验平台上自己操作实验，设计出项目，最后动手将项目转化为应用于实际生活中的作品。学生上课时面对一台电脑，里面预装了商汤科技自主开发的深度学习算法平台，平台上都是紧密贴合《人工智能基础

（高中版）》的实验内容，学生们可以在这个教学实验平台上进行深度学习模型训练和定制算法扩展。

开设人工智能课程，为高中生打造了面向未来的智慧学习环境，探索了一种崭新的学习方式。下一步，市西中学打算分步走：在广泛开展包括讲座、文化旅游在内的人工智能科普活动，普及提高学生对人工智能的认识之外，开展课程学习和实验室同步建设，通过开设人工智能的拓展型、研究型课程，让学生从基本的对人工智能原理、模块功能了解开始，逐步进入语言和算法的学习，进一步建设与人工智能课堂配套的实验室，从而探索人工智能的学校教育管理。

华东师范大学第二附属中学也开启了人工智能基础课程。在往期开课经验的基础上，课程内容包括人工智能概述、经典分类、深度学习、视频理解、机器创作、移动机器人项目，利用有关器材完成移动机器人的设计、组装和调试、项目展示，以及机器人比赛项目中的工程设计、电子电路、程序设计、机械结构与制造、比赛策略等内容，在教学中不断完善内容。

华东师大二附中劳技信息教研组教师陈向东有着丰富的学生机器人比赛带队经验。在他看来，现在有很多开源的资料包，学生可以自己获取，也改变了传统教与学的方式。他认为，人工智能教学对教师提出了新挑战：不仅需要教师善于学习、不排斥新技术，最好还要有一定的“基础”，比如：英语底子好，能够阅读原版刊物的内容，能结合学生生涯规划指导，对学生进行人工智能方面的启蒙。

上海交通大学附属中学全新的人工智能课程也即将开启。几位任课教师坦言，虽然人工智能“高深莫测”，但对于高中生而言，学习的目标却是清晰而又可实践的。不少教师感到，在高校里开设的相关课程，都需要计算机专业的知识和高等数学的分析能力，这门课程需要学生有一定的编程能力，同时结合数学知识，对于高中生而言，确实是全新领域，了解了相关课程后发现，要将人工智能这门课上好还挺难的。

将人工智能进课堂的时间线“前移”至高中阶段，为的就是让这个年龄阶段的孩子心中，多一个以人工智能解决现实问题的萌芽。格致中学物理老师徐正一认为，在将人工智能课程开设到高中课堂的同时，也希望能将一些相关的普及知识“前移”到初中学段，比如在初中信息技术课程中，融合一些浅显的人工智能原理，对高中全面进入人工智能课程时代将是一个很好的铺垫。这些年轻人用人工智能解决问题的点子，可以求助于更多专家、学者，做成方案，最终成为成品，运用于生活之中。

人工智能课程在高中课堂刚刚起步，除了师资之外，“基础设施”也将是决定课程走向的关键。上海交通大学附属中学信息技术教师胡志洪说，对于高中生而言，课堂如果生动、直接，他们就会产生浓厚的兴趣，对于人工智能课程而言尤其如此。这就对大多数参与人工智能课程的高中提出了要求。“参加培训，参观专业的人工智能实验室，对于学生而言，也需要相应的实验条件，因为动手实践是科学类课程学习的关键。在这本书之外，如果能够提供用于实验的‘半成品’，比如：用于简单识别小狗、兔子、小猪的图像识别，将原理结合实验来传授，效果会好很多。但是，这样的实验室不同于大多数高中目前所有的实验室，由于其特殊的专业性，造价不菲，可能要‘好几百万元’。”胡志洪说。

徐正一认为，在教学过程中发现，学生对于纯理论的知识大多数不感兴趣，所以增加上机实验非常有必要。实验条件确实是人工智能进课堂的关键，因为人工智能要求的计算量非常大，相应的设备和专业实验室目前成为高中课堂推广人工智能课程的关键。更多的人认为，硬件上“高配”投入，要求确实不低，但如果是一般的“标配”，则完全可以进行。

万事开头难，人工智能课程进入课堂，虽然首批参与试点的实验学校还在“摸着石头过河”，但胡志洪说：“当年电脑还没普及的年代，提出了‘计算机的普及要从娃娃抓起’，就像如今人工智能课程走进课堂，一样‘未来可期’。”

基于数字化信息系统的跨学科探究性实验教学

【上海市风华中学】

数字化信息系统（DIS）是综合运用传感器、计算组成进行数据采集、数据处理的新型实验系统，它实现了信息技术与物理学科教学的整合，开启了实验教学的数字化时代。

上海市风华中学是上海最早应用数字化信息系统（DIS）开展物理实验的学校，从2002年创建上海市中小学数字化实验系统（DIS）研发中心开始，已经历了“研发起步、试点改进、推广应用和深化拓展”四个发展阶段的探索历程，从观念提出、产品研发、教材呈现、课堂应用等诸多方面对DIS进行了深化、丰富和完善。如今DIS实验已覆盖了中学物理中的力、热、声、光、电、磁、原子物理等各领域。DIS自研发成功后经历了多次升级，从2002年的3.0版升级到了目前的8.0版。DIS培养了学生在数字化学习环境下自主学习、自主探究的能力，实现了物理课程与信息技术的整合。如今，DIS已成为上海“二期课改”的一个品牌。

上海市中小学数字化实验系统研发中心主任、风华中学的老校长冯容士把DIS的提升归纳为“上海创造”。

2017年风华中学开始实施“中小学综合实验室及其配套课程建设研究项目”，新型多功能综合实验室有机整合了中学物理、化学、生命科学、劳动技术、信息科技等学科的实验教学需求，规划为实验区、制作区、交流区和展示区四个功能区块。主体设备集成了中学各类理科实验所需要的水、电、气等要素，同时配置了交互式电子白板、桌面摄像、电子平板及专业的信息化实验系统，营造一种创新互动式的教学环境，使同学们在其中体验科学探究过程，在资源支撑下促进其学习方式的转变并掌握科学的探究方法，为培养同学们的科学精神和理性思维提供研习时空和课程资源。

在建设综合实验室的同时努力开发基于数字化信息系统的跨学科探究性实验课程，目前已实施的“探究电池”课程包括伽伐尼青蛙实验、认识原电池、自制电池优化改进（一）、自制电池优化改进（二）、水电电池的制作、碱性电池的探究、碱性电池探究、形形色色的电池、自制电池大比拼等八个模块，融合了生物、物理、化学、信息科技和劳动技术等多门学科。课程开发思路是从“学以致用”向“用以致学”转变，以真实问题解决为导向，不刻意追求学科知识的完整性，着重培养学生科学探究、协作、问题解决和自主学习能力。在课堂上教师的角色是引出问题、提供帮助，学生则是解决问题、交流表达。课堂评价注重关注学生课程经历，采用档案袋、量表和作品评价方式。

张泽远老师执教的“拯救伏打”一课的内容是自制电池优化改进，以科学史上伏打到拿破仑皇宫制作电池的故事导入，通过电池联结电珠情景，设计了四轮实验：

第一轮实验由学生用锌片、铜片和硫酸搭建蓄电池连接电珠，发现电珠不亮。

第二轮实验将多个蓄电池串联连接电珠还是不亮，DIS系统数据显示由于内阻也增加，电动势增加甚微，实验再次失败。教师引导学生利用各组实验数据讨论影响电池性能的因素，最后归结为能减小内阻的两极板面积、距离等物理因素和增大电动势的改变溶液浓度、溶液温度、替换材料（用镁条和硫酸铜溶液替换锌片、硫酸）等化学因素。

第三轮实验要求每组通过改变一个影响因素再做控制变量的实验，用数据观察影响效果。教师让各组交流实验过程和结果。

第四轮实验要求每组选择认为影响最显著的两个因素再做一轮实验，最后比较哪一小组电珠最亮。

科学教学的特点是通过实验来探究科学原理，皮亚杰（Piaget）说过“要把实验室搬到课堂中去”。本节课立足于真实问题解决，融合物理、化学和信息技术知识，变验证性实验为探究性实验，让学生获得了用实验探究科学原理全过程的课程体验，发展了学生科学探究、协作、问题解决和自主学习能力。本节课在移动互联网环境下把DIS、摄像装置、协作文档、交互式白板融入实验和讨论过程中，有效地支持了课堂变革。

在开发综合课程“探究电池”基础上，学校又开发了第二套课程“水质监测与改善”，推动学校教育改革从“上海制造”到“上海创造”的转变。

北京市海淀区人工智能教学优秀课例

北京市海淀区内高校林立，科研院所众多，同时海淀基础教育具有比较悠久的信息技术教育积累，具有探索人工智能教育的优势。近年来海淀区努力探索一条具有海淀特色的人工智能教育发展之路。2019年在新媒体、新技术展示活动中，海淀区推出了小学和初中12节优秀课例。

这些课例的一个共同特点是基于程序的人工智能功能调用，来让学生自主完成编程学习任务，从而突破了机器学习这一教育难点，实现了人工智能进中小学课堂。为实现“专业知识的民主化”，美国斯坦福大学李飞飞教授2017年率先提出人工智能开发者不用进行基础技术研发，能够“站在巨人的肩上”，应用开源开放平台直接开发面向用户和应用场景的系统。开源开放平台提供软件开发工具包（Software Development Kit，SDK），包括接口文件和库文件、帮助文档、开发示例和实用工具。其中接口文件和库文件就是应用编程接口（Application Programming Interface，API）。海淀的这一做法代表了人工智能时代编程教育的特点，即抛弃复杂的程序代码而使用积木式的堆叠法，通过应用编程接口调用库文件，使编程简化为使用基本元件，如按钮、文字输入输出即可。

北京市十一学校聂璐老师的课“神奇的魔镜——走进人脸识别”一课是该校AI校本课程的一节内容，共两课时，教师应用腾讯AI开源开放平台设计了人脸识别的应用场景，在场景中让学生开展体验活动。学习活动设计如表3-2-3所示。

表 3-2-3 学习活动设计（两课时）

第一课时学习活动设计（20 分钟）

教师活动	学习活动
环节一：人脸识别是什么？（8 分钟） 1. 通过幻灯片讲解和实例分析，引导学生思考人类如何通过人脸辨识不同的人 2. 组织学生体验 AI 开放平台“五官定位”，图示讲解机器如何通过特征点来描述并识别人脸	活动一： 1. 参与五官猜人游戏 2. 在线体验，观察机器识别人脸时使用了哪些特征点，这些点分布情况如何
设计意图：引导学生发现人眼借助什么特征进行人脸识别，并思考机器如何描述并识别这些人脸	
环节二：了解开发 App 的流程（4 分钟） 1. 回顾 App Inventor 的基本用法 2. 介绍 App 开发的基本流程，演示待开发的人脸识别 App 的基本功能	活动二： 聆听讲解，做好开发前的准备，了解人脸识别 App 开发的功能
设计意图：明确本节课的开发需求，准备好相应的开发环境	
环节三：操练起来（8 分钟） 1. 介绍人脸识别 App 每个屏幕的组件需求，并示范如何进行界面搭建 2. 界面搭建完成后，说明如何实现跨屏幕的跳转 3. 介绍 Screen2 中的关键事件，并讲解几个基础事件（“拍照”按钮被按下、“图像选择框”选择完成、“显示完整信息”按钮被按下）的开发方法	活动三： 1. 跟随讲解，完成人脸识别 App 的界面设计和几个基础事件的逻辑设计 2. 了解 App Inventor 中如何实现屏幕之间的跳转
设计意图：熟悉一款 App 进行界面设计和组件设计的方法，掌握应用跨屏幕跳转的操作	

第二课时学习活动设计（20 分钟）

教师活动	学习活动
环节一：回顾旧知（3 分钟） 1. 回顾上节课要点，巩固 App Inventor 进行界面设计的方法和基于事件的编程 2. 讲解上节课作业，说明如何通过分支实现信息的隐藏与显示	活动一： 1. 跟随讲解回忆上节课的要点 2. 了解分支的用法
设计意图：引导学生发现人眼借助什么特征进行人脸识别，并思考机器如何描述并识别这些人脸	
环节二：操练起来（14 分钟） 1. 介绍借助百度 AI 开放平台进行开发的步骤，并结合 App Inventor 平台说明具体的开发方法 2. 图示介绍如何从网络接口返回的 json 格式的结果中，解析出需要的信息	活动二： 聆听讲解，并在平台上完成代码的书写
设计意图：明确本节课的开发需求，准备好相应的开发环境	
环节三：小结（3 分钟） 1. 回顾人脸识别应用的完整开发流程 2. 布置课后作业，供学习者进一步探索人工智能类手机应用的功能	活动三： 回顾与反思，完成课后练习
设计意图：回顾两节课的主干内容，巩固所学知识，进一步思考可以拓展的功能	

创造性地贯彻落实教育部《教育信息化 2.0 行动计划》，在上海建设国际一流智慧城市的总体框架下，《上海市教育信息化 2.0 行动计划（2018—2022）》勾画了教育信息化上海方案的设计蓝图，而广大中小学教育信息化的实践创新进一步完善和丰富了上海方案。综合本章的陈述和研究发现，教育信息化上海方案可初步归纳为：

（一）坚持“发掘学生潜质，激发学生兴趣，指导学生学习，成就学生价值”的发展目标

上海教育信息化已跨入从“量变”到“质变”的关键阶段。要始终勿忘初心，落实立德树人根本任务，以信息化引领构建学生全面发展和自主学习的教育生态。本章提供的上海区域和学校实践创新案例，无论是新一代教学生态环境建设还是信息技术与教学的融合创新，共同的特点是把育人为本作为实践探索的出发点和最终目标，体现了上海基础教育改革与发展的核心理念。

（二）规范上海特大城市教育生态环境建设的路径、行动计划和建设机制

规范建设下一代教育生态环境同多样化探索信息技术与教育融合创新相结合，通过智能交互技术集成创新、教育形态模式创新、服务创新和管理创新，市、区、校三级协同建设网络化、数字化、智能化教育生态环境，支持线上线下深度融合的泛在学习和智能治理。

（三）聚焦数据驱动的大规模因材施教和个性化学习，促进教育信息化从融合应用向创新发展高阶演进

数据是信息时代的基础资源，是实现从工业化时代到信息时代范式转变的关键所在。本章提供的实践案例，例如闵行区智慧教育建设方案、杨浦区共享互动信息服务平台案例、卢湾一中心小学智慧云学校建设方案、蔷薇小学建设智能可感知的校园环境的实践、武宁路小学智慧校园评价系统设计与实施、上海市实验学校应用数据驱动学生高阶思维发展，从建设、教学、评价等多个维度开展了数据驱动的大规模因材施教实践探索，代表了上海教育信息化发展的方向。

（四）面向未来的学习需求，以全方位创新实现常态化应用

面向未来的学习需求，为培养创新人才奠定基础是上海建设全球科创中心赋予上海基础教育的历史使命。本章提供的实践案例，例如市西中学如何构建多样教学组合模式、上海如何构建全社会科创育人网络、上海的人工智能教育实践，风华中学基于数字化信息系统的跨学科探究性实验教学等案例，从创新人才前期培养、新一代混合学习模式构建、科学探索课程建设等多个侧面开展了创新探索，并已从示范应用向常态化应用转化，为上海中小学提供了范例。

（五）坚持示范引领，培育一批教育信息化应用标杆学校

对标国际一流标准，聚焦数据驱动的大规模因材施教，高起点培育一批教育信息化应用标杆学校，是坚持示范引领、扎实推进上海教育信息化的重要举措。从教育信息化应用标杆培育校为本报告提供的案例表明，这些学校确实起到了先导性和引领性的作用。

上海教育信息化秉承上海海纳百川的城市精神，在不断借鉴国际成功经验和向兄弟省市学习过程中发展，可以确信通过全体教育人的不懈努力，上海教育信息化一定会引领教育现代化发展，向上海人民交出一份满意的答卷。

4

第四章

开启未来序幕——迈向共享泛在的智慧教育新家园

在技术飞速发展、不可准确预测的未来，利用技术为每个学生提供最合适的教育是教育工作者不变的目标。教育工作者应当基于学生的未来开展教育，而不是面向过去、背对未来。在未来的教育新家园中，如何利用新技术挖掘每个学生的潜质，让他们在最有天资、最感兴趣的方面，以最科学的方式成就自己最美好的人生？坚守教育初心，运用智慧，共享技术进步，教育工作者为未来做好准备。

泛在学习，给“无限可能”带来新的挑战，孩子们是否为“为用而学，即用即学”做好了准备？在个性化的终身教育体系中，基础教育如何在规模化的教学中，实现每个学生的个性化发展？教师——塑造学生灵魂的工程师，如何融合技术实现“五育并举”，成为孩子的“引路人”“筑梦人”？

新技术支持的教育新形态正在撬动学校的传统领域，未来的学校如何主动地融合技术，创造“适合每个人的教育、更加灵活的教育”？ 在学习资源极大丰富的未来，技术如何帮助学校实现对学生的兴趣激发、能动性维护、注意力保持？下一代的个性化学习实现路径的动力来源是什么呢？

面向未来，需要运用教育工作者的匠心之智，调动教师和校长的智慧与经验，共享新技术进步的成果，迎接挑战。

第一部分　智慧推开未来教育新家园之门

第一节　未来的学生

一、"无限可能"带来的挑战

近年来，随着数字传输和存储方式的发展，学和教都发生了重大变化。各级学校和学生可以打破地理屏障，通过互联网获取各种教学资源。以往的在线学习和移动学习都是信息技术带来的教育教学变革的缩影。如今的泛在学习是在线学习和移动学习的融合，特指学生在任何时间和地点都可以进行学习的方式。泛在学习的潜力来自虚拟环境和物理空间的无缝融合，帮助孩子在正确的时间和地点使用正确形式访问合理的学习内容，并在学习过程中强化协作学习环境。泛在学习不仅仅是教育理念，更传达了一种打破学习边界的教育愿景：学习不仅发生在课堂上，也发生在家庭、野外、操场、社区或社会任何地方，同时还发生在学习过程中学习者与他人的日常互动中。除了消除学习的物理屏障之外，强调自适应性的泛在学习允许孩子根据自身兴趣、进度和需求进行个性化的定制学习。这种情境感知学习方式无疑将带来重大的教育变革。这种无边界的学习环境给孩子们的学习带来无限可能的同时，无疑也将给他们带来巨大挑战。情境感知的泛在学习环境标准如图4-1-1所示。

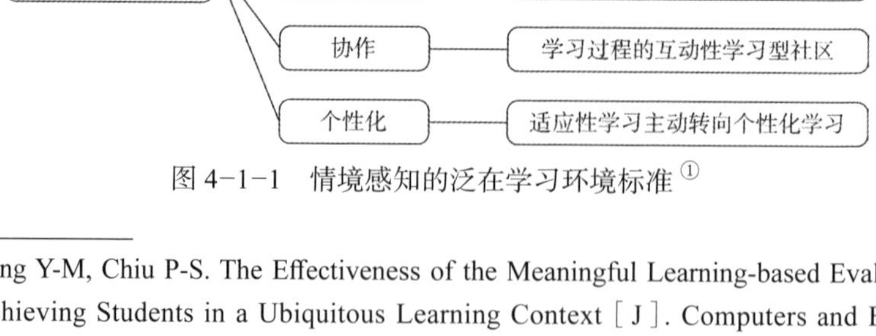

图4-1-1　情境感知的泛在学习环境标准[1]

① Huang Y-M, Chiu P-S. The Effectiveness of the Meaningful Learning-based Evaluation for Different Achieving Students in a Ubiquitous Learning Context [J]. Computers and Education, 2015, 87 (9): 243-253.

事实上，这次新冠疫情从根本上激发了泛在学习在全球范围内迅速地上演。疫情期间，教师、家长和学生匆忙上阵，在仓促中扮演新学习时代带来的新角色：从之前非常结构化、有规律的师生交互，变成了需要家长更多配合的多方位、实时、异时和异地交互；从之前较为单纯的传授事实知识，以教材为核心的教学慢慢转向对学生个体更有意义的教学；从单科知识学习转向基于家庭空间等特定环境下的学习和知识应用。这些变化让我们看到了课堂教学内容与课外生活和学习的动态交互、学习过程中的协作与知识共享、知识在特殊时期和特殊情境下对个体的意义。这个特殊时期将泛在学习更加清晰地呈现在我们面前，让我们能够更清晰地看到孩子们在泛在学习环境下，在未来会遇到什么挑战。

（一）多面共存的学习时空折叠

泛在学习环境打破了教育的线性时空，孩子面对着有策略地向过去的自己学习的挑战；泛在学习环境推倒了教育界的象牙之塔，孩子不仅面对着学习新知识和技能的挑战，而且还面对着如何甄别和分析真假信息和知识的挑战；泛在学习环境帮助孩子们跨越了知识壁垒，但也迫使他们重新审视独特的环境条件对知识和技能使用的影响。

泛在学习环境下，孩子的学习过程被连续记录下来。除非删除，孩子永远不会丢失学习记录（或数字足迹）。孩子的学习社区不仅由他人组成，他自身的学习历史也成为学习的一部分。孩子将面临向他人学习、向过去的自己学习的双重要求。这种新型、以自我为中心的学习社区的形成有别于以往的学习方式。孩子的学习过程成为衡量其学习进展和发展的重要指标。对孩子来说，如何跟他人和过去的自己交流，如何充分阅读、分析和利用过去的数据指导自己今后的学习无疑是新的考验。

孩子可以从任何地方访问其文档、数据或视频。无论孩子身在何处，他都能立即获得相关学习信息。因此，孩子可以快速解决问题。这种打破边界的学习让孩子在有了充分资料支持的同时，也带来了信息的冗余、分散，甚至还有不精确信息或错误信息的干扰。孩子在获取信息的同时，也面临如何快速有效甄别信息、组织信息为学习服务的挑战。

当资料缺乏时，孩子可以记录问题并在以后寻找答案。孩子还可以使用同步或异步交流的形式与专家、教师或同龄人互动。因此，专家变得更容易接触，知识变得更容易获得。然而，如何跟各个知识层次、学识背景的人交流，真实真切地表达自己的想法，平等地交换信息，阐述自己的想法并从其他人那里及时有效地获取反馈，对孩子们不仅是新的挑战，更是这个时代对他们的要求，是他们能在这个泛在学习时代生存并不断成长的必要条件。

孩子的学习可以融入日常生活。遇到的问题和所需的知识都以自然和真实的形式呈现出来，知识学习的过程不再脱离实际，不再只依附教材，而是为了解决实际问题自然而然地产生。这有助于孩子意识到情境对知识的影响，从而使特定的学习行为具有个人相关性。这种以解决实际问题和激发个人独立思考为目的的学习打破了传统的、具有单一标准答案的学习方式。当孩子们发现这样的学习与个人发生更紧密的联系，跟个人日常生活紧密相关时，他们就会更加投入地学习，并更自然地将所学知识和技能应用到日常生活，真正做到学以致用。这种学习方式对孩子的终身成长很有帮助，但是孩子、家长和教师都需要一些时间来适应这种方式。

泛在学习给孩子带来的挑战不仅是在任何时间、任何地点，以多样形式获取信息，而且是如何以正确的方式在正确的时间获取信息。在无处不在的学习环境和学习社区中，根据自身的情境因素进行自适应学习是各种学习活动必不可少的。因此，孩子们不仅将面临各学科学习、跨学科学习带来的挑战，还将面临如何应对学习带来的挑战、项目组织的挑战以及合理分配学习时间的挑战。

（二）学习共同体中的智慧学习者身份构建

教育不仅为学生提供了知识储备的舞台，也是学生进行自我意识和身份特征建构的舞台。从社会文化理论角度而言，孩子在学习过程中参与社会活动，与他人进行社交，并在社交过程中完成身份建构和学习成长，如图 4-1-2 所示。在这些社交过程中，孩子是否能与他人使用同一语境进行有效沟通变得尤其重要。比如，当孩子在某一领域内被认为做得很好，他就越容易在这个领域做得更好，更愿意认定自己在该领域的身份，并对该领域形成更强的身份认同感。相反，如果孩子在某一领域做得不好时，他与周围环境的交互很有可能渐渐减少，对自己在该学习环境下的身份产生怀疑，从而导致学习进程放缓。

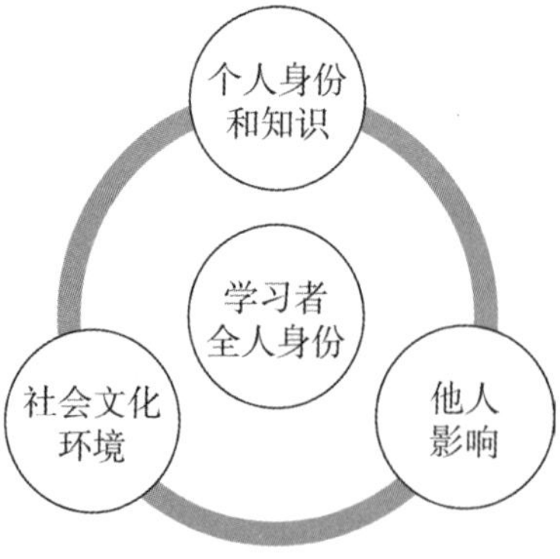

图 4-1-2　学习者身份构建①

另外，泛在学习环境下，孩子将自动进入不同学习社区。这些学习社区的师生组成、学习活动、教育内容（及其侧重点）、对学习策略的强调等方面都会有差异，孩子在不同环境下的学习也会随之发生变化。孩子面临着随时随地在不同学

① Rea-Dickins P, Kiely R, Yu G. Student Identity, Learning and Progression: The Affective and Academic Impact of IELTS on ‘Successful’ Candidates［J］. IELTS Research Reports, 2007, 7（2）: 1-78.

习环境下变换身份的挑战。为了在学习社区进行全方位的交流，实现学习和个人身份的全面成长，孩子需要在多种环境下构建多重学习者身份。比如，在某些学习环境中，孩子主要扮演知识接受者；在另一个环境下，孩子可能需要构建一个分析者的角色。泛在学习环境为学生带来构建多重身份的机会，丰富了孩子的成长经历，帮助他们了解学习和生活的复杂性。然而，多重身份的构建过程也对孩子的快速适应能力提出了挑战。

泛在学习环境下，孩子不可避免地需要与他人合作完成学习任务。这些合作过程无疑使孩子的身份构建过程更加复杂化。孩子不仅面临在不同学习环境下构建不同学习者身份的挑战，而且还面临如何调整身份与他人交流合作，从而达成高效学习的挑战。比如，泛在学习过程中，孩子需要与他人合作完成某项任务。合作经历会逐渐影响孩子对自己作为合作者身份的价值取向和信仰：什么是好的合作者？好的合作者如何区别于其他合作者？在不同学习环境下，好的合作者应该做哪些调整，信守哪些承诺和基本准则？

泛在学习的发展挑战了教师作为知识权威的传统地位。孩子需要学习如何面对自己的新身份，如何积极调整自己作为学习者在各学习环境下的身份，与教师建立积极有效的协作关系也将是保障高效、有意义的学习的重要条件。

泛在学习给学生带来的不仅是知识技能学习上的挑战，更是全人发展的挑战。在更加复杂的知识技能学习环境下，孩子拥有了更多机会去建立多重身份。然而，如何将教育的重心从知识技能学习向复杂身份构建转移，如何在泛在学习过程中平衡知识技能学习和身份构建，如何应对不同学习环境下的身份构建复杂性，这些都是孩子在未来将遇到的、无法规避的挑战。

（三）基于情境认知的知识技能迁移

泛在学习打破了学习的物理边界，打通了学校、家庭、社区、国家，甚至全世界之间的链接，为孩子敞开了更广阔的学习环境。然而，在实时学习成为可能的同时，孩子被放在更复杂的话语环境中，将面临在多元环境下进行话语切换和协商的挑战。比如，泛在学习环境下，孩子有更多机会接触到更多专家，也有机会看到在不同社会文化环境下，同样的知识如何被不同的地域或文化解读，以及不同社会文化下的学习社区对个体在理解知识方面的影响。多元的话语情境无疑会帮助孩子从更多的角度了解知识，在知识技能学习的同时，从共情、自我反思和多方位思考等角度出发，最终实现对知识的深度理解。多元化的话语环境促使教育的重点从系统的、面向大众的单一教学和教学设计转向面向个体学习者的有针对性的教学实践。孩子面临随时切换话语环境的挑战，以及理解不同话语环境下知识的变化和多样性的挑战。

当单一的传统话语壁垒被泛在学习方式打破，孩子的学习过程将更加接近现实社会。然而，这种学习方式是对传统教学，甚至是对传统教育观的一种挑战，对教师、家长和孩子都是一种新的、必须接受，但将终身受益的挑战。

（四）技术驱动的自主学习目标

科技发展给学习带来的挑战不仅体现在多种媒体（或科技辅助的学习工具）的出现，更给“受教育”的方式带来了革命性变革。孩子更渴望，也更有科技条件进行自适应学习、主动学习、不受物理环境限制的以自我为导向的学习。

新冠疫情暴发后，泛在学习环境也随之成为日常生活学习的一部分，孩子们比以前更有可能接触并系统学习在传统学校不教授的知识和技能。这种新的学习方式不再遵循传统学校的校历发生。孩子可以按照自己对知识的理解进度，针对某一领域进行深入学习，从自身感兴趣的问题出发，对该问题进行深入研究，得出属于自己的独一无二的答案。这样的学习方式对传统教育体系是一个挑战。在未来几年，孩子也将进入传统学习模式向“研究型”学习模式过渡的阶段。孩子在泛在学习环境下，如何找到以自我为导向的研究型学习模式与学校学习的平衡点，认清自己的学习目的，综合判断自己是否完成学习目标，合理分配学习时间是今后会继续出现的挑战。

泛在学习的教育理念对教育的实施影响巨大，挑战了教室内传统教育的课程设计、考核方式和课堂内外的学习组织方式。泛在教育从根本上鼓励孩子对自己的学习负责，当孩子不需要遵循格式化的教学大纲，不用在规定时间内完成特定的学习内容，孩子将慢慢夺回学习主动权，产生学习积极性。泛在教育利用科技手段把教师从重复性知识授课中解放出来，把孩子和教师从格式化、标准化的授课时间中解放出来，将更多的课堂时间用于促进学生深度理解的交流。很大程度上，泛在学习为孩子提供了能够掌握学习主动权的机会，让他可以根据自己的学习进度和兴趣进行学习活动，有机会成为以自我为导向的学习者。在这个过程中，改变传统的学习思路，重塑对学习目的的认识，重设孩子对学习的责任心将是一个巨大的挑战。如何根据教师和学习社区里其他专家，包括父母的反馈，对泛在学习环境进行有效调整，使它变成对个人更有意义的学习过程，对学习社区里的所有人都是一个挑战。

（五）技术发展引发未知的终身学习路径

随着社会的发展，人们对需要学习什么、以什么方式学习、学习多少以及学习多长时间的期望也在不断提高。在传统的教育、社会和金融体系中，孩子的成长和获取社会（经济）价值的过程基本遵循“长期学习”然后“长期释放”的规律：

通过参与学习社区（包括学校），通常经过从小学到高中不断的练习积累，孩子逐渐掌握普及知识，为大学选择专业做准备。进入高等教育阶段后，孩子花至少四年的时间进入某一领域进行专项学习，成为某一领域的专家，紧接着在该领域从事职业工作，释放多年积累的知识，实现个人成长和财富积累。这样的积累和释放过程基本上没有循环，大多数人的一生只需一次定向积累，然后用积累的知识和技能在工作中持续释放。因此，大部分人只需掌握一门技能，守住一个岗位（或同一性质的岗位）就能实现自己的社会经济愿望。

然而，科技的进步和时代的发展将全社会推入泛在学习模式，传统的多年学习积累然后知识释放的年代已经过去。不论是由于当今的经济发展模式还是特殊时期带来的变化，孩子们都必须迅速采取行动对新的学习要求做出反应。比如，新冠病毒在全球肆虐以来，教育是受到重大冲击的领域之一。无论是转为直播还是迅速成长为技术达人，各国教师在教学设计和实施的各个层面都感到了挑战。后新冠时代无疑会进一步迎来教育的重塑。在教师们经历巨变的同时，孩子们也面临着新的学习目的、要求和方式的挑战。面对正在发生和即将到来的教育变革，孩子的终身学习已不再是锦上添花，而是万分必要的。

《人类简史》的作者尤瓦尔·赫拉利（Yuval N. Harari）曾指出人类历史将第一次迎来“未知”的未来，无法预测今后会有哪些新的工作产生，哪些工作被机器人替代。传统的长期学习、长期释放模式已经不能满足社会急速发展的需要，孩子们需要不断学习，不断进行专业转变才有可能达到社会对他们的要求，成为一个“社会相关人”。当孩子失去不断学习，快速升级自身知识体系的能力时，他们很有可能沦落成为一个“社会无关人”，从而丧失自己在社会中的主观能动性，甚至无法参与到社会活动中。从人类发展史的角度来看，终身学习能力将是孩子必须掌握的技能，也是他们今后的安身立命之本。然而，如何掌握终身学习能力，如何有策略地进行有效的终身学习对孩子们和身处高速发展时代的所有人都是巨大的考验和挑战。

总而言之，泛在学习强调社会、文化和历史背景对人类活动的影响，关注个人与他人、个人与群体之间的交流，强调学习者从社会或学习社区中获取新的知识和技能，然后反过来重塑学习社区。泛在学习强调创造以学习者为中心的教学环境，通过发现、探究，主动解决问题，与学习者群体中的专家和同龄人合作，培养批判性思维，并鼓励自我导向的终身学习习惯。当能利用广泛的技术完成有些难度的工作，以协作的方式完成学习的时候，孩子不可避免地将面临多面学习环境、复杂的全人身份构建过程和多元话语协商的挑战。我们有责任充分发挥泛在学习环境为孩子们提供的独特学习环境的优势，以促进新方式来教育和支持孩子们的深入、有意义和自我导向的学习。

二、夯实立足发展的基石

21 世纪独特的社会、经济、科技和文化的新环境决定了我们需要重新定义什么是学业、职业和生活上的成功。在 21 世纪，一个成功的人应当了解并对地方、国家和全球问题做出及时回应；了解核心学科的知识、学科的核心知识和跨学科知识；掌握环境、金融、经济、健康和商业等对个人和职业发展都极为重要的核心素养；了解不同观点和文化，并理解这些多文化观点对社会行为及个人和社会决策的影响力；能够安全、高效、智慧以及富有责任感地使用科技产品并参与数字世界的活动。针对孩子而言，21 世纪社会仍然要求学习者学习传统的核心知识：阅读、数学、科学、社会学、经济、历史、地理、外语、艺术和音乐。除了在课堂上学习这些核心知识，学习者需要学会利用科技完成课堂外的自我学习。他们在成长过程中应该学会能根据受众、任务、目的和科目的不同需求调整学习和社会行为。然而，只学习这些核心知识不足以满足社会对他们的要求。为了更好地满足新世纪的新需求，孩子们还需要不断学习和加强以下核心素养：全球意识、金融、经济和商业素养、公民素养、健康素养、环境素养、生活和职业技能、灵活性和适应性、自我驱动、跨文化的社交、高效可靠、领导力和责任心以及信息与交流技术的读写素养。在学习核心知识和健全核心素养的基础之上，最终实现思辨和解决问题、高效交流、与他人合作完成任务等能力的提升。

基于未来社会对人才的特殊需求，我们对孩子的培养将不仅是帮助他们知道（know）和深度理解单学科概念、核心知识点、跨学科概念，还需督促孩子实施（do）基本学科能力和跨学科能力，并最终成为（be）一个完整的、富有同理心和终身学习精神的人。总体而言，我们需要培养孩子三方面的能力：促进孩子创造力、思辨能力和协作等综合能力的跨学科核心素养；不惧挫折、善于反思、不断进取、讲求策略的终身学习能力；在泛在学习环境下成为有素养的数字公民的能力。

（一）技术赋能的跨学科核心素养

传统的教育强调各个学科之间相互独立，孩子们通常（被迫）接受教师、家长和学校的安排，系统学习某一学科的知识、方法和社会认可的实践方式，以及这些知识在不同文化、空间和时间内的特定组织形式。在这个传统的学习过程中，孩子们的知识体系的形成通常是孤立的：每个学科都有自己独特的术语、本体、认识、方法和工具、理论视角和可接受标准。孩子通常在固定时间、固定地点，从某一特定的角度学习，逐步建立自己关于这个学科的知识体系。随着世界经济结构的变化、信息科技的发展和多元文化的融合，以学习单科知识和技能为中心的传统学习已经无法满足社会的快速发展对孩子的要求。跨学科学习素养在要求孩子深度掌握某一学科的同时，具备了解各学科优势、劣势的能力，在现实生活中运用多学科的方法和工具解决问题的能力，在解决问题的过程中与他人协同工作的能力，并同时将学习成果或问题解决成果传达给他人的能力。

在泛在学习环境下，单科学习方式甚至加大了学习与社会需求之间的差距。例如，泛在学习环境为孩子提供的多是多线程、碎片式的学习模式。在这种多元语境和多面学习环境下形成完整的知识体系则需要来自教师或家长更多、更及时的反馈，以免孩子被错误的知识信息误导。泛在学习环境为孩子带来海量有用信息的同时，不可避免地带来了焦虑。在这种环境下，孩子需要形成更加系统的学习方法，在建立单学科知识体系的同时，进一步认识到知识在不同环境下的特殊性。当孩子积淀了深厚的跨学科素养后，他们可以在不同环境和情境下学习和实践相同的核心内容，最终形成知识在跨情境下的跨学科转移。在多样环境中练习技能、思维方式和核心概念时，孩子对知识（在学科间的）转移、整合、应用和深度理解将自然而然地产生。然而，传统的专科学习模式并不支持这种高效学习行为。跨学科核心素养不仅为儿童提供高效学习的土壤，还将促使儿童获取终身受益的生活和工作能力，即如何学习、提问、协作、实验、创造和解决问题的能力。这些能力也是21世纪核心素养的基本要求。

孩子们是否具备跨学科素养的重要标准之一就是他们是否对自然界和身边的事物的工作方式有好奇心，是否愿意在泛在学习环境下从不同角度探索和体验周边世界。传统的单科教学下的学习者经常处于被动接受的学习模式，鲜有主动或互动学习。泛在学习环境为孩子们提供了无限和无边界探索和调查的机会，使他们积极参与学习的过程，有机会掌握自己学习的主动权。

跨学科学习素养强调孩子在学习过程中应当学会使用和整合来自多个学科的方法和分析框架，以探索主题、问题和话题为目的，从多个相关学科获取观点，并综合这些观点，加深对主题、问题和话题的理解，最终将这些观点整合成一个更完整的连贯分析（问题的）框架。在以形成跨学科学习素养为目标的学习过程中，孩子需要培养自己探索周边世界的热情，积极参与项目（和问题）的设置，在项目实施过程中学习如何审辩地去思考问题，在研究解决方案时主动发掘新方案的多种可能性。在培养自己的跨学科素养的过程中，孩子应当学会利用各学科内容之间的动态协同模糊学科之间的边界和自己对学科认识的思维边界。在学习过程中不断与教师和学习社区中的其他人沟通，获取他们的实时反馈和持续评估。

在学习单科技能时，逐步掌握实际生活技能，成为更好的问题解决者，为将来的学习和现实生活打下坚实基础。

培养孩子的跨学科学习素养也是帮助孩子适应并充分有效利用泛在学习环境的必经之路。泛在学习环境为孩子的单科学习提供了强大的知识储备，同时也打破了传统的学习方式，使学习过程变得更加碎片化，从某种程度上阻碍了完整知识体系的形成。强调学科融合、批判性思维、创造力、解决问题和实际应用的跨学科学习素养在促进孩子更广泛、深入地接触到泛在学习环境带来的多元性、多面性和多文化性的同时，带给孩子更广阔的视野来审视单科学科体系。这样的视野不仅大大缩短知识和现实世界的距离，还将满足快速发展的社会对孩子的要求。随着在泛在学习环境下孩子对问题的深入探究，孩子的跨学科素养自然而然地发生，最终形成完整的单科知识体系。

（二）人工智能时代的终身学习素养

我们生活在一个快速发展的数字时代。一切都在迅速地向计算机、机器人和各种新技术转移。纵观这个世界发展的速度，未来的孩子比任何时候都需要终身学习。孩子如果能在早期培养自己的终身学习意识，并不断实践终身学习，他在未来将获得更多的机会。终身学习对脑细胞也有着积极的影响，能帮助提高孩子的精神敏锐度和心理健康。长期来看，会延长预期寿命。终身学习还能促进孩子的激情、自我发展和满足感。一旦养成终身学习新事物的习惯，孩子将永远不会感到无聊，总是会主动去发现和了解新事物。针对提高个人成就、就业能力、社会责任感和可持续的生活方式，欧盟（EU）提出了所有人，包括孩子需要的八项终身都需要学习并不断加强的核心素养。

（1）母语交流素养。用口头和书面形式陈述描述事实，表达观点和情感的能力；能在各种社会或文化背景下用创新的方式进行语言交流的能力；能在学习、工作和生活中使用语言工具进行交流的能力。

（2）外语交际素养。理解外语口语或书面文本的基本信息；能够发起、维持并总结外语对话；以口头或书面形式产出外语文本为自己所用；具有在进行外语交际过程中，合理使用工具的能力；终身进行正式和非正式的外语学习。

（3）数学、科学技术思维素养。具备解决日常问题需要的数学思维能力；掌握基本的数学运算能力和逻辑思维、空间思维的方式；具有能够用数学方式，如公式、模型、结构、图表等形式表达想法和陈述观点的能力；运用系统的知识体系和方法发现问题、确定问题根源、基于证据和数据解决问题和自然界现象的能力；能够基于数据和分析，理解和分析人类社会活动对世界的影响。

（4）数字素养。自信、辩证地在工作、休闲和交流中使用信息技术的能力，包括信息检索、评估、存储和展示的能力；通过互联网与他人合作的能力。

（5）学习如何学习。坚持追求学习的能力；组织自我学习的能力，包括有效的时间和信息管理；了解自己的学习需求，寻找和确定合适可用的学习机会；克服困难完成既定学习目标的能力；寻求并利用他人指导，不断获取、处理和吸收新知识和技能的能力；基于以往的生活和学习经验，在不同环境（如工作、生活和休闲）中应用知识和技能的能力。

（6）社会素养。对社会结构和概念有基本的认知，能够以有效的方式参与社会生活和工作；能在日益变化的社会中，通过自身的人际能力和跨文化能力胜任自己在这个社会的角色。

（7）企业家素养。具有进取心、创造力、冒险精神、创业精神，并将个人想法转化为行动的能力；为实现目标，计划和管理项目的能力——这项能力不仅能帮助个人在日常生活和工作中对机会更加敏感，更为不断学习对工作生活有益的知识技能打下基础；社会道德价值观和责任感的培养。

（8）文化意识和表达素养。了解并欣赏音乐、表演艺术、文学作品和视觉艺术中表达的富有创造力的观点、精神和情感。

在这个经济、科技，甚至文化都快速发展和变化的时代，终身学习是必要的。终身学习不仅能帮助我们应对社会快速发展带来的变化，也能为人类带来自我满足。因此，无论是从精神层面还是物质经济层面，孩子都要强化终身学习的意识，培养自己终身学习的素养。孩子应当成为有明确学习目的、自我导向的终身学习者。成为有目的的学习者后，孩子会更加适应新环境，逐步养成整合各种现有资源的能力，能够加强自我学习意识。作为自我导向的终身学习者，孩子需要学会自我诊断学习需求，发掘自身学习特点，制定切实可行的学习计划和目标，分析信息来源并识别有效的参考文献。

（三）具备计算思维的数字公民素养

泛在学习环境下，孩子渐渐脱离原有的学习方式和工具，长期使用科技工具在数字环境中学习，其交流、学习和社会活动渐渐超越了原有的物理教室，转向在网上完成。孩子们负责任地在数字环境下进行学习和交流是他们与周边世界建立和维持健康关系的重要保障。

为了与未来世界进行更有效的对话，孩子无法规避对数字世界的理解，以及通过计算机或其他设备与世界对话，而具备计算思维则是孩子们理解未来技术的先决条件。需要强调的是，计算思维并不特指编程或某种技术 / 设备语言的特定知识体系，而是一种思维过程，是一种基于理解数字世界的一种学习方式。在培养孩子的计算思维的过程中，我们应当着力帮助孩子学习如何将复杂的问题分解为多个简单的小问题，引导孩子将类似的问题和曾有的经验联系起来，通过概括抽象去除不相关的细节信息，留下重要信息，最终设计解决问题时所需的步骤和相关算法。帮助孩子夯实计算思维不仅能提高他们使用技术设备的舒适度，更能让他们成为未来技术的主动使用者而不是被动接受着。孩子对未来技术的理解和交互方式决定了他们今后在社会、工作和学习过程中的影响力。

其次，为了更好地在泛在环境下学习，孩子应当不断加强自己作为数字公民的素养——理解和掌握数字读写素养，预防网络霸凌的发生，确保线上学习的安全，谨记自己在数字环境下的公民责任，对自己的数字健康负责。

由于知识共享的蓬勃发展，很多参考资料和信息都变得唾手可得，孩子能够非常轻易地获取资料。孩子面临的挑战则是如何分析海量信息，过滤垃圾信息，区分错误虚假信息，并获取有用信息为自己的生活和学习所用。孩子们不仅需要学习如何利用互联网，用最有效的方式找到信息，更要学会用三角互证法验证信息，确保自己不被信息误导。数字信息的容易获取也往往让孩子忘记内容版权的重要性，出现剽窃的行为。孩子必须明了自己作为数字公民的权利和权力界限，明了不恰当使用技术和数字资源的后果。

基于互联网的数字世界将这个世界的信息链接起来的同时，也将人和资源链接起来。孩子应当学习互联网礼仪，学会跟网络上其他人进行以相互尊重为基础的交流。用同样善良、共情和包容的心对待现实和数字世界。当数字世界的某些行为让自己感到不适，孩子应当学会观察、记录和报告这些网络霸凌行为。当发现他人遭遇网络霸凌时，孩子也应当行使作为数字公民的责任，阻止霸凌的发生。

孩子也需要学会保护和维护自己的数字身份。在留下数字足迹的时候，应当思考这些足迹对自己的长远影响。比如，在数字世界里，孩子应当学会先搞清别人的观点、数据和所处的位置，再与他人进行辩论。作为数字公民，孩子有义务在数字世界里贡献内容（如才艺表演、专长等）来激励他人。当看到好的数字内容时，孩子应当学会在网络平台对内容制造者表示感谢。而分享自己创造的内容时，孩子应当学会保护自己的身份和隐私。在发布内容前，孩子应当再次确认信息的真实性，理解即使是真实的信息，在不同的背景下也会被人误读，并为此做好心理准备和心理建设。

将数字环境作为工作、学习和交流的主要阵地的同时，孩子应当掌握甄别网络信息真伪的能力，确保自己不被虚假信息蒙蔽。学会使用技术让我们的社区和周边世界变得更加美好。遵守数字世界社交礼仪，在网络上与自己文化背景不同的人进行有理有节的交流。除了利用数字世界行使学习的权利，孩子也应当谨记自己作为数字公民的义务，为数字世界创造内容，提供观点，维护数字世界的安全与健康发展。

三、学会选择前的引导与铺垫

为培养未来的孩子的跨学科素养、数字公民素养和终身学习的管理能力，我们应当以脑科学和心理学的研究为基石，顺应学习的时代特征，有针对性地引导他们充分利用泛在学习环境，打破生活学习的时空屏障，最终成为高效的学习者、身体和精神健康的社会人，以及乐于奉献与回馈的好公民。在培养自身素质的过程中，孩子们也应当有意识地进行多重身份的构建，更灵活地应对泛在学习环境带来的挑战，最大化利用泛在学习环境带来的个人成长的契机。只有当孩子们的知识素养成长和全人身份构建共同发展的时候，孩子们才有可能用健全的心智面对新世纪对他们的新要求和新期待，才能用更从容的心态接受挑战，应对困境。

总而言之，科技的迅猛发展挑战了我们对传统学习的认识，传统的学习方式、内容和目标已经无法满足社会的新需求。培养孩子的跨学科学习素养和终身学习能力不仅有助于孩子提高对未来社会的适应能力，而且最大限度地提高整个国家的创新能力、创造力以及未来在国际上的竞争力。科技正塑造着未来社会结构和意识形态。培养孩子的数字公民素养也将进一步推进社会和谐，为全社会的健康、全面、平衡的可持续发展打下坚实基础。

（一）基于脑科学和认知心理学研究的教育技术运用

无论我们的社会如何发展，人类的脑部发展和心理发展的规律基本上变化不大。因此，在培养孩子的时候，我们应当以脑科学和心理学研究为基石，在不违背孩子成长规律的基础上，顺应并利用周边学习生活环境帮助孩子健康成长。因此，作为教师或家长，我们应该循序渐进地、有针对性地引导孩子的适龄行为。让这些行为不仅成为助力孩子全面成长的催化剂，更使其契合孩子各年龄段的成长里程碑，全面促进孩子在认知、社会与情感、语言、精细行为能力、大动作能力等方面的协调发展。比如，5～10 岁年龄段的小学生在语言发展、社会行为和情感控制上具备以下成长共性：

（1）语言发展

- 使用语言作为交流工具；
- 可以通过语言考虑他人的观点，识别他人的行为和意图的差异；

• 具备逻辑思考和反思自我的能力；

• 能使用有效的应对技巧来影响他人。

（2）社会行为

• 理解社会角色的多样性；

• 能够适应不同的情况；

• 渴望承担和实践不同社会角色。

（3）情感管理

• 希望通过执行和生产来获取尊重；

• 对别人的看法敏感；

• 学习上的挑战会引起焦虑；

• 过分依赖教师调节情绪；

• 在学习过程中容易无法发起、参与或完成活动，并时常有迅速放弃的倾向。

相较于小学生，初中的孩子在语言发展、社会行为和情感管理等方面已产生很大变化。这种变化的共性体现在：

• 学习的过程从个体性向社会性转变；

• 思维从具象思维转变到更为复杂的抽象思维；

• 对学校产生两极化情感；

• 逐步建立小型固定社交圈；

• 对同伴的依赖大于家庭；

• 对合作持极端化态度。

由此可见，孩子们在成长过程中会碰到各种心理时期带来的屏障。心理学家卡罗·德威克（Carol Dweck）博士通过多年实验也证实了思维模式和行为之间强有力的因果关系，思维模式对学习绩效的影响是巨大的。因此，教师和家长应充分理解并利用孩子成长特点，帮助孩子建立成长性思维模式，通过良性的思维模式指导孩子的学习和生活。具体而言，孩子们应当视失败为有价值的反馈。在活动过程中，不要责怪任何人。遇到挫折时，保持希望，注重过程和努力，不断开发自身潜力，寻找其他解决问题的方法。相应的，教师和家长应采取有效语言和课堂活动鼓励孩子犯错，帮助学习者相信“未实现”（not-yet）的力量，明确学习的目的是帮助他们发展，而不是展示他们“能”或者“不能”。在给予反馈时关注过程和努力，而不是能力或智力。当孩子失望时，教师和家长应提供更多的学习机会，并在学习过程中不断升级挑战和难度。秉持成长性思维的孩子会更自信，对待失败的态度更加积极，更善于与他人合作与交流，今后更有可能成为成功的终身学习者。

随着脑科学的不断发展，以及脑科学在教育学中的应用，我们对孩子的学习特性有了更深入的了解。脑科学不仅帮助我们了解人脑在进行识字、计算等活动时的状态，还让我们从脑部活动的角度重新认识了学习和教学法。比如，情感与学习之间的关系，睡眠对记忆的影响，运动对学习的帮助，短期记忆如何有效地转换成长期记忆，左脑与右脑协调发展对全人发展的重要性，以及泛在学习环境下的脑部活动特征等。孩子和家长可以通过了解认识大脑，了解“怎样学习”才是最符合大脑发展规律的。掌握了大脑活动的基本规律后，孩子可以采取更符合大脑工作和发展规律的方式进行学习。比如，奥克勒博士曾提出在进行某种练习时，如做乘法题、操练语法或背诵唐诗等，孩子应当在练习的过程中加入各种变化，包括在不同物理环境或时间段练习，在不同的人面前练习，进行不同速度的练习，等等。变化的环境需要孩子投入更多的精力来完成练习，但是这样的练习会帮助孩子加深对基本概念的理解，并能更好地为意外情况做好准备。在泛在学习环境下，孩子可以尝试分布式学习，不要在一个问题或概念上停留过长时间，每过 25 分钟可以休息一下，让大脑处于散漫思考模式。在学习新概念时，相对集中思考模式，散漫思考模式更有利于孩子内化新知识，形成长期记忆。

在脑科学、心理学和交叉科学（如脑教育学）迅猛发展的今天，孩子应当适当了解脑科学和心理学这两个强有力的工具，充分利用大脑和认知发展的基本规律，使学习和生活的过程更加顺畅，能够更加从容地面对生活中出现的动荡和不确定因素。

（二）顺应时代特征的泛在学习生态

除了具备以上人类在成长过程中共通的特点外，当代孩子身上还有属于他们自己独特的时代痕迹。当代孩子出生于网络时代，生活在移动时代，他们又被称为“Z 世代”“i 世代”，或者“移动原住民”。他们的生活习性具有以下特点：

- 更倾向于用移动设备学习、消费并创造内容；
- 看视频的时间远远超过看电视的时间；
- 对事物的注意广度平均不超过 8 秒钟（远低于“千禧世代”）；
- 更愿意在社交媒体上分享经历，而不是物质商品；
- 在社交媒体上拥有不同身份，搭建不同人设，并认同和推崇身份的多样性。

在学习时，当代孩子的学习诉求和方式也发生了很大变化。他们希望通过经济的学习方式来学习实用的学习内容；希望通过与教师和学习社区内的其他引导者共同定制学习内容；希望通过实践、协作和整合学习内容的形式进行浸入式学习。相较于他们的上一代，当代孩子渴望具有明确学习目的，而不是只有孤立知识点的学习。在课堂上，孩子们希望阅读量能尽量降低，并针对学习内容展开同理心和包容心的讨论。

泛在学习环境也改变了孩子们的学习习惯。孩子们在学习过程中非常依赖网络和科技，他们希望尽可能使用移动科技产品和 App 学习，使用视频网站加深自己对概念的理解，在平板电脑或智能手机上完成阅读甚至是基础知识的学习。泛在学习环境也使他们有了进行小时段、多频次学习的机会。在传统学习过程中，孩子们与他人，尤其是教师，很难做到实时交流。泛在学习环境下，孩子与伙伴之间、教师与孩子之间有了实时交流平台。这样的交流更是孩子能在复杂的学习和生活环境下健康成长的保障。

今年，新冠病毒的全球肆虐也带来了网络教育和网络免费学习资源的大爆发。然而，当孩子、家长和教师们都开始充分利用这个时代带来的便利时，我们也不难发现泛在学习环境和我们的传统学习理念很多时候并不契合，海量的信息和非线性的学习过程让孩子和家长们手忙脚乱，不仅浪费了宝贵的学习机会，而且还增加了孩子的挫败感。那么，在泛在学习环境下，孩子们应当如何学习才能既避免新时代学习环境的不足，又能充分利用这个时代带给我们的资源和便利呢？

首先，在学习过程中，不断地进行独立反思很重要，学会用反思的结果指引今后的学习和生活更重要。相较于传统学习模式，泛在学习能为孩子提供更快更准确的实时数据，帮助他了解自己的学习进度。积累的大数据还能为孩子提供较为准确的数字画像，帮助孩子明确自己在学习中的优缺点。通过分析数字画像，学生可以了解自己在知识点上的不足，还能看到学习过程中，自己所用的时间和精力的重点或盲点。基于孩子留下的数字足迹，我们还可以看到孩子解决问题时的专注力、毅力和恒心。孩子应当充分利用这些数据，主动做自己的学习分析师。以数据分析为基础，结合教师和家长们的帮助，为下一阶段定制更加个性化的学习规划。主动分析数据的过程也是孩子不断对自己加深了解，构建学习者身份的过程。伴随着这样的学习方式，孩子会更有效率地完成知识的积累和全人身份的构建。

其次，借助教育技术的力量，积极主动参与多方位对话，和学习社区里的所有人一起共建有效的沟通和协作机制，最终形成平等互助的学习社区。泛在学习环境无处不在。由于孩子可以根据自己的进度和喜好“自由出入”各个学习环境，很多人把这样的学习方式误认为专门为孩子私人定制的个性化学习、更符合孩子自身能力的学习。然而，当孩子的学习动机满足教师对教育的期望（比如标准化考试成绩的提高），孩子的学习就不可能真正从自身需求出发。在学习前，孩子应当主动跟教师分享自己的学习需求。教师（或家长）在了解孩子的需求后，以有经验的学习者的身份给孩子提出建议和其他的可能性。经孩子和教师双方同意后，孩子可以做一些学习尝试。在这种探索式的学习过程中，孩子必然会遇到困难或挫折。这个时候，孩子应当主动去找更有经验的学习者（包括教师和家长）寻求帮助。在教师的指导下完成阶段性学习过程以及对该过程的反思总结。在泛在学习环境下，采取这样的学习交流方式会促进平等互助的学习社区形成，也能从根本上解决传统教学中常常出现的问题解决导向不强，以及试错机制不完善的缺憾。这样的方式也会进一步帮助孩子形成学习责任感，提高他与学习社区中其他人合作的能力，最终降低交流成本，并提高学习效率。

泛在学习环境还为孩子提供了从整体和全局角度看待和分析复杂问题，并给出解决方案的机会。这种以解决实际问题为出发点的学习方式对孩子的个体成长是非常有意义的，也符合当代孩子希望"做有影响力的事"的诉求。孩子可以充分利用泛在学习环境提供的海量信息刻意培养自己的统计素养、内容分析能力、问题解析能力，为自己成为问题解决者做好准备。

（三）以回馈社会为目标的智慧学习体系

泛在学习环境进一步把孩子与当地社区、周边城市，甚至是全球链接在一起。孩子们有更多机会立足本地开展各种学习活动，探索当地生态系统，并积极响应、利用和保护地方自然和文化资源。通过参与颂扬与分享地方文化、历史和精神资源的活动，与当地来自不同背景的专业人士互动，孩子将加深对当地社区的了解和认识，加强自己与家乡更加健康和牢固的关系。泛在学习环境还打破了时空的限制，让孩子有机会了解当地社区的过去、现在甚至将来。这种深入地方的研究可以激发孩子从深刻理解本地问题出发，放眼未来和世界。

孩子应当以当地社区和环境为起点，使用校园、社区、公共土地和其他特殊场所（如中心广场、地区文化中心）作为资源，把社区变成教室，进行单科（如语文、数学、科学、英语）和跨学科的探索式学习，提高自己对当地自然文化和经济世界的认识和欣赏能力。在探索和了解社区的同时，孩子应当养成主动采取行动的意识，承担公民责任，投入到改善社区的行动中。有了孩子的积极参与，社区活力将被激活，触手可及的学习成果也会促使孩子获得更大的学习归属感，如图 4-1-3 所示。

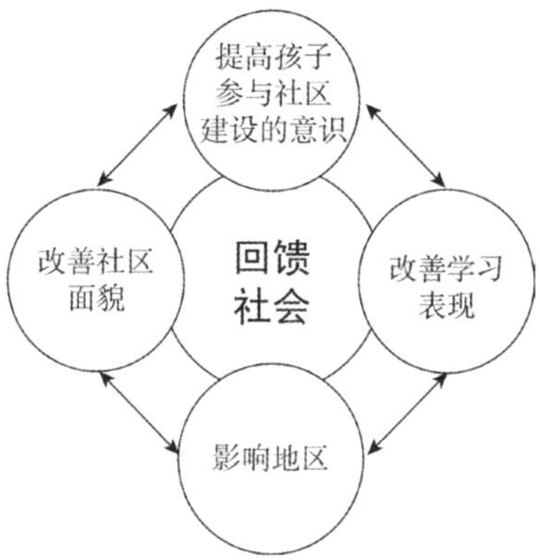

图 4-1-3　回馈社会的学习

以回馈社会为终极目标的学习可以从培养自身的地域意识开始。学生进行地方探索的初期可以从了解地方地理标志、自然植物区系、社会文化标志、历史地标、人工建造地标和社区组织开始，并通过探讨以下问题探索本地地理和人文环境：

- 社区周边的土壤有什么特点？
- 居住的地区什么花在春天最先开放？
- 说出五种本地食用植物及其可食用的季节。
- 所在地区的主要文化是什么？
- 什么是当地的主要业务，它对社区有什么贡献？
- 社区的主要社交节日是什么？
- 建筑对社区的影响是什么？
- 社区如何照顾那些不能自理的人？
- 社区常住人口的构成是怎样的？

社区是孩子了解社会的窗口，是知识技能运用的输出地。在接下来的学习中，孩子们应以当地社区为主线，破除传统的学习思维，走出校园，通过分析地方环境对知识应用的影响，重塑自己对学习目的的认知，充分认识回馈社会的必要性及其对自身学习和生活的重要性，以及在改善地方自然环境和人文环境的同时，他们将面临哪些新的学习需求和挑战，他们将采取哪些策略应对这些新的挑战。

教育的目的之一就是为社会培养合格的公民，共同保护和建设美好的家园。无论处于怎样的学习环境，我们始终是社会的一分子，应当最大限度地将所学回馈社会。泛在学习环境给孩子们提供了优渥的社区链接资源，孩子有机会与当地组织、机构、企业和政府进行强有力和多样化的合作。孩子们应当充分利用这些机会和资源，在完成知识和技能积累的同时，逐步养成为社会做贡献的意识和行动力。

当代孩子在完成学习任务的同时，期望做对自己和世界都有影响的工作，使用时代的媒体学习，做有意义的和真实的工作，并在学习过程中与教师、家长和同学，以及社区、本地、区域、全国和全球之间建立更牢固的关系。然而，无论学习目的和方式有何改变，孩子们都应当掌握一些基本的脑科学和心理学知识，了解自身发展需求和基本特征，确保精神上的健康成长和学习的高效率。这个时代的泛在学习环境为孩子提供了与外界的多方位沟通机会，在顺应这个时代的学习环境的同时，孩子也需要突破传统，在学习生活中承担更多重的角色和责任，成为自己学习和生活的主导者以及社会的回馈者。

第二节 未来的教师

5G移动通信技术、自适应学习算法、人工智能教学助手等技术与教育教学的深度融合，不仅使得学生能够真正实现“人人皆学、处处能学、时时可学”，也为教师培养学生带来了新的机遇与挑战——如何利用好技术为学生提供更佳的个性化学习体验，做好教师的减负增效，更好地发挥“引路人”和“筑梦人”的作用是每一个教师都需要去思考并解决的问题。

一、技术引爆的“变”与“不变”

在教育信息化领域，每当有新兴技术出现时，对“技术会替代教师吗？”这个话题的讨论就会紧随其后，电影、电视、计算机、自适应学习、人工智能等技术进入教学时，无一例外。并且，众所周知，迄今为止仍然没有一项或者一类技术能够替代教师，即使是人工智能这类技术也没有成功。但是，毋庸置疑，技术影响了整个教育生态，对教师的教学也产生了影响。

（一）进一步做好教学延伸

无论技术如何变迁，课堂仍将由教师、学生、学习内容、媒介和教学环境等要素构成。所不同的是，伴随着技术的智能化发展，技术作为媒介的作用在不断增强，就像麦克卢汉（Marshall McLuhan）所说的“媒介即人的延伸”那样[①]，技术变成了教学的有效延伸。

1. 打破时空限制，增强泛在时空

互联网等技术进入课堂以后，为教师打破时空限制，为学生营造“人人皆学、处处能学、时时可学”的泛在学习环境成为可能。典型的例子如“翻转课堂”和“空中课堂”，前者使得教师能够充分利用课前和课后的时间开展“前移后拓式”的教学，依托微视频、电子教材、在线学习平台等资源对学生课前和课后的学习进行指导与干预；后者则主要是帮助教师摆脱了地域的限制，依托电视、互联网等技术支持，学习发生的主要场所不再是学校，而是家中、家长的办公室等场所。

在未来的教学中，技术的这种“破坏性”将更加彻底，它将彻底打破时空限制，使得教师能够进一步摆脱传统学校的地域限制和时间限制，为学生设计全时空的学习体验：学生在家中、在学校、在一切他们想开展学习的场所中进行学习；学生在阅读中、游戏中、与人交谈交往中，无时无刻不在学习；无论学生是视觉

① 麦克卢汉．理解媒介：论人的延伸［M］．何道宽，译．北京：商务印书馆，2000.

型、听觉型还是动觉型，都将有适合于他们学习风格的学习内容、学习方式提供。

2. 丰富呈现形式，增强认知体验

技术的发展丰富了学习内容的呈现方式，支持教师设计出富媒体、高交互的学习环境，使学生能够在沉浸式的学习环境中对学习内容进行深度学习。典型的如虚拟实验室和游戏化教学。前者依托虚拟现实、增强现实等技术，教师可以使学生深入到心脏的内部进行观察，可以在虚拟空间内完成机器的组装，进行危险性较高的实验；后者依托游戏化场景，教师可以将学习内容融入游戏中，使学生在完成游戏任务的过程中完成知识的自主建构和协作建构。

在未来的教学中，技术的综合运用，将为师生构建出一个更加系统的知识交互界面：全沉浸式的环境，无缝连接虚实环境，使得教师能够根据教学属性，顺畅选择恰当的方法与技术，设计出符合每一个学生认知习惯和建构倾向的学习路线；对话式的知识交互，使得教师能够设计与学生的交互界面，使得学生能够在与 Agent 的对话中完成知识的建构；全流程的学习轨迹记录，将使得教师能够动态了解学生的学习情况，为教师进一步开展因材施教提供了决策依据。

（二）逐步解放教师创造力

“不要让人去做机器的工作[①]。”技术的出现与在教学中的应用能够将教师从重复的工作中解脱出来，能够为教师提供更多的支持，起到减负增效的作用，使得教师有更多的时间去思考教学、创新教学。

1. 减轻教师负担，解放教师双手

技术往往是为了解决某类特定的问题而发明的，尤其是那些机械式、重复性的劳动。生活中的例子比比皆是，地铁入口处的闸机用来替代检票员，自动售货机可以做到 24 小时无休地售卖商品。教学中这样的例子也逐渐多了起来，例如：小学数学教师运用“小猿口算”App 来完成对学生所做算术题的快速批改，英语教师使用“钉钉”上的人工智能提示技术来指导学生撰写英语作文。

在未来的教学中，技术将进一步将教师从作业批改等这些机械式、重复性的劳动中解放出来：依托图像识别等人工智能技术的支持，教师可以快速完成学生作业的批改，锁定每个学生的错误所在，在知识体系中找到错误根源，并给出相应的巩固题型；依托影像采集和智能算法技术的支持，教师将从记录和观察每个学生的绩效（performance）变化中解放出来，技术会随时跟踪并记录学生的点点

① 赵勇，张高鸣，雷静，等，不要让人去做机器的工作[M]. 杨浩，石映辉，朱莎，译. 上海：华东师范大学出版社，2018.

滴滴，并根据预设的技术及时向教师发出学生的学习预警或建议。

2. 增强教学效果，提升教学质量

技术往往因能更好地完成某项 / 某类任务而被普遍采用。技术在教学中的介入，不仅解放了教师的双手，更关键的是在于增效。典型的如“知识胶囊”和“数字教材”，前者格式固定，形态清晰，依托微视频等媒体将知识传递给学生，这使得教师更加聚焦于内容本身，有更多的时间去思考如何为学生提供更好的知识建构体验；后者具备共享笔记等功能，为师生提供了基于知识的交流空间，这使得教师更加聚焦于知识协作的设计，推动学生在协商中完成知识的建构。

在未来的教学中，教师将会有更多的时间用于提升教学质量：丰富的教学工具与教学平台，使得教师更加聚焦于学生的学，为学生设计出一个富媒体、沉浸式的学习环境；技术与课堂教学的有机融合，使得教师能够运用技术为学生提供多种选择，提升学生的个性化学习体验；全覆盖的泛在学习环境和智能记录与分析技术，使得教师能够更加关注学生的发展，为每一个学生提供适宜的辅导与指导。

（三）增强教师“育人”作用

学校是学生走向社会的第一步，技术打通了学生与外部真实世界的联结，使课堂进一步社会化，能够支持教师引导学生在更加真实的情境下与师生、外部专家进行交流、协作；能够支持教师设计真实问题，使学生在解决问题过程中锤炼品格，提升问题解决能力，培养批判性思维和创造性思维[①]。

1. 加强外部联系，增强交流协作

便捷的网络接入，便携式的上网设备不仅使得学生的学习可以时时处处进行，增强了生生、师生之间的交流与协作，还加强了学生与外部专家之间的联系、交流与协作。典型的如项目学习，学生们为了回答“李白为什么被称为诗仙”这一问题，结成研究小组共同解决。他们观看了纪录片，研读了历史文献，通过视频连线采访了中文系、历史系教授，在线“探访”了李白故居并与导游进行了交流，最后将自己的研究成果制作成小视频，通过短视频 App 与全世界共享。

在未来的教学中，技术将无限拉近人与人之间的距离，使得教师联合外部专家更加便利，为学生提供一个高交流、高协作的学习环境：学生与其他人之间的交流变得更加通畅，能够更加容易地与建筑师、物理教师共同探讨力学问题；学生们协作解决实际问题更加方便，共同在问题解决空间内展开交流、解决问题；学生们共创、共享学习成果变得更加容易，共同在协作环境中创设学习成果，在

① 李永智 . 教师是立教之本，兴教之源［J］. 中国高等教育，2019（Z3）：73-75.

更加安全的网络世界中共享学习成果。

2. 贯通真实世界，做好五育并举

技术还打通了“象牙之塔”内外的通道，使得教师能够利用社会资源为学生设计一个真实问题的解决环境，不仅使学生在解决问题的过程中完成知识的建构、品格的锤炼、批判性思维和创新性思维的提升，还使得所得所学更容易迁移到真实世界中，为做好社会主义接班人和建设者奠定更坚实的基础。比如新冠疫情期间，教师鼓励学生们参与到防疫工作中，有的学生进入生产线亲手制作口罩，更多的学生在线参与，他们积极与防疫专家、社区工作者、校长共同编制了中小学校疫情防控方案，制作并在线发布了疫情防护攻略。

在未来的教学中，技术将使得学习无边界，支持教师更多地体现“育人”的价值，将重点更多地放在学生社会情感培育这一方面，依托技术支持，从课堂入手，联合学校、家庭、社区和全社会共同从自我认知、自我管理、社会认知、人际关系和做出负责任的决策五个方面入手，培养学生的社会情感能力，如图 4-1-4 所示[①]。

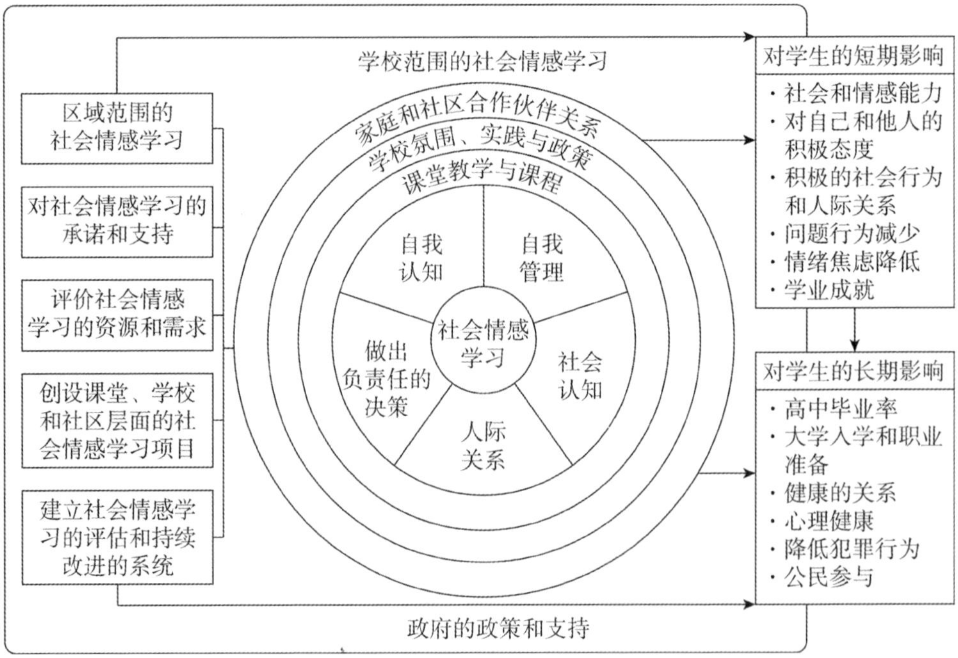

图 4-1-4　社会情感学习的培育模型

① 杜媛，毛亚庆．从专门课程到综合变革：学生社会情感能力发展策略的模式变迁［J］．全球教育展望，2019，48（5）：39–53.

二、与“看不见的眼”结缘

教学是复杂的，因为师生不同、环境差异等因素，使得每一个班级教学都是唯一的，也使教学变成了一个师生共同在具体的情境中解决劣构问题的动态过程。而技术在教学中的运用为我们提供了一个透视教学的机会，忠实地记录下了教学过程，如实地呈现了发生过的教学事件，使我们得以“回看”并重新审视教学，使开展因材施教成为可能。

（一）为教师提供全时教学数据

图像识别等人工智能技术进入课堂以后，将教学过程显性化，使得教师、学生、学习内容之间的交互在技术上留下越来越多的“轨迹”，原本课堂的秘密变成了数据的秘密，这为我们打开教学黑箱提供了可能性。

1. 记录教学详情，呈现教学过程

技术是为了实现特定功能而发明，因能够解决特定问题而普及。其中有两类技术，一类用来记录与分析教师的教学，另一类为了支持学生的学习而记录了教学的过程。前者在教室的四周放置 2～3 个摄像头就能实现，教师能够通过视频分析技术了解学生的参与情况、学习状态，可以分析课堂中师生对话情况、生生交互情况；或者以教师的线上教学为例，师生在学习平台上留下学习轨迹和教学轨迹，给教师了解学生学习习惯、学习绩效等方面提供了便利。

在未来的教学中，教师将与技术“结缘”，技术的伴随式采集将贯穿教学前、教学中和教学后，使得教师能够“回看”整个教学过程，能够记录下每个学生的学习详情，记录下他们在教师创设的环境中的一举一动、成长变化，有助于学情的分析；同时教学行为的全记录，使得教师能够反思教学设计是否合理，指导与辅导策略是否恰当。

2. 实时数据分析，打开教学黑箱

教学全流程的记录使得教学的秘密转变成了数据的秘密。对于教学数据的有效分析，可以打开学生学习的黑箱，提升教师教学的针对性与实效性。例如：黄浦区卢湾一中心小学利用写字板来培养学生的作业习惯，依托写字板及相关软硬件技术，教师采集到了学生完成习题、作业等书面作业的时长、正确率以及书写习惯等数据，然后根据学生的停顿时间、停顿规律以及正确率等数据综合评判每个学生的作业情况，给出有针对性的干预策略，有效推动了学生良好学习习惯的养成。

在未来的教学中，教师将与“数据”结缘，数据分析的结果将进一步打开教学的黑箱，向教师呈现每一个学生是如何学习的，如何在教师营造的学习环境中完成知识的建构，如何在教师设计的真实问题情境中提升问题解决能力，如何在贯

通的真实世界中实现德智体美劳全面发展；与此同时，它也将向教师展现优秀的教师是如何开展教学的，他们在认知交互、社会交互、情感交互方面具有哪些个性和共性，怎样发展才能成长为一名优秀的教师。

（二）为教学提供决策依据

随着教学数据的积累和对于教学数据的综合分析，教师对于教师如何教学、学生如何学习有了更加清晰的认识，这使得教师的教学决策的范式也得到了转变，从以往的直觉经验式决策向数据驱动的决策转变[①]。

1. 数据累积效应，提高决策精度

对于教学过程的长时间记录与分析，使得数据越来越贴近教学的真实情况，使得教师和学生在数据中的映射越来越像他们的“数字孪生”。以闵行区的云录播项目为例，闵行区为全区每个中小学配置了 1～2 间有三路摄像感知器的云录播专用教室，记录授课教师的教学情况，在课后分析并得出该教师的授课风格和教学效果。长期的录课和数据分析使得分析单个教师的教学风格成为可能，也使得发现固定群体（如 2～5 年新教师、小学数学教师、成熟教师等）的教学特点与特征成为可能。

在未来教学中，教师将与“数据”结下不解之缘。贯穿于教学全过程的技术应用不仅将记录教学的全过程，还将放大数据的累积效应，最终使数据“读懂”每一个课堂，“了解”每一个师生，使得每一位教师在教学中所做的每一项决策都更加科学，都具有数据基础和决策依据。

2. 数据实时智能，提高决策效能

课堂教学既是预设的又是生成的。对于前者，可以提前根据数据分析的结果做好教学设计；而对于后者，伴随着技术的成熟，将不断提高技术记录教学和分析课堂的效率，将使得教师能够根据实时智能分析所得出的结果，提高教师“即兴”调整课堂教学策略的科学性。比如，以往教师通过提问的方式来确定课堂上学生对于单个知识的掌握情况，而在采用即时反馈系统跟踪学生的知识掌握情况时，则能够使教师及时掌握每个学生对于讲授内容的掌握情况，为教师及时调整教学策略提供了科学依据。

在未来的教学中，教师将依托“数据”的支持开展即时性决策，长期的数据积累使得技术发出的预警、提供的分析更加精准，即时性的分析则将进一步提升教师运用数据开展决策的效能，使得教师在教学的预设阶段和生成性阶段都能够得到技术的即时支持，使得人机对话变得自然顺畅，让教师无须等待就能依据教与

① 冯仰存 . 数据驱动的教师教学决策研究综述[J]. 中国远程教育，2020，41（4）：65-75.

学的数据开展决策。

（三）使因材施教成为现实

技术在教学中的介入，不仅解放了教师的双手，更关键的是，还为教师做好个性化教学提供了强有力的支持[①②]。

1. 发挥技术作用，洞察教学世界

学习平台、数字终端、可穿戴设备等技术的快速发展以及在教育教学中的普及应用，使得教育体系在数据层面更加可见，尤其是师生个体层面这种粒度更小、更细的层面，如师生在情感、行为层面的交互。这些数据除了有直观性、关联性、交互性的特点，还可以支撑师生的态度、情感、体验，甚至是创新创造的发展，为教师更加了解课堂、认识课堂，科学地开展教学奠定了基础。

在未来教学中，在技术形成的这个“孪生”的数据世界中，如何运用好这些数据将是未来教师是否能够胜任信息化教学的关键。教师不仅是一个参与者，还是一个洞察者。教师需要理解数据世界的本质、理解技术和媒介的本质、理解在线和虚拟活动的本质，当然更为重要的是要理解这些数字技术产品背后所反映的教学生本质。教师的角色也将不仅仅是教学数据的使用者，起码不仅仅是在看完数据结果后说出观点的数据使用者。

2. 服务教学目的，解决教学问题

教与学过程是一个教师始终解决问题的过程，充满了决策——教师通过教学决策来达成教学目标。数据评估的目的是更好地为教师开展数据驱动的教学决策提供依据。随着信息技术在教育教学中的普及应用，大量数据产生并将改变传统教学中基于经验的教学决策，使教师有机会去采集、分析学情数据，从数据中动态了解学生的变化，运用数据开展教学决策，提升教学的学科性、针对性和个性化[③]。

在未来的教学中，技术将进一步把因材施教变成现实：大数据分析与人工智能等技术，为每个班级绘制了“数字画像”，使教与学的过程显性化，使教师可以从不同角度来分析教师的教和学生的学；知识图谱及背后海量的资源库，则提供给教师为每个学生设计个性化学习路线的依据和资源。

三、用好技术，拓展师能外延

利维（Levy）与莫南（Murname）指出，人与机器“共舞”的前提是机器去做

---

① 王佑镁，宛平，赵文竹，等．科技向善：国际“人工智能＋教育”发展新路向——解读《教育中的人工智能：可持续发展的机遇和挑战》[J]．开放教育研究，2019，25（5）：23-32.

② 李政涛．当教师遇上人工智能……[J]．人民教育，2017（Z3）：20-23.

③ 冯仰存．数据驱动的教师教学决策研究综述[J]．中国远程教育，2020，41（4）：65-75.

它们擅长的事情，而人要去做机器无法胜任的事情。在教育中，人与技术也要“各司其职”，人体现出育人和发展的价值，技术本身的作用潜能与优势得以发挥，实现人技协同较为理想的状态[①②]。教育技术的发展，势必使得技术越来越贴近教学应用现实，具备解决教学问题、变革教学的潜力。与此同时，教师也应该相应地做好教师专业发展，运用技术拓展师能外延，实现技术与教学的整合、融合、创新与发展[③]。

（一）建立泛技术观

在与技术“共舞”的过程中，教师是主体，技术是客体。教师主动了解技术，认识技术的成熟规律，知道技术在教育教学中的趋势与挑战，并且在教育教学中接受技术，是“人技协同”的前提。

1. 广义认知技术，开放包容技术

教师要对技术有一个广义的认知，要认识到技术不仅仅是指软硬件，也包括促使学习者参与的设计和环境，同时包括可以促进学习的任何一种技术或方法，如认知学习策略和批判思维技能[④]。因此，当人工智能、5G等新技术应用到教学中时，了解这些技术本身固然重要，更重要的是如何将这些信息技术整合应用、融合创新。

教师对于信息技术要有积极、开放和包容的态度。教师要主动接触信息技术，不仅要体验技术的有用性和易用性等功能特点，还要主动了解这些技术背后的基本原理，积极思考如何将技术应用到优化课堂和转变学生学习方式上。简言之，让教师主动作为才是关键。与此同时，教师要认识到信息技术不是解决一切教学问题的万能药——与信息化相关的问题往往在于教育生态结构的调整，最终的解决方法在于人对于“技术”的综合运用。

2. 理解技术规律，做好教学融合

教师还要认识到信息技术赋能教育教学的过程是一个渐进性的过程，不是一蹴而就的。对此，教师要了解技术的发展规律，知道技术的发展符合高德纳(Gartner)技术成熟度曲线，包含触发期、期望膨胀期、幻灭期、复苏期和成熟期五

① 李永智．教师是立教之本，兴教之源［J］．中国高等教育，2019（Z3）：73-75.

② 上海市教育委员会．关于印发《上海市教育信息化2.0行动计划（2018—2022）》的通知：沪教委信息［2018］28号［A/OL］．（2018-10-15)［2020-09-12］．http://edu.sh.gov.cn/html/xxgk/201809/3022018002.html.

③ 中华人民共和国教育部．教育部关于实施全国中小学教师信息技术应用能力提升工程2.0的意见：教师［2019］1号［A/OL］．（2019-03-21）［2020-09-12］．http://www.moe.gov.cn/srcsite/A10/s7034/201904/t20190402_376493.html.

④ 乔纳森．学会解决问题［M］．刘名卓，金慧，陈维超，译．上海：华东师范大学出版社，2015.

个阶段；还要认识到信息技术赋能教育也需要一个周期，近期和中长期发展的趋势、存在的挑战均不同。

教师要运用 SAMR 模型了解信息技术与教育教学的整合方式，推动教师更好地运用信息技术开展教育教学活动。SAMR 模型认为教学中的技术应用具有优化和转变两个维度四个层次[①]，其中的优化和转变维度正好与我国 2014 年颁布的《中小学教师信息技术应用能力标准（试行）》中关于教师运用技术的两个目的——优化课堂教学和转变学习方式不谋而合。

关于 SAMR 模型的介绍参见第三章，此处强调一下 SAMR 模型中技术应用的四个层次与布鲁姆（Bloom）的教育目标分类学的对应关系，这为教师提供了从教学出发看技术应用的视角（如图 4-1-5 所示）。替代型技术应用常服务于记忆、理解类目标的达成，比如学生使用数字教材和其他开源学习资源获取关于统计的基础知识与常用方法，又比如学生在搜索开源学习资源时，将其复制到网络笔记本用于批注；增强型技术应用常服务于应用类目标的达成，比如学生在掌握经纬度等知识后，利用网络地图快速查找到同一个经度或者纬度上的重要城市；修改型技术应用常服务于分析类、评估类目标的达成，比如在给出了具体的环境特征、经度后，学生能够在网络地图中找出符合条件的城市，然后通过博客、微博等媒体渠道发表学生个体或群体对于该城市历史、人文等方面的评论。重塑型技术应用常服务于创造类目标的达成，比如学生将他们对于某个城市的研究成果制作成一个宣传短片，将其推荐给当地旅游部门，并在网络上播放。

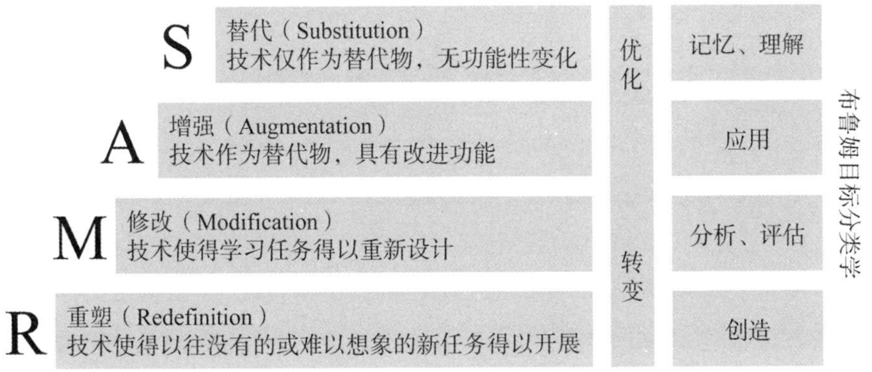

图 4-1-5　SAMR 模型与布鲁姆目标分类学的对应关系

① Hamilton E R , Rosenberg J M , Akcaoglu M . The Substitution Augmentation Modification Redefinition (SAMR) Model: a Critical Review and Suggestions for its Use［J］. Tech Trends, 2016, 60（5）: 1–9.

（二）提升教学设计素养

教师将信息技术应用到教育教学中并不是新常态，但始终是一个复杂的劣构问题。它不仅体现在教师对于技术的不断适应与胜任方面，而且需要随着技术的飞速发展不断更新教师自身关于技术的知识体系，提升设计并实施整合技术的教学解决方案的能力。

1. 掌握学习科学，更新专业知识

面向未来人才的培养，显然，那些经过一个月甚至一个暑期的培训就成为教师的人，已经无法胜任未来的教学任务了[①]。教师在专业发展过程中不仅要学习并更新学科教学法的知识（PCK），还要掌握整合技术的学科教学法知识（TPACK）[②]，更重要的是要浸入到“学习科学”这一研究教与学的跨学科领域中，熟识认知科学、计算机科学、神经科学、脑科学等理论知识，重新认识人是如何学习的，如何在计算机技术的协作环境中进行概念转变、意义协商的[③④]。

而且，未来教师也要开展专业学习，有意识地提升适应性专长。常规性专长使教师从“新手”成为一个有经验的“老手”，这类教师往往在面对新问题时更有可能采取回避或者直接套用已有经验来解决。而适应性专长能够使得教师在变化的学习情境中灵活地、创造性地应用通过有意义学习获得的知识和技能，对已有的经验和专长进行适应性的调整，不断地尝试跳出已有的经验，在挑战性的、创新性的、有意义的问题解决中，不断拓展应对新问题和新情境的知识和能力。

2. 转变思维模式，提升设计能力

学习设计与教学设计不同，教学设计强调教学原则、教学方法、教学模式、教学活动、教学材料，而学习设计则相应地关注学习者体验（why）、学习者互动形式（how）、学习过程（how）、学习者任务（what）、学习环境（where）。这些要素形成一个闭环，其中学习者体验决定了学习者互动形式与学习过程，而学习者互动形式与学习过程又决定了学习者任务与学习环境，学习者任务与学习环境又决定了学习者体验。

---

① 邓莉，彭正梅．面向未来的教学蓝图——美国《教学2030》述评［J］．开放教育研究，2017，23（1）：37-45.

② 全美教师教育学院协会创新与技术委员会，整合技术的学科教学知识：教育者手册［M］．任友群，詹艺，译．北京：教育科学出版社，2011.

③ 索耶．剑桥学习科学手册［M］．徐晓东，等，译．北京：教育科学出版社，2010.

④ 徐晓东．为教育和教学改革而设计——《剑桥学习科学手册（第二版）》评述［J］．中国电化教育，2020（7）：20-29.

在未来的教学中，教师尤其要注重学生非认知类能力的发展，尤其是在社会情感学习方面。技术的发展打破了学校围墙的物理屏障，拉近了人与人的距离。信息通信技术与教学的融合过程中，必将带来学生与学校以外世界的更多交互，未来学生社会情感胜任力（Social Emotional Competence）的培养变得更加迫切，有可能成为孩子适应并推动社会发展的关键能力。教师对于学生学习路线的设计应重点考虑以下几点：充分认识到师生间的平等关系是前提，师生均是教育生态体系中的主体；转变原有的教学思路，变控制为引导，为学生在信息的海洋中提供更多的“灯塔”和“停靠点”，而不是具体的“航海路线”；通过跨学科、跨领域合作，为学生合作解决现实世界中的劣构问题设计学习任务，并提供专业支持；尝试探索知识图谱、人工智能等技术在促进学生达成记忆、理解与应用类教学目标上的潜能；担负起“立德树人”的使命，在学生高阶思维的培养、品格的培育方面发挥更大的作用。

（三）重点提升数据素养

数据是人技协同“对话”的基础。比如可穿戴设备、传感器等伴随式采集技术的普及与广泛应用，使得技术得以从个体、课程、学校、区域和国家层面“理解”教育，也使得教师能够利用这些数据来认识教学、认识学生，进而进行更加科学、精准的教学。

1. 丰富数据知识，理解数据驱动

曼迪纳契（Mandinach）于 2016 年再次完善的教师数据素养框架对于教师掌握如何运用数据开展教学驱动的教学很有帮助。它主要包含陈述性知识（内容知识、教学法知识、课程知识以及相关境脉类知识）和程序类知识两类（识别并构建问题、使用数据、将数据转化为信息、根据信息做出决定和评估结果）[①]。在丰富两类知识的同时，教师还需要充分意识到教师运用数据开展教学决策的动态性和境脉性。

动态性是因为技术的介入，主要体现在技术介入前、技术融合中和技术融合后。在将一项技术或多种技术融入教育教学之前，原有的教育生态体系仍然在稳定运行；由于新技术的潜力，使教育系统产生了类似于“同化”和“顺应”的反应，教育系统产生了优化和转变两大类反应；在技术融合后，教育系统产生了新的动态平衡，新技术与教育系统融合后形成了新的教育生态结构。

---

① Mandinach E B, Jimerson J B. Teachers Learning How to Use Data: A Synthesis of the Issues and What is Known［J］. Teaching and Teacher Education, 2016, 60（11）: 452-457.

境脉，这一来源于学习科学的术语是指一个复杂、多因素的现象，它包括物理成分，如教室的尺寸、桌椅摆放的规则、信息化设备的数量等，也包含学生的学情，如学生的年龄、家庭背景、社会经济情况，他们以往的技术经验和学业成绩等，还包含学校的一些特征，如学校对于信息化教学的支持性、家长的期望等，最重要的也是最难具体化的是，境脉是由教师和其学生组成的一个教学生态环境，它将上述因素全部综合在一起。由此可以看出，每个教师在信息技术与教育教学融合时的境脉往往是不同的。

2. 进行教学实践，践行数据驱动

2020 年新冠疫情期间教师在线开展的“停课不停学”推动了信息技术在教育教学中的常态化应用，使得教师不再将信息技术作为锦上添花的工具，也使得他们运用信息技术开展教育教学的理念发生了根本性的转变。这一切均在于技术的常态化应用。因此，数据如果要能够对教学产生优化或者重构的影响，常态化应用也必须提上议程。

教师可以结合课堂环境等境脉因素来选取恰当的切入点开启数据驱动的教学实践，对于仅有台式电脑和投影仪等设备的简易多媒体环境，教师可以尽量采集学生成绩数据来支持教师的教学决策，也可以在课堂中通过增加摄像头来捕捉师生课堂教与学行为；对于具备人手一台智能终端的课堂来讲，课堂中的采集点与采集方式更加丰富，教师可以在课堂中实时采集、分析数据并及时根据学情调整教学方案，也可以在课堂后根据学生累积的数据进行综合研判，以提高教学的有效性与针对性。在本章中描述的未来学校中，教师可以通过数据中台采集到的各项数据对学生进行综合研判，并与平台中的智能技术协作，共同为学生的学习定制学习方案，进行个性化的指导与辅导。

未来的教师应该更加专业，应该是一群有知识、懂学生、能研究、会技术的专业人员，应该具备学习科学领域方面的知识体系，最终发展出“显微镜”式的洞察力、“导航仪”式的领导力和“望远镜”式的反思力——权衡与整合智能系统基于学习数据的判断，并形成自己独立专业的综合见解，明确处于不同层次的学生群体；依靠技术营造因材施教的学习环境，引导学生开展个性化的学习；能够将学习过程中积累的数字资源和数据资源变成再学习的可贵资源，变成具有指南针作用的决策资源。最终使得教师由学生知识体系的“守门人”转变为学生锤炼品格、学习知识、创新思维、奉献祖国的“引路人”。

第三节 未来的学校

以 VR/AR、人工智能、大数据、物联网、互联网为代表的新技术，带来了实现“伴随每个人一生的教育、平等面对每个人的教育、适合每个人的教育、更加开放灵活的教育”的更多的可能。新技术重塑了社会的生产和生活，教育正“从基于印刷与世俗化的大众教育走向基于人工智能的个性化教育”。未来的学生将会拥有远比现在丰富的学习平台 / 系统、虚拟学具、自我评估工具等，更多满足人性认知习惯的多样资源及其呈现方式。教育信息化止从技术的应用，包含软硬件的建设，走向教育的系统创新，深入教育自身的变革。在新技术，如脑机接口等没有突破性发展前，新技术解决教育问题的重点可能聚焦在 VR/AR 技术支持深度理解和探究，人工智能和大数据技术支持精准学习和教育治理，“互联网 +”提供优质服务等。这些技术在学校的应用，目前还处在探索和突破阶段，未来将会在学校得到泛在的应用，深刻改变学校的学习空间、学习内容的呈现、学习组织单元、教师、教学调控组织等。

一、融通多维空间的“学习舱”

对疫情期间学校承担的教学任务反思后，我们发现学校不再是一个封闭的社会单元，而是通过互联网，成为教学智慧的汇聚节点；不再是静态的印刷品的知识仓库，而是开放的、动态的连接社会资源和学生个性化发展的空间；不再是以教室分隔的学校空间，而是通过网络连接社会，连接家庭，连接学生日常生活的生态环境。学习不仅发生在教室和围墙内的学校里，而且是学生利用各种资源按需要、有计划、全面的、终生的学习。

（一）学习资源多元来源与优质供给

2020 年疫情期间，上海的大规模在线教学推开了社会学习资源进入学校的大门。伴随着大量的来自不同社会机构的资源进入校园，谁来对呈现在学生面前的资源把关，确保资源的科学性、规范性、合理性？仅仅依靠社会机构和教师是不够的。学校在教育教学资源供给上应该是主力军。以某个核心为主节点，采用根（root）节点形式的资源采集和发放，使得学校在教学资源伴随式生成和教师、学生个性化资源应用上有一定困难。未来的学习资料将会有特定的编码，编码内容包含了学习资源对应的课程标准、知识图谱中的节点、学习资源的适用对象、推荐使用形式、权属等，如图 4-1-6 所示。这些学习资料的编码会使用区块链技术进行固定和补充信息。只有建立了学习资源的编码体系，才能利用 AI、大数据技术等进行高效管理，去中心化，避免资源沉淀。同时通过对学校资源生产者、使用者等数据的跟踪，可以对优质资源进行购买，鼓励企业、机构、学校、教师对学习资源建设的投入。

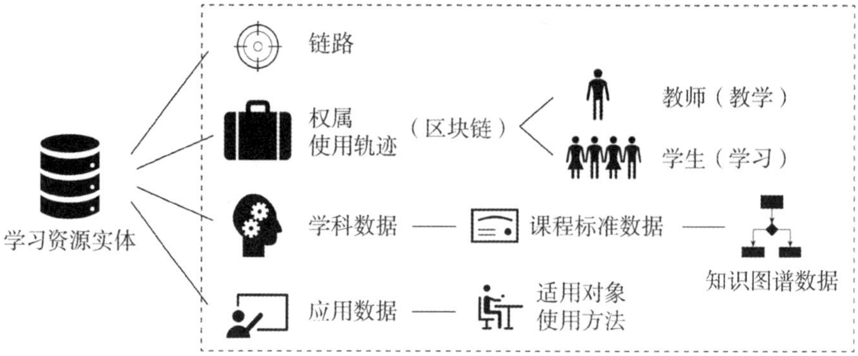

图 4-1-6　数据标识来源的学习资源

（二）数据链接虚实学习空间

现有的学习网站和 App 已经在知识和学生个体间建立了数据链接。这类链接主要是基于媒体资源，其内容是学生和资源的学习互动行为、学习轨迹等数据记录。目前数据链接缺少公认的标准或协议。

虚拟教室依托软件平台 / 系统，实体学习空间借助高清视频捕捉、无损脑机接口等硬件，在未来能够用数据联通学习场和个人学习空间。除了使用数据链接场地和个体学习空间，学校的实体学习空间将会从提供资源呈现的场所转变为提供创造学习成果、展现学习成果的场所。学习空间将分割并小型化，以便适合小组学习、个体学习的组织形式。学校不仅是学生获取知识、习得能力的空间，也是学生消费知识、创新创造的空间。

学校是学生学习的场（field）。AR/VR 技术的发展，使得学生可以在学校内利用特定的学习工具，使用更多的感觉（感官）来体验不同的学习情境。学校除了对外延伸学生学习空间外，对内的学习空间深度挖掘同样重要。在 STEAM、人工智能教学中，学生将会把学校环境、人与空间等作为问题式学习、项目式学习的中心和发起点。校园也是非正式学习的重要空间。而学校中的人工智能应用，更容易为学生剖析其数据流程、核心算法、传感器与传输网络等。如图 4-1-7 所示，学校在建设各类教学空间时，需要考虑这些空间发挥本体功能之外，如何深入营造随时随地的真实的学习发生的场（field）。

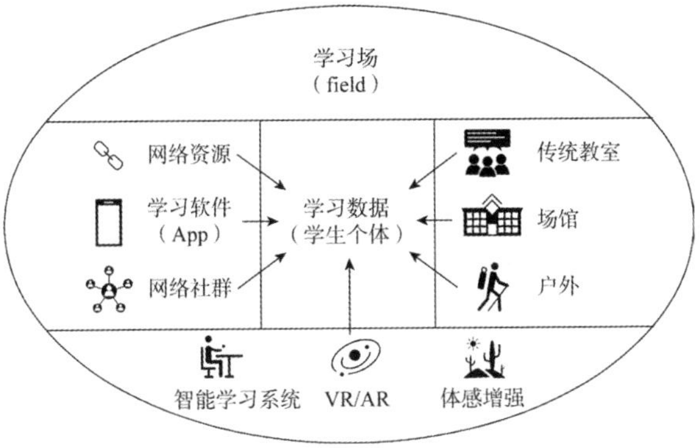

图 4-1-7　学习数据连接虚实学习空间

（三）教学组织适应大规模个性化学习

原有的以班级为主的教学组织单元无法适应学生异步的、个性化的学习。教学组织必须能够支持按学生的学习发展程度、学习能力划分学习单元成员，自定教学节奏和目标。在核心课程学习外，传统的教师角色除了一线教师外，还可以是社会专业人士、同样兴趣的学生、人工智能系统等。支撑以学习者为中心的教学组织，其特征有教学资源和空间的丰富公平、学生自主学习、学习诊断、个性化评价等。目前在专题性教学上，如安全教育、高中慕课平台、科技创新创客平台等已经能够提供学生异步的学习组织。学校要支持学生的大规模个性化学习，除了资源上的量变到质变，还需要利用 5G、VR/AR、人工智能等技术破除原有的以班级课表、走班制等以教师为主的教学组织形式。利用市、区、校的课程平台，实现学生可以跨学校学习。学生的课程表和教师的工作安排将由智能排课系统来安排，而学习资源、学习空间需要支持以学生个体作为教学组织单元。对应的学校在教学组织中的监护、监管等责任也需要得到保障，尤其是学生在参与一些全球化的项目学习时。智适应调整的教学组织进阶预测如图 4-1-8 所示。

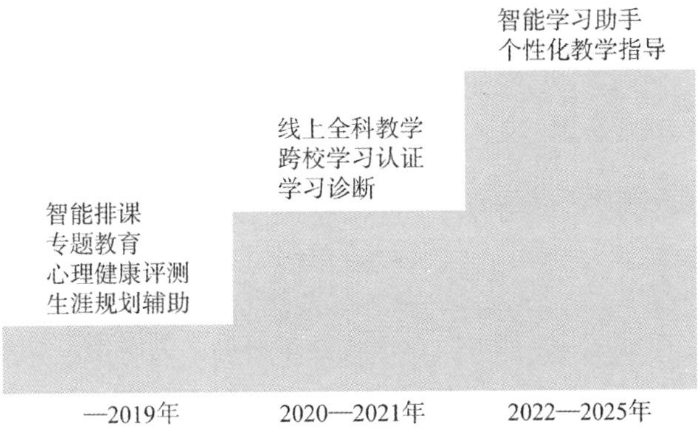

图 4-1-8　智适应调整的教学组织进阶预测

（四）全球视域下的跨文化互动

随着国际教育对学生“根系文化”的强调，学校向本土文化汲取养分的趋向显著发展。未来学校是具有中国特色的创新样式的学校，以更开阔的时代视野去培养具有国际竞争力的学生。立足中国、放眼世界，以本土情怀、国际视野，积极开展教育，为学生将来成长为具有中国灵魂、国际视野和跨文化交流能力的世界公民打下坚实的基础。

随着21世纪全球化时代的到来，国际理解教育越来越受到世界各国的广泛重视。《国家中长期教育改革和发展规划纲要（2010—2020年）》首次提出，在基础教育阶段要“加强国际理解教育”。随着互联网不断颠覆传统的生产生活，技术已经足够支撑我们的日常，语言不再是隔阂。但跨国界沟通简单，跨文化交流很难，这就是“未来教育”场景所应该探索的。未来学校将致力于运用信息化手段，积极开展国际理解教育，促进师生多元文化认同，开阔师生国际视野，全面实现学生核心素养的提升。

在全球化的背景之下，学校还要面对各种时代问题，科技的迅速发展使未来充满不确定性。未来学校的育人理念已经基本明确：培养有国际化视野和胸怀，并富有创造性的未来人才。当下的教育创新探索仍以散点式的实验为主，教育创新的场景缺乏打通。未来，不同的探索彼此成为参考，成为连贯环节中问题的解决方案，实现经验沉淀、资源共享与流通。

二、为学生提供个性化的课程

新技术使得师生一对一的教学模拟得以实现，学生可以根据自己的节奏，按自己的需要去学习，有助于提高学习效率和学习深度。除了学习资源的极大丰富，技术如何帮助学校实现对学生的情感陪护、兴趣激发、能动性维护、注意力保持？下一代的个性化学习的实现路径、动力来源是什么呢？

（一）智能学习助手，学生学习的陪伴者

学习支架（又称“脚手架”），通常被纳入学习任务表、学习指引或其他形式的辅导以及学习反馈过程中。学习支架的使用需要一个“知识更加渊博的陪伴者”，可以是由人来扮演（例如同学、辅导者、教师、家长）。在智慧学校中，智能学习助手将充当学生学习的支架，成为学生在学校的陪伴者。目前学生的智能学习助手主要承担信息提醒、学习入口等角色。如走班制中的教室安排和学习时间提醒、钉钉平台中的作业提交等，都可以看作智能学习助手的雏形。在学校教学组织的智适应调整中，学生学习助手在替代原有的班级组织单元的学习安排功能基础上，将深入影响学生的学习，如非智力因素中的情感、情绪等，以知识图谱为靶标的

学、测、练、评一致性，以自我评价建立个体学习节奏，虚拟空间的社会化交流等。

（二）个体能力养成，建立个别化学习路径

目前知识图谱已经能实现对学习内容及其相互关系的数据化描述，而精准的学生数字画像为学校实现精准教育教学提供了条件。通过数字画像，实现学生的自我认知、自我调节，教师则能更好地分析学生、了解学生，进而改善教学。知识图谱实现了学生学科知识的数据化描述，而学生数字画像则实现了教学对象一定程度的数据化，这为建立学生的个别化学习路径提供了基础。未来的学校将实现课程定制、一人一教法，从个性化课程到个性化学习服务成为可能。

学生在教师（实体和虚拟）指导下，在个体和小组学习中获取知识的路径，是在知识图谱技术完善后的下一个研究方向。学校要实现大规模的个别化教学，需要建立清晰的数据化学习路径。通过学生和资源、空间、同学、教师的交互，将学生的学习行为数据和学生的知识习得建立联系，建立群体的学习路径。只有建立了群体的学习路径，才能在此基础上进一步建立个别化的学习路径，进而培养学生的个性化知识体系、学习能力、学习习惯等。①

（三）泛在积极学习，融合并重塑教与学

积极的学习是指学生能主动、自定节奏、按照需求和知识能力基础，运用合适的方式，找到合适的空间和伙伴，得到最好的教师指导，形成概念，进行有意义的知识和能力构建，五育并举，全面发展。教师通过对学习全过程进行实时监测和分析，动态调整教学方式和方法，引导学生按不同的个别化学习路径，获取知识与能力，得到社会性成长。泛在的积极学习，融合了非正式学习和正式学习，在核心学科中利用 VR/AR 技术支持理解和探究知识，利用虚拟教室和虚拟教师实现跨学科的能力培养。在全新人工智能技术支持下，学生们有多样的智能学伴，能够处理更多的信息，获取充满想象力的资源。现有的教学是传递知识，最重要的是知识的设计，然后是知识的生成，最后是知识的消费与使用。在人工智能时代，学校已经不需要培养在某些方面注定不如人工智能的专才，教育学伦理可能会发生变化。人工智能时代，首先要确认哪些是最重要的知识，其次是如何构造和呈现这些知识；最后是如何获取这些知识。在获取知识的途径变得通畅和低成本后，获取哪些知识变得更加重要，也构成了泛在积极学习的伦理基础。教与学需要融合，教师的教是发生在学生的学习中的，引导学生生成概念性知识，

① 申云凤．基于多重智能算法的个性化学习路径推荐模型［J］．中国电化教育，2019（11）：66-72.

而非记忆性知识。学校在提供给学生学习资源、辅导教师之外，要创设学生知识应用的空间，提供给学生以知识运用替代知识获取的学习项目，鼓励学生应用知识进行创作和创造。学生在更广阔的学习空间里，适应能力、自学能力、自律能力将会成为重要的学习品质。

三、从基于经验走向基于数据

人工智能时代，学校的教育管理工具得到增强和延伸。学校的校长、管理层、教师不得不面对以人工智能为代表的虚拟管理人员，这些管理人员是和实体的管理者平行的存在。人工智能能否理解学校教育的价值和意义？在与知道得更多的人工智能的交互中，学校是否能够解决教育教学中的关键问题，如学生身心安全、课堂教学结构性变革、学习评价、优质师资缺乏？

（一）领域增强，学校教育治理广度和深度得到拓展

“把对美好生活的有意义追求变成技巧和技术等问题，是从根本上混淆了工具理性和价值理性。”对人工智能介入学校教育治理，需要明确人工智能的工具属性。人工智能在学生健康管理、心理疏导、个别化学习路径构建等方面只是学校原有功能领域的增强，是平行于原有学校管理的工具。在未来可见的一段时间内，人工智能只是学校教育治理的辅助手段，只有在学校管理者需要和许可时，才会从“异空间”穿梭来到学校。领域增强主要体现在管理成本极大降低、无感知获取、按需提供。以学生的健康管理为例，现有的红外线体温仪等有感知数据获取将会被智慧建筑替代。进入学校的大门后，嵌入建筑的高清摄像、压强感应、体态捕捉等技术会在师生毫无感觉的时候，获取体温、体重、肢体活动等数据，并输入学校管理系统，对需要特殊照顾的师生进行标识，并告知服务对象，生成个性化的服务策略。有趣的是学校教育是助推学生可能的发展，提升学生发展的不确定性，而人工智能在技术层面是要消除不确定性，利用数据和算法，找到概率最高的结果。所以在学校治理中，人工智能只能是管理者的影子，处于平行的异度空间。所有对学生和教师的利益有影响的决策，必须是拥有丰富经验和社会理解的学校管理者和教师做出的。

（二）组织变革，利用颠覆性力量创新

人工智能作为颠覆性力量的代表，在学校治理的各领域发挥作用的同时，必将会引起学校管理组织的变革。首席信息官（CIO），作为学校信息化管理系统的统筹核心之一，起到横向协助关系。CIO之后是什么呢？学校组织中会出现业务架构师的新角色。架构师需要从学校的全局出发，对业务相关者的利益需求做出回应，简化技术落地的难度，提升技术应用的敏捷性。组织中的架构师拥有丰富

的技术经验和学校业务运作经验，能对技术应用的难题进行分析，规划应用的成果，规避技术应用带来的安全、伦理等负面效应。在技术民主化的背景下，学校在新技术应用上的成本会更低，但对自身组织的要求会更多。学校组织除了发挥联系的作用外，要对新技术产生的分工、权责等进行重新部署，在保持组织弹性和扁平化的同时，要大胆创新，鼓励师生依托网络、App等结成新的社群组织，要主动、充分地利用新技术，通过数据等对各类组织及组织的活动进行监测和管理，确保平行无屏障。在学校的组织中要有“留白”，即为专业机构和技术服务公司预留管理成员。随着人工智能等技术的发展，技术应用的成本，包含财务和人力支出会大大降低，但影响技术应用成效的技术理解难度会增加，例如人工智能常见的算法。人工智能技术应用到教育教学中，若没有对数据从哪里来、怎么处理、生成结果等问题的理解，学校是很难信任技术，主动调整组织架构、分配资源的。传统的网管等纯粹的技术人员，将会被社会服务取代。

（三）数据安全，全链参与的数据治权

数字孪生，意味着学校中的学生、教师、管理者在校园中与空间、资源、人机、人际交往会生产并存储大量的数据。学生、教师、管理者、学校的外延成员等可以通过数据复述这些交往，并利用人工智能、大数据等技术做出判断和预测，进行教育教学的调节、管理等。在数据采集技术，主要是传感器和物联网技术没有发生突破性发展前，数字孪生可能还无法实现。全链是指数据产生、采集、储存、加工、使用涉及的全部对象（含学生、教师、管理者、家长、行政管理等）、设备及服务商等。

但未来学校必然面临数据治权的问题：数据属于谁？谁能获取数据？谁能解释数据？未来学校中数据的所有权、数据使用的范围（含地理位置、时间跨度、组织）、数据的处理方式（算法、模型等）必须服从学校的社会义务、道德规范、行业共识等。比如对学生的惩戒数据（如处分等信息）原来是通过张榜公布，将信息传播固定在学校内部，对象是本校学生和教师。此类数据在将来将通过区块链等技术嵌入地理位置等数据，只能在限定的区域内呈现，无法共享到学校以外区域。信息的时间跨度从惩戒信息发布到学生离校时段内，超过时间，信息就会自动湮灭。只有对学校的各类数据的权属、使用范围有了明确的约定，并用技术进行可靠保障后，数据才能更广泛地被学校接受和使用。人工智能的算法中有个专有名词“算法黑箱”，即数据的输入和输出有关联性，但无法用明确的逻辑来解释。

“深度学习算法在搜集大数据之后到输出决策结果之间有一段数据处理、训练与学习的过程，这段过程是连算法设计者都不清楚或不能查看的计算系统内部工作情况。学界将这个无法洞悉的运行过程称为'算法黑箱(Algorithm Black-box)',人工智能的技术控制困境根源也正在于此。算法黑箱给出的只是一个冰冷的数字,而它是如何得到这个结论的过程却无法获知也不能解释,这对于以公平和平等著称的现代教育来说真是莫大的讽刺。"[①]

在很多领域,人工智能的算法是企业的核心竞争力,企业不愿意公布。然而教学活动面对的是未成年人,学校在使用人工智能技术对学生的行为进行干预时,必须知道并理解其算法,否则学校就会成为人工智能技术被动的使用者,无法完全信任技术,并承担由此带来的责任。在数据使用的完整链条中,从数据采集、数据处理到数据应用,学校需要拥有全部的治权,并应向学校的行政管理者、家长、学生、社会关注者等明确数据的所有者、数据应用范围、数据处理方式。

第四节 未来的协同

在可见的未来,将会诞生出人类历史上最多的新兴技术,由此对人类社会产生不可估计的深远影响。而对于今天的教育来说,协同发展是最为重要的,这就要求我们在学校内部元素之间、教育与技术之间进行系统整合,并形成协同发展的教育新生态。

一、内循环:盘活校内资源,重构教学新场景

伴随着技术的迅猛发展,学校也会有丰富的社会资源不断地注入其中,学校内部寻求发展的意识不断增强,如何实现学生的多元发展、学科之间的相互融合、教与学的相互协调,应充分利用学校内部的各种资源,实现对教学新场景的重构。

(一)坚持立德树人,推动多元发展

在教育过程中每一个孩子是一个完整的个体,他们的成长都需要坚持多元发展,时刻保持着蓬勃的朝气,其中的突破口就是坚持立德树人的根本任务,大力构建全面培养的教育体系,培养德智体美劳全面发展的社会主义建设者和接班人。[②]

《国务院办公厅关于新时代推进普通高中育人方式改革的指导意见》强调要"构建全面培养体系",对进一步加强德育、体育、美育、劳动教育等提出要求:一

① 肖凤翔,张双志.算法教育治理:技术逻辑、风险挑战与公共政策[J].中国电化教育,2020(1):76-84.

② 涂倩.小学新手型教师教育信念的影响因素研究——以社会交换理论为基础[D].成都:四川师范大学,2018.

是树立科学的教育质量观；二是旗帜鲜明强化思想政治教育；三是劳动教育进入全面落实的新阶段；四是加强体美，让学生生动活泼地健康成长。

疫情期间，全国师生开展“停课不停学”，时空隔离、教学分离，“停课不停学、停课不停教”不能局限于对学科知识的学习，更应该关注孩子们的成长与收获，立德树人应该时刻放在第一位。我们应帮助学生树立正确的价值观、世界观、人生观，培养学生的家国情怀、责任担当，学会敬畏生命、敬畏自然、敬畏规则。

（二）打破学科边界，促进学科融合

在科学技术飞速发展的当下，学科融合成为热门的话题之一。学科融合旨在共同追求发展目标，在各学科存异基础上求同，即将不同学科维度的知识通过建构的形式进行贯通融合，从而达到对知识、事理的全面正确理解，打破学科之间的界限，促进学科与学科之间的协同、相互渗透。

学科融合是教育教学的理想境界和必然选择，也是教师应有的学科素养和品质追求。然而，学科融合不是简单的跨学科教育，更不是不同学科知识的随意拼凑和混搭，而是基于一定的教育理念和发展诉求，有着特别的规定和要求。在实践中，学科融合要注重模糊学科界限，围绕一个核心目标展开，有效地解决学生所探究的问题。

学科融合如何在实际中发挥作用，此次疫情提供了一个很好的解答。疫情在世界范围内造成了严重的影响，而在疾病的快速诊断、便捷检测及精准治疗方面，学科融合发挥了重要作用，如采用生物医学与统计学、信息技术工程学等领域的融合，分析病毒自然宿主。学科融合打破单一学科存在的思想禁锢，产生了科学创新，为创新教育、解决实际问题提供新的发展思路。①

（三）强化学习导向，重构教学场景

学习导向这一概念起源于营销学中对市场导向的研究，其思想渊源和理论基础来源于在组织学习领域中的思考。学习导向注重通过不断地试验和试错，承担风险、创造知识以提升适应能力。在学习导向下，人们聚焦于知识和技能的发展，并且将失败视为一种学习的机会，是事物发展过程中的组成部分。

2020 年新型冠状病毒肺炎疫情倒逼全国教师开始大规模线上教学，凸显出教师信息技术应用能力提升的必要性和重要性。面对线上教学，教师、家长和学生的忧虑主要体现在：一是教师对信息化教学的认识不足，线上教学困难重重；二是家长有心无力，监督管理趋于真空；三是学生“虚假学习”，学习质量难以保证。

① 相平平．学科融合教研模式与特点的实践探索［J］．小学教学研究，2020（15）：4-6.

通过不断对有效线上教学设计进行思考，人们越来越深刻地认识到：关注学生学习轨迹，从内容导向到学习导向，这是保障线上教学有效实施的关键，也是对教学场景的重构。

二、外循环：家校政企联手，实现多元一体化

人工智能等新技术在深入学校的各个空间，颠覆性变革学校的各种业务流程，深入制约学校发展的根本性问题，着力解决教育教学中存在的关键问题：学生学习动机缺乏、课堂教学集体授课与个性化学习的矛盾、优秀教师缺乏、学科疑难知识学习成效难显、学科概念性知识与思维培养的关系、教学和评价基于标准和常模的区分等。新技术在未来不仅要解决技术本身的发展迭代，而且要结合教育教学本身，创新教育教学新模式。在开放的社会中，学校分享新技术发展成果；在学校的教育教学核心业务中，运用新技术探索学校教与学的创新；在虚拟和现实空间里，帮助教师成长，为学生的未来生活做好准备。

（一）非核心教学社会化

学校，作为社会生活生产的一个单元，分享技术发展带来的高效生产和便利生活。社会人工的专业化、精细化，一方面极大地降低了非专业人士使用工具和专家系统的成本，包括技术采购、技术培训等，另一方面这类专业领域和专业知识建立了知识壁垒，使得这类领域的专家系统具有独占性和覆盖性。以学校里常见的安防体系为例，一旦某项技术成功应用后，很快会被迁移到学校的类似领域。在这类技术迁移成本较低、问题场景类似的领域，往往不是学校的核心教学业务。这类业务上，学校是技术应用的服务对象，将来由社会机构和社会人士来承担。学校在协同这类业务时，要注意学校空间里的服务对象主要是未成年人。在校园的时空里，学校承担了接近无限的监护责任。在使用安防、餐饮、环卫等业务时，要主动开发非核心业务的教育教学作用，利用非正式课程，采用角色模拟、问题式学习（PBL）等，利用大数据、AR 等技术丰富学生的真实的情景的体验。在非核心业务领域，学校是新技术在教育领域扩展的接受方，解决的是教育教学的非核心问题。在教学资源呈现、教学评价数据采集、数据技术分析等边缘业务领域，将会有专业的教育行业公司提供服务。原来由学校承担的教学评价中的客观题评阅、小题分采集、双向细目表设定、得分点数据评析等，很有可能由某个教育行业公司提供的服务 + 平台解决。一些重复的规则明确的工作，将由某项人工智能产品或者专业的人士承担。而传统上需要学校和教师个体承担的学科知识规划、教学单元设计、教学资源制作、教学评价设计、教学辅导支持等业务，也将通过社会化协同的方式由同行、专业机构、专业人士来参与。非核心业务的社会化将大大减轻教师的工作负荷，提

高教师的工作效率，减少学校运营成本，帮助学校和教师聚焦核心业务。

（二）虚实融合的多元化

新技术在解决教学问题的层面上是不同的，VR/AR 技术支持创设场景，理解和探索知识；AI 和大数据技术支持精准学习和自动调控；互联网提供优质丰富的教育资源。在教学中，技术通过虚实融合的整合型课程来实现协同，影响学习机制的变革。人工智能时代，首先要确认什么是最重要的知识；其次是如何构建和呈现这些知识；最后是如何获取这些知识。学习结构，即学生借助特定学习空间的支持形成的关于学习内容的呈现方式、组织序列、时间分配、自我检测等要素的特有组织形式，使得以集体授课为主的传统课题发生颠覆性的变革。[①] 学生学习的资源、平台、虚拟 / 实体教具、评估等都将是各学科、各领域优秀专业人士共同策划、设计、制作的结果。从时间线上说，新技术将汇集某段时间内教育教学的精粹，实现跨越时间的教学成果分享。以智能助学为代表的学习伴侣，将全程参与学习空间使用、学习评价、学习内容呈现、学习资源推送、学习支架搭建等，在虚实的教学时空里，协同各方的力量，使得学生自定节奏、按个体需求进行积极的学习。

整合型课程是指科学课的综合性课程。以 VR/AR 等技术增强的，基于情景的，以体验、游戏化为主要学习方式的，协作性的融合多学科，实现德智体美劳五育并举的课程。整合型课程除了在探究性、研究性课程中广泛开展外，还将渗入传统的核心课程，在主要学科中培养学生的系统思维和研究思维能力，实现智慧的积极的学习。

（三）智能支持的家校政企协同参与

新技术在解决自身迭代和学校非核心领域的专家系统成熟的同时，提供学校智能的管理。而基础教育信息化的转型与发展能否落地，离不开教育行政部门、学校、企业、家庭的四方协同参与、协同合作。教育信息化需要政府进行顶层设计，并做出强有力且有效的引导，以深化教育信息化的发展；充分提升体制外企业在教育方面的积极参与度，学校提出建设需求，企业负责建设实现，整个过程广泛听取师生、家长、教师的意见。例如原有的在学校中以空间划分的功能，如门卫室承担学校进出、周界安全，卫生室承担学校公共卫生等将被数据打破原有的壁垒。经教育管理部门的许可，从企业中购买服务以采集学生进出校园的数据，系统在检测到异常，如迟到、非正常放学时间离校等，会对班主任、家长、学校安全成员

① 沈书生．从教学结构到学习结构：智慧学习设计方法取向［J］．电化教育研究，2017，38（8）：99-104.

等发出预警。学校通过学校安全卫生、教学、校本研修、教学管理、德育活动等数据的可视化管理，可以提升学校管理的自动化水平，建立数据基础。在大量数据和数据模型的支持下，建立智能的校园管理决策体系，是家校政企四方协同的实证，促进教育的均衡、有效发展，实现全社会的协同育人，提升决策科学水平。

三、超循环：技术赋能，催生教育新生态

（一）技术赋能教育

未来学校建设是应对时代发展的教育变革策略，当技术赋能教育，我们将会重新定义学校边界，建立新的教育生态。在教育信息化的浪潮当中，教师和管理者信息化水平的提升依然是当务之急。更新升级校园网络及信息技术设备，加大教师信息技术培训力度，全面提高教师信息素养，加强信息技术与学校管理、课程文化的有机融合，建设数字化校园、智慧校园已是大势所趋。

疫情期间，在线教育平台迎来爆发的春天；未来的学校，线上线下融合已势不可当。在实体的学校之外，再搭建线上教学平台，让课程与资源数字化、多样化、平台化，成为学校的新选项。线上教学成为学校课程安排、教学实施、管理流程的技术支撑，同时还能够有效平衡教学资源，从某种程度上有效地缓解了教师的工作负担。当然，在这样一个大数据时代，当大量出现的线上教学平台相互借鉴、相互交融，才是真正的中国教育新生态。

当然，这个时代并不缺少教学资源，亟待解决的是主动获取资源的能力。同样，这个时代缺的也不是机遇，而是迎接机遇、乘风破浪的勇气。这个世界唯一不变的便是变化本身，我们不知道自己将面临怎样的挑战。我们最先应该明白的是，课堂上的通识教育决定不了孩子的未来，主动获得知识、管理自我的能力，才是未来竞争的关键。

（二）培养精英教师

未来的教师，作为学生导师的责任将会越来越重要。未来教师将会是一个精英群体，只有精英，才能做导师。未来的学习将进入一个课程为王、能者为师的新的时代，教师充满人格魅力并且极具个性，积极适应未来教育与学习的变革，并且在教学工作中承担比传统背景下更为多样与专业的角色。未来的教师将不只是知识的传授者，而是学生发展过程中的交流者，他们需要加强与学生的情感沟通，注重及时发现和帮助遇到问题的学生，注重学生成长的内在需求，让学生更有获得感；未来的教师还是学习资源的设计开发者，更多地关注教师的教、学生的学以及与信息技术的有效融合，开发出支持学生自主学习的学习平台与资源，全方位支持学生的自主化、个性化学习。

（三）重塑教育新生态

当技术潜移默化地融入教育教学过程中，成为常态化应用，才能实现教育新生态的重塑。技术赋能教育的核心仍然是在教育本身。而随着技术的不断发展，师生、生生之间的交互是多边进行的，学生有更多的机会表达自己的看法，并且可以充分利用自己的创造思维，自主发挥的空间更为广阔。技术使得教学方式呈现多元化，学生可以获得适合的教育资源，学生的学习更加个性化。在全民抗“疫”的日子里，师生把学习放在线上，是一次“被迫的教育大移民”，也顺势促进未来学校的到来。疫情背后，团队被时代推动着“自生长”，团队被“逼出来”的思考力与行动力，让我们共同构建的这所“未来学校”快速上线，顺畅运转。未来的学校将会由一个个网络学习中心和实体的学习中心，线上与线下相结合，共同构成一个学习社区。

第二部分　场景与案例

第一节　关注智慧教育新生态的十大热点

美好的未来教育，核心在于如何帮助教育决策者科学决策，帮助教师提升专业能力、开展教学创新，帮助学生个性发展、获得更好的学习成效，因此必然要关注未来教育的发展趋势以及面临的挑战，基于此提炼出“关注智慧教育新生态”的十大热点。

一、自适应学习形态

自适应学习旨在为每位学习者提供适恰的学习分析、学习资源、学习途径和学习方式。自适应学习技术主要基于知识图谱、大数据分析以及人工智能等技术，通过收集学生学习行为数据，运用算法匹配，为学习者提供个性化的学习路径。

从2000年开始，国内学者开启了关于自适应学习的研究热潮，2008年自适应学习平台Knewton的问世，使得自适应学习的研究出现了一个高峰。特别是2017年，国务院在《新一代人工智能发展规划》中明确提到“针对可能引发人工智能范式变革的方向，重点突破自适应学习、自主学习等理论方法”。同年，在新媒体联盟《地平线报告》2017高等教育版中提到“自适应学习将在一年内被广泛采用，有效促进合作学习，推动学习者的学习绩效增长”。至此，关于自适应学习研究的学位论文、期刊论文等均出现激增，说明自适应学习一直有着广泛且火热的关注度，如图4-2-1所示。

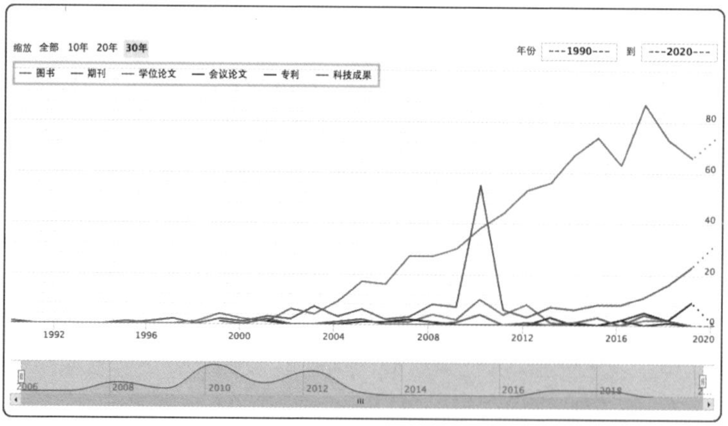

图4-2-1　自适应学习形态学术发展趋势曲线

如图 4-2-2 所示，关于自适应学习形态的研究相关知识点，最内层主要还是集中在图像处理、神经网络、稀疏表示、特征提取等方面，如何大规模地使用自适应学习，使之成为教学形态的研究目前还没有做好准备，如何将自适应学习应用于课堂为学习者所用也是当下需要解决的问题。

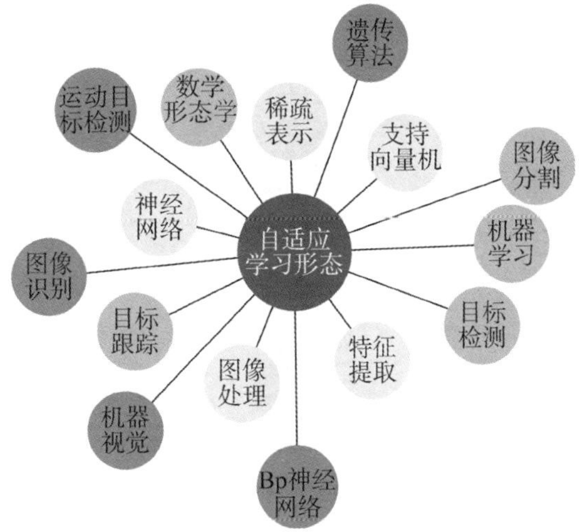

图 4-2-2　自适应学习形态相关知识点

未来，自适应学习形态已经给我们描绘出了一幅美好蓝图：精准推送、实时反馈、数据收集与分析，致力于为每位学生提供独一无二的个性化帮助，优化学习效果、促进个性化学习，为无处不在的学习提供便利，给教育带来持久而深远的影响。

二、数据素养的养成

数据素养包含发现数据、评估数据和使用数据，具体来说要具备五种技能，即数据定位、数据理解、数据解释、使用数据决策和问题提出。教育领域需要更多地关注学习的数据，从而更好地了解学生，理解学习与教学的规律。

2010 年开始，数据素养的研究热度日渐上升，尤其在 2015 年，国务院印发了《促进大数据发展行动纲要》，从国家层面对大数据的实施做出战略部署，自此，国内学者对数据素养的研究势头猛涨，如图 4-2-3 所示。从“相关知识点”中可

图 4-2-3　数据素养相关论著发文量趋势图

以发现，研究内容从关联信息素养到数据分析，从教学模式到学科内容，学龄段从小学到大学，均展开了大量的理论研究，并且成绩可观，如图 4-2-4 所示。

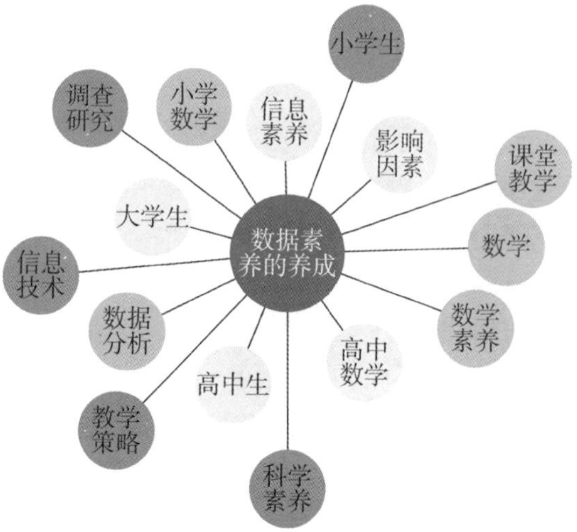

图 4-2-4　数据素养的养成相关知识点

数据素养离不开发现数据的意识、分析数据的知识以及数据处理的能力。在大数据、人工智能时代背景下，大数据给人们的工作和生活带来了天翻地覆的变化，大数据不再也不应该高不可攀，它需要成为人人必备的一种专业素养。数据素养的养成不能仅依赖于教师与学生的理论层面的学习，还需要政府、企业、院校等多方协同与有效引导，从而真正实现数据与教育的有效融合。

三、社会情感的孕育与传递

社会情感学习是指培养学生获取社会情感能力所必需的态度、知识和技能的过程，让学生学会自知、自信、理解与包容他人，妥善处理人际关系，树立集体意识等，让学生获得有成效的合作学习、问题解决和公民责任等方面的体验。技术发展带来更多的交互，在技术整合的环境中如何开展社会情感学习是一个全新的研究课题。学校应当成为社会情感学习的实验室，让学生有机会在一个安全、放松的环境下体验人机互动。在这种环境中，学校、教师、家长可以帮助他们学会处理冲突和困难，为他们提供工具和策略，以促进他们相互尊重的交流和理解。

2011 年，社会情感学习被引入中国，并在多个省市开启了社会情感学习项目，所以从论文发表趋势图可以看到，论文数量出现不同程度的增长，如图 4-2-5 所示。研究角度主要涉及情感、价值观、人文关怀等，如图 4-2-6 所示，旨在孕育学生的社会情感学习能力，培养其自信心与责任意识，帮助学生树立积极的人生观，使社会情感学习在社会中广泛传递。

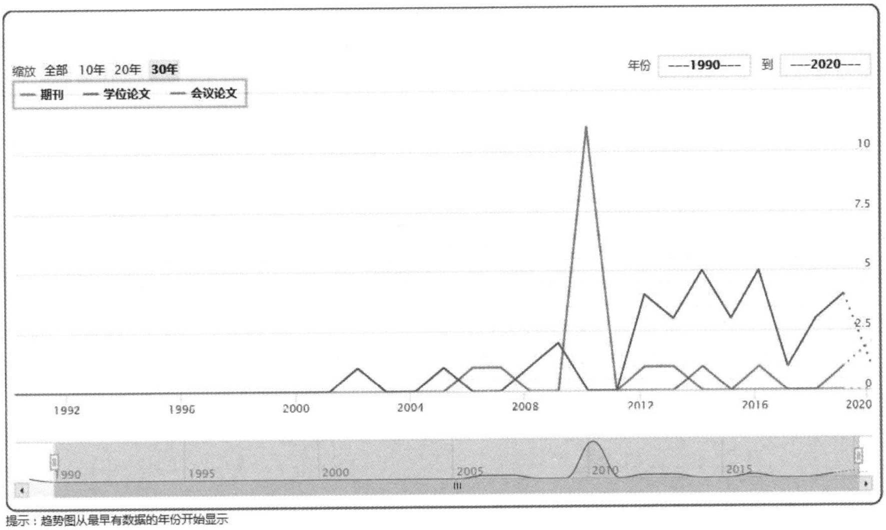

图 4-2-5　社会情感的孕育与传递学术发展趋势曲线

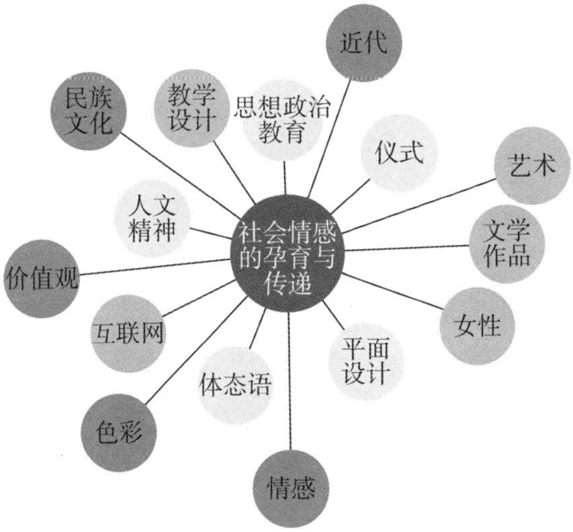

图 4-2-6　社会情感的孕育与传递相关知识点

四、协作领导力

协作领导力是指领导者将使命、行动和结果协同起来，依据背景和相关联系制定相应的目的，以公开、清晰的方式让教师与相关人员明确自己应该做什么，营造一种积极的环境，确保周边的人能受到内在的激励，不断创新，主动跨越组织边界，在组织和个人之间搭建共同发展的新型关系。协作领导力为教师和所有相关人员带来了一种全新的视野，朝着既定的相同目标开启创新实践的大门，真正实现心往一处想，劲往一处使。

2009年强化教学专业中心根据《教师领导力技能框架》开发出了“教师领导者自我评价”工具，协作领导力作为教师领导力的关键组成部分之一，逐渐受到有关学者的青睐，如图4-2-7所示。主要研究内容涵盖了执行力、凝聚力、团结协作、核心竞争力等影响因素，如图4-2-8所示。

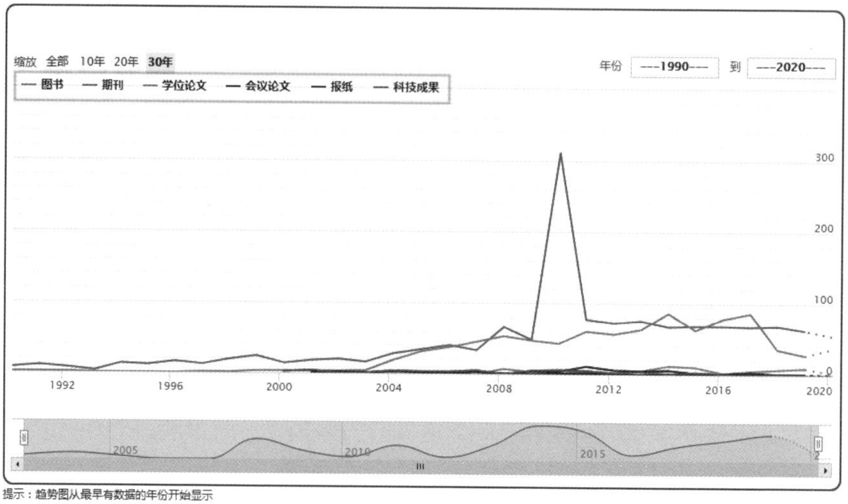

图4-2-7　协作领导力学术发展趋势曲线

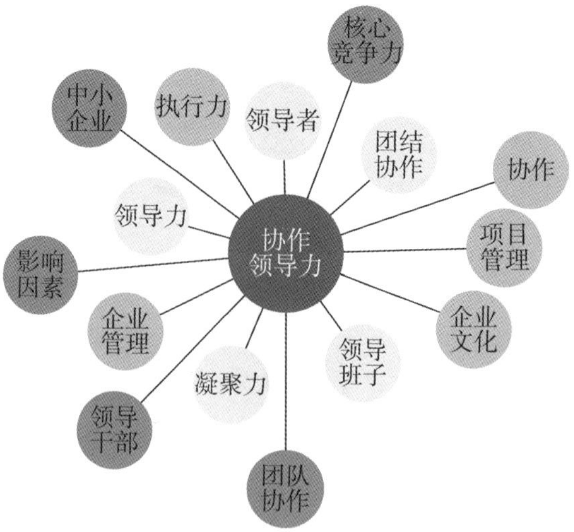

图4-2-8　协作领导力相关知识点

随着科技的不断发展与进步，互动、多方协同越来越受到人们的重视，协作领导力的培养显得愈发重要。基于协作领导力，领导者可以有效地推动教师们形成共同感知，创造共同愿景，并可以维系教师与教育愿景之间的强链接。

五、计算思维习惯

计算思维是运用计算机科学的基础概念进行问题求解、系统设计以及人类行为理解等涵盖计算机科学之广度的一系列思维活动，是人类求解问题的一条途径。在信息社会，编程是新的第二语言，与语言知识同等重要，可以帮助学生更好地应对数字经济带来的挑战。但是，计算思维不等同于编程，它重在运用计算机面对问题、发现问题、解决问题的过程与方法。同时，计算思维也是学生理解世界、改造世界的新思维方式。

计算思维最早是由美国卡内基·梅隆大学（CMU）的周以真（Jeannette M.Wing）教授在 2006 年提出，随后于 2011 年被纳入美国 K−12 CSTA 标准，越来越多的学者意识到计算思维能力的重要性。虽然在 2010—2011 年研究趋势有所减缓，但从 2012 年我国教育部正式批准了以计算思维为导向的大学计算机课程，直至 2017 年计算思维作为信息技术学科核心素养出现在《普通高中信息技术课程标准》中，计算思维的研究迅猛发展，文献数量持续增长，如图 4−2−9 所示。从相关知识点来看，研究内容主要集中在培养学生的计算能力以及思维能力，而且侧重于在信息技术学科中探索教学模式、教学方法以及学习反馈，如图 4−2−10 所示。

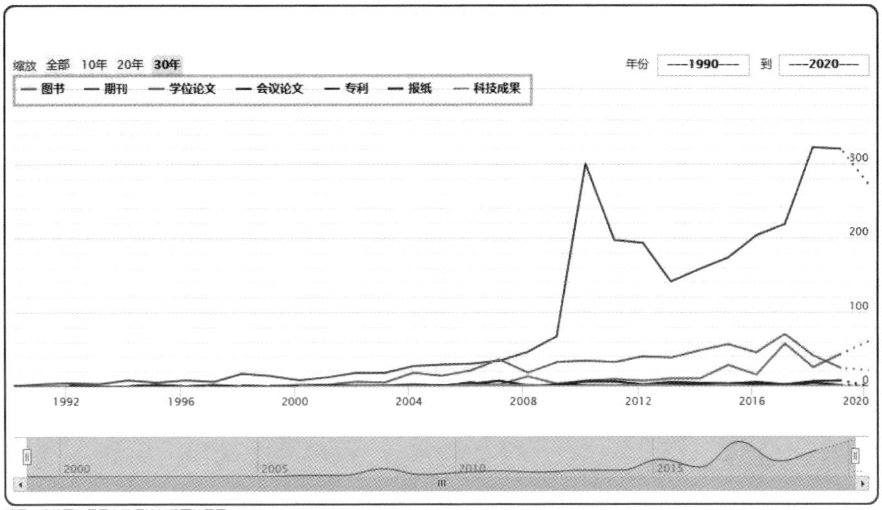

提示：趋势图从最早有数据的年份开始显示

图 4−2−9 计算思维习惯学术发展趋势曲线

基础教育阶段的学生处于习惯养成的关键期，借助 Python 语言进入新教材的契机，深入探索培养计算思维的有效方法，让学生养成运用计算思维的习惯，有效应对新技术对生活与学习产生的影响与冲击。

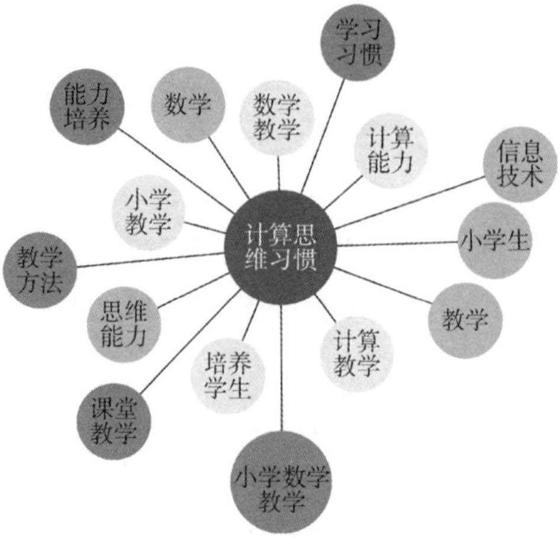

图 4-2-10　计算思维习惯相关知识点

六、数字伦理

数字伦理是指在获取、利用、分享数据的过程中个体要规范及自律，充分尊重数据的来源以及样本的隐私。作为教师，要能够合理、合法地获取并使用数据，对待数据的发布及使用要遵守相关的法规与规范；教育管理部门则要清晰地掌握学生数据采集、管理、使用的整个过程。

对于技术的迅猛发展，有效应对技术所带来的伦理挑战成为学者研究的关注点。2017 年，国务院出台的《新一代人工智能发展规划》提出要明确人工智能伦理原则，使得关于数字伦理的研究愈发火热，论文发表与日俱增，如图 4-2-11 所示。研究角度主要包括数字鸿沟与数字伦理、信息素养、数字时代及网络环境下如何解决伦理问题等，如图 4-2-12 所示。

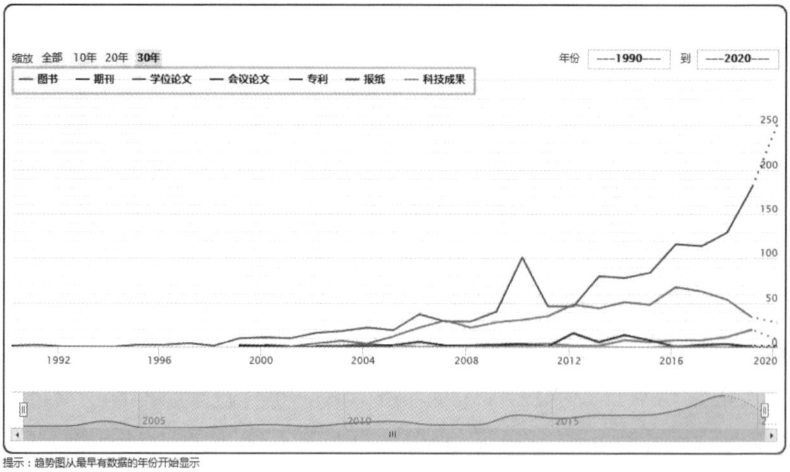

图 4-2-11　数字伦理学术发展趋势曲线

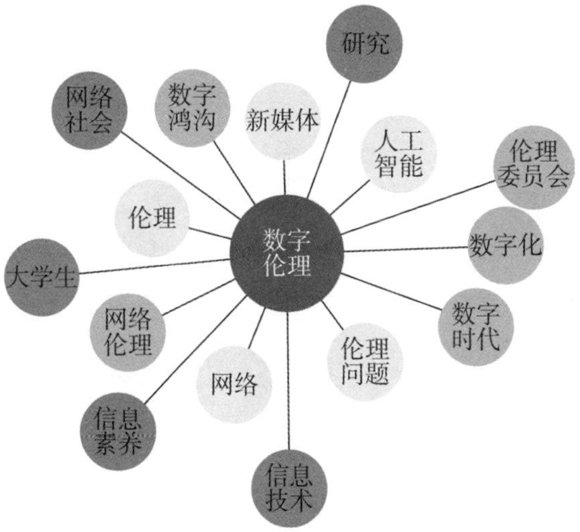

图 4-2-12　数字伦理相关知识点

数字伦理是一个新的跨学科领域，人们可以根据一定的规则体系探索制定标准、法规等，利用技术提高人们的信息保护意识和道德意识，促进大数据时代数字伦理的健康发展，推动大数据的科学合理利用。

七、学习科学

学习科学是一个综合性的多学科研究领域，它利用人类科学中的多种理论观点和研究范式，以实现对学习、认知和发展的属性及条件的理解。学习科学就是在反思、融合、转化相关学科领域的研究观点和方法的基础上诞生的跨学科研究领域，它汇集了心理学、教育学、计算机科学、人类学等诸多学科领域的研究，多学科之间交汇产生了新的观念、新的方法论和新的探索学习的途径。

20 世纪 90 年代开始，国内学者就已经开始研究学习科学的相关领域，直至 2011 年，随着学习科学与课程教学创新研讨会在中国举行，学习科学越来越广泛地被拓展到各个研究领域，如图 4-2-13 所示。一方面从成果与经验角度出发，阐述科学发展观、教学方法以及如何影响不同学段、不同学科的发展；另一方面学习者如何基于学习科学培养其学习兴趣、激发其自主学习的动力，教育者如何设计教学、评估教学如何在教学改革中促进有效学习，如图 4-2-14 所示。

随着智慧教室、智慧校园的提出与建设，如何利用学习科学的理论知识，根据收集到的数据进行适当的调整，真正实现以人为本、以学习者学习为中心，必然成为接下来的研究重点。

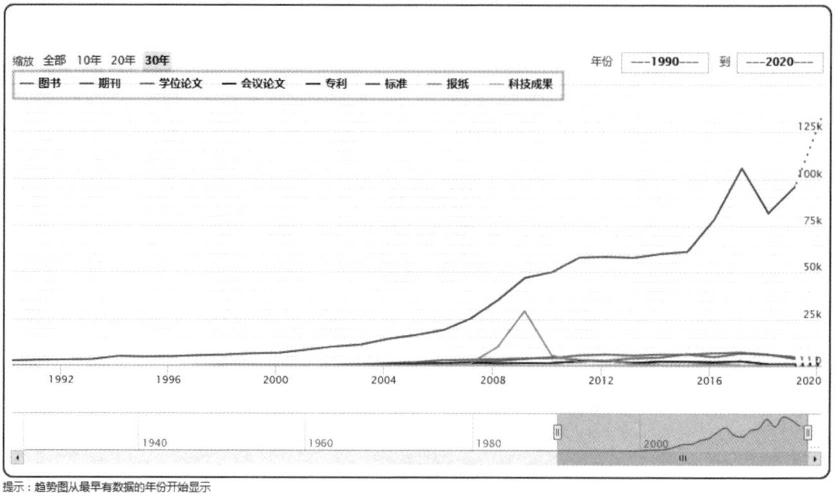

图 4-2-13　学习科学学术发展趋势曲线

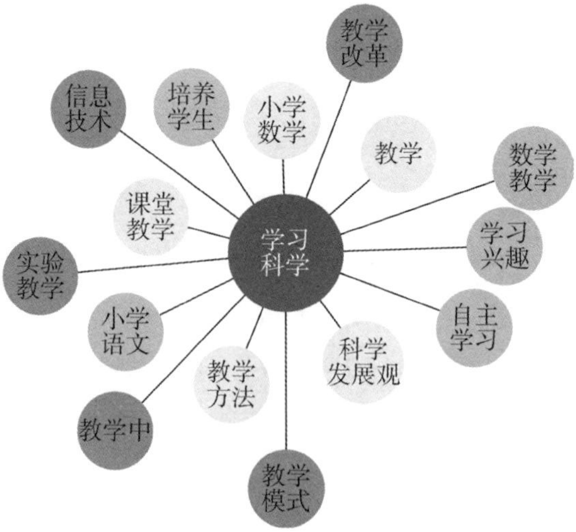

图 4-2-14　学习科学相关知识点

八、智能化

人工智能 (AI) 是研究如何使计算机去做过去只有人才能做的智能工作。人工智能是关于知识的科学——怎样表示知识以及怎样获得知识并使用知识的科学。人工智能作为一种增能、使能和赋能技术，除了特定系统是以人工智能技术为主体外，主要是把语音识别、视觉计算、可穿戴技术、情感计算技术、机器学习技术、智能挖掘技术通过创设应用场景嵌入或融入各行各业中，从而改变人们的生产、生活、学习方式，形成智能时代各行业的新业态和新形态。

自 2016 年 AlphaGo 战胜李世石开始，人工智能的研究开始成为热度最高的科技话题，国内学者研究的论文开始逐渐增加，而在2017年国务院正式发布了《新一代人工智能发展规划》之后，各类论文的发表数出现井喷式增长，如图4-2-15所示，研究领域涵盖了物联网、智能电网、智能控制等智能化技术，如图4-2-16所示。

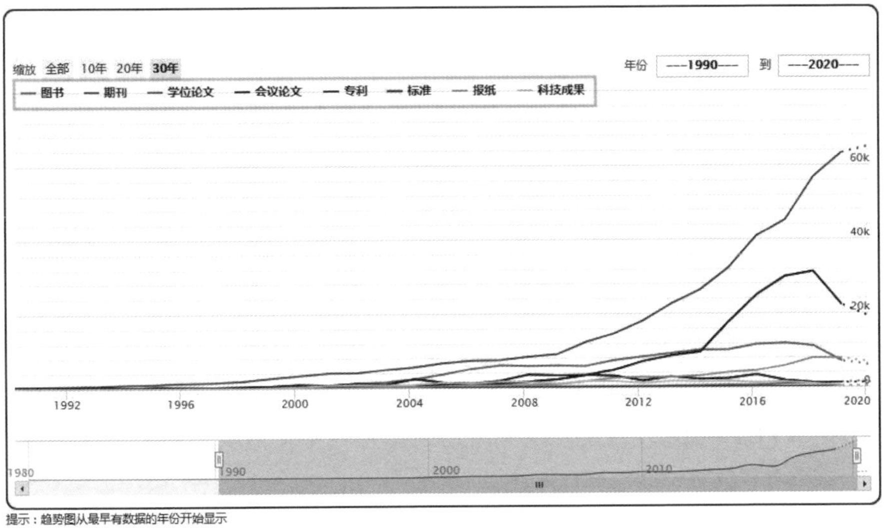

图4-2-15　智能化学术发展趋势曲线

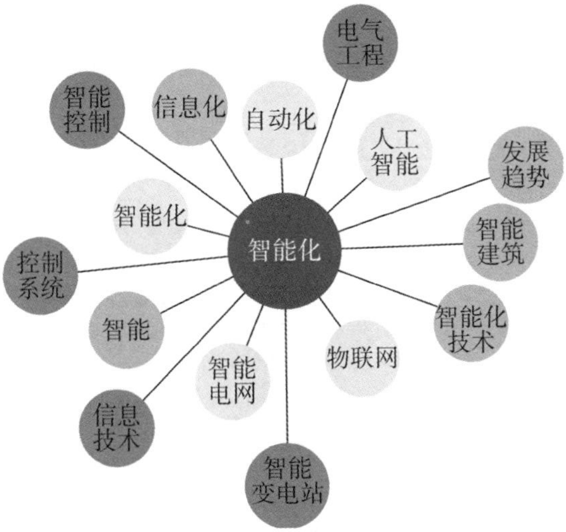

图4-2-16　智能化相关知识点

不单单是理论研究，智能化已经全方位地改变着人们的生活方式。语音识别取代了大量重复的人工服务，无人驾驶减少交通事故的发生，以及在教育领域的智能教学系统，在线解答、自动阅卷、同步辅导等功能辅助完成教学任务。智能化是时代发展的必然趋势，人工智能会更加潜移默化地影响教育领域，为教育事业作出巨大贡献。

九、虚拟现实

虚拟现实技术 (VR) 是一种可以创建和体验虚拟世界的计算机仿真系统，它是一种多源信息融合的交互式的三维动态视景和实体行为的系统仿真，使用户沉浸到这种学习环境中。虚拟现实技术催生了全新的沉浸、交互、想象的体验式学习方式。VR 技术无缝融合了虚拟数字世界和现实世界，尤其是 3D 图像、视频、地图和地球仪的应用，可以将学习体验从 2D 时代提升到 3D 时代。VR 的另一个特点是使用过程中的存在感和实体感，这可以帮助学生回想以前经历的体验，促进已学知识与情感的迁移。

关于虚拟现实的研究，从 2000 年开始就受到国内学者们的关注，但在 2016 年之前的研究热度增长不够明显，从 2016 年开始，论文发表数量出现激增的现象，如图 4-2-17 所示。这一年被称为虚拟现实元年，国内外兴起了研究 VR 的狂欢，研究角度开始增多，包括可视化教学、人机交互、仿真技术、增强现实技术等，如图 4-2-18 所示。

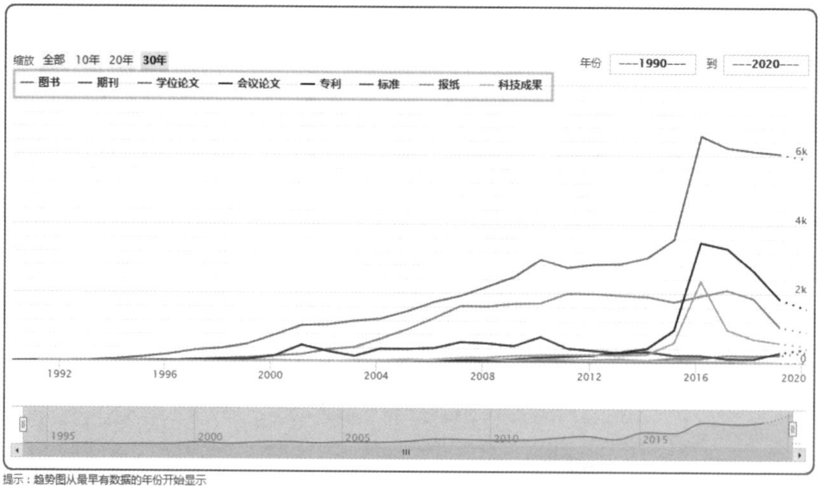

图 4-2-17　虚拟现实学术发展趋势曲线

在教育领域中，虚拟现实以极具真实感的沉浸式体验，为学生提供丰富有趣的学习环境，无论是身临其境的临场感还是有效直观的自我操作，在提升学生学习兴趣的同时，也使得教育资源变得越来越优质。随着 5G、云计算等新技术的发展，虚拟现实终将迎来技术的革新，基于虚拟现实的沉浸式教育也终将取得巨大成就。

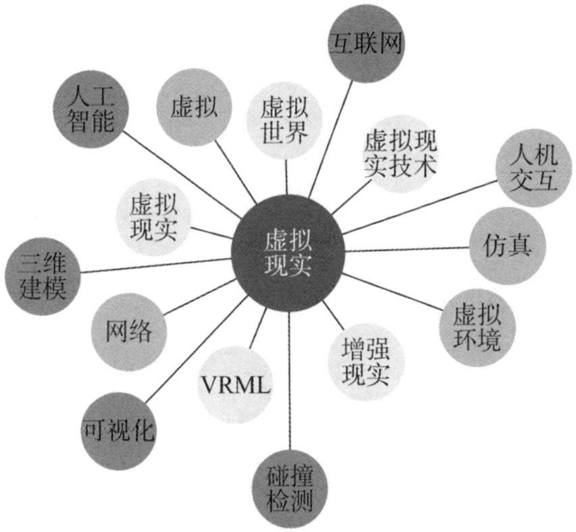

图 4-2-18 虚拟现实相关知识点

十、数字孪生

数字孪生是集成多学科、多尺度、多概率的仿真过程，是现实世界在虚拟空间中的完整映射。数字孪生是一种超越现实的概念，可以被视为一个或多个重要的、彼此依赖的数字映射系统，在产品设计、产品制造、医学分析、工程建设等领域已经广泛应用。由于教育的复杂性、不确定性，以及充满创造性，教育领域的数字孪生还没有起步，仍然有大量尚未解决的问题。这种数字镜像的方式将不仅仅可以用于教育观察，还可以用于教育实验以及教育预测和教育改革，为揭示学习规律、教育本质，以及探索新兴教育生态创造了新的路径。

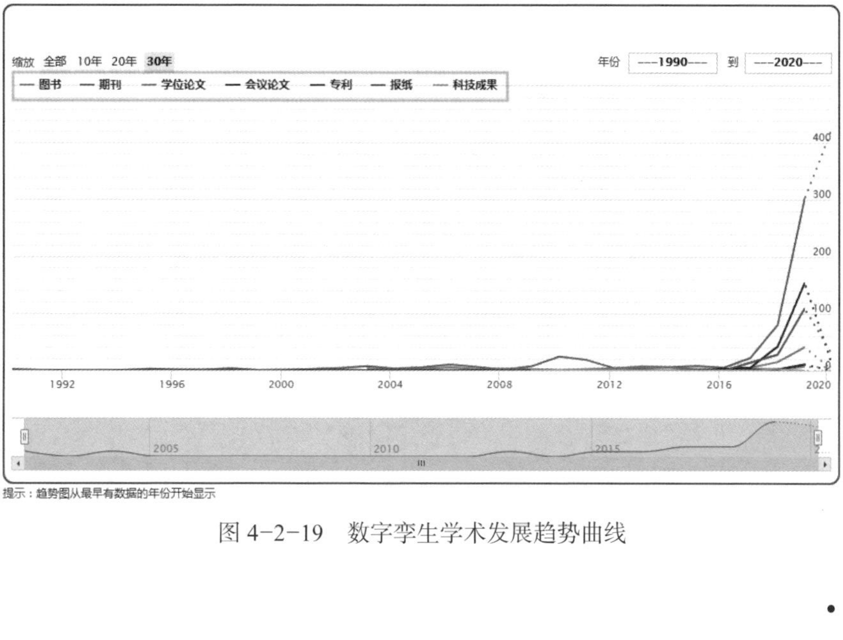

图 4-2-19 数字孪生学术发展趋势曲线

数字孪生的首次正式亮相是 2010 年美国航空航天局（NASA）在太空技术路线图中，将其作为一项技术应用于航天故障预测。国内关于数字孪生的研究热度从 2017 年开始出现一定的上升，之所以会出现论文数飙升的现象，是因为数字孪生连续三年被高德纳公司（Gartner）列为十大战略科技发展趋势之一，如图 4-2-19 所示。研究角度主要集中在数字孪生与人工智能的深度融合、机器学习、数字化模拟、全生命周期等，如图 4-2-20 所示。

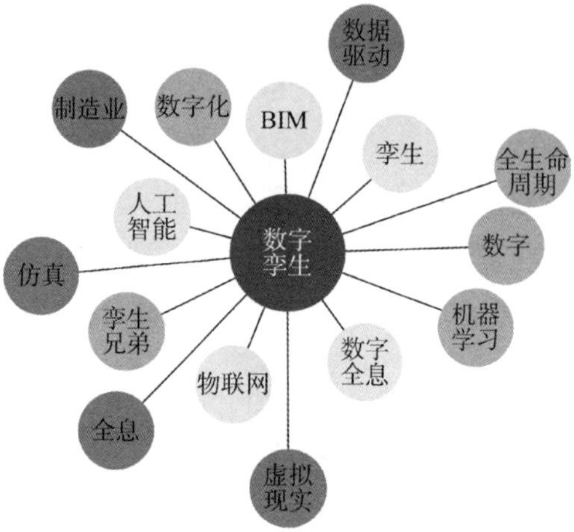

图 4-2-20　数字孪生相关知识点

作为一种前沿技术，数字孪生将会在智慧城市、智慧教育等方面发挥巨大的推动作用，变革知识结构，将知识转化为适用于学习者的具身形态，实现不同阶段的虚拟空间与现实空间一一映射，方便学习者的可视化理解。

第二节　携手共建智慧教育新生态

政府、企业、学校协同将改变教育的时空场景和供给水平，在为学生赋能、为教师赋能、为学校赋能过程中使规模化前提下的个性教育成为可能。线上线下融合教学是大势所趋，要通过协同共创进行全面融合和整合设计，政府制定机制与标准，企业提供产品与服务，学校注重应用与创新，最大限度地为学习创建可情景识别、可环境感知、可社群连接、可伴随记录的环境，运用线上技术与数字化资源共享共创的优势，支持教师在教学实践中提升素养与能力，支持学生差异化、个性化学习，实现教学主体多样化、教学时空灵活性，形成混合式教学新模式，从更高质量的均衡走向数据驱动的大规模因材施教，促进每个学生全面而有个性的发展。

一、“数字原住民”的成长

为了帮助学生在未来技术驱动的互联世界中成功地学习、生活和工作，教育就必须基于技术变革，帮助学生接受挑战，帮助学生运用恰当的技术，变革学习方式。尤其是要特别重视将学生的思维与技能发展纳入学生培养体系中，让学生意识到技术在增强人类协作、创造和沟通上的无限潜能，从而在全球范围内获得平等的学习机会，成为独特的个体。这是数字时代工作、生活所必需的技能，也是对未来职业生涯不确定性的适应准备，更是技术促进学习的价值追求。

教育工作者要从更广阔的视野加强对未来学习的认同，改变教育实践，勾勒出未来学习者的新图景。

合作学习者

【上海市第一师范学校附属小学】

合作意识和合作能力的培养是当下教育的重要内容，在这个过程中学生的交往能力、创新精神、竞争和平等意识都会得到发展，同时更加促进了他们主动学习。未来，学生使用数码工具，与其他人开展合作学习、协作解决问题将成为一种常态。因此，我校借助信息技术，拓展合作学习伙伴，建设合作学习场景，搭建合作学习平台。形成合作学习机制，开展了探索与实践。

创建合作学习的校园情境：校园的一草一木、一园一景都包含着丰富的学习资源，我校拥有数个漂亮的校园人造景观、1 000 多种植物，此外我们还拥有十几个创新实验室……其中都蕴藏着丰富的知识和探究内容。我们对这些资源进行信息筛选，建立信息资源库，营造处处可学的文化氛围。

（1）搭建支持合作学习的学习平台。学生可以在平台中选题、解决问题、组建小组、参与他人的合作项目等。平台使用讨论的形式发布活动，可以在线协作编辑、分配任务和角色，支持发表个人观点，互相可进行点赞、评论、回复。

（2）建立合作学习的运作机制。在自主学习的过程中，学生既可以是合作活动的组织者，也可以是参与者，如图 4-2-21 所示。比如，当学生确定一个研究项目时，他可以通过终端信息机在云平台上组建学习合作小组，邀请其他同学、教师、家长、社会志愿者一

图 4-2-21　合作学习机制

起来参与。他也可以根据自己的兴趣和能力参与其他同学发布的活动项目。

（3）提供帮助合作学习的工具设备。在几个校园学习资源比较集中的点架设固定终端信息机，参照市场上共享单车、共享充电宝的形式，借助校园卡使用信息终端，以适应当下小学生在校园中不带手机的情况，创建随时可学、随时助学的学习场景，帮助学生进行学习和沟通。

通过创设问题情境，搭建学习平台，建立校园信息通讯站，让学生可以在任何地方随时使用手边可以获得交流协作的工具，借助网络平台，为其跨班、跨年段、跨校、跨区域开展合作学习提供支撑与保障，使扩大合作的范围成为可能。

知识建构者

【上海市嘉定区青少年科创集散地】

在为3 000多所学校提供AI课程与教具，为1 500多所学校提供师资培训与教学服务的过程中，嘉定区青少年科创集散地切实发现师生们“感觉来自真实实践的经验是最鲜活有趣的，感觉有机会展现自己的创意想法是最能激发起学习兴趣的，感觉与同龄人共同交流是最能提升成长的”，这些感受让我们逐步萌生了以下几个关于当今青少年教育的判断：

- 青少年除接受课堂知识以外，还需要走出课堂，链接真实世界；
- 青少年需要个性、灵活、终身受用的教育发展，从而实现自我价值；
- 学生需要掌握应对来自人工智能时代的种种挑战的能力。

基于此，我们打造出了“课程＋师资培训＋空间建设＋活动赛事+Genius Cloud”五大板块的人工智能教育生态系统，通过真实场景下的项目式教学和跨学科知识的综合应用，不仅关注学生知识、技能、方法等层面能力的培养，也更注重学生品德和情感态度价值观的塑造。在教学过程中，采用“5E”建构主义学习方式，设计“通识型课程—拓展型课程—探究型课程”等三个不同等级、不同维度的科创课程，引导学生主动分析问题和寻找答案，并奠定终身学习的能力，如图4-2-22所示。

目前，我们已把这些课程投放应用于学校中，让孩子们直接接触人工智能，并提供诸如企业参访、与来自不同行业内的精英面对面交流、参加国际比赛等丰富多彩的机会，帮助青少年更好地获得面向未来社会的核心素养。

未来的学生就是知识建构者，他们充满奇思妙想，热爱探究，不断实践，激发

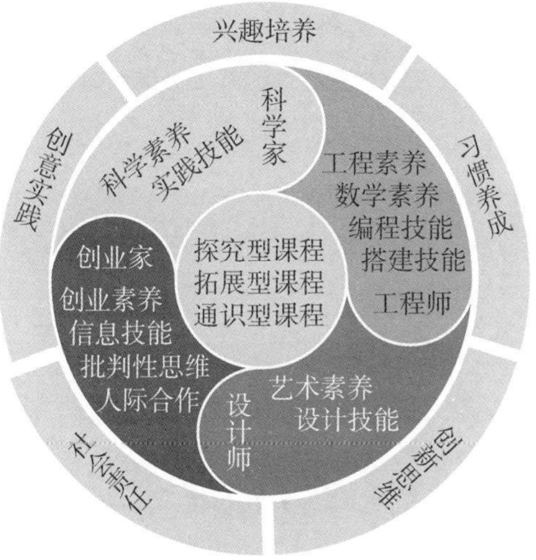

图 4-2-22　嘉定青少年科创集散地课程模块

自身潜在的创造力，创造知识，创造艺术品，为自己和他人提供有益的学习经验，通过积极探索现实世界的问题来积累知识，发展思想，寻求解决方案。

创意沟通者
【弘衍信息科技（上海）有限公司】

新一代学生的阅读行为正在发生显著的变化，更多的阅读时间在往线上转移，知识的获取途径从传统的文本扩展到了音频、视频、游戏等多媒体，移动端的广泛应用让学生在碎片化时间里可以有效地获取知识，每时每地皆可学习。

以阅读和阅读教学为例，技术将会在以下几个层面发挥重要作用：

1. 资源均衡

大量的优质阅读素材和阅读教学课程，将通过互联网和信息技术，非常容易地呈现在学生和教师面前，极大地降低知识的获得成本。

2. 丰富便捷的互动与连接

互联网社区的普及，让阅读和阅读评价与互动成为常态。阅读者除了在阅读中与书的作者在精神层面交流，互联网技术也将极大地促进探究式、协作式、项目式的阅读与阅读教学方式。学生善于利用各种平台、工具和媒体，清晰且富有创意地表达自己，与他人沟通交流。根据目标受众的需求，发布或展示自己创作的内容，并在丰富的互动中体验和实践不同的社会角色。

3. 阅读大数据

伴随着阅读路径从线下往线上的迁移，将产生更多的阅读过程性数据和更丰富的数据维度，从简单的阅读内容、难度、速度，到阅读兴趣、策略。学习者的阅读能力评价，将会从学期性的、阶段性的，转向过程性的，甚至是隐性的。而评价的方式和维度，也将更加多元和丰富，包括标准测试、心理量表、表现式评价等。

4. 自适应阅读

运用大数据和人工智能技术，在教育学、教育心理学、脑科学和信息技术的理论基础上，未来的阅读和阅读教育将会更多地依据数据模型和数据分析，而不是依靠经验和依赖标准。

阅读将伴随着教育突破教室和校园的边界，走向和社区、家庭的协同。在泛在教育的环境里，学生将成为学习的主人。问题驱动的阅读、探究式阅读、团队协作式阅读、项目化阅读等，将逐渐成为学生的阅读方式。阅读的焦点，也将从记忆、理解和应用层面，逐渐向分析、综合与评价的深度学习迁移，帮助学生成为基于跨文化理解的创意沟通者，如图4-2-23所示。

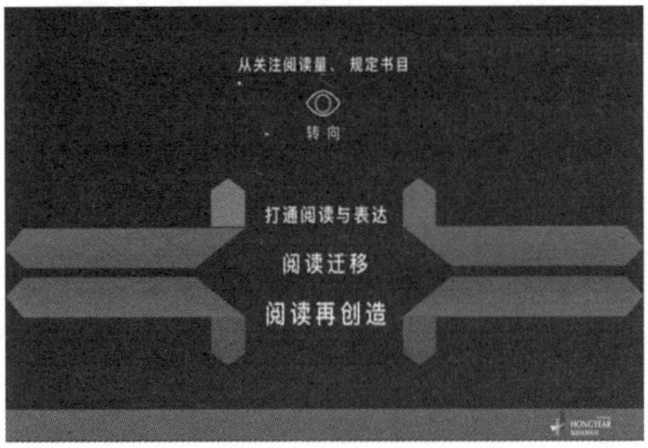

图4-2-23　阅读教学的转变

创新设计师
【Apple－教育】

在与教育工作者密切合作的40年间，我们的心得和研究都表明：创造性思维可以提高学生学习的投入程度，而学习的自主性跟学生的投入程度成正相关，即学生在学习上越投入，那么他的学习自主性就会变得越强。创造性思维还可以提升学生解决问题、合作交流的能力。他们会更勇于探索，敢于尝试；更善于讲述精彩纷呈的故事，发表自己独特的见解；更自由地拓展想象力，把看似毫无关联的事物融会贯通起来。而且，他们所学的这些技能，还可以运用到校内校外的方方面面。

通过“人人能创造”学习指南里的各个项目，学生们可以学着用视频、摄影、音乐和绘画来拓展思路，表达想法。同时，教师们也可借此以富有趣味和意义的教学方法，将这些技能带入各个年级的各种课程之中，从而点亮创意的火花。

在进行“人人能编程”编程教学时，教师不仅是在教授一门技术语言，也是在传授思考和实现创意想法的全新方式。教师利用各项工具创造出引人入胜的学习体验，将编程带入课堂。

每个孩子都天生充满创造力。而培养他们这种与生俱来的能力，是教育工作者的一大职责。创造力可以让孩子们更好地与人沟通，更好地解决问题，让他们能够在今天的世界里茁壮成长，并能用自己的想法改造未来。我们一直都在不断创造各种资源，帮助教育工作者完成这一使命。我们不仅提供功能强大的产品，更包括各类工具、课程和经验分享，帮助教师为孩子们创造出妙不可言的学习体验。

个性化学习的数据提供者
【Knewton Education、Smart Sparrow】

美国的个性化教育公司 Knewton 运用其自身的大数据技术优势，建立了教育大数据数字平台，并运用这个数字平台，对数百万的学生进行了分析，收集从幼儿园到大学的学生在学习的过程中产生的学习数据，并将这些数据在其分析平台上进行数据处理，归纳总结出了不同学习者的学习特征。在进行分析后，Knewton 公司又与全球最大的出版社之一霍顿·米夫林－哈考特集团（Houghton Mifflin Harcourt）合作，首先将分析的数据用来规划设计出适合不同学习对象的学习目标以及学习方向，然后开发出针对美国 K-12 阶段的个性化课程。

学生运用各种终端学习，产生伴随式数据，实现在线学习过程中测评结果、学习行为、个体档案等信息的个性化采集，这些数据是对学习者在线学习需求进行归纳和分析的基础。基于对学习者兴趣、偏好、知识结构、知识掌握、学习绩效、心理特征等方面的分析，依赖于大规模学科知识图谱和推理引擎，推理出学习者需要的学习服务（包括学习情境、策略、内容等）。具有不同需求特征的出版社、学校甚至教师，可以向该公司寻求帮助，提出制定个性化教育方案的需求，来为自己的学生提供更加具有针对性的教育教学方案，并通过与其他公司的合作，将教学方案付诸实际，提供相应的教学内容。个性化推荐服务不仅基于个体的特征对学习者进行内容的单方面推荐，还可以构建更加均衡的推荐服务引擎，整合全平台数据，通过分析个体的均衡、优劣势、学习投入度等方面，挖掘学习者最佳的学习目标、学习内容、推进策略、学习路径等，形成对学习者全方位、立体化的学习辅助。

澳大利亚在线教育平台 Smart Sparrow 通过及时在自适应学习系统中进行课程

调整完成学生的自适应学习。学生在自适应学习平台上进行学习的同时，系统会自动提供学生学习的实时反馈，让教师在课程教学中能够进一步掌握学生的学习情况，了解学生在课程学习中遇到的困难与问题，从而帮助教师改进教学内容，实现更好的教学效果和目标。同时，Smart Sparrow 自适应学习系统在课程教学中嵌入了大量的模拟实验，让学生在课程学习中能够“边学边做”。例如：学生可以在自适应学习平台上进行复杂的网上虚拟手术，进行模拟建筑设计等；系统会自动反馈学生的学习状况。同时，由于 Smart Sparrow 自适应学习平台的课程完全是在线上进行，同一课程的教师能够同时与数百名学生在线上进行学习互动，在一定程度上代替了教师的教学，实现了学生的自主学习，从而降低了学校的教学成本。

二、驾驭大数据的教师

数字时代，从学生的个性发展需求出发，教师们将面临一个全新的工作环境，既要实现人机协同，提供个性化、多样化和适应性的教学，又要关注学生思维方式和核心素养的培育。教师从教育活动的设计者、组织者、主导者，将逐步转变为更关注师生互动的合作者、促进者、设计师、分析师。要实现这种转变，就必须摆脱“教学指导者”+“教师”+“支持教学技术人员”的三员组合模式，促进“三体合一”。必须引导教师不过分依赖教研员、网络技术人员的帮助，提升教师个体适应时代发展的素养与专长，促进每一位教师有意义、有效地整合技术，以创建真实的、学习者驱动的数字时代学习体验为核心，重新设计学习空间、重新思考教学和学习方式、重新设计学习活动，从而培养学生在不断变化和相互联系的社会中应对不确定未来的能力。

教育主管部门需要根据教师的成长阶段以及专业成长路线来设计教师专业发展支持系统，并重新设计教师教育发展课程，为教师的智能、有效教学提供支撑，努力帮助教师在观念、态度、素养、能力等方面做好准备，迎接智能教育时代到来。

数据素养

【上海市嘉定区教育学院】

21 世纪，数据素养将成为教师改变教育的一项核心技能，并且已经成为教师专业发展的新挑战。

数据使用本身不是目的，而是一种改进教学的依据。通过存储、下载、分析、加工学习数据，明确处于不同层次的学生群体，明确每一个学生在具体学科不同领域的学力储备，比如英语语言科目，了解每个学生对文本的概括能力、获取细节信息的能力、语言运用能力等，按需构建学习资源；教师主动关注学生学习行为数据，尤其是一些非正式的数据，如在PAD上阅读或看视频的频率、课堂练习时的正确率、完成学习任务的时间、与教师的反馈等，识别在最近的教学中跟不上集体的学生，微调教学策略或学习方式，不至于等到单元检测时才发现问题。

数据赋予教师三种能力，分别是多维、细致了解并掌握学生学习、教学内容、教学过程、教学效果等；诊断并预测学生的个人学习行为、趋势和态度；运用教学专业知识与教学数据相结合，指导学生学习，改善学习成效。具备较好数据素养的教师，能对新的数据技术具有较强的敏锐度和理解力，理解数据在指导学生学习中的重要价值，有效管理数据流，从数据仓库中挖掘有效价值，自如地与家长、同事交流数据，开展基于数据的协同教研。而学习过程中的类似于易错题、学生存在的疑惑、分歧以及感兴趣的话题等，这些都是教学过程中的生成性资源，通过有效挖掘其潜在价值，设计贴近学生需求的学习内容，都将变成有益于再学习的可贵资源，从而提高学习的效益。

数据素养包含发现数据、评估数据、使用数据，具体来说要具备五种技能，即数据定位、数据理解、数据解释、使用数据决策和问题提出①，如图4-2-24所示。早在2013年嘉定区就启动了数据驱动的流程再造，通过BYOD、数字化学习平台等手段，让教学贯穿课前、课中、课后，在家学习和在校学习的数据形成一体。2018年以来，伴随着人工智能、大数据分析技术的兴起，嘉定区用购买第三方服务的方式，进一步在学校开展了基于人工智能的学情数据分析，帮助学校建立基

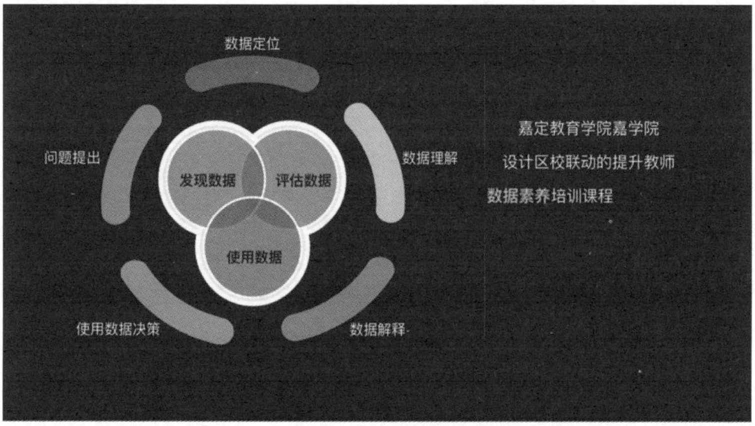

图4-2-24　基于区校联动的数据素养培训

① 杨文建.大数据环境下的教师数据素养研究[J].图书馆理论与实践，2017（11）：102-107.

于大数据的多层次学校质量管理体系，分析并评估学科、年级教学质量，对班级教学质量进行精准诊断，对学生个体进行个性化诊断分析。

在数据驱动的教学实践中提升数据素养。围绕数据素养，通过集中面授、专家进校指导相结合的混合研修方式，以教学为中心、研究为主线，构建了顺应课程改革发展的校本培训，实现了教师真实能力的提升，促进学校教师专业水平的发展与提高。同时把数据驱动教学切实深入到学校一线教师的教学教研中，提升学校的教学质量。

未来，嘉定区将进一步纵向推进到初中学校的教学运用，横向扩展到非学业类数据的分析运用，建立学校培养“全面发展的人”的教育教学数据基础。

数据时代的教师只有将数据素养作为专业发展的一种新的基本技能和教育素养，才能使自己成为更好的学习设计师。

设计素养

【腾讯教育】

智慧课堂将从智慧课堂的准备、互动、评价与反馈、资源管理等四个方面实现流程再造，从而有效改变未来教师的教学设计能力，如图 4-2-25 所示。

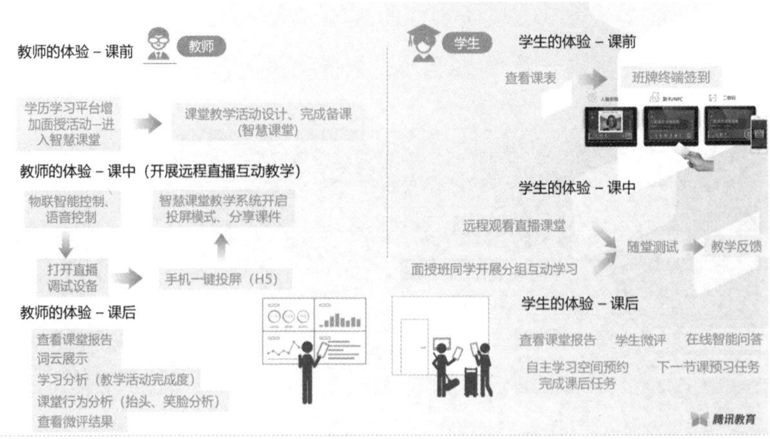

图 4-2-25　腾讯智慧课堂场景——培养教师设计素养

比如，在教学资源管理方面，教师既要丰富本地课堂教学资源，支持视频资源在线点播、在线编辑，提供多种文件格式支持直接在线预览及在线播放，设计对视频进行打点批注和评论，方便学生课后自主学习，又要以课程和个人为单位进行资源库整理，自定义文件夹对资源进行移动、整理、归类……未来教师拥有更加智慧化的备课能力。

又如，在课堂教学方面，实现课堂多屏互动教学。教师在上课过程中，结合线上教学设计，直接在web端进入大屏互动教学模式，快速浏览、使用已创建好的课程活动及课件资源，根据教学需求快速发起点名、抢答、选人、主题讨论等各类学习活动。在展示课程课件时，教师一键截图，截取知识重点，并且将截取的知识重点分享给指定的课程学员。借助多屏互动，教师在整个教学活动中可以实现资源、活动的有效灵活切换，并且该系统可以存储所有资源和活动的使用进程。组织学生通过自带移动终端参与课堂活动，大屏实时、生动地展示活动过程及结果，针对学生的表现进行打分。教师手机内容也可在大屏上同步展示，开展多种形式课堂活动。

智慧课堂为教师提供集教与学、评价与反馈、存储与管理于一身的智慧教学系统，使得教学活动更加智慧化，让教师能够施展高效的教学，更赋能未来教师，培养教师设计素养，探索和应用教学设计原理，设计符合课程标准的真实的、学习者驱动的活动和环境；并使用数字工具和资源，以最大限度地吸引和支持学习者积极、深入地学习，利用评估数据，促进独立学习，适应不同学习者的个性化需求，有效促进家校互通，指导学生的进步，让学习者能够获得适合自身的教学内容、智能化学习服务和美好发展体验。

情感分析素养

【麻省理工学院、清帆科技】

麻省理工学院（MIT）媒体实验室的情感计算团队正在开发世界上第一个可穿戴的情感计算技术设备——一个“具有社交智能的假肢”，用来实时检测自闭症儿童的情感。这个装置用一个小型照相机分析孩子的面部表情和头部运动，来推断他们的认知情感状态。还有一个类似的叫“galvactivator”的工具，通过测量穿戴者的皮肤电流数据，推断其兴奋程度。这个像手套一样的设备可以利用发光二极管描绘出人体生理机能亢奋程度的图谱。这种可视化的“情绪手套”的展现方式，能够清晰地展示出人的认知情感水平。

国内的清帆科技研发了一个专注于教育的人工智能技术服务平台——EduBrain全息课堂，将情感计算、身份特征识别、自然语言理解等人工智能技术应用于线下课堂教学及在线一对一教学等教育场景中，实现全面、快速、全自动的课堂教学分析。教师可以通过应用于课堂场景的教学分析系统（面部表情识别及语音情绪识别等情感计算），感知学习者上课时的情感变化，判断学习者对当前学习内容的理解掌握情况以及对教师授课风格的喜好程度，作为调整教学活动、教学进度和教学方法的依据之一，从而达到个性化教学目的。

混合教学素养

【MOOC、SPOC】

混合式教学以学习者为中心，基于一定的教学目标，把传统的面对面课堂教学与现代的网络学习有机地融合，实现学习目标最优化的教学模式。混合式学习并不是线上学习和传统课堂学习的简单叠加，而是兼顾个性化学习的、各学习要素的有机融合。混合式学习是由传统课堂转变而来的、整合了各种教学方式的学习范式，具有大规模在线开放课程（Massive Open Online Courses，MOOC）、小规模限制性在线课程（Small Private Online Course，SPOC）及微课（Microlecture）等多种基本形式。

1. 基于MOOC的混合式教学

MOOC平台上除为学生提供课程教学大纲、教师信息、课程视频外，还辅之以MOOC微课件、微案例、微项目及微实验等微素材资源，以及MOOC微作业练习、在线答疑、在线测试、在线调查等自主学习活动的反馈。学生在MOOC平台完成自主学习的基础上，回到课堂，师生进行面对面的研讨。

2. 基于SPOC的混合式教学

MOOC面向全球的学习者，而SPOC是将MOOC教学资源应用到小规模校园的一种在线教学模式，不仅可继承MOOC的学习资源、讨论和作业、测验和考试、数据统计、学生管理等功能，而且经MOOC教师授权后，SPOC教学的教师可以自如地将MOOC资源引入SPOC进行二次加工，形成符合校内教学要求和特色的SPOC资源。与MOOC相比，SPOC既融合了大规模在线开放课程的优点，弥补了传统课堂教学的不足，又让学生有更完整和更深入的学习体验，教师也可根据学生的具体情况因材施教，亦有利于学生情感的培养，提高课程的完成率。

3. 基于微课的混合式教学

微课是以微型教学视频为主要载体，针对某个学科知识点或教学环节而设计开发的一种情景化、支持多种学习方式的新型在线网络视频课程。微课包括紧扣主题的教学设计、教学素材、练习测试及学生反馈等教学资源，具有教学时间较短、教学内容少但主题突出、资源容量较小但方便移动学习、资源构成“情景化”和反馈及时等特点。微课内容短小精悍，表现形态多样，可根据教师自身特色进行教学资源组织和资源加工，克服 MOOC 的“信息海洋”造成的学生容易失去学习焦点等不足。微课还可借助微信公众号建立微课资源平台，以菜单链接或定时发送两种方式发布微课，随时随地满足辅助教学的需求。教师可以在课前将与课程内容相关的配套学习资源视频发布给学生，指导自主学习；还可以将课堂上探讨的重点与难点提供给学生用于复习，也可作课堂相关内容的拓展，让学生深化知识理解。

此外，大规模开放在线实验室（Massive Open Online Labs，MOOL）、大规模开放在线研究课程（Massive Open Online Research，MOOR）、分布式开放协作课程（Distributed Open Collaborative Course，DOCC）等在线教育新模式也已出现。

各国政府高度重视开放教育资源（Open Educational Resources，OER）项目建设。欧盟委员会发起开放教育行动计划。美国为扩大开放教科书使用和节省教材成本提出“平价大学教科书法案”，并由教育部设立拨款计划，保障开放教育资源的建设、扩散和评估工作，同时基于“OER 学位计划”重新设计学位课程，加快其使用。加拿大、西欧、南美和中东地区的开放资源正变得越来越普遍，在国际上处于领先地位。

我国教育部的国家精品课程项目将被纳入政府规划，并设置教学卓越奖。2017 年和 2018 年，我国共遴选了 1 291 门国家精品在线开放课程，400 门虚拟仿真实验教学项目。2019 年教育部再次决定开展国家级线下一流课程、国家级线上线下混合式一流课程和国家级社会实践一流课程的推荐认定工作，并拟认定 2017—2020 年国家一流课程 12 500 门。基于此，教师亟须提升混合教学素养。

教育教学数据分析师

【上海鸣皋教育】

智能技术正在逐步渗透到教育教学的各个方面。在日常的教育教学过程中，教师可以通过利用智能技术对数据进行分析与运用，成为教育教学的数据分析师。

“深瞳优学”App 将在四个方面改造教师所处的教育教学环境，让数据可以做到：

看得“起”——教育教学涉及的师生数据采集面非常广，原本需要大量的、烦琐的人工参与才能够获取。现在，通过视觉识别、自然语言识别、可穿戴技术等，可以在师生教学的过程中，采集到大量自然发生的数据。

看得“见”——获得的数据来源多、体量规模大、类型繁杂，需要运用智能技术让庞大的数据条理化，从看似离散的数据中发现隐藏在数据背后的关系脉络，让教育教学中存在的问题可以清晰地呈现出来。

看得“懂”——专业化地描述问题，更进一步可以用人性化的语言来解释问题，从而大幅度降低了教师理解数据背后的深刻含义的门槛。教师可以随时随地运用数据分析工具来查看数据、理解数据。

看得“准”——运用各种数据分析技术对数据各方面进行挖掘，深入分析问题归因，准确定位教学中存在的问题要点。教师能够从学校的宏观层面到学生个体的微观层面等多个维度进行数据观察，更容易感知数据的变化，及时、精准地解决问题。

在未来新环境下，“深瞳优学”App帮助学校逐步建立自己的数据应用服务核心体系：基于人工智能的学业数据采集和质量评估体系（如图4-2-26所示）、基于五育背景的校本综合数据集成和评价体系。这两个核心体系将支撑学校教师进行教育教学数据采集、数据分析和数据管理，全面覆盖学业数据、非学业数据、课程与活动数据、行为习惯数据、体质健康数据等各个数据领域，如图4-2-27所示。教师能够从数据分析层面共享质量提升的方法和资源，定义自己独具特色的教育教学方法。

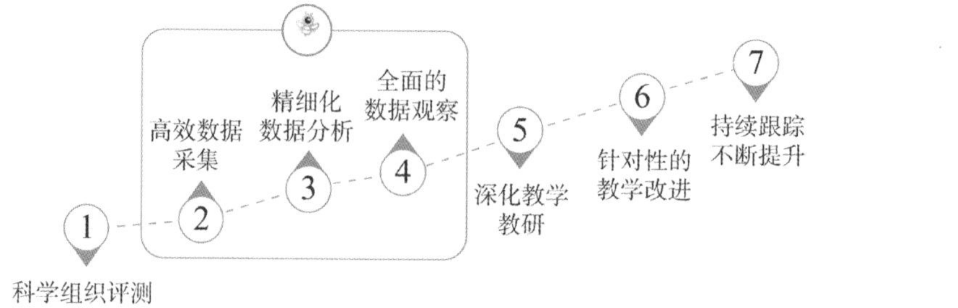

图4-2-26　数据驱动教学质量提升

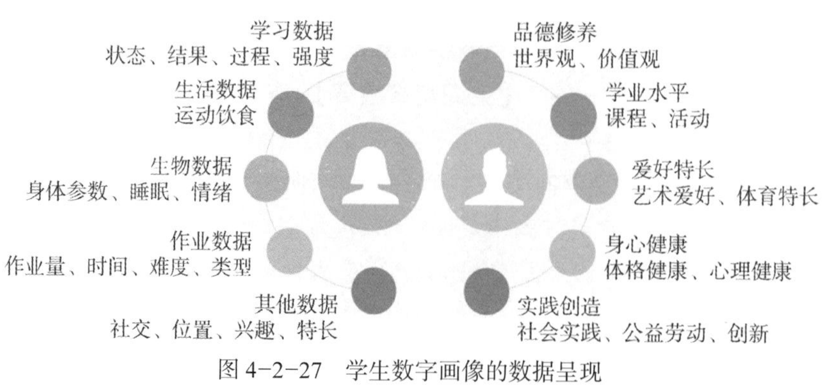

图4-2-27　学生数字画像的数据呈现

三、学校新画像

伴随着新技术对教育的不断冲击，教育逐步从传统教育向智慧教育变革，借助新兴技术工具，创造数字化学习文化，基于个性化、智慧化、沉浸式学习，提高教学效果，提升学习效率，打造智能化、感知化、泛在化、学习者为中心的教育新场景。基于课堂智能化、移动化、可视化的手段，将教学与评估、管理的工作由时间断点转换成为连续性的过程，通过数据的实时积累，达到课堂学习、教学评估、教育管理的一致性、可追踪的目标，并反思其有效性，支持整个组织的转变。

“申学码”智慧学境

【上海开放大学】

智慧学境，面向人人、时时、处处的学习环境。因为有区块链技术和人工智能技术，因为有了大数据的记录，使得我们能够随时随地及时记录学习者“学了什么”，而这些就会成为未来学分银行的升级版，如图 4-2-28 所示。

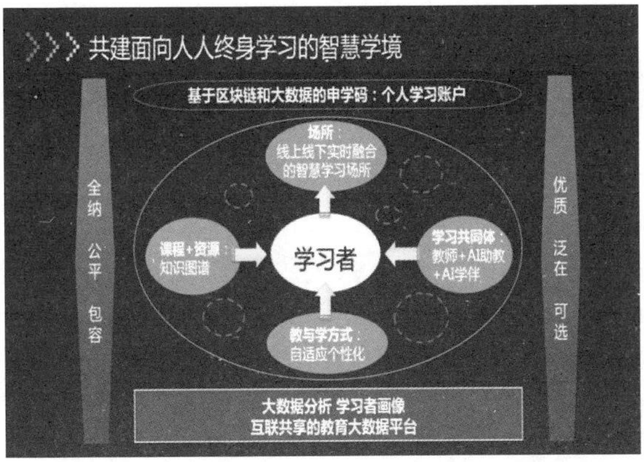

图 4-2-28　学习者画像——互联共享教育大数据平台[①]

“申学码”是个人学习账户的入口，显示个人的学习能力和学习信用。所有的分布式数据库通过区块链技术能够得到真实的记录，可以通过人工智能、区块链等关键技术做学习行为的分析、学习者的画像、学习的日志及线上到线下（Online To Offline，O2O）的学习证明，最终实现学习者、机构、社会、单位等融合的一个智慧教育新家园，如图 4-2-29 所示。

① 来源于上海开放大学袁雯校长在 2020 世界人工智能大会教育行业主题论坛上的演讲

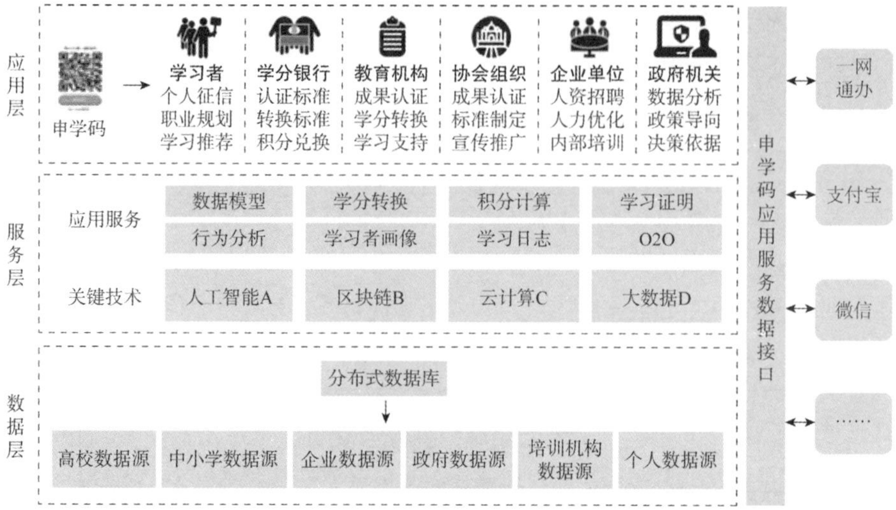

图 4-2-29　面向人人终身学习的学习成果记录与输出：申学码①

这样的一个校园融合家园环境当中，能够实现学习信用伴随学习者的生活，实现全纳、公平、包容、优质、泛在、可选，使教师、学生和AI，校园和社会总体综合起来，为每一个人创造一个终身学习的智慧学境。

无边界学习空间
【戴尔科技集团】

未来学校充分利用技术对学习的推动力，通过技术、创新和参与性网络去促进未来的教育发展。未来教育为学习者创造更好的环境和更好的选择，使人们能够以新的方式在新的地方和空间隔离和融合；通过提供可协作的物理空间和可以通过数字方式连接到更广泛的社区的可能性来支持人们一起学习；使得学习者在学习空间的影响下，将各种活动有机地链接和整合，与不同学科的人进行交流，通过创建数字内容来解释他们的想法和所学到的内容，增加人类对集体和个人活动的控制力，使不同类型的学习活动之间实现无缝集成。学习者按照自己的学习需求将自己的学习时间与学习空间的授权使用时间进行匹配，按照规范灵活的方式访问学习空间，最大限度地利用新技术带给我们的自由和机动性，为人们创建无缝学习体验。学校不再由“物理校园”的有形边界来定义，不再决定什么才是某项学习活动的“最佳”环境，而是由整个学生的体验来定义，以支持不同年龄的

① 来源于上海开放大学袁雯校长在2020世界人工智能大会教育行业主题论坛上的演讲

学生在不同的地方、不同的时间、不同的方式向不同的人学习不同的东西，如图 4-2-30 所示。重新思考校园的各种空间组合，整合物理空间和虚拟空间，重构和整合学生的学习体验组合是未来教育和未来学校需要重点思考的要素（参见戴尔科技集团 2020 年发布的《无边界学习空间白皮书》）。

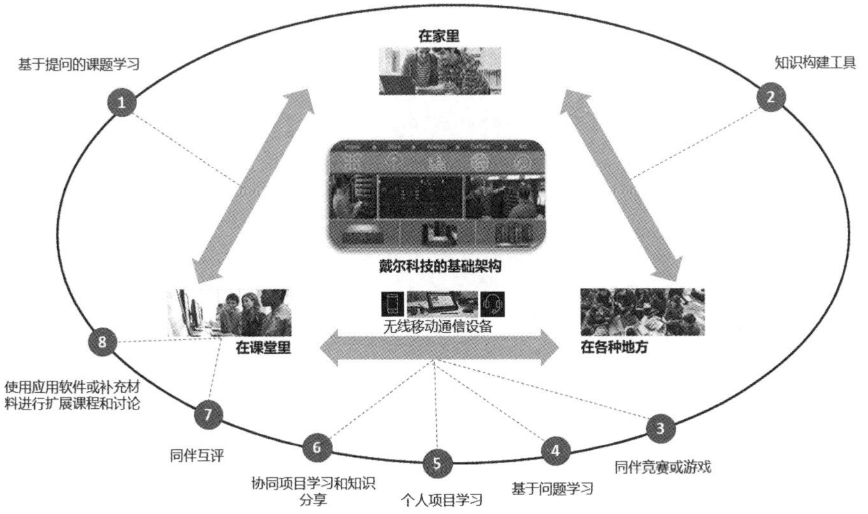

图 4-2-30 戴尔科技的无边界学习空间

教育数据大脑

【上海学多多教育科技有限公司】

未来的学校是集知识图谱、教育大数据、区块链技术三位一体的基于 AI SaaS 云平台的教育数据大脑，覆盖学校学、教、研、评、管五大智慧教育场景，如图 4-2-31 所示。

学校是提供泛在化智能学习环境的场所。教育活动从“以教师为中心”“以知识为中心”转变成“以学生为中心”，学生基于知识图谱、数字画像、大数据等技术手段，开展自适应学习及个性化学习。教师逐步以线上线下的混合式教学为主，并以多源、多维度数据为基础进行全方位的学生综合素质评价。

教师的研修是专业共同体的智慧研修。未来的教师是读懂学生的分析师，重组课程的设计师、塑造品格的工程师、陶冶情操的咨询师和联结世界的策划师。教师可以借助学情分析、学生数字画像等技术手段，掌握学生的学习状态，洞察学生的认知特征、优势潜能和学习偏好等，为每位学生提供精准的个性化学习方案。未来教师将更加注重学生非认知状态，包括精神的提升、人格的完善、道德的养成和价值观的引领等，助力学生的全面发展。

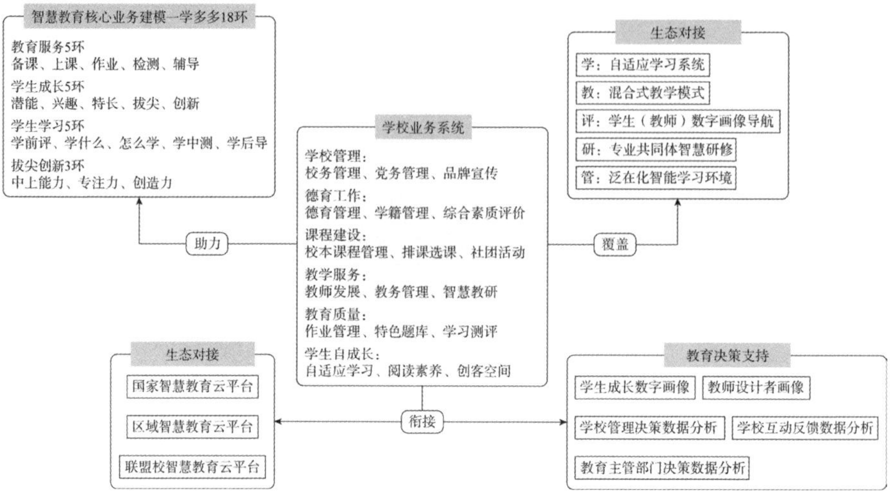

图 4-2-31　基于 AI SaaS 云平台的学校未来教育数据大脑

全息学习场景

所谓的全息就是能反映物体存在于空间时的完全信息。全息技术是利用光的干涉和衍射原理，记录物体信息并再现物体真实的三维图像的记录和再现的技术。全息技术的思想提出后，已经和诸多的领域发展进行了融合，也不断出现新的技术类型，如全息计量技术、全息存储技术等。与虚拟现实（VR）不同的是，全息技术本质上是一种投影技术，只需将影像投射到一定的介质上就可直接看到逼真的立体影像，而无须借助特定的头戴式显示器。全息技术有立体性、可分割性、缩放性及存储容量大等特点。

运用全息技术建立智慧校园，学校通过全息技术能启动多样的建模绘图软件，建立虚拟图书馆以及实验室，营造比较真实的智慧环境，这样就能体现实验的生动化、情景化、交互性，把抽象知识具体化，增加学习的兴趣，从被动的学习变成主动的学习，将学生学习的主动权交给学生。

远程教育的模式是采用看视频画面、听教师讲课的方式，没有亲临现场的感受，而在全息技术的科学运用下，就能将教师的身影投射到远程课堂中去，带给学生身临其境的画面，比远程教育更为形象化、逼真化，尤其是偏远地区通过全息技术能实现课程的同步，也能给所有学生提供同等教育。

基于教育超脑的融通环境
【科大讯飞股份有限公司、华东师范大学第三附属中学】

智能教育是以教育超脑为核心的，基于人工智能、大数据等智能技术，以学习者为中心，构建情境感知、泛在互联、数据融通、业务协同的智能教育环境，打造智能型教师队伍，实现差异化教学、个性化学习、精细化管理和适切性服务，以推动人才培养模式及教学方法变革，促进学习者核心素养提升和创新型人才培养的新型教育模式。

教育超脑是一个持续迭代的人工智能系统，通过把人工智能技术和教育过程中的数据以及教育行业知识相融合，把教与学行为进行编码、分析，服务教学场景智能化。它通过支撑两大主要环节——课堂和课后的自主学习，实现教育教学从“教学中心”向“学生中心”的转变。

华东师范大学第三附属中学应用科大讯飞以教育超脑为核心的智慧课堂方案，大幅增强了教学效果，提高了教学效率，央视一套《晚间新闻》曾作专题报道。

以教育超脑为基础的智慧课堂注重知识的智慧生成，给师生提供一个信息化、智慧化的环境。在这样的环境里，教师可以通过教学大屏轻松调取背后的各种资源信息；课上的教学内容能够被完整记录、转换，形成一个围绕知识点的结构化信息，在课后的虚拟空间被更广泛地应用；师生的每一次互动都能得到及时的智能评价和反馈分析，从而助力动态调整教学节奏。

“减负增效是课堂应用的起点”，华东师范大学第三附属中学基于教育超脑打造的智慧课堂，真正实现了让教师从简单重复的批改工作及烦琐耗时的资源寻找中解放出来，从而有更多的时间关注到每个孩子的发展。

通过教育超脑，可以对学生进行画像分析，精准定位知识盲区，从而对症下药。在华东师范大学第三附属中学，这种个性化学习正在成为一种常态，每个学生都可基于日常过程性学习数据生成个人知识图谱，都可基于个人知识图谱自主规划自适应学习路径和智能学习资源的匹配，从而全面助力学生“按图索骥”式的学习，不断促进学生提升自我学习兴趣，让学习更高效，让学习更快乐。

智能教育的数据驱动机制如图 4-2-32 所示。

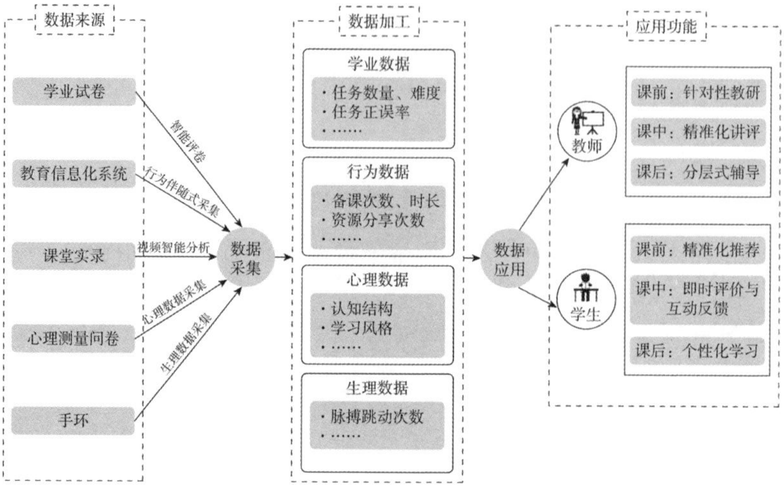

图 4-2-32　智能教育的数据驱动机制

五育并举理念下的学校综合素质评价系统

【思来氏教育】

2020 年 6 月 30 日，中央全面深化改革委员会第十四次会议审议通过了《深化新时代教育评价改革总体方案》，明确提出“改进结果评价，强化过程评价，探索增值评价，健全综合评价”，综合素质评价已然成为教育评价改革的发展趋势。

思来氏教育自 2014 年起，一直致力于帮助学校打造真正落地的、符合学生五育发展规律、贴合教学实施实践的过程性评价体系。研究团队系统地梳理了学生各类过程性的学习行为数据，将其分为参与型学习行为、达成型学习行为以及水平型学习行为。其中参与型学习行为数据主要反映学生的活动参与兴趣；达成型学习行为数据主要反映学生的能力达成情况；水平型学习行为数据主要反映学生的能力发展轨迹情况。这三类数据对数据评估和诊断有不同的意义。

具体而言，为了构建学生综合素质发展数据库，学校主要从以下五种途径来采集学生五育发展的数据，如图 4-2-33 所示：

（1）颁发徽章——全学科教师共同参与五育发展过程性评价；

（2）数据录入——各类学科检测成绩通过后台一键录入；

（3）个人申报上传——学生个人获奖特长通过申报审核录入；

（4）活动打卡——学校主题活动开展一键发章记录；

（5）家庭打卡——学生家长表现通过打卡任务评价。

图 4-2-33　学生五育发展的数据采集途径

为了更便捷地采集学生过程性评价数据，教师可以借助“小思徽章”等信息化工具，选取评价指标和评价对象，完成评价记录，所有信息都可以实时推送给家长。借助小思综评工具，各类用户可以实现多种功能：教师可实时了解哪些学生需要特别关注，哪些领域需要重点教研；学生可以通过个人报告了解自己的优点和不足，以及教师对自己的期待与鼓励；家长可以通过家长端实时了解孩子的全面发展，感受到学校和教师的教育专业性；学校可以通过学年报告了解课程设置的科学性、课程结构的平衡性，以及课程实施的有效性。

当学生个人高精度评价成为现实，通过评价数据的不断汇集聚合，对班级、年级、学科、学校发展情况的精准分析也成为可能。

在上海市杨浦区平凉路第三小学的学生成长电子班牌系统“青苹果乐园”里，每一个学生都是班集体的一颗“青苹果”，随着过程性评价指标的达成，“青苹果”逐渐成熟，班级的“苹果树”也变得硕果累累。

在上海市徐汇区全区四十余家幼儿园里，每一位教师都通过过程性评价工具对幼儿健康、科学、社会、语言、艺术五大领域的发展进行日常观察与评价。三年来徐汇区学前已经积累了百万条幼儿评价数据，通过对这些大数据的多层级多角度的分析和挖掘，行政管理部门打开了教育治理的“鹰眼”，基于数据的科学决策成为可能。

四、协同的价值取向

政府、企业与学校共同促进和建立相互之间的有效沟通和协作，及时了解有关有效使用技术的教育研究和新出现的趋势，并鼓励评价新技术，创新学习环境，促进专业学习，以发挥共同改善学生学习的潜力。建立和利用战略伙伴关系，提供数字时代的领导和管理，通过有效利用信息和技术资源来不断改进组织，引导有目的的变革，最大限度地实现目标。合作建立评估标准，收集和分析数据，解释结果，并分享发现，以提高教师绩效和学生学习。建立并维护一个强大的、安全的技术基础设施，以支持管理、教学和学习。

普惠和公益更简单

【阿里巴巴钉钉】

未来校园是通过基于组织和沟通的“在线”、基于业务和生态的“协同”，实现“局—校—班”“师—生—家”的便捷高效沟通协作，让普惠的技术与教育教学的实践深度融合，推动未来“互联网 +”教育。

未来的政府、企业、学校、家庭等协同，将以普惠和公益的方式，惠及每一所学校、每一个班级、每一位同学、每一个家庭，让管理更简单，让教学更简单，让家校沟通更简单。

未来教育通过技术手段帮助局校一体化协同、高效率沟通，通过数字化的管理方式变革，从教育管理升级到教育治理。

未来校园通过共创与共享，发现真需求，解决真问题，使优秀校园管理体制与优秀教育者思维，在技术的赋能下实现大范围的普及。通过软硬一体构建未来学习中心，让教师更便捷地从事务性工作回归到教育教学工作，把学生的学业进步和健康成长的每一步进行记录，形成全生命周期的成长档案，促进学生个性化成长。钉钉未来校园整体架构如图 4-2-34 所示。

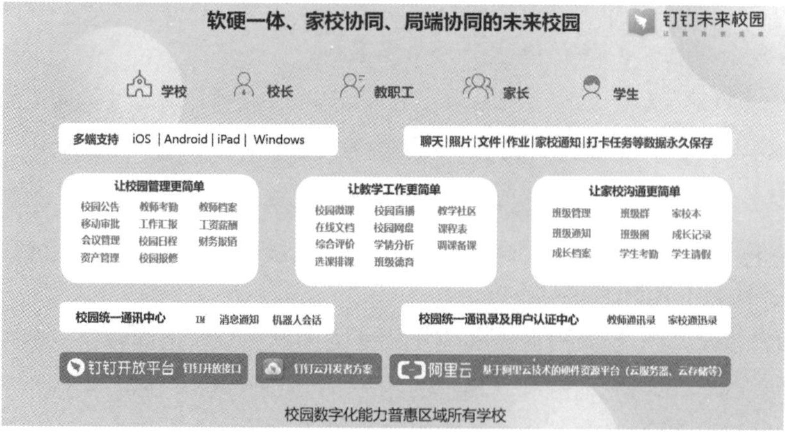

图 4-2-34　钉钉未来校园整体架构

未来教师是数字化教师，运用数字化的思维方式，掌握数字化教学、管理、家校互动的能力，从而更好地开展家校互动、师生互动，促进以学习者学习为中心的交互式学习、协作式学习、探究式学习和创新式学习，实现家庭教育与学校教育、第一课堂与第二课堂的不断融合，让每个孩子成为更好的自己。

共研和共建更专业
【超星集团有限公司】

未来学校教育实践共同体，强调以学习科学理论为指导，依托移动互联、云计算、人工智能、大数据等技术系统架构与实体校园互联互通的虚拟学校，通过聚合政策制定者、课程开发者、学校管理者、教师、家长、学生等不同角色共研、共建、共享学校教育，培养学生在虚拟社会结构中掌握终身发展所需要的核心知识、必备品质和关键能力，如图 4-2-35 所示。

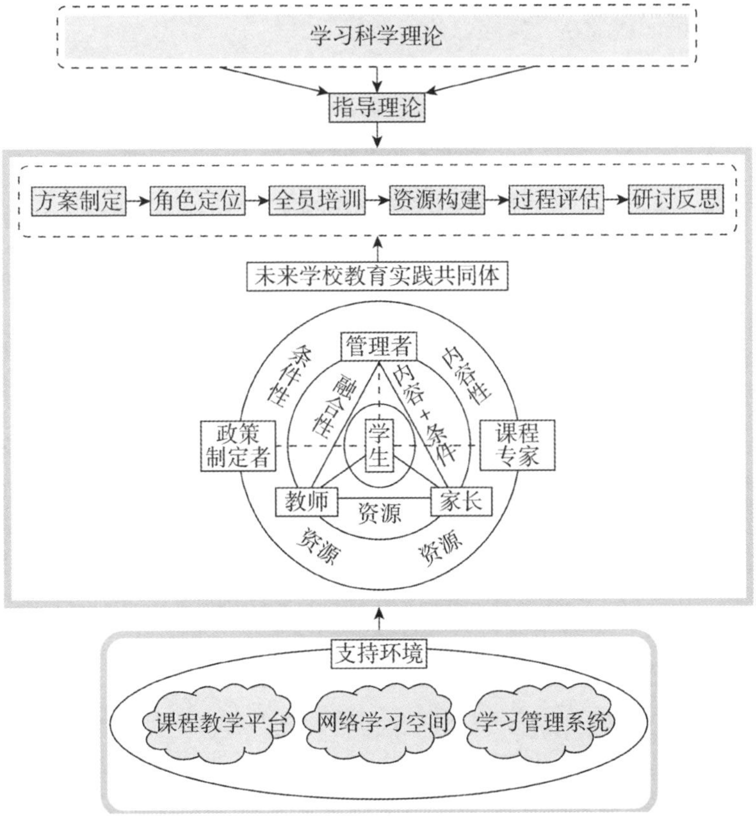

图 4-2-35　未来学校教育实践共同体模型

课程教学平台、网络学习空间、学习管理系统为未来学校教育实践共同体的构建提供了技术支撑。基于课程教学平台重构课程与教学关系，建构以课程教学平台为依托的系统化、交互性的课程化资源，并以此为基础组织学生自主学习及开展师生课堂交互。基于网络学习空间重构教学与学习方式，通过搭建“虚拟学习空间”，让智慧教育覆盖100%的教学场所，覆盖课程教学全过程。基于学习管理系统重构教学目标与过程，利用技术手段有效积累教育教学过程中的大数据，不断调整和修正教学过程和教学目标，实现有效、高效、高参与度的教学。

未来学校教育实践共同体是系统工程，需要政策制定者、课程开发者、学校管理者、教师、学生及家长等合力建设，以课程化资源建设与混合式教学实施为载体，本着加强校际间、人员间的交流与互动，促进共同体实验校办学水平不断提高的原则，成立未来学校教育实践共同体联盟，进一步彰显学校办学特色。具体建设路径如下：方案制定—角色定位—全员培训—资源构建—过程评估—研讨反思。

构建未来学校教育实践共同体，对变革学校教育教学方式、促进教育教学改革具有重要的理论意义和可操作性的实践意义。

沟通与合作更智能

【广州视睿电子科技有限公司】

未来协同课堂助力真正意义上的智慧课堂。

我们在技术上攻克了多终端设备之间的实时数据互联、正反向传输等难题，实现了在课堂上小组成员之间通过多终端设备来实时协作、协同编辑，体现学生的学习自主性以及合作意识，有利于培养学生的批判性思维，让学生在合作中获得成长。在原有探讨式互动教学的基础之上，最大化地培养学生之间协同、分工的能力，提升课堂的互动性，也让学生学会倾听与理解他人观点，学会在相互合作与妥协中达成共识，如图4-2-36所示。

学生的学情数据是教学效果的实时反馈，基于统计学，引入Sp量表、知识图谱等工具，一方面客观地呈现个体、班级的学情数据，用数据反映教师难以察觉的学生问题，另一方面，应用大数据来反向推动教师教研、教学，实现因材施教。

在两大基础功能保障的同时，还引入智能AI来助力，AI助教基于符号空间知识表征模型、高维投影交互式教学模型以及可解释认知架构人工智能范式三大

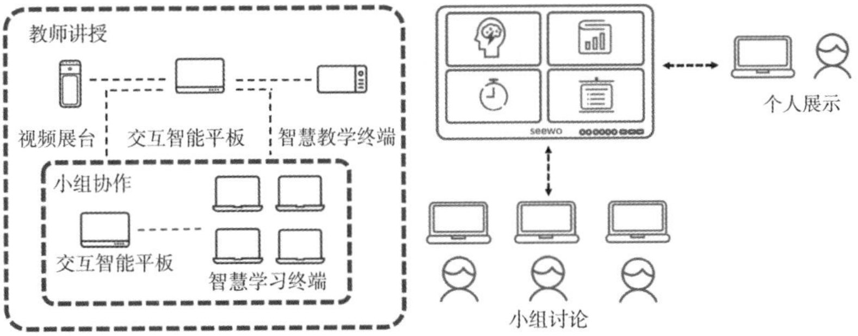

图 4-2-36　学生小组化协同互动

核心技术，实现机器与人的智能交互式答疑、重难点分析以及课程复习，通过人机沟通，解答学生自学过程中的个性化问题，从而做到疑点必清，难点必除。

智慧课堂的硬件环境是软件应用的强力后盾。我们为师生提供了一系列基于未来教学场景、围绕课堂常态化应用场景、基于硬件底层的安全管控、课堂断网不断课等多个维度来设计研发的硬件产品，保障智慧课堂有效进行。

招聘与流动更精准
【上海理工大学附属小学集团】

基于教师大数据画像，通过算法建立学校学情、教师画像与教师工作绩效产出、职业效能、未来发展潜力等成果因素之间的关联模型，学校或教育机构能够利用该模型对新教师进行有效的预测，从而精准地遴选更有可能在自己学校或机构成功的教师。

上理工附小集团是杨浦区建立的教育集团之一，每年6月，成员学校都会上报自己学校的流出教师名单，提交给集团进行统筹流动，最终数十名符合流动要求的教师会在各所成员学校之间参加新一轮的流动。但由于各校学情不同、师资情况不同，导致上报的教师往往难以完全匹配，集团在统筹流动方案时，往往需要在各所成员校之间进行多轮研讨协商，才能最终敲定流动教师名单。2020年，上理工附小集团与思来氏教育研发团队合作，通过AI新系统算法实现教师的科学流动。所有教师的个人数据，形成教师画像，并基于教师画像的多维数据（如教龄、职称、专业荣誉称号、指导学生获奖、家长满意度等），构建学科成熟度模型。依据这一模型，判断集团各所学校的优势学科和薄弱学科，并通过AI算法实现教师在集团各个优势/薄弱学科之间的均衡匹配。算法在执行过程中不仅会考虑到匹配的均衡性，也会综合考虑教师线上报名、学校推荐、候选人数、教师家庭住址与流入校距离、孩子是否处在升学阶段等多维的参考数据，最终自动生成一份能够有效落地执行的流动方案，并交由各所学校进行流动教师挑选，开启新一轮的流动。

让每个家庭拥有科学的教育起点
【问向教育科技】

《全国家庭教育状况调查报告（2018）》显示，中国家长最常见的四种教育困难分别是："不知道用什么方法教育孩子""辅导孩子学习力不从心""太忙，没有时间教育孩子""不了解孩子的想法"。疫情使家庭教育从幕后走向台前，家长的焦虑问题愈加凸显。问向教育科技旗下的问向实验室所发布的调研数据显示，中国有 95.53% 的妈妈和 93.92% 的爸爸正处于不同程度的焦虑状态中。

"问向历" App（以下简称"问向历"）是随身移动的家庭教育指导工具，基于最前沿的教育科学，根据儿童青少年成长发展的科学规律，从"为什么""怎么做""做什么"三个角度，帮助家长科学地了解孩子、正确地支持孩子、有效地陪伴孩子，在正确的时间，做正确的事情。

问向历以家庭教育、心理健康、生涯发展三大板块为基石，以个体发展的"启蒙—成长—探索—抉择"为主线，选取家长最关心、最重视的家庭教育问题进行科学指导。同时，采用了全新的学年制概念，以每年 9 月为家庭教育的重要起点，每学段、每学年共有 10 个教育主题；幼、小、初、高 15 个学段共 150 个家庭教育话题，以实现家庭教育的系统化指导，如图 4-2-37 所示。

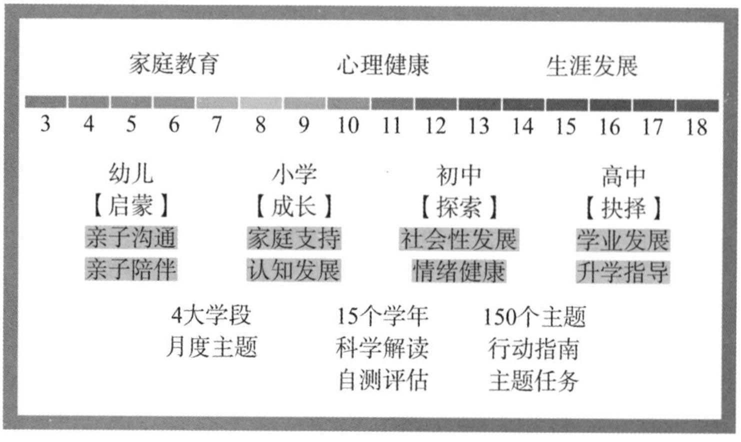

图 4-2-37 "问向历"幼、小、初、高家庭教育主题示意图

问向历提供以下功能：①轻评估——帮助家长评估自身教养能力，定位孩子发展现状，更好地理解自己的教育方式与孩子的成长规律；②科学概念——为家长补充科学、前沿的家庭教育知识，帮助家长更好地理解孩子行为背后的原因，用科学理论来“武装”家庭教育行动；③行动指南——匹配每月家庭教育主题的方法和工具，兼具科学性与实操性，帮助家长明确解决问题的方法；④专家问答直播——每月收集并选取家长日常实操难题，由业内资深专家学者针对性指导；⑤支持区域或学校，发布家庭教育活动通知、进行家庭教育直播等。

在解决家长所面临的核心家庭教育问题之外，问向历通过“家庭成长环境评估系统”收集家庭教育真实数据，针对家庭教育的常识、意识、共识三大维度，构建区域 / 学校的家庭教育数字画像，助力学校（集团）与区域（教育局）实现基于教育科学的数据决策，在优化决策、成效提升的同时，实现家校和谐共育。

基于数据智能分析的体育教学创新实践

【上海市顾村中学】

一、案例问题

此次新冠疫情让全国人民充分意识到身体健康对于个人、家庭乃至国家而言的重要性。“少年强则国强”，青少年体质健康被提升到了国家战略高度。2020 年 4 月至 10 月，中共中央办公厅、国务院办公厅、教育部和国家体育总局密集出台了多项政策，旨在提升体育在教育中的地位，强化校园体育教学质量，对体育教育工作者和教育管理者提出了新的要求。然而，疫情居家期间在线体育教学开展的不便、开学后体测工作的忙乱，以及学生近视率、超重率的飙升和体态不良问题的凸显，也反映了体育学科师资力量不足、缺乏现代化手段、体育作为“副课”得不到家长重视等老问题。目标与现实的差距是摆在所有体育教育者面前的一道难题。

二、解决方案与流程

（一）利用智能化工具来提效减负

在现有的体育教师这一资源不变的情况下，提升教学效率是最有效的途径。校领导与体育教研组首先对体育工作的内容和流程作了全面梳理，发现其中的体育课程测试和国家青少年体测环节占据了体育教师三分之一至二分之一的有效时间，这两个环节提供了学生体质健康状况的“快照”，是体育工作的起点，也是体育工作的评价依据，但并不会对学生的身体健康产生直接的促进作用。压缩测试的单次时间并增加测试频次是这部分工作的主要优化方式。“工欲善其事，必先利其器”，通过引入奥视达人工智能体育测试设备，并为体育教师配备移动终端AI教学助手，教师们搭建了智慧体育环境，并设计了学生自助式测试流程，刷脸识别、成绩记录上传、后台计算综合分数一步完成。通过运用体育AI教学助手，体育教师从繁重的简单工作中解放出来，由操作者变成观察者、工作流程的优化者，将更多精力用于提升体育教学。

（二）数据化分析提升教学针对性

体育教研组把学校之前6年的数据一并导入“校体圈”数据仓库，尝试通过数据分析发现工作重点。通过对校级数据的分析，发现了区域性或基础设施不足所导致的普遍性弱项，以大课间和放学前的全校阳光运动统一提升；通过对年级、班级数据进行分析，支持体育教研组内各位教师相互取长补短；依据对学生个人数据的分析，跨班级、年级组织学生，避免课程内容千篇一律、效率低下，做到分层分级。

学校组织建立体育教师与卫生教师的联合教研组，体卫综合平台的建设刻画了更加立体的学生运动健康数字画像。首先增加数据维度，引入学生体型、体态数据，把学生体检数据以及日常医疗事件并入数据仓库。而后基于综合数据，帮助学生建立运动健康计划，例如：基于体型数据推荐合适的运动类型（下肢长利于长跑，臂长和身高比值大利于游泳）；根据胸、腹、臀、腿各数据推荐不同的减重计划；监督体态不良的学生坚持矫正训练；提醒患有某些疾病的学生避免参加不利于其健康的运动，推荐有助于康复的其他运动形式。

（三）提高学生对体育课的运动兴趣，强化健康意识

对于移动互联网一代的学生来讲，传统体育课程略显单调乏味。体育教研组根据学生特点，改变日常体育教学。教师选择智能化教育装备，比如AI乒乓训练系统，学生通过互动界面选择难度，科技感十足的机器视觉判分、全体排名的方式激起学生挑战自我的欲望；常规项目的训练增加效率高且新鲜有趣的形式，比如用20米动感折返跑替代800/1000米耐力训练，参考Tabata高强度间歇训练，提升体能练习效率等；在体育系统中，引入游戏化的运营机制，基于学生的体育成绩和日常运动，以横向评比、自身成长和班级综合作为积分标准，激发学生的竞争与合作意识，主动参与体育运动，提升运动水平。

（四）家校互动形成体质运动健康闭环

针对家长对体育工作不关心的现象，学校本着“健康第一”的主旨，通过“校体圈”微信小程序，推送学生体质健康报告给学生家长，用翔实的数据和形象的

展示方式，使家长充分了解孩子的真实状况，引起了家长的兴趣；开通在线咨询服务，不仅解答家长的困惑，也为家长照顾、引导孩子指明了方向。体育家庭作业则帮助孩子建立终身运动的习惯。体育教研组的教师们精心挑选的视频中不仅有标准的示范动作，还有亲子互动环节，使家长深度参与其中，共建家校互育的健康环境。

（五）借助信息化技术构建智慧体育系统

通过智慧体育系统把学校体育场景和家庭运动场景统一结合起来，如图 4-2-38 所示。在校内扩展学生体质健康维度，在家庭收集日常运动、作息和饮食数据，建立完整的个人体质健康画像。反向指导体育教学和日常活动，在系统和流程基础上形成良性循环。

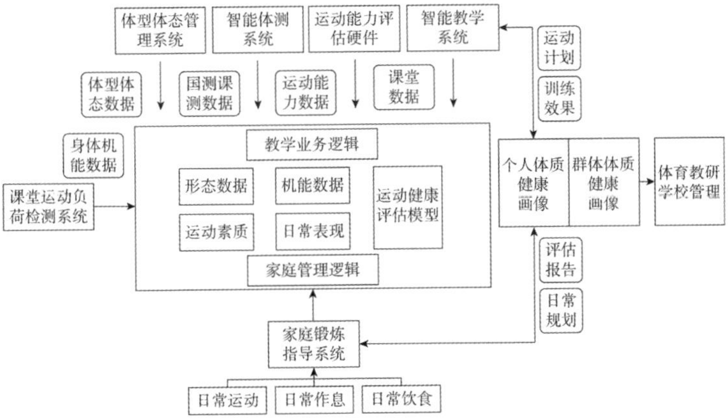

图 4-2-38　智慧体育系统框架

三、反思与发展

通过这段时间的实践，学生正逐步养成良好的运动健康习惯，发现并坚持自己喜欢或擅长的运动项目。家长也乐于参与其中，体育逐步成为家校互通的重要内容之一，也提升了家长对学校工作的满意度。体育教师告别了体育课只有口哨、秒表和花名册的时代，体会到了人工智能、大数据技术带来的便利性，运用信息化工具的能力得到了全面的提升。教师在看到学生健康成长的过程中，在与家长沟通的过程中，加强了职业价值认同感和工作成果的获得感，工作积极性也被充分调动了起来。

希望未来能够提升全体教师的信息化水平，进行更广泛的数据关联分析，进一步挖掘体育的育人作用，以发展智慧校园体育为切入点，把我们的学生培养成为体力、脑力和心力平衡发展的新一代建设者。

案例索引

第一章

第二章

第三章

第四章